深埋软岩隧洞稳定性控制理论与技术

张传庆　周　辉　张　洋
刘　宁　李　震　王竹春　著

科学出版社
北　京

内 容 简 介

本书是在多年软岩力学特性试验和力学理论以及深埋软岩工程实践研究的基础上，总结相关试验方法、本构理论、隧洞（巷道）围岩稳定性和变形控制技术的最新研究成果撰写而成。书中首先介绍了软岩的基本概念和工程地质特征，而后详细阐述了两种深埋软岩的物理和力学试验成果、考虑深埋绿泥石片岩剪胀特性的弹塑性硬化软化力学模型和描述层状岩体力学行为的横观各向同性弹塑性力学模型、深埋软岩隧洞（巷道）工程的开挖力学响应，论述了深埋软岩工程稳定性控制技术和方法。书中成果应用于埋深超过 1500m 的锦屏二级水电站引水隧洞绿泥石片岩洞段和埋深近 900m 的济三矿煤系地层粉细互层砂岩巷道的围岩稳定性分析、控制与设计优化中。

本书可为深埋软岩隧洞（道）和巷道围岩稳定性分析与控制的研究提供启示和借鉴，为工程设计、施工技术和方法研发提供支持。本书也可为高校师生、研究院所及设计部门的人员提供参考。

图书在版编目(CIP)数据

深埋软岩隧洞稳定性控制理论与技术/张传庆等著. —北京：科学出版社，2016. 3

ISBN 978-7-03-047463-6

Ⅰ. ①深… Ⅱ. ①张… Ⅲ. ①软弱岩石-岩石隧洞-隧道工程-研究 Ⅳ. ①U459. 9

中国版本图书馆 CIP 数据核字(2016)第 043726 号

责任编辑：刘宝莉 常朝朝 / 责任校对：郭瑞芝
责任印制：张 倩 / 封面设计：左 讯

科学出版社出版
北京东黄城根北街 16 号
邮政编码：100717
http://www.sciencep.com

中国科学院印刷厂印刷
科学出版社发行 各地新华书店经销
*
2016 年 3 月第 一 版 开本：720×1000 1/16
2016 年 3 月第一次印刷 印张：16 彩插：8
字数：323 000

定价：110.00 元

（如有印装质量问题，我社负责调换）

前　言

随着我国经济高速发展，土木工程建设的规模空前巨大，能源需求日益旺盛，可再生的水电能源利用率提高，大型水电站在西南崇山峻岭中星罗棋布，大型调水和引水工程也相继开工，涉及大量高应力或深埋地下工程的建设。另外，浅部煤炭资源日渐枯竭，深部开采势在必行，深埋巷道将成为深部开采的经济命脉和生命通道。深部工程若赋存于软岩中，常常会遭遇大规模塌方和大变形问题。软岩洞段常常成为整个工程的"瓶颈"，变形控制异常艰难，往往多次返修，拖延工期，并造成投资飙升。因此，深埋软岩隧洞（道）或巷道变形力学机制及稳定性控制理论与技术是岩土科研工作者和生产建设者面临的一个急需解决的难题，此方面的研究具有十分重要的理论和工程意义。

深埋软岩工程主要面临的是挤压变形问题，与膨胀岩吸水鼓胀变形不同，高地应力、低岩体强度和外在环境（主要是水）是该问题的三个核心要素。在把握工程区地应力场基本规律和量值的基础上，本书通过系统的物理力学试验，分析了软岩的物理特性和力学行为，研究其遇水软化属性的力学响应，及其在高应力条件下的时效特性。在对试验数据分析的基础上，本书建立了与其力学行为和特性相适应的本构模型。通过对现场监测数据的分析，采用数值模拟方法对深埋软岩隧洞或巷道开挖力学响应开展研究，分析工程围岩变形力学特性和稳定性，形成了相应的稳定性控制技术和优化方法，并考虑运行期围岩时效特性、水的长期作用等因素，开展了衬砌结构的优化研究。研究成果分别应用到锦屏二级水电站深埋引水隧洞绿泥石片岩洞段和济三矿深埋煤系地层粉细互层砂岩巷道施工期的稳定性控制中，并发挥了关键性作用。

本书得到了国家自然科学基金（51079144 和 51279201）、国家重点基础研究发展计划（973）项目第 2 课题：TBM 掘进扰动下深部复合地层围岩力学行为响应规律（2014CB046902）、国家重大科研仪器研制项目（51427803）、中国科学院青年创新促进会等项目的资助。此外，中国电建集团华东勘测设计研究院有限公司、雅砻江流域水电开发有限公司、中国科学院武汉岩土力学研究所岩土力学与工程国家重点实验室等单位对相关成果研究提供了支持和帮助，在此表示衷心感谢！

参与研究的还有：杨凡杰助理研究员、刘继光高级工程师、孙峰硕士、邢亮硕士、高红博士、卢景景助理研究员、朱勇助理研究员、胡大伟研究员、胡善超博士。冯夏庭研究员、张春生教授级高工、侯靖教授级高工、陈祥荣教授级高工、周春宏教授级高工、张伟教授级高工、曹强教授级高工等参与了锦屏二级水电站绿泥石片岩洞段挤压变形问题处理相关研究工作并给予了现场试验工作的支持。郭念波副矿长、魏秉祥科长、任振群区长等参与了济三矿深埋煤系地层软岩巷道变形分析相关研究工作并给予了现场试验工作的支持。博士生渠成堃、孟凡震、徐荣超、杨艳霜、郑俊、胡明明、姜玥、程广坦、崔国建、高阳、宋明、刘海涛、硕士生梁恒、沈铮、陈珺等参与了部分研究工作,科学出版社刘宝莉老师等为本书的编辑出版付出了辛勤劳动。在本书的撰写过程中还得到有关专家的指导和帮助,引用了多位学者的文献资料,在此对上述做出贡献的专家和研究生表示感谢!

由于作者水平有限,书中难免存在不足之处,恳请专家、学者不吝批评和赐教。

目　　录

第1章 绪 论

1.1 研究意义

二十一世纪是一个革命性的时期，发展中国家特别是中国，土木工程建设的规模和水平都达到了前所未有的高度。然而，随着社会的不断发展，城市化水平逐渐提高，城市人口不断增加，人们对于能源的需求不断增大。能源枯竭等问题纳入人们视线，除了对煤炭类常规能源的发掘，各国已经开始寻找非常规能源，清洁可再生的水能资源开发受到前所未有的重视。中国是世界上富水量最多的国家之一，我国水电资源开发正以史无前例的速度开展，这已成为国家重大战略方向，是我国能源发展的重要战略方针和举措。同时，我国水资源分布极不平衡，西南和南方多水，洪涝灾害频发，北方却干旱缺水。为充分利用水资源，在维持生态平衡的基础上保障北方生产和生活用水，一系列大规模国家级和省级调水工程正在或将要实施。

我国水能资源主要分布在西南高山峡谷地区，水电站地下洞室、超长引水或输水工程等建设中常出现大量深埋软岩隧洞、高应力软岩地下厂房、调压室等，如锦屏二级水电站引水隧洞西端绿泥石片岩洞段埋深1500m以上，开挖过程中发生大变形，锦屏一级水电站地下厂房在高应力作用下出现弱岩深部破裂并持续变形的问题，滇池补水工程过断裂带软岩洞段出现大规模塌方等问题，与集中在相对较短时间内的岩爆破坏不同，软岩变形时间和过程长，可能从施工期一直持续到运行期，故软岩洞段经常成为整个工程的“瓶颈”问题，成为工程施工期的关键线路，往往需要多次返修，造成工期拖后，投资飙升。

除水利水电工程外，矿山工程也经常遭遇软岩问题。在我国能源结构中，煤炭仍然占据极其重要的地位，2003～2010年各种能源在能源生产和消费总量中的平均比重中，原煤产量占能源生产总量的76.4%，煤炭消费量占能源消费总量的68.9%。然而随着能源需求量的增加和开采强度的不断加大，浅部资源日益减少，国内外矿山都相继进入深部资源开采阶段。国外一些主要产煤国家早在20世纪60年代就开始进入深井开采[1~4]。1960年前，联邦德国煤矿平均开采深度已经650m，1987年已将近900m。苏联在20世纪80年代末煤炭产量就有一半以上来自地下600m以下深部区域。目前，我国已探明的煤炭资源中，埋深在1000m以下的约有2.95万亿t，占煤炭资源总量的53%[5]，我国煤矿开采深度以每年8～

12m 的速度增加，而东部矿井正以 100～250m/(10a)的速度发展[6]。近年已有一批煤矿进入深部开采，其中，沈阳采屯矿开采深度为 1197m、开滦赵各庄矿开采深度为 1159m、徐州张小楼矿开采深度为 1100m、北票冠山矿开采深度为 1059m、新汶孙村矿开采深度为 1055m、北京门头沟开采深度为 1008m、长广矿开采深度为 1000m。可以预计，在未来 20 年内我国很多煤矿开采深度将进入到 1000～1500m 的深度。煤矿软岩巷道底鼓、两帮内移等大变形问题日渐突出，巷道返修成为“常态”，造成开采困难和重大经济损失。霍州煤电集团李雅庄煤矿 2-501 工作面副巷 5012 巷道内发生了锚杆大面积破断现象，据统计，从 2-614 副巷口至 2-616 副巷口的 50m 范围内，锚杆共破断约 160 根，平均每米巷道要破断 3.2 根；锚索共破断(失效)约 20 根，部分地段因锚杆、锚索破断，导致顶板冒落。

此外，尽管金属矿山多为硬岩，然而也存在局部软岩出露，且由于金属矿山开采深度更大，一旦遭遇局部软岩，其正常开采将受到很大影响。目前，南非绝大多数金矿的开采深度在 1000m 以下。其中，安格鲁金矿(Anglogold)有限公司西部深井金矿的采矿深度达到 3700m，维特沃特斯兰德(West Driefountain)金矿矿体赋存于地下 600m，并且一直延伸至 6000m 以下。印度的科拉尔(Kolar)金矿区，已有三座金矿采深超过 2400m，其中，钱皮恩里夫金矿共开拓 112 个阶段，总深度达到 3260m。俄罗斯的克里沃罗格铁矿区，已有捷尔任斯基、基洛夫、共产国际等 8 座矿山采掘和准备巷道深度达到 910m，开拓巷道深度达到 1570m，预计未来可达到 2000～2500m。另外，加拿大、美国、澳大利亚的一些有色金属矿山采深也超过 1000m。我国红透山铜矿目前开采已进入 900～1100m 深度，冬瓜山铜矿现已建成 2 条超 1000m 竖井来进行深部开采，弓长岭铁矿设计开拓水平 750m，距地表达 1000m，夹皮沟金矿二道沟坑口矿体延深至 1050m，湘西金矿开拓 38 个中段，垂深超过 850m。此外，还有寿王坟铜矿、凡口铅锌矿、金川镍矿、乳山金矿等许多矿山都将进行深部开采[7]。

其他非煤矿山也存在软岩工程问题，开磷集团马路坪矿段随着开采向深部发展，地应力逐渐增大，高应力地段的巷道出现了严重的变形和破坏，如片帮、冒落、坍塌、底鼓等，在 800m 以下的深部，几周甚至数月内巷道无法正常运输，车辆无法通行，甚至进入都很困难。

实践表明，由于软岩自身物理力学特性和所处地质环境极其复杂，且深埋条件下软岩隧洞(道)或巷道开挖后力学响应的认识、围岩压力理论和支护设计理论尚不完善，导致软岩隧洞(道)或巷道在建设中常常处于被动局面，遭遇大规模塌方或大变形问题，给工程安全生产带来巨大挑战，造成不必要的人力、物力浪费。巷道掘进与维护费用是煤炭企业成本的重要组成部分。我国部分煤矿支护困难的巷道，经常需要翻修 3～4 次，巷道维修费用大大超过成巷费用，很多巷道因维护不当而报废，造成较大的经济损失，致使很多矿井连年亏损，巷道前掘后修，有些矿山近一半的员工需要投入到巷道的维护中，煤炭生产陷于停顿、半停顿状态。据统计，一个年生产能力为120万t的软岩矿井，每年的巷道维护费用就高达一亿元以上，给煤矿企业增添了一笔沉重的经济负担。

因此，深埋软岩隧洞（道）或巷道变形力学机制及稳定性控制理论与技术是岩土科研工作者和生产建设者面临的一个急需解决的难题，此方面的研究具有十分重要的理论和工程意义。

由于隧洞、隧道和巷道结构形式类似，仅不同行业领域命名不同，为表述方便，书中统称为隧洞，除特殊行业因素外，本书所述理论均适用上述结构。

1.2 研究现状

国内外许多学者在深埋软岩的定义和分类、深埋软岩的变形破坏机理、岩石的力学试验和本构模型、软岩工程稳定性分析及控制方面做了很多卓有成效的工作，本节将对这些方面的研究成果分别进行综述。

1.2.1 深埋软岩的定义和分类

随着经济建设的高速发展，全球范围内资源需求量日益增大，煤炭等化石能源已逐渐转向深部开采。同时，近年来我国在水力发电领域也投入巨大，但大部分工程都位于西部，海拔较高，大量隧洞存在大埋深或高地应力问题，地质条件较为复杂。通常情况下，深部工程存在高地应力、涌水量大、地温较高等问题，极易造成突发性地质灾害，给工程建设带来了巨大挑战。

目前，国内外岩石力学与采矿界在“深部”、“深部工程”的界定上还没有统一的划分标准。通常认为，深部开采是由于矿床埋藏较深，而使生产过程出现一些在浅部矿床开采时很少遇到的技术难题的矿山开采。世界上有着深井开采历史的国家一般认为，当矿山开采深度超过600m即为深井开采，但对于南非、加拿大等采矿业发达的国家，矿井深度达到800～1000m才称为深井开采；德国将埋深超过800～1000m的矿井称为深井，将埋深超过1200m的矿井称为超深井开采；日本把深井的“临界深度”界定为600m，而英国和波兰则将其界定为750m。上述关于“深部”的概念均以具体的工程深度为指标进行定义，在工程应用中具有局限性。如有的工程岩体在所定义的深度区间以上就会表现出深部所特有的非线性力学现象；而有的工程岩体处于所定义的深度区间范围之内也未必会出现深部工程岩体的非线性力学现象。因此，何满潮[8]针对深部工程所处的特殊地质力学环境，通过对深部工程岩体非线性力学特点的深入研究，建立了深部的概念体系。在该理论体系中，深部工程的概念为随着开采深度增加，工程岩体开始出现非线性力学现象的深度及其以下的深度区间。非线性力学现象是指软岩工程岩组的非线性大变形现象和硬岩工程岩组的冲击地压、岩爆等非线性动力学现象。

国内学者对软岩的定义各异。我国煤炭系统于1984年召开过矿山压力名词专题讨论会,将软岩定义为“强度低、孔隙度大、胶结程度差,受构造切割面及风化影响显著或含有大量黏土矿物的松、散、软、弱岩层”[9]。该定义尚缺乏流变性及高地应力情况。后来又出现了一些定义,如单轴抗压强度小于20MPa、抗压强度与上覆岩层荷重(γh)之比小于2或等于2、松动圈厚度大于或等于1.5m等[10]。但是上述对于软岩的定义需结合起来考虑,那么内容就会太多太宽泛,不易于记忆和现场判断,特别是“松、散、软、弱”的定义,几乎囊括了除流沙以外的所有不良岩层。范秋雁[11]进一步从两方面分别考虑,一方面是软岩的松、散、软、弱性质,另一方面是围岩变形和支护难度,他的定义为“地下空间开挖后产生流变、膨胀等显著时效变形且用常规支护困难的围岩”。郭志[12]讨论了软岩成因的原生类型和次生类型,将其定义为变形大、强度低、赋存环境效应和时间效应强烈的岩体,他分析了软岩状态的易变性,并列出了部分软岩的崩解试验结果,概述了水、时间、温度对软岩力学性质的影响,并给出了泥岩力学性质与含水量的关系。林育梁[13]对软岩定义为“工程环境各种因素下,呈软弱或松散破碎的自然性状,产生显著变形或流动的各种岩体”,并对软岩的分类进行了建议。

综合比较近些年对软岩定义的研究成果,主要有如下几种:

(1) 指标性定义,如国际岩石力学学会在1990年和1993年对软岩定义为“单轴抗压强度在0.5～25MPa的一类岩石”,还有部分学者定义软岩为“抗压强度与上覆岩层荷重(γh)之比小于2或等于2的一类岩石”。

(2) 描述性定义,如长春煤炭研究所总工程师陆家梁[14]提出的概念是松软岩层是指松散、软弱的岩层,它是相对于坚硬岩层而言的;原煤炭工业部软岩分会郑雨天[15]等认为软岩是指软弱、破碎、膨胀、流变、强风化及高应力岩体的总称;淮南矿业学院朱效嘉[16]提出,松软、破碎、软弱、膨胀及风化等岩层称为松软岩层,简称软岩;1984年冯豫[17]在“煤矿矿山压力名词讨论会”上提出的定义为松软岩层是指强度低、孔隙度大、胶结程度差、受构造面切割及风化影响显著或含有大量膨胀性黏土矿物的松、散、软、弱岩层。

(3) 工程性定义,如董方庭[18]提出围岩松动圈大于1.5m的围岩为软岩;鹿守敏[19]提出围岩松动圈大于1.5m,并且用常规支护不能适用的围岩称为软岩;学术界有些学者认为松软岩层是指难支护的围岩或多次支护,需要重复翻修的围岩。

何满潮[20]在充分研究前人关于软岩概念的基础上,提出了新的软岩概念及其分类体系。目前,最普遍的对软岩的定义分为地质软岩和工程软岩。

地质软岩是从地质学的角度对软岩的定义,是指单轴抗压强度小于25MPa的松散、破碎、软弱、受结构面切割及风化影响显著或含有膨胀性黏土矿物的一类岩体的总称。该类岩石多为泥岩、页岩、粉砂岩和泥质岩石等强度较低的岩石,是天然形成的复杂的地质介质。国际岩石力学学会将软岩定义为单轴抗压强度在0.5～25MPa之间的一类岩石，其分类的依据基本上是强度指标。

该软岩定义用于工程实践中会出现矛盾。如巷道所处深度足够的小，地应力水平足够的低，则小于25MPa的岩石也不会产生软岩的特征。相反，大于25MPa的岩石，其工程部位足够深，地应力水平足够高，也可以产生软岩大变形、大地压和难支护现象。因此，地质软岩的定义不能用于工程实践，故何满潮提出了工程软岩的概念。

工程软岩是指在工程力作用下能产生显著塑性变形的工程岩体。如果说目前流行的软岩定义强调软岩的松、散、软、弱等低强度的特点，那么本定义不仅重视软岩的强度特性，而且强调软岩所承受的工程力荷载的大小，强调从软岩的强度和工程力荷载的对立统一关系中分析、把握软岩的相对性实质。

该定义的主题词是工程力、显著塑性变形和工程岩体。工程岩体是软岩工程研究的主要对象，也是巷道、隧洞、边坡、基坑开挖扰动影响范围之内的岩体，包含岩块、结构面及其空间组合特征；工程力是指作用在工程岩体上的力的总和，它可以是重力、构造残余应力、水的作用力和工程扰动力以及膨胀应力等；显著塑性变形是指以塑性变形为主体的变形量超过了工程设计的允许变形值并影响了工程的正常使用，其包含塑性变形、黏塑性变形，连续性变形和非连续性变形等。此定义揭示了软岩的相对性实质，即取决于工程力与岩体强度的相互关系。当工程力一定时，不同岩体，强度高于工程力水平的大多表现为硬岩的力学特性，强度低于工程力水平的则可能表现为软岩的力学特性；而对同种岩石，在较低工程力的作用下，则表现为硬岩的变形特性；在较高工程力的作用下，则可能表现为软岩的变形特性。

1.2.2 深埋软岩的变形破坏机理

深埋软岩变形破坏机理主要有深部软岩水理作用机理、深部含结构面软岩非对称大变形机理[21～23]、深部软岩岩爆机理[24～26]、高温高湿环境引起深部岩体软化大变形机理[27]、耦合作用下深部软岩气体运移规律等。

深部软岩吸水膨胀变形是导致深部工程围岩发生大变形的主要原因之一。针对软岩中的黏土矿物成分吸水膨胀大变形导致的巷道塌方灾害，He等[21,22]利用软岩吸附超级计算系统进行了软岩吸附量子力学研究，结果表明软岩组分中蒙脱石、高岭石等黏土矿物的内部结构(电子结构、能带结构)缺陷导致替代元素与被替代元素之间出现价电子数目的差异，使其产生负电性，具有较强的水分子吸附能量。巷道开挖后由于力学和物化条件改变，引发了软岩内部产生巨大的膨胀能，从而具有很强的破坏性。在此基础上，周莉等[23]利用自主研发的深部软岩水理作用系列实验系统，进行了软岩与水相互吸附作用实验研究，揭示了工程岩体吸水量随时间增加，强度随时间衰减，而导致大变形塌方的规律，为深部软岩工程稳定性控制提供了依据。

研究表明，受地应力场方向、岩层产状、岩体结构的不对称等因素影响，造成深部软岩隧洞围岩由于结构效应而产生非对称变形，使得常规对称支护无法控制。由于现场观察到的是围岩最终变形破坏状态，而最先破坏的关键部位无法确定，从而难以确定支护重点，影响支护效果。针对深部软岩含结构面层状碎裂结构的岩体大变形破坏导致的巷道塌方灾害，中国矿业大学研发了软岩巷道破坏结构效应物理模型实验系统，进行了不同工程地质条件下巷道开挖破坏过程的模拟试验。试验结果表明，岩体及岩层结构面是引起巷道围岩强度降低、产生非对称大变形破坏的主要原因，对于结构面的控制是非对称支护设计的关键，为控制深部软岩结构大变形破坏提供了设计依据。

针对深井开采高温、高湿环境引起围岩软化大变形导致的巷道塌方灾害，何满潮等[27]对围岩在常温、低湿到高温、高湿环境下的力学特性进行了实验研究，揭示了高温、高湿环境易导致围岩软化大变形、强度衰减而发生破坏的规律，得出了深井高温、高湿环境的控制是深部环境效应引起围岩软化大变形控制的关键的重要结论。

1.2.3 软岩力学试验方法

岩石力学是固体力学的一个分支，对岩石力学的研究比金属等材料力学起步晚，因此，岩石力学中很多理论框架都是从金属等材料力学的研究成果中借鉴过来的。然而，由于岩石材料结构的特殊性和复杂性，其力学响应与金属等材料存在很大差异[28]；另外，岩石材料所处的外界环境条件，即地应力、温度和水等对其力学性质影响也比较大。为了研究岩石的变形破坏特性，许多学者从不同角度、利用不同试验方法和设备开展了大量试验工作，这些研究成果为岩石本构模型的研究提供了基础。

1. 常规三轴压缩试验

常规三轴压缩试验是岩石力学基础试验。试验中，一般是将圆柱形岩样放置在液压室中，通过液压油对岩样施加静水压力，进行轴向压缩。

岩石在常规三轴应力路径下的力学行为具有如下主要特征[29]：

(1) 围压对岩石力学行为的影响较大。对于所有围压水平下的加载过程，在一段线性部分后，应力-应变曲线表现出非线性的力学行为。

(2) 岩石峰值应力随着围压的升高而增大。

(3) 随着围压的升高，岩石变形能力增强，应力-应变曲线逐渐上升并且坡度减缓。

(4) 随着围压的升高，岩石的破坏方式由脆性向延性过渡，在围压较低的情况下，应力-应变曲线在峰值后急剧下降，表现为脆性，而在围压较高的情况下，应变软化不再出现，表现为延性。

在加载过程中，体积变形的演化通常是另一个重要现象。三轴压缩应力条件下，在静水压力和偏压较小的加载阶段，通常可以观察到体积压缩(全部或部分初始裂纹和孔隙的闭合引起体积变形压缩)；然而，随着轴向应力的增加，体积变形发展趋势逐渐由压缩向膨胀转化。这种体积膨胀主要由微裂纹的萌生和发展引起，这是岩石力学行为的一个重要特征。

2. 渗流-应力耦合试验

研究裂隙岩体中的渗流特征可以通过对裂隙岩体进行室内渗透试验，以测试各种状态下裂隙岩体的渗流特征。人们最初是通过三轴压缩和剪切试验来研究岩石峰值前后的渗透率变化规律。Zhu 等[30]、Zoback 等[31]发现当应力增加导致岩石破裂膨胀时，将引起渗透性的提高，而应力增加导致岩石压缩变形或峰值后的破裂带重新压缩时，将引起渗透性的降低。在国内，李世平[32,33]、张金才等[34]、李树刚等[35]、姜振泉等[36]、王金安等[37]、韩宝平等[38]也对应力-渗流进行了类似的试验研究。

由于单裂隙的渗流特性研究是研究复杂裂隙岩体的基础，只有对单裂隙的渗流特性进行深入了解，才能对裂隙岩体作出进一步研究。因此，单裂隙面渗流-应力耦合特性研究是裂隙岩体渗流场和应力场耦合分析研究的基础和关键环节[39]。

单裂隙试验中最著名的是裂隙水流立方定律试验，立方定律也是岩体裂隙渗流的基本理论。立方定律描述的渗流规律是以裂隙面光滑、平直且无任何充填为前提的，与天然裂隙面的实际情况并不吻合。因此，许多学者进行了修正，Lomize[40]、Louis[41]、Amadei[42]等通过仿天然裂隙的试验研究，对立方定理进行了修正。周创兵[43]提出了广义立方定律，能较好反映裂隙渗流特性。

3. 细观力学试验

为了研究岩石类材料的微细观破坏过程和机制，人们发展了各种试验手段和技术，目前运用较多的有：X 射线(X-ray)技术、与 X 射线相结合的 CT(computer tomography)技术、扫描电镜(scanning electron microscope，SEM)技术等。

X 射线技术的飞速发展，使人们能够对岩石类材料的微细观结构进行深入的认识和理解。目前，X 射线技术已被用于混凝土试样断裂过程的试验研究，并观察到了微裂纹的形成、扩展、空洞萌生和晶体位错等微细观损伤过程。

与 X 射线相结合的 CT 技术是以计算机为基础对测体断层中某种特性进行定量描述的专门技术，它首先被应用于医学诊断中，近年来受到岩土力学界的广泛关注。1986年日本京都大学寺田等人首先研制成功了室内受压岩样的弹性波CT机[44]，并用该机对受压岩样内部微裂纹发展过程进行了研究[45]。杨更社等[46,47]和Kawakata等[48]利用CT扫描对岩石的初始细观损伤特性进行了试验研究。杨更社等[49~51]对岩石的损伤扩展进行了CT定量分析。葛修润等[52]进行了三轴和单轴载荷下煤岩破坏全过程的即时动态CT试验，并引入了初始损伤影响因子，定义了一个基于CT数的损伤变量。陈蕴生等[53]利用CT图像灰度值均值和灰度分布随应力变化规律分析了细观损伤演化过程和机理。葛修润等[54]进行了岩石疲劳损伤演化的CT细观试验，得到了岩石细观疲劳损伤扩展的初步规律。曹广祝等[55]通过螺旋CT机以及与其配套的实时三轴加载和渗透压力设备对砂岩进行了各种应力状态下的应变特性试验。

自从Sprunt等[56]将扫描电镜技术引入到岩石细观结构研究领域以来，已有许多研究成果相继发表。凌建明等[57,58]利用微加载装置进行了岩石材料在电镜下的即时加载观测。赵永红等[59,60]对含有预制缺陷的大理岩平板进行了单轴压缩试验，观测并记录了试件表面微破裂的孕育过程，研究了微裂纹扩展与外载大小和方向之间的关系。孙钧等[61]通过扫描电镜下的一系列加载试验，对三峡花岗岩的细观损伤特性进行了研究。吴立新等[62]进行了中硬肥煤与坚硬无烟煤的即时压缩扫描电镜损伤扩展规律研究。尚嘉兰等[63]对单轴压缩状态下香港花岗岩和湖北黄石大理岩试样的微裂纹萌生、扩展、贯通直至破坏的过程进行了试验研究，分析了岩石的细观破坏机制和细观损伤与宏观力学行为之间的对应关系。肖洪天等[64]研究了岩石微裂纹的闭合、滑移、扩展以及相互作用过程，并给出了微裂纹扩展在各阶段引起的宏观变形。朱珍德等[65]对高围压高水压下大理岩破坏断裂断口进行了电镜扫描试验。

1.2.4 软岩力学本构模型

为了描述岩石在复杂应力环境中的力学行为，在分析试验结果的基础上，人们基于不同力学理论提出了多种本构模型。本节将对以往的力学模型进行简单回顾。

1. 弹塑性模型

不考虑时间和温度效应，英国科学家Hooke最早发现了材料的变形与引起变形的外力成正比，称之为Hooke定律，基于此定律提出的材料应力-应变关系即线弹性本构模型。在应力水平不高时，岩石会表现出弹性响应，此时，Hooke定律是适用的。

孙广忠[66]和Hoek等[67]的研究认为，在低应力条件下的完整岩体和高应力条件下完整和裂隙发育完全的岩体可以用连续介质力学方法来处理。而连续介质方法在金属等材料研究中已经较为成熟，可将其自然高效地应用于岩石力学研究中。研究表明，在各类工程计算中，岩石类材料可以合理地用连续介质力学中的弹塑性模型进行描述[68]。然而，岩石类材料的变形机制和金属材料有很大差别，直接应用传统弹塑性理论中的本构关系是不合适的，需要根据岩石类材料的试验结果对传统弹塑性模型进行修正。大量室内试验和现场测试结果表明，岩石材料和金属等材料相比具有以下特性：①强度受静水压力的影响，使得传统 Tresca 和 Mises 屈服准则对岩石材料不再适用；②中间主应力对变形和强度的影响较大；③存在剪胀特征，使得相关联流动法则不再适用；④弹性模量随塑性而演化，即存在弹塑性耦合特征；⑤具有硬化软化特征，后继屈服面随塑性变形而变化，且岩石的峰后特性对岩土工程的变形和稳定性有重要影响。针对上述特性，根据岩石力学试验揭示的现象，大量学者开展了相关研究工作。

1）强度准则

多年来，有关岩石强度理论的研究成果层出不穷，且一些具有代表性的准则在岩石工程中得到了较为广泛的应用，俞茂宏等对此做了详细总结[69]。在这些准则中，最简单、应用最广的为 Mohr-Coulomb 强度准则，它是在试验数据统计分析基础上建立的，参数具有明确的物理意义；但是，该准则的缺点是忽略了中间主应力的影响，并且在子午面上的破坏包络线为直线，导致该准则只能在有限应力范围内对强度计算较为准确。20 世纪 60 年代以来，大量学者提出了经验强度公式[70]，在这些经验准则中，Hoek-Brown 强度准则[71]被岩土工程界普遍接受，该准则的参数可由地质强度指标（GSI）等确定。但是，与 Mohr-Coulomb 强度准则一样，Hoek-Brown 强度准则也没有考虑中间主应力的影响。值得指出的是，我国学者俞茂宏[72]经过 30 年的研究，由正交八面单元体力学模型出发，创立并完善了双剪理论，最终形成了统一双剪强度理论，并证明了双剪强度准则和 Mohr-Coulomb 准则在 π 平面上的屈服曲线分别是各种岩土屈服准则的上限和下限。李小春等[73]通过花岗岩室内真三轴试验对双剪强度准则进行了验证。

当前大部分强度准则是基于应力状态建立的，部分学者从能量角度，通过分析岩石变形破坏过程中能量耗散与释放、岩石强度和整体破坏的内在联系，研究了岩石的强度准则。通过能量角度建立的强度准则，考虑了岩土类材料的内摩擦性质以及在不同围压下岩石的破坏机理，并能反映中间主应力的影响，谢和平等[74]、高红等[75]、周辉等[76]以及黄书岭等[77]在这方面进行了研究，并将建立的准则应用于边坡和隧道工程。

2）非关联流动

试验发现岩石剪胀作用显著，使得传统关联流动法则对于岩石材料不再适用。很多学者[78~81]对土和岩石等材料的剪胀特性进行了研究，发现用理论或数值方法分析边坡和隧洞等工程的稳定性时，剪胀角的选取对结果影响很大。在岩石的剪胀研究中，Hansen[82]首先提出剪胀角的概念，表示塑性体积应变与剪切应变的比值，通过一个势函数和相应流动法则确定。对于土、混凝土和岩石，一般认为剪胀角小于内摩擦角[83]；但是，对于颗粒材料，屈服过程中，初始剪胀角与内摩擦角的启动是相关的，需要根据具体试验结果来确定。Ladanyi[84]利用石灰石进行的常规三轴试验表明正交流动法则是适用的，然而更多试验发现正交流动法则并不总是成立[85]。由于试验数据较少，对岩石剪胀特性的研究还不够深入，目前在进行数值计算时，对于剪胀角的处理采用两种做法：一种是将材料的塑性势函数取为屈服函数，即采用关联流动法则，这种做法的缺点是过分考虑了材料的剪胀性；另一种是非关联流动法则，完全不考虑材料的剪胀性。Alejano 等[86]根据循环加卸载的试验数据拟合了剪胀角与塑性剪应变、内摩擦角以及应力的关系，而没有考虑弹性参数的变化，所得结果仅能大致反映膨胀角的变化规律。Zhao 等[87]、陈益峰等[88]基于完整岩石和裂隙的压缩和剪切试验结果也提出了类似公式。

对于岩土类材料，弹塑性耦合和非关联流动是相互联系的，根据 Drucker 公设可以证明[89]：在弹塑性非耦合情况下，一定符合关联的流动规律。殷有泉等[90]从依留辛公设出发，建立了弹塑性耦合情况下的广义正交法则，从而具体地给出了弹塑性耦合和剪胀的关系，然而该理论的适用性和适用范围尚未得到试验验证。

3）弹塑性耦合

一般认为岩石弹性参数的变化是因为在塑性变形中会萌生不可逆的微裂纹，或孔隙产生闭合和张开而在岩石内部引起损伤[91]。很多学者通过在弹塑性模型中引入损伤理论或断裂理论来解决这个问题，如 Chiarelli 等[92]提出的弹塑性损伤模型，Han 等[93]提出的塑性-断裂模型等。由于宏观的损伤和塑性变形是同时出现的，有理由假设岩石材料的损伤演化规律与塑性应变的演化规律是相联系的，于是殷有泉[94]在率无关条件下（不考虑黏性效应），假设损伤速率和塑性应变率分量之间满足线性齐次函数关系，从而在弹塑性框架内考虑弹塑性耦合问题。郭小明[95]、赵冰等[96]、张承柱等[97]和曹伟等[98]也在弹塑性框架内研究了弹性参数随塑性变形的演化规律。

4）应变硬化软化

由于数值计算方法的限制，现有文献在进行岩土工程弹塑性数值分析时，借鉴金属等材料普遍采用理想弹塑性模型[99]，或采用弹脆性模型[100,101]。通过赋予合适的参数，这些模型也能部分反映岩石的变形和强度特性；但是，这类模型无法描述岩石峰后应变软化等现象，与岩石本身的变形破坏机制存在较大差距[102~105]。为了更好地描述岩石屈服以后的硬化或软化规律，Hajiabdolmajid 等[102]基于 Mohr-Coulomb 屈服准则，提出了一种考虑黏聚力弱化-摩擦强化模型。尽管工程计算表明以上模型可以较好模拟高地应力下岩石的力学行为，但是尚不够完善，比如：没有考虑围压对岩石屈服过程的影响，没有考虑剪胀效应等。无论在弹塑性理论上还是在试验验证上，以上模型都需要更深入的研究。

2. 断裂力学模型

岩体破坏过程是岩体内节理、裂隙开裂、扩展、交合的过程，岩石破裂问题本质上是断裂力学问题，于是断裂力学理论被引入到岩石力学理论研究中。一些学者围绕岩石中裂纹扩展规律以及岩石断裂机理，在理论及实验方面都开展了大量工作。

裂纹间的相互作用和交合将产生局部弱化并最终导致岩石的整体断裂破坏，有关经验模型、统计模型和数值模型对此也加以探讨，但真正解决多裂纹的耦合作用还很困难。学者们研究了滑移裂纹群相互作用，并以单向加压试验结果为基础，建立了便于工程应用且适用于多裂纹体的等效正交各向异性本构关系[106,107]；分析了脆性材料在压缩载荷作用下裂纹的相互作用、扩展和连通，应用断裂力学观点首次导出了多裂纹材料的压缩强度同裂纹尺度、裂纹间距、裂纹韧度和裂纹表面摩擦系数之间的关系式，得出了单轴压拉强度比公式[108]。

试验发现，卸荷条件下岩石的变形和破坏与加载条件下的不同，侧向变形加快，扩容更为明显。部分学者利用断裂力学的观点，使用摩擦弯折裂纹模型分析了节理、裂隙岩体围压卸荷至拉应力过程中的本构模型，该模型能考虑节理、裂隙间相互作用和模拟卸荷拉应力段的本构关系。

为了便于工程应用，将统计断裂力学应用于岩石强度理论的研究，一般是通过宏观实验确定相关参数，因此，这是一种唯象的和经验的方法，不能反映岩石微结构的特征，无法建立岩石微结构断裂机制与宏观力学性能之间的联系。部分学者应用统计理论进行了结构岩体断裂方面的研究[109]，考虑到实际裂纹扩展路径不可能是平直的，实际裂纹扩展所需表面能要比按照平直裂纹扩展计算得到的表面能大，于是，引入分形方法描述裂纹扩展路径的不规则性，修正断裂韧性强度理论中采用的裂纹临界扩展阻力[110]。

3. 连续损伤模型

损伤力学的思想最早于1958年由Kachanov[111]在研究金属材料蠕变特性时提出，当时他提出了“连续因子”和“有效应力”的概念。20世纪六七十年代，随着研究的深入，金属材料“损伤力学”逐渐建立，1986年，Kachanov[112]出版了第一部损伤力学专著《连续损伤力学导论》。1976年Dougill[113]将损伤力学引入岩石材料，开创了岩石损伤力学；1979年Dragon等[114]根据断裂面的概念，研究了岩石的脆塑性行为，建立了相应的连续介质模型；1981年，Krajcinovic等[115]运用热力学理论对脆性岩石本构方程进行了较为全面和深入的研究。

损伤是指在单调加载或重复加载下材料微缺陷导致其内聚力降低、体积单元破坏的现象[116]。损伤力学通常研究两大类问题:脆性损伤和韧性损伤。脆性损伤研究微裂纹萌生与扩展导致的材料损伤;韧性损伤研究微孔洞萌生、长大、汇合与扩展导致的材料损伤。损伤力学主要研究的内容是宏观可见缺陷和微裂纹出现以前的力学过程,含宏观裂纹物体的变形及扩展。然而用连续损伤力学的方法也可以分析裂纹的扩展行为,于是有学者将损伤力学与断裂力学接合在一起,构成现代破坏力学的主要内容。损伤力学研究有三个核心内容:①损伤变量的定义;②损伤演化方程;③含损伤材料的本构理论。

连续损伤模型从材料宏观现象出发并模拟宏观力学行为,使用内变量来描述微裂纹的密度、方向等特征,进而描述受损材料的真实宏观力学行为。连续损伤模型的理论基础是连续介质力学和不可逆热力学,其中,常用到有效应力和自由能的概念。对损伤机制理解的不同和选用损伤变量的不同,常常得出不同形式的损伤演化方程。岩石和混凝土等脆性材料中常用的模型包括 Loland 模型、Marzars模型、Krajcinovic 模型等,近年来新的岩石连续损伤模型[117~119]不断涌现。

此类模型的主要优点是其提供了明确直观的宏观损伤本构方程,在实际工程中使用较为方便;但其缺点也是显而易见的,模型中的一些概念和参数没有明确的物理意义,不能从微细观结构层次上弄清损伤的形态和变化。因此,其研究难以深入本质而且切合损伤在微细观层次上的物理机制[120,121]。

4. 细观力学模型

不同于唯象性宏观力学模型,细观力学模型从材料的具体细观结构出发,考察具体的损伤形式(如微裂纹、微孔洞、相界面等),定义具有真实物理背景的损伤变量,并最终借助某种平均化的方法将细观特征单元体(representative elemental volume,REV)模型的演化规律推广到整体宏观演化规律。这方面的研究是运用数学和力学理论从微细观尺度上建立岩石微细观损伤模型。从 20 世纪 80 年代中后期开始,微细观损伤力学逐渐替代连续介质损伤力学而主导损伤力学的发展。

众所周知,对于含微裂纹的固体材料,其内部微裂纹的衍生、扩展以及连接是导致材料力学性能退化直至破坏的主要原因。另一方面,借助于细观力学的Eshelby夹杂问题均匀化方法,可以得到含微裂纹孔隙介质的有效弹性参数,其表达式是表征微裂纹发展的裂纹体积率的函数。因此,在细观力学分析中,通常将表征微裂纹密度的参数定义为控制材料损伤发展的状态参数,这样微裂纹扩展对材料弹性力学性能的影响就可以通过材料损伤反映出来。该方法最初由 Budiansky 等[122]提出,并在细观力学分析中广泛应用。同时,在热力学框架内,微裂纹发展产生的材料损伤可以认为是材料的主要耗能途径之一。因此,整个 REV 的宏观自由能建立以后，损伤演化规律可以取为能量释放率的函数。

借助于连续损伤力学理论，Dormieux 等[123]将线弹性断裂力学中的经典能量法进行扩展，用其描述含一组微裂纹并被间隙流体饱和的 REV 的损伤发展，分别得到了对应于不同均匀化方法的基于应力和应变的损伤发展准则；同时，讨论了不同的微裂纹排列形式——包括平行微裂纹、随机分布微裂纹以及各向异性定向分布微裂纹在张开微裂纹和闭合光滑（无摩擦）微裂纹等条件下的损伤发展规律。随后，Dormieux 等[124]进一步研究了单边效应（lateral effect）作用下含微裂纹介质的弹性特性，并通过基于应力的均匀化方法揭示了微裂纹张开、闭合（闭合不摩擦）转换对含微裂纹介质有效力学性能的直接影响。

1.2.5 软岩工程稳定性分析

深埋软岩的稳定性研究大致经历了三个阶段：①20 世纪 50 年代以前，主要采用弹性及弹塑性理论，分析和计算围岩的应力、变形和稳定性；②此后，将流变理论引入到岩体力学的研究中，至 70 年代岩石（体）流变特性及流变地压的研究已非常活跃；③20 世纪 80 年代以来，弹塑性（考虑应变软化）和流变分析仍是主流，同时损伤、断裂、扩容及膨胀耦合作用等围岩力学模型已成为研究的热点。

弹塑性分析方法又称为极限平衡分析方法。基于 Mohr-Coulomb 准则，Fenner 于 1938 年最早将地下硐室模型简化为各向同性、各向等压的轴对称平面应变模型，用于分析地下洞室围岩在弹塑性"极限平衡"状态下的围岩应力、应变、位移与支护强度和围岩强度的关系。Fenner 和 Kastner 基于经典的理想弹塑性模型和岩石破坏后体积不变假设得到了地下硐室的围岩特性曲线方程，即著名的 Kastner 公式，这一结果使人们认识到可以充分发挥围岩的自承能力，以较小的支护阻力（强度）来获得围岩稳定。刘夕才等[125]采用 Mohr-Coulomb 准则和非关联塑性流动法则分析了轴对称软岩巷道的变形规律，从轴对称平面应变问题的基本方程出发，导出了软岩巷道弹塑性变形的位移理论解答，并给出了现有应力与位移理论解的适用条件。付国彬[126]考虑了岩石的塑性应变软化和破裂区体积膨胀特性，对巷道围岩破裂范围与位移进行了研究。王永岩[127]、马士进[128]基于 Mohr-Coulomb 屈服准则，考虑岩石扩容膨胀及塑性软化的影响，得到轴对称软岩巷道弹塑性应力及变形的解析解。程立朝等[129]采用泥灰岩三轴试验分析了膨胀特性对深井软岩巷道围岩稳定性的影响，并利用弹塑性理论推导了膨胀角与围岩变形的关系。

在长期的岩体工程实践中，人们注意到工程岩体的应力场、物理力学性质等均随着时间而不断发生变化，即具有显著的时间效应。时间效应对于研究开挖后工程岩体的动态特征以及岩体工程的设计具有十分重要的意义。陈宗基将流变理论引入岩石力学，提出了围岩应力场随时间而变化的概念和软岩扩容的膨胀效应问题，确定了软岩长期强度的本构方程。刘夕才等[130]采用黏弹塑性模型对软岩巷道的流变特性进行有限元数值模拟分析，给出了软岩巷道应力、位移随时间的变化规律，详细讨论了支护压力、软岩体积膨胀和强度弱化对巷道稳定性的影响，为软岩巷道支护设计提供了一些有益的结论与建议。张耀平等[131]建立了软岩的非线性蠕变模型，在低应力水平下，蠕变变形趋于稳定状态，在高应力水平下，软岩蠕变往往表现出加速蠕变特性，建立的非线性蠕变模型可以用统一的蠕变方程来描述软岩蠕变的 3 阶段。万志军[132,133]等基于大量的岩块流变试验，从岩石长期强度的衰减特征和岩石的应变能守恒原则出发，建立了非弹塑黏性元件组合模型的软岩(煤)非线性流变力学模型。在此基础上，进一步建立了软岩(煤层)巷道围岩非线性流变力学模型，并采用实验室三轴巷道围岩流变试验对该模型的有效性进行了验证。

近年来，考虑多种因素的影响，研究反映深埋软岩在复杂环境下的开挖响应成为一种趋势。王渭明等[134]考虑弱胶结软岩峰后应变软化和塑性扩容特性，采用损伤理论和三直线应变软化模型，建立了弱胶结软岩巷道围岩弹塑性流动损伤模型，推导了非均匀应力场下围岩分别产生弹性损伤区、塑性软化损伤区和塑性流动损伤区时的应力、位移解析解，并探讨了鲁新煤矿弱胶结砂质泥岩巷道的原岩应力水平、刚度劣化、扩容梯度等对围岩的损伤演化、位移场及塑性圈的影响规律。高召宁等[135]考虑了渗流体积力、岩体应变软化、破裂膨胀性等重要因素，应用弹塑性力学理论，推导了渗流场作用下巷道围岩的应力和位移分布规律，给出了巷道围岩不同分区范围与孔隙水压力、岩体应变软化程度、破裂膨胀性之间的关系。李剑锋等[136]采用与实际工程岩体结构相似的巷道围岩物理模型进行三维模拟试验，考虑了不同应力水平、岩性(软岩和硬岩)、岩体结构特征(节理及层理分布)以及支护形式等因素，对深部软岩巷道围岩分区破裂进行了探讨。

1.2.6 软岩工程稳定性控制理论与技术

1. 稳定性控制理论

1) 新奥法

20 世纪 60 年代，奥地利工程师 Rabcewicz 在总结前人经验的基础上，提出了一种新的隧道设计施工方法，称为新奥地利隧道施工方法(new austrian roadwaying method)，简称为新奥法[137]，新奥法已经成为地下工程的主要设计施工方法之一。1978 年，Muller 比较全面地论述了新奥法施工的基本指导思想和主要原则，并将其概括为 22 条。新奥法的核心是利用围岩的自承作用来支撑隧道，促使围岩本身变为支护结构的重要组成部分，使得围岩与支护结构共同形成坚固的支撑环。新奥法自起源后，得到广泛应用，已经从最初的隧道施工领域扩展到采矿、冶金、水利水电等其他岩土工程领域。虽然,新奥法的应用如此广泛,但不同应用者对它的解析还存在着诸多差异[138,139]。

2）联合支护理论

该理论是由陆家梁、冯豫、郑雨天、朱效嘉等结合软岩实际,灵活运用新奥法理论提出的[9,140～142],可以看作是在软岩支护方面对新奥法的发展。其观点可以概括为:对于软岩支护,一味地追求加强刚度是难以奏效的,要先柔后刚,先让后抗,柔让适度,稳定支护。由此发展起来的支护型式有锚喷网支护、锚注支护、锚带喷架、大弧板加强支护等联合支护技术。

3）松动圈支护理论

董方庭经过松动圈现场测试与巷道难易程度对比分析提出了松动圈支护理论[143]。在该理论中,依据松动圈范围将巷道围岩分为:稳定围岩、中等稳定围岩、不稳定围岩。该理论认为巷道支护对象为松动圈发育过程中的碎胀力,支护的作用是限制围岩松动圈在发展过程中碎胀力产生有害的碎胀变形,维护巷道的稳定。巷道支护的难易程度取决于围岩松动圈的大小,松动圈越大,破裂围岩的碎胀力越大,要求支护缩量和支护反力越大,支护越困难。

4）工程地质学支护理论

该理论是何满潮等[144,145]运用工程地质学和现代力学相结合的方法,通过分析软岩变形力学机制而提出的。该理论将软岩变形力学机制分为物化膨胀类、应力扩容类和结构变形类三大类。其理论要点是:软岩巷道的变形力学机制通常是三种以上变形力学机制的复合类型,支护时要"对症下药",合理有效地将复合型转化为单一型。软岩支护是一个力学过程,这个过程中的每个环节都必须适应其复合型变形力学机制的特点。

5）主次承载区支护理论

该理论认为巷道开挖后,在围岩中形成拉、压域[146],压缩域在围岩深部,体现了围岩的自撑能力,是维护巷道稳定性的主承载区。张拉域形成于巷道周围,通过支护加固,也形成一定的承载力,但与主承载区相比,只起辅助作用,称为次承载区。主、次承载区的协调作用决定了巷道的最终稳定。支护对象为张拉域,支护结构与支护参数要根据主、次承载区相互作用过程中呈现的动态特征来确定。

6）应力控制理论

该理论方法也称让压法[147](或卸压法)、围岩弱化法等,该理论认为高应力软岩巷道的形变压力不可抗拒,应通过各种让压或卸压的形式进行巷道围岩变形能的释放,将作用于巷道周围的集中载荷转移到离巷道较远的支承区,降低巷道围岩应力水平,减少对支护的破坏。控制巷道变形的卸压方法主要有切缝、卸压槽、钻孔、爆破、开卸压巷和留卸压煤柱、采用让压(卸压)支护方式等。

7）能量支护理论

苏联煤矿科学研究院最先提出了巷道支护的能量原理[148]，认为巷道开掘后引起围岩应力重分布、产生位移和破裂的过程是一个能量释放的过程。其中，弹性应变能的量级很小，而且弹性位移以声速传播，弹性应变能很快释放，不会作用在支护上。如果没有支护，塑性区中的弹塑性应力与位移所释放的应变能，将削弱岩体颗粒间的联系，使岩体强度降低以至破裂，一部分能量还转化为声能和热能；在有支护的条件下，岩体的弹塑性位移受到支护的阻挡，其能量除有一部分仍用于使岩体变形破裂外，另一部分能量消耗于引起支护的受力与位移。当围岩释放的能量与支护体内储存的能量达到平衡时，围岩与支护便共同处于稳定状态。

8）应变控制理论

日本山地宏和樱井春辅提出了围岩支护的应变控制理论[149]。该理论认为：巷道围岩的应变随支护结构的增加而减小。因此，通过增加支护结构，能较容易地将围岩应变控制在允许范围内。

2. 稳定性控制技术

软岩巷道支护一直是矿山开采中十分重要的问题，随着开采向深部发展，软岩巷道支护问题就变得越来越突出[150,151]。目前，软岩支护仍停留在经验性和工程类比阶段，也有少部分的工程试验[152,153]。1995 年，中国岩石力学与工程学会专门成立了软岩工程专业委员会，经许多专家学者的共同努力，使得我国在软岩支护技术和支护理论方面取得了较大进展，特别是在软岩支护技术方面发展较快，形成了锚喷网支护系列技术、钢架支护系列技术、注浆加固系列技术、料石碹支护系列技术、预应力锚索支护系列技术以及以上各种支护组合的联合支护系列等，但应用最多的还是锚喷支护和 U 型钢可缩性支架[154~157]。

1）U 型钢可缩性支架支护

U 型钢可缩性支架的优点是具有较好的断面形状和几何参数，易于实现搭接后的让压缩，其作用原理是：当围岩变形压力超过接头摩擦阻力时，接头发生收缩，围岩释放能量，巷道断面收敛减小，形变压力降低。但是，它也有明显不足之处，其中最大的缺点是钢材消耗量大，支护成本高；支架的支护强度低，导致支架变形破坏严重、复用率低。另外，由于 U 型钢制造工艺复杂，在实际应用中其可缩量有限，不能适应围岩的大变形。

2）砌碹支护

20 世纪 60 年代以来，在一些软岩矿区曾广泛使用马蹄形料石碹、料石圆碹以及带底拱的直墙料石碹[158]。这些封闭式砌碹支护的优点是具有承载力大、稳定性强和防止底鼓效果好等优点，但由于其刚性大，承载晚以及承受不均匀荷载能力低的特点，一般不适用于围岩变形大的软岩巷道支护。

3) 卸压支护

除了采用主动支护的方式外,国内外还出现了人工改变围岩应力状态和分布的巷道维护方法,统称为卸压法。目前主要的卸压法有爆破卸压法、切缝卸压法、凿孔卸压法、掘巷道卸压法等多种形式[159~162]。

4)锚喷支护

1912年,德国最先采用锚杆对谢列兹矿进行井下巷道支护,至今已有一百多年的历史。锚杆支护有许多优点:节约钢材,降低支护成本,减轻劳动强度,改善井下作业环境,能够显著提高巷道支护效果,增加安全度,而且维护费用低,施工轻便。锚杆支护广泛应用则是在最近四五十年,美国和澳大利亚发展最为迅速。我国的锚杆支护是在1956年开始研究的,80年代以后,世界上其他一些国家大力发展和应用了锚杆支护,而我国锚杆支护真正得到迅速发展是20世纪90年代以后[163~165]。

我国自20世纪50年代开始试用锚杆技术,70年代把锚喷支护作为井巷支护的发展方向,促进了锚喷技术的应用研究。80年代,全面展开了软岩巷道支护技术研究工作。进入90年代以后,在软岩、动压巷道中,以锚杆支护为主,同时结合注浆技术,用于改善围岩性质,解决高应力强膨胀软岩巷道支护的问题,已在我国得到了应用[166]。

1.3 主要研究内容和思路

本书将以揭示深埋软岩工程的变形破坏特征及稳定性控制机理为研究目标,在目前研究现状的基础上,综合运用力学试验、理论分析以及数值模拟手段,从深埋软岩的物理力学特性入手,对深埋软岩工程变形破坏的相关规律及控制机理进行研究,研究内容如下:

(1) 对软岩工程地质特征进行说明,包括锦屏二级水电站深埋引水隧洞绿泥石片岩的分布特征、地质条件,济三矿深埋巷道层状软岩的基本工程地质条件。

(2) 对深埋软岩的物理力学特性与试验方法进行揭示,以锦屏二级水电站深埋绿泥石片岩和济宁三号井深埋粉细互层砂岩为例,通过大量室内试验,研究岩石的物理、力学和化学特性,以期为掌握不同类型深埋软岩的力学行为和开挖力学响应提供依据。

(3) 基于深埋软岩试验结果,考虑应力状态对塑性演化的影响,定义了新的内变量,分析了黏聚力和内摩擦角随内变量的演化规律,研究了深埋软岩的剪胀特性,分析了剪胀角随塑性内变量的演化规律,考虑硬化、软化和剪胀特性,建立了深埋软岩的力学模型和深埋层状软岩的横观各向同性应变软化模型。

(4) 针对锦屏二级水电站绿泥石片岩洞段和济宁三号井深埋粉细互层砂岩洞

段变形问题，论述了围岩力学响应综合监测和观测方法，包括深部位移监测、声波速度测试、钻孔成像测试、收敛变形监测等，并结合现场监测和观测成果揭示了深埋软岩工程非线性大变形特性，基于此进行围岩的挤压程度评价。

(5) 重点针对深埋软岩挤压大变形洞段开挖断面尺寸、落底加固方案、落底开挖方案及其他稳定性控制问题开展研究，提出最优设计方案和工程措施。

(6) 研究绿泥石片岩的流变特性，选择与其力学行为相适应的流变本构模型，基于反演获得的流变力学参数，考虑隧洞运行期内水渗入导致围岩软化问题，对深埋绿泥石片岩洞段衬砌结构安全性进行分析，为衬砌结构设计与优化提供重要依据。

研究的技术路线如图 1.1 所示。

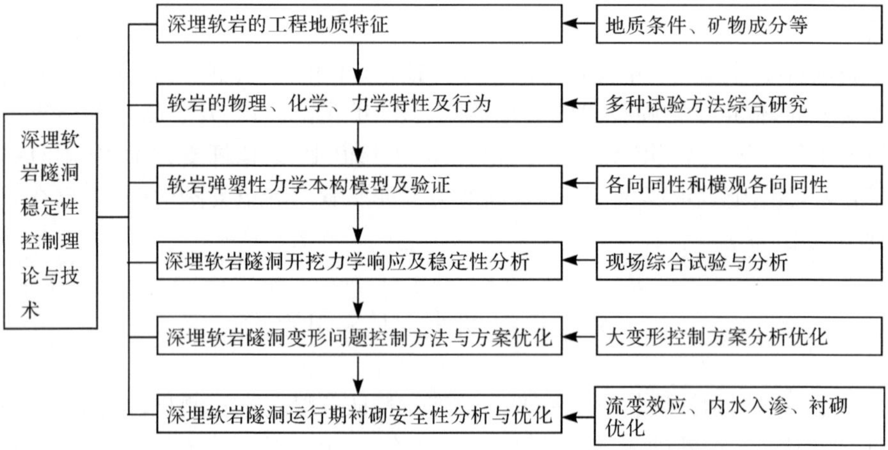

图 1.1　深埋软岩工程稳定性分析与控制技术路线

第 2 章 深埋软岩的工程地质特征

传统意义上的软岩一般指岩体质量非常差，具有软、弱、松、散特点的岩体。这一概念源于地面工程和浅埋地下工程实践，随着工程埋深不断加大、工程结构复杂性日益提高，新的特点、现象也不断挑战原有的概念体系。目前，软岩概念的范畴已大大扩展，为此，何满潮等[167]提出了工程软岩的概念，即工程软岩为在工程力作用下发生显著塑性变形的岩石，其概念中包含了一部分地质软岩和地质硬岩。只要在一定的工程力作用下发生显著的塑性变形，就应视其为工程软岩，应该用工程软岩的研究方法和支护技术进行处理。这一概念强调了岩体本身的工程力学特性与工程荷载之间的矛盾。本章在此概念体系框架内着重叙述软岩本身的工程地质特征，包括软岩的一般工程地质特征以及两个典型工程实例中深埋软岩的工程地质特征，即深埋绿泥石片岩和深埋煤系地层粉细互层砂岩。

2.1 软岩工程的一般工程地质特征

2.1.1 软岩的分类

1. 按坚硬程度分类

根据《工程岩体分级标准》(GB/T 50218－2014)[168]，按照坚硬程度可把软岩分为较软岩、软岩和极软岩。中科院地质与地球物理研究所伍法权等根据隧道工程实践中遇到的新围岩介质，在软岩和极软岩的代表性岩石中补充了特殊岩土体类型，如表 2.1 所示。该分类从工程地质角度给出了非常全面的总结。

表 2.1 软岩按坚硬程度的等级划分[168]

坚硬程度	单轴饱和抗压强度/MPa	定性鉴定	代表性岩石
较软岩	$15<R_c\leqslant 30$	锤击声不清脆，无回弹，较易击碎；浸水后，指甲可刻出印痕	(1)强风化的极硬岩 (2)弱风化的硬岩 (3)未风化～微风化的凝灰岩、千枚岩、砂质泥岩、泥灰岩、泥质砂岩、粉砂岩、页岩等

续表

坚硬程度	单轴饱和抗压强度/MPa	定性鉴定	代表性岩石
软岩	$5<R_c\leqslant 15$	锤击声哑,无回弹,有凹痕,易击碎;浸水后,手可掰开	(1)强风化的坚硬岩 (2)弱风化～强风化的硬岩 (3)弱风化的较软岩 (4)未风化的泥岩等 (5)遇水软化岩石:云母片岩、炭质板岩
极软岩	$R_c\leqslant 5$	锤击声哑,无回弹,有较深凹痕,手可捏碎;浸水后,可捏成团	(1)全风化的各种岩石 (2)各种半成品岩石:第三系砂岩、泥岩等 (3)第四系各种成因堆积物:如黄土、黏土、砂土、粉土、碎石土等 (4)遇水软化或膨胀型岩石:膨胀土

2. 按塑性变形机理分类

根据产生塑性变形的机理不同,何满潮等[167]将软岩分为:膨胀型软岩、高应力软岩、节理化软岩和复合型软岩,如表 2.2 所示。同时,就每类软岩的具体特点、产生塑性变形的机理、等级划分等都给出了详细描述,由于此内容不是本书重点,故不再重复,具体请参考文献[167]。

表 2.2 软岩按塑性变形的等级划分[167]

软岩名称	泥质含量	σ_c/MPa	塑性变形特点
膨胀性软岩	>25%	<25	在工程力作用下,沿片架状硅酸盐黏土矿物产生滑移,遇水显著膨胀等
高应力软岩	≤25%	≥25	遇水发生少许膨胀,在高应力状态下,沿片架状黏土矿物发生滑移
节理化软岩	不含	低～中等	沿节理等结构面产生滑移、扩容等塑性变形
复合型软岩	含	低～高	具有上述某种组合的复合型机理

3. 按软化程度分类

根据软化程度,软岩可分为准软岩、一般软岩、超软岩和极软岩,如表 2.3 所示。软化程度采用软化指数评价,软化指数[167]定义为软岩的软化临界荷载与工程岩体中最大应力的比值,即

$$f_s=\frac{\sigma_{cs}}{\sigma_{\max}} \tag{2.1}$$

式中：f_s 为软化指数；σ_{cs} 为软化临界荷载（MPa）；σ_{max} 为工程岩体中的最大应力（MPa）。

表 2.3　软岩按软化程度的等级划分[167]

软岩类型	f_s	工程力学状态	巷道支护建议
准软岩	0.8～1	局部塑性	顶帮两角锚喷
一般软岩	0.5～0.8	全断面塑性	全断面锚网喷
超软岩	0.3～0.5	扩容、膨胀为主的塑性	全断面锚网喷＋关键点锚索
极软岩	＜0.3	扩容、膨胀和高应力挤出为主的塑性	全断面锚网喷＋关键点加强锚索

2.1.2　软岩地下工程的变形特征

软岩地下工程开挖后，围岩变形一般包括三个组成部分：①弹性变形，开挖导致卸荷和二次应力作用下的弹性变形；②塑性变形，二次应力超过围岩屈服强度产生的不可逆变形；③黏塑性变形，高应力致使围岩产生与时间相关的不可逆变形，围岩损伤变形较为显著。发生大变形的软岩地下工程，其围岩弹性变形相对较小，主要为塑性和黏塑性变形。

经过大量软岩地下工程实例调查，总结出软岩隧洞开挖后围岩变形具有如下特征：

1）变形量大

隧洞开挖后，围岩产生显著的塑性变形。锦屏二级水电站引水隧洞绿泥石片岩洞段洞壁最大变形量约 1m，乌鞘岭隧道过破碎带段开挖过程中初期支护后围岩最大顶拱下沉和水平收敛量为 1.21m 和 1.05m。隧洞发生大变形时通常表现为支护严重破裂，如初喷混凝土开裂脱落、钢架扭曲、二次衬砌混凝土开裂。

2）变形速度快

软岩隧洞开挖后，变形速率较大，特别是初期变形速率大，每天变形量可达 30mm 以上。因此，软岩隧洞要求支护及时，只有控制住初始变形速率，才能有效控制围岩变形量和变形持续时间。

3）变形时间长

软岩隧洞开挖后最显著的特点是变形持续时间长，具有明显的蠕变变形特征。锦屏二级水电站引水隧洞绿泥石片岩洞段围岩变形在开挖一年后仍在持续。有的隧洞甚至到运行期仍在不断变形，导致不断返修，影响正常运行，耗资巨大。

4）围岩扰动范围大

深埋条件下，强度应力比低，软岩隧洞围岩在高应力作用下塑性屈服，随开挖进程不断进行，塑性区范围不断扩大，并在开挖完成后仍随着时间继续扩展，特别是当支护不及时或结构刚度和强度不满足要求时，围岩扰动范围更大。

5）径向变形特征明显

软岩隧洞大变形主要表现为拱顶下沉、边墙内挤、底板隆起，位移基本指向洞内，即径向变形。

2.1.3 软岩地下工程的强度特征

软岩分为多种类型，有破碎硬质岩，也有完整、较完整或破碎的软质岩。在深埋条件下，前者强度主要由结构面（包含充填物）的剪切强度、结构体强度决定，岩块强度较高，不易破坏；而软质岩本身强度不高，岩体强度由岩块和结构体的综合强度决定。另外，层状和薄层状岩体的强度与其产状和隧洞轴线的相对关系密切相关。另外，软硬互层岩体、软弱破碎带、软弱夹层的强度则由软弱部分岩体决定。

软岩本身的组成矿物对水较为敏感，地下水主要以结合水和自由水形式存在，表现出连接作用、润滑作用、水楔作用、孔隙压力作用、溶蚀及潜蚀作用，前三种为结构水产生，后两种为自由水造成。软岩遇水膨胀和软化是常见也是最主要的遇水反应特征，但二者不一定同时存在。

2.2 深埋绿泥石片岩隧洞工程地质特征

2.2.1 工程概况

锦屏二级水电站是雅砻江上兴建的一座以发电为开发目的的超大型引水式地下电站，它利用雅砻江 150km 长的大河弯，截弯取直，开挖隧洞集中水头引水发电。工程枢纽主要由首部拦河闸、引水系统、地下厂房三大部分组成，为一低闸、长隧洞、高水头、大容量引水式电站。其中，引水系统由进水口、引水隧洞、上游调压室、高压管道、尾水事故闸门室以及尾水隧洞等建筑物组成，采用 4 洞 8 机布置形式。四条平行布置的引水隧洞自景峰桥至大水沟，横穿跨越锦屏山，进水口至上游调压室的平均洞线长度约 16.7km，隧洞中心距 60m，洞主轴线方位角为 N58°W。4 条引水隧洞施工自西引 1＃、引 2＃施工支洞分别向东、西端方向分别开设掌子面进行开挖掘进，共 8 个施工掌子面，隧洞分为上下两层开挖，上层开挖高度为 8.5～9.3m，下层为 4.5～5.3m。隧洞采用全断面钢筋混凝土衬砌结构，衬砌厚 50～140cm。衬砌施工分底拱和边顶拱浇筑，先底拱，后边顶拱。引水隧洞立面为缓坡布置，底坡 3.65‰，由进口底板高程 1618m 降至高程 1564.7m 与上游调压室相接，隧洞沿线上覆岩体一般埋深为 1500～2000m，最大埋深约为 2525m，具有埋深大、洞线长、洞径大的特点，为超深埋长隧洞特大型地下水电工程。

锦屏二级水电站引水隧洞西端 1＃和 2＃引水隧洞开挖过程中分别于引(1)1＋

537 和引(2)1+613 处进入绿泥石片岩区段，其埋深均位于 1500m 左右。该地层地质条件复杂，岩性变化频繁，揭露的岩石主要有绿砂岩、绿砂岩大理岩互层、绿泥石片岩大理岩互层、绿泥石片岩等。1#引水隧洞和 2#引水隧洞已开挖洞段揭露绿泥石片岩及其与大理岩互层累计长度分别为 264m 和 314m。1#引水隧洞和 2#引水隧洞开挖至绿泥石片岩地层时均存在大规模塌方和大面积围岩变形侵占衬砌净空的现象，且二次扩挖洞段仍普遍存在围岩变形，局部变形再次侵占设计衬砌净空的问题。

2.2.2　区域地质概况

1. 地形地貌

雅砻江是本区的干流水系，区内流向自洼里向北经淇木林后折向东，继又南折，经泸宁、里庄、大水沟、巴折等地而出区外，形成一向北凸出的、长约 150km 的大河弯，常水位面宽 70～100m。洼里水面高程约 1650m，大水沟水面高程约 1326m，河床坡降大，水流湍急。河谷呈 V 形，漫滩、心滩少见，沿岸阶地零星发育。

河弯区位处青藏高原向四川盆地过渡的两级地貌阶梯带，全区呈高山峡谷地貌景观。锦屏山以近南北向展布于河弯范围内，山势雄厚，沟谷深切，峭壁陡立。山脊多呈尖棱状、主脊两侧山梁呈梳状排列。高程在 3000m 以上的山峰甚多，高于 4000m 者有大药山(4443m)、罐罐山(4480m)、干海子(4309m)、么罗杠子(4393.2m)等，最大相对高差达 3150m。呈 SN 走向的地形主分水岭稍偏于西侧，分水岭两侧地形不对称，东侧宽而西侧窄；区内山势展布与构造线基本一致，地表起伏大，高低悬殊，山高谷深坡陡，是工程区地形地貌的基本特点。

2. 地层岩性

雅砻江锦屏大河弯地区，出露的主要地层有：下古生界下奥陶统、下志留统；上古生界中上石炭统及二叠系；中生界三叠系。下古生界为一套厚度巨大并经中—低级区域变质的碎屑岩类，上古生界和中生界主要为区域变质的碳酸盐岩、碎屑岩和玄武岩、火山碎屑岩，分布在西雅砻江和大河弯河间地块一带。东部主要分布前震旦系变质岩系，古生界碳酸盐岩，峨眉山玄武岩和碎屑岩，中生界碎屑岩、黏土岩。中更新世以来的堆积物主要沿河谷与山麓地带零星分布。

区内广泛发育加里东期至燕山期的各类侵入岩和喷出岩，印支一燕山期(中生代)主要发育酸性和碱性侵入岩，分布范围较广泛。

3. 地质构造

从大地构造上，锦屏二级水电站位于松潘-甘孜地槽褶皱系的东南部，中生代以来经受印支、燕山，特别是喜马拉雅运动，形成一系列叠瓦状逆冲断层、地层倒转、A形平卧褶皱和拉伸线理以及沿断层形成的飞来峰构造，构成变形相当强烈的地台边缘褶皱带和断裂带；雅江褶皱带是古生代至三叠纪的地槽褶皱带。三叠纪末的印支运动使其褶皱回返，燕山运动影响本区，有花岗岩类侵入。喜山运动强烈隆起并伴有断裂活动。

按断块学说，本区处于鲜水河断裂、安宁河断裂、则木河断裂、小江断裂和金沙江断裂、红河断裂所围的“川滇菱形断块”之内。区内褶皱及断裂构造发育，雅砻江大河弯地区为一轴向NNE向的大型复式向斜，次级褶皱相当发育，且多呈紧密线状排列，岩层陡倾甚至倒转，显示了曾经历过强大的挤压作用。在工程区为锦屏复型向斜，核部为三叠系地层，复型向斜内次一级褶皱发育，可分为东、中、西三个褶皱带。

从展布的地质构造形迹看，本区处于近东西向（NWW～SEE）应力场控制之下，形成一系列近南北向展布的紧密复式褶皱和高倾角的压性或压扭性走向断裂，并伴有NWW向张性或张扭性断层。东部的褶皱大多向西倾倒；而西部地区扭曲、揉皱现象表现得比较明显。

2.2.3 深埋软岩洞段地层岩性和地质构造

锦屏二级水电站的引水隧洞洞线西起景峰桥，东至大水沟，由四条平行的引水隧洞组成，1～4＃引水隧洞长度为16.658～16.675km，洞轴向S58°E，进水口位于景峰桥（底板高程1618m），引水隧洞最大埋深为2525m，全洞平均埋深约1610m，其中埋深大于1500m的洞段长度为12618～12646m，占全洞长度的75.7%～75.9%。

1. 地层岩性

引水隧洞西端已开挖洞段出露地层主要为三叠系下统（T_1）绿泥石片岩、三叠系中统杂谷脑组（T_{2z}）大理岩以及三叠系下统砂板岩（T_3），各层岩性具体出露情况如下：

1) 三叠系下统（T_1）

该层由绿砂岩、绿泥石片岩、绿砂岩与灰白色或浅肉红色大理岩组成，呈互层状。单层厚度在20～60cm不等，其中，绿泥石片岩的各向异性明显。产状变化较大，走向为SN～N20°E，倾向和倾角为W/NW∠75°～85°，该地层构成落水洞背斜的核部。该套地层岩性复杂，岩相变化较大，根据其岩性变化特征，大致可分为四个亚层，即T_1^1、T_1^2、T_1^3、T_1^4。

(1) T_1^1为绿泥石片岩，顺层常有灰白色大理岩条带及透镜体，具片状构造，层厚大于104m。

(2) T_1^2 为灰白色厚层状大理岩及大理片岩夹具片理构造的绿泥石片岩。据钻孔及测绘表明，该层岩溶不发育，仅见少量沿裂隙面的溶蚀现象，未发现有岩溶管道。层厚 35.9m。

(3) T_1^3 下部为灰绿色绢云母片岩夹灰白色层状大理岩；中部为灰绿～灰白色中厚层状黑云母片岩夹灰白色薄层片状大理岩，含石英透镜体；上部为灰绿～白色中厚层角砾状、条带状大理岩夹绿泥石片岩。层厚 124.3m。

(4) T_1^4 为灰绿色变质粉细砂岩，夹白色条带状大理岩，具片状构造。岩层厚为 96.7～119.6m，主要分布在进水口布置范围内。

2) 三叠系中统杂谷脑组(T_{2z})

该组岩性复杂，岩相变化较大，主要为一套碳酸盐岩地层，分布在引水隧洞上游，与下伏地层呈整合接触关系。其下部为白～浅肉红色巨厚层状白云质大理岩，间夹有较多灰绿色绿泥石、绢云母片岩条带或透镜体；上部为灰白色～深灰色中细晶大理岩，中厚层状，少量薄层状，夹少量绿砂岩透镜体或灰黑色砂板岩团块。岩层走向为 N40°～70°E，倾向和倾角为 NW∠60°～80°，至洞桩号 1200～1700m 段受褶皱影响，产状与洞向夹角较小，变为 NWW～NEE 向，倾角也变(约 40°～70°)。

3) 三叠系上统(T_3)

在辅助洞 0～1km(西端)及引水隧洞 0.77～0.84km 范围内出露一套 T_1^3 地层，岩性以中厚层钙质粉砂岩局部夹薄层板岩，局部为泥质板岩夹粉砂岩，岩性较单一，钙质粉砂岩单层厚 0.5～1.5m，泥质板岩单层厚 5～20cm(以 5～10cm 为主)。层理清晰，辅助洞由于位于向斜的转折端，走向变化大，走向为 N10°～65°E 不等，总体倾向 NW 以陡倾角为主，倾角一般大于 65°～80°。引水隧洞内岩层产状较稳定，走向为 N15°～30°E，倾向和倾角为 NW/SE∠75°～85°，沿层面多挤压形成顺层挤压破碎带。

2. 地质构造

工程区内无大的褶皱及断裂构造发育，结合前期勘探成果，根据引水隧洞内情况揭露岩层情况分析，在 T_{2z} 地层内发育一复式小型褶皱，扭曲、揉皱现象表现得比较明显。其核部地层为 T_1 绿砂岩。

引水隧洞已揭露洞段断层宽度大多在 0.5m 以下，以Ⅳ级结构面为主，其次为Ⅲ-2 和Ⅲ-1 级结构面。T_3 砂板岩中顺层挤压破碎带较发育，少数宽度在 1m 以上，带内岩石炭化较明显。T_{2z} 大理岩中主要在Ⅱ区岩溶带内发育一组顺层(NE～NEE)断层带，带内多充填黄色黏土。

3. 岩溶及水文地质

T_1 绿砂岩、绿泥石片岩位于工程区西部第Ⅳ岩溶区，该区内发育有落水洞背斜，其核部为相对隔水的 T_1 绿砂岩、绿泥石片岩，背斜两翼为中等至弱富水的杂谷脑组大理岩。由于 T_1 绿砂岩、绿泥石片岩的相对隔水，阻隔了岩溶地下水直接向雅砻江排泄。

2.2.4 深埋绿泥石片岩洞段工程地质条件

1. 绿泥石片岩洞段基本地质条件

1）岩性

绿泥石片岩是一种以绿泥石为主要矿物成分的区域变质岩，其特征是具有片理构造，一般为鳞片变晶结构。绿泥石是族层状结构硅酸盐矿物，主要为 Mg 和 Fe 的矿物种。绿泥石是一些变质岩的造岩矿物，其晶体呈假六方片状或板状，薄片具挠性而无弹性，集合体呈鳞片状、土状。

引水隧洞近岸坡一带 T_1 地层以绿砂岩为主，而引水隧洞 2km 以后的 T_1 地层以黑云母绿泥石片岩为主，顺层常见白色大理岩条带或团块。另外，还可看到不少黄铁矿晶体，如果没有受到构造挤压或地下水作用，岩石干抗压强度一般为 30～40MPa。

2）构造

T_1 地层作为落水洞沟背斜核部，其两侧地层均为 T_{2z} 杂谷脑组大理岩，两者为整合接触，从地表以及辅助洞和引水隧洞已揭露情况来看，两岩层接触带位置岩性往往较复杂，T_{2z} 地层中绿砂岩、绿泥石片岩含量明显增加，常以条带状或角砾状出现，局部可形成较大透镜体。引水隧洞桩号 1＋200～1＋900m 段岩层产状较乱，从正常的 NE 向（与洞轴线大角度相交）变化到 NW 向（与洞轴线近平行），明显存在一系列 NW 向复式褶皱，岩体被强烈挤压，扭曲、揉皱现象表现得比较明显。大理岩中表现为串珠状溶洞（Ⅳ区岩溶带），而绿泥石片岩被挤压后，围岩变得松散、软弱，岩块手掰即断。结构面之间充填岩粉，沿面变得光滑，手摸具有强烈滑感，黏聚力几乎为 0，再加上高地应力的影响，易造成塌方。

T_1 地层除了受构造影响的Ⅳ类围岩洞段节理发育较紊乱外，其余洞段节理裂隙亦较发育，基本上可归纳为如下几组：

(1) 走向为 N30°E～SN，倾向和倾角为 NW/W∠80°～90°，顺层裂隙，局部走向为 N26°E～SN，倾向和倾角为 SE/E∠85°～90°，面较平，接触界面规则，局部轻挤，充填岩屑及片状岩。

(2) 走向为 N58°E，倾向和倾角为 NW∠70°～80°，面平，略弧状，规则，平行断续发育，充填钙膜。

(3) 走向为 N64°W，倾向和倾角为 SW∠27°，面平直，断续平行发育，间距为 0.3～1.2m，沿面钙膜充填。

(4) 走向为 N72°W，倾向和倾角为 NE∠67°，面平滑，略弯曲，延伸较长，局部形成壁面，夹挤压片岩为 1～2cm。

3) 岩溶、水文地质

T_1 绿泥石片岩位于锦屏西端第Ⅳ水文地质单元，该单元内岩溶程度较弱，地下水不甚发育，而绿泥石片岩作为相对隔水层，对岩溶、地下水的发育起到了一定抑制作用。从西端辅助洞以及引水隧洞目前已开挖出来的 T_1 地层来看，其岩溶发育甚微，地下水不甚发育，仅见几处渗滴水，偶见线状出水，这也正好说明了 T_1 地层属非可溶岩，其岩溶化程度很弱，且该层内地下水仅以少量裂隙水为主。

绿泥石片岩内地下水虽然不发育，但是仅有的一点裂隙水对于围岩稳定的影响比较大。绿泥石片岩属较软岩，软化系数小，虽然其干抗压强度为 30～40MPa，一旦遇水后抗压强度显著下降，只有十几兆帕，导致洞内多次塌方，其中地下水的影响起了较大的作用。

2. 围岩分类

绿泥石片岩洞段地层岩性及围岩分类情况如表 2.4 和表 2.5 所示。相应情况概述如下：

表 2.4　1#引水隧洞已揭露绿泥石片岩洞段岩层分布及围岩分类情况

隧洞	桩号/m	段长/m	地层岩性	围岩类别	备注
1#引水隧洞	1+537～1+618	81	绿砂岩	Ⅳ	引(1)1+540m 布置永久监测断面
	1+618～1+662	44	绿泥石片岩	Ⅳ	2008 年 7 月 29 日查看时发现引(1)1+660 三榀格栅拱架变形，边墙出现片状剥落
	1+662～1+760	98	绿泥石片岩	Ⅳ	2008 年 8 月 29 日引(1)1+759m 掌子面发生大规模塌方
	1+760～1+800	40	绿泥石片岩	Ⅳ	
	1+800～1+808	8	绿砂岩	Ⅱ	开挖洞径 13.8m
	1+808～1+818	10	绿砂岩为主，局部夹大理岩	Ⅲ	开挖洞径 13.8m
	1+818～1+821	3	绿砂岩为主，局部夹大理岩	Ⅲ	开挖洞径 13.4m
	1+821～1+880	59	大理岩为主，局部夹绿砂岩	Ⅱ、Ⅲ	按大理岩洞段支护参数支护
	1+880～1+885	5	绿泥石片岩	Ⅳ	开挖洞径 13m，支护按 32#通知要求执行
	1+885～1+918	33	绿泥石片岩	Ⅳ	

续表

隧洞	桩号/m	段长/m	地层岩性	围岩类别	备注
1#引水隧洞	1+918～1+929	25	绿泥石片岩夹条带状大理岩	Ⅲ	
	1+929～1+962	33	绿泥石片岩	Ⅳ	2009 年 1 月 29 日引(1)1+943m 掌子面发生大规模塌方
	1+962～972	10	大理岩	Ⅲ	

表 2.5　2#引水隧洞已揭露绿泥石片岩洞段岩层分布及围岩分类情况

隧洞	桩号/m	段长/m	地层岩性	围岩类别	备注
2#引水隧洞	1+613～1+643	30	灰绿色绿砂岩	Ⅳ	2008 年 6 月 26 日，1+643m 掌子面前方发生大塌方，方量约 $500m^3$
	1+643～1+672	29	绿泥石片岩和大理岩互层	Ⅳ	
	1+672～1+755	83	绿泥石片岩为主，局部为绿泥石片岩和大理岩互层	Ⅳ	引(2)1+691m 布置永久监测断面
	1+755～1+773	18	大理岩夹绿泥石片岩透镜体	Ⅲ	
	1+733～1+808	75	大理岩夹绿泥石片岩透镜体	Ⅱ、Ⅱb、Ⅲ	按大理岩洞段支护参数支护
	1+808～1+817	9	绿泥石片岩夹大理岩	Ⅳ	
	1+817～1+826	9	大理岩夹绿泥石片岩透镜体或条带	Ⅲ	
	1+826～1+895	69	大理岩为主，局部夹绿泥石片岩或绿砂岩条带	Ⅱ、Ⅲ	按大理岩洞段支护参数支护
	1+895～1+902	7	绿泥石片岩，局部大理岩	Ⅳ	
	1+902～1+957	55	大理岩为主，局部夹绿泥石片岩或绿砂岩	Ⅱ、Ⅲ、Ⅳ	按大理岩洞段支护参数支护

1) 1#引水隧洞的地层岩性概况

(1) 灰绿色绿砂岩：引(1)1+537～1+618 为Ⅳ类围岩，长度为 81m。

(2) 绿泥石片岩：引(1)1+618～1+800，引(1)1+880～1+918，引(1)1+

929～1+962 为Ⅳ类围岩，长度分别为 182m、38m、33m，累计长度为 253m。

(3) 绿泥石片岩与大理岩互层夹杂：引(1)1+918～1+929 为Ⅱ～Ⅲ类围岩，长度分别为 11m。

(4) T_{2z}大理岩，局部夹绿砂岩：引(1)1+800～1+880，引(1)1+962～1+972 为Ⅱ～Ⅲ类围岩，长度分别为 80m、10m，累计长度为 90m。

1＃引水隧洞已开挖洞段揭露绿泥石片岩及其与大理岩互层累计长度为 253+11=264(m)。相应的分布如图 2.1 所示。

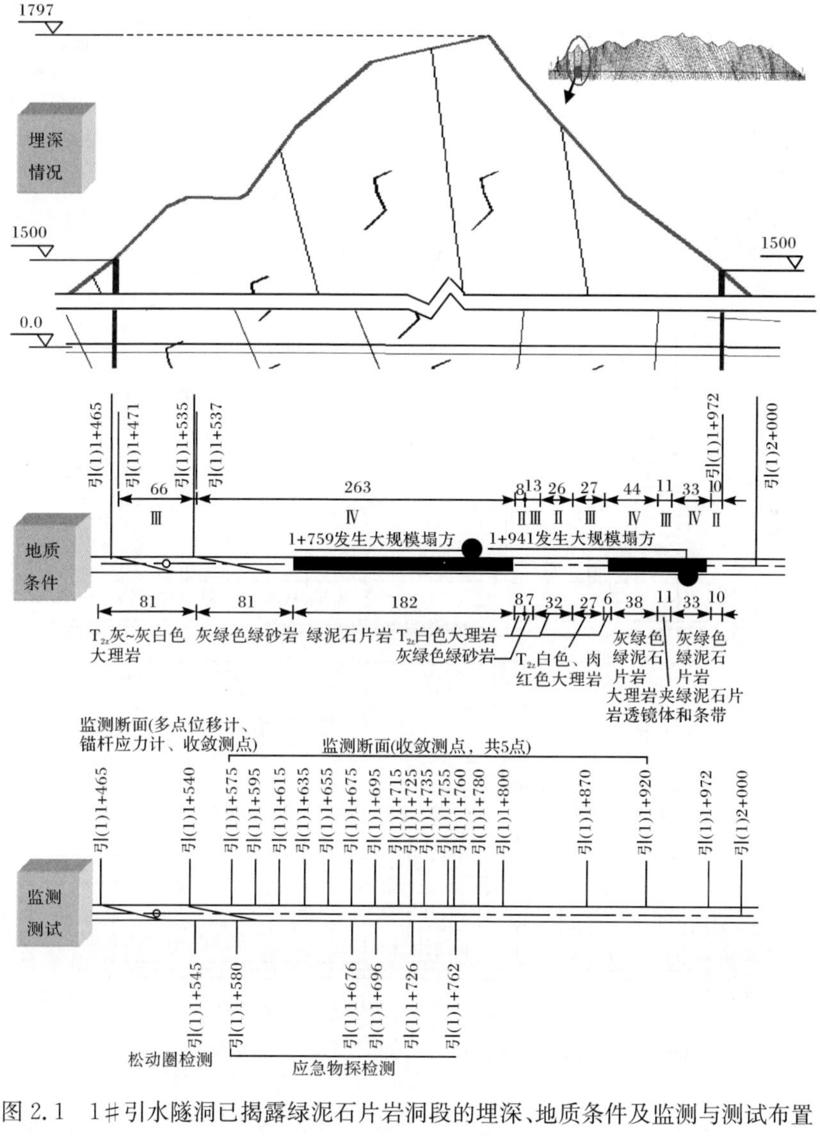

图 2.1　1＃引水隧洞已揭露绿泥石片岩洞段的埋深、地质条件及监测与测试布置

2) 2＃引水隧洞的地层岩性概况

(1) 灰绿色绿砂岩:引(2)1＋613～1＋643 为Ⅳ类围岩,长度为 30m。

(2) 绿泥石片岩:引(2)1＋672～1＋755,引(2)1＋808～1＋817 为Ⅳ类围岩,长度分别为 83m、9m,累计长度为 92m。

(3) 绿泥石片岩与大理岩互层夹杂:引(2)1＋643～1＋672,引(2)1＋755～1＋808,引(2)1＋817～1＋975 为Ⅱ～Ⅲ类围岩,长度分别为 29m、53m 和 140m,累计长度 222m。

2＃引水隧洞已开挖洞段揭露绿泥石片岩及其与大理岩互层累计长度为 92＋222＝314(m),纯绿泥石片岩地层长度较小,相应的分布如图 2.2 所示。

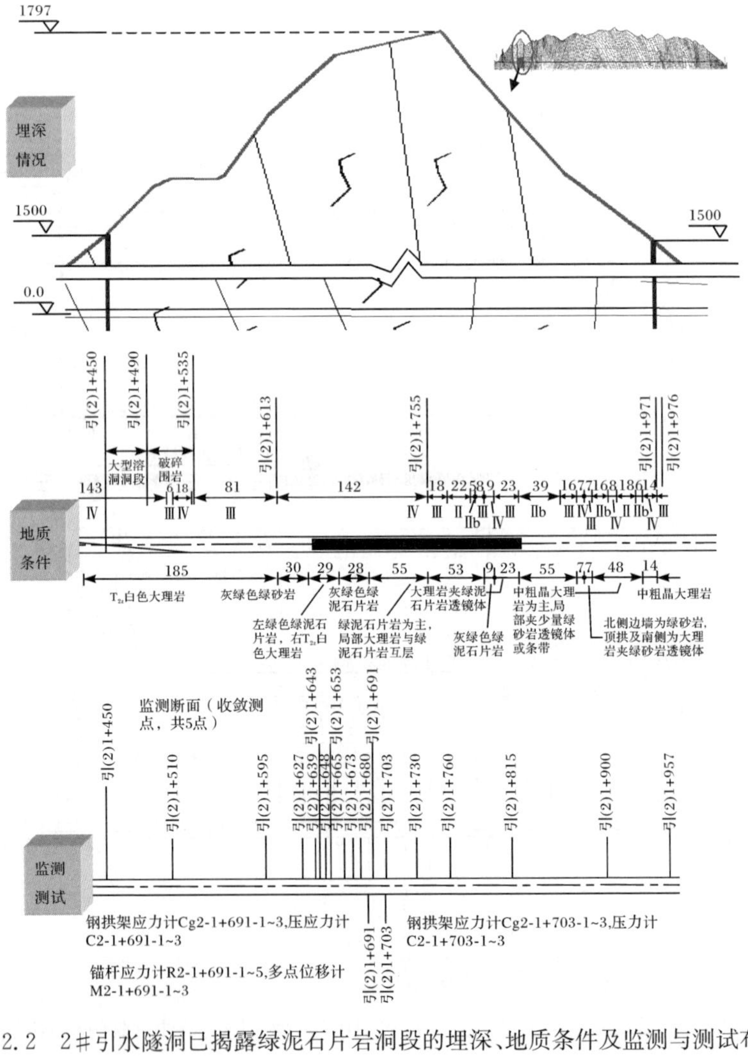

图 2.2　2＃引水隧洞已揭露绿泥石片岩洞段的埋深、地质条件及监测与测试布置

1＃引水隧洞和 2＃引水隧洞已揭露绿泥石片岩沿洞线的分布比较如图 2.3 所示。其中，部分洞段的岩层经过了概化。

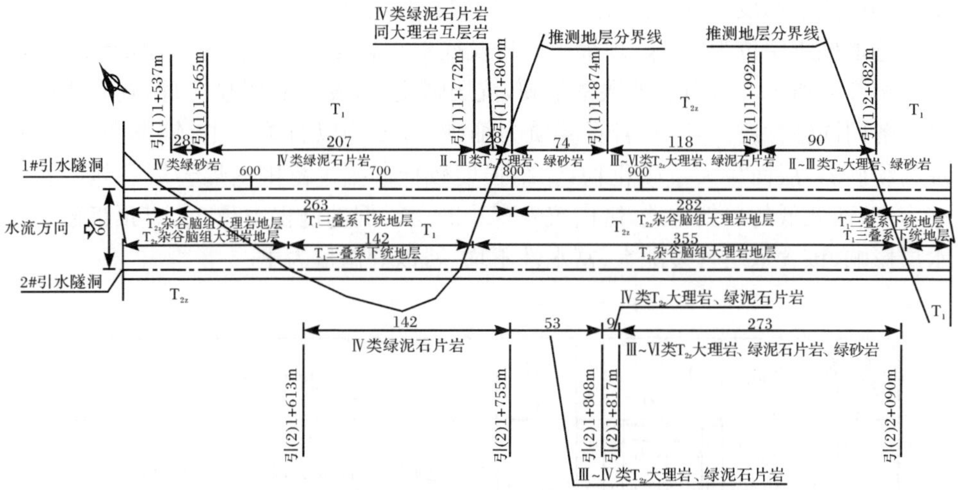

图 2.3　1＃和 2＃引水隧洞已揭露绿泥石片岩沿洞线分布

绿泥石片岩洞段埋深一般为 1550～1850m，自重应力约为 41～50MPa，单轴干抗压强度的平均值为 38.8MPa，饱和时为 19.47MPa，该洞段属于极高应力区。同时，由于绿泥石片岩强度和弹性模量低、遇水软化效应突出，在高应力下围岩以塑性剪切破坏为主，现场表现为以塑性变形为主的大变形。松动圈的测试结果表明，绿泥石片岩Ⅳ类围岩洞段松弛范围较大，一般为 3～6m，总体波速范围为 3300～6500m/s；绿泥石片岩和大理岩互层的Ⅳ类围岩洞段隧洞松弛范围稍小，一般为 2.5～4m，总体波速范围为 3300～6500m/s，平均波速为 4500～4600m/s，表明绿泥石片岩和大理岩互层岩体质量相比纯绿泥石片岩地层有所提高。

2.3　深埋煤系地层粉细互层砂岩巷道工程地质特征

济宁三号煤矿位于山东省西南部济宁市南郊，井田位于南北向的济宁地堑构造内，属济宁煤田(东区)的中部，地表主要由湖区和平原组成，地表落差很小，为近水平。井田走向长度 8～10km，倾斜长度 10～13km。井田内断层以正断层为主，也见有少数较小落差的逆断层，落差一般在 10m 以下。井田主采 $3_上$ 煤和 $3_下$ 煤，平均厚度 6.21m，煤层埋深为 600～1000m，现已逐步进入深部开采。四采区、五采区、六采区、十二采区、十三采区和十六采区现均已开采完毕，十八采区为正常生产采区。为生产接续需求，掘进七采区生产辅助大巷 $3_下$ 胶带巷。

七采区位于井田西南侧，待掘七采 $3_下$ 胶带巷属于七采区准备巷道，位于七采区中部，主要用于七采区回采期间煤（矸）运输、通风、行人、管线敷设、排水等。巷道埋深为 710～880m，沿煤层顶板向下倾斜 7°施工，断面形状为直墙三心拱形，跨度 4.8m，边墙高度 1.5m，随掘进随支护，锚杆长度 2200mm。

巷道掘进层位为煤 $3_下$、顶板中砂岩及底板泥岩、细砂岩，掘进层位的综合柱状图如图 2.4 所示。岩石质地致密坚硬，抗压强度高，发育有明显层理，具有很强的横观各向同性性质。其中，岩石基质为细砂岩，成分以石英为主，较坚实；岩石层理为粉砂岩，层面含大量碳化物，黏结强度较低。掘进范围内煤岩层总体趋势为东南高、西北低的单斜构造，区内仅发育小断层。掘进过程中受 $3_下$ 煤顶板砂岩含水层影响，该含水层含裂隙水、富水性不均一，以静储量为主。

地层	层厚/m	柱状 1:200	层号	岩石名称	岩性描述
山西组	0.0–16.30 / 10.74		4	细砂岩	灰白色中细砂岩，成分以石英、长石为主，泥质胶结，间夹碳质条带及泥岩薄层
	2.40–18.85 / 8.21		5	粉细砂岩互层	深灰色，含植物化石，炭化成煤线及煤屑另含少许黄铁矿，互层以粉砂岩为主，显缓波状层理，上部和中部含菱铁质结核
	11.81–40.61 / 26.21		6	中砂岩	灰白色，成份石英、长石为主，次含云母片及黑色棕色矿物等，泥质胶结，显断续斜层理，层理系由黑色炭质条纹引起，局部含少许深灰色粉砂岩包裹体
				细砂岩	灰色中厚层状薄层状细粒砂岩，石英为主，少量长石及黑色矿物
	0–8.50 / 4.25		7	粉细砂岩互层	深灰色粉砂岩与浅灰白色细砂岩互层，上部为泥岩，含较多植物碎屑化石，具微波状层理，局部间夹碳质条带
	0–2.00 / 0.40		8	$3_下$煤	黑色煤 $3_下$，块状，以亮煤、暗煤为主，含少量丝炭，沥青光泽，属半光亮型煤
	1.53–2.40 / 2.03		9	泥岩	灰黑色泥岩，质纯，含大量植物碎屑化石及少量的黄铁矿，参差状断口
	1.0–5.37 / 3.90		10	细砂岩	浅灰白色细砂岩，成份以石英为主，长石次之，发育斜层理，间夹较多碳质条纹

图 2.4　煤层顶底板综合柱状图

2.4 小　　结

本章总结了软岩工程中一般工程地质特征，参考最新研究成果，对软岩分类、软岩地下工程变形和强度特征进行了总结。重点就深埋绿泥石片岩隧洞、深埋煤系地层粉细互层砂岩巷道工程地质特征进行了论述，详细阐述了工程概况、区域和工程区地形地貌、地层岩性、地质构造、围岩分类等情况。

第3章 深埋软岩物理力学特性与试验方法

深埋软岩与浅部软岩最大区别就是风化程度低，岩质相对较为新鲜，但同时开挖后受环境影响可能更大。断层破碎带处由于外界水分渗入，蚀变较为明显。深埋软岩所处环境最大的特点是应力水平高，强度应力比甚至小于1，开挖后二次应力更大，围岩在高应力下剪切破碎，塑性挤出，导致大变形，并且受到环境水分的影响迅速软化。因此，研究围岩的遇水软化特征，裂隙渗水能力、灌浆阻水和加固效应对于在开挖过程中科学施工并控制围岩大变形有着重要指导意义。另外，软岩多具层理或片理，有的宏观上各向异性特征不甚明显，如绿泥石片岩，有的则具有显著结构特征，如粉细互层砂岩。因此，掌握这类岩石力学特征和行为的各向异性，对于正确理解深埋条件下围岩响应，进行科学支护非常关键。本章将首先以锦屏二级水电站深埋绿泥石片岩为例，对其物理力学特性、遇水软化特征和规律、灌浆阻水和加固效应、流变行为进行详细论述，并介绍几种特殊的试验方法，最后以济宁三号井深埋粉细互层砂岩为例对层状岩石的力学特性进行了论述。

3.1 深埋绿泥石片岩的物理特性及试验

3.1.1 锦屏二级水电站深埋绿泥石片岩洞段概况

锦屏二级水电站引水隧洞西端1#引水隧洞和2#引水隧洞开挖过程中分别于引(1)1+537和引(2)1+613处进入绿泥石片岩区段，其埋深均为1500m左右。该地层地质条件复杂，岩性变化频繁，揭露的岩石主要有绿砂岩、绿砂岩大理岩互层、绿泥石片岩大理岩互层、绿泥石片岩等。1#引水隧洞和2#引水隧洞已开挖洞段揭露绿泥石片岩及其与大理岩互层累计长度分别为264m、314m。1#引水隧洞和2#引水隧洞开挖至绿泥石片岩地层时均存在大规模塌方和大面积围岩变形侵占衬砌净空的现象，且二次扩挖洞段仍普遍存在围岩变形，局部变形再次侵占设计衬砌净空的问题。

3.1.2 绿泥石片岩取样加工

绿泥石片岩取芯桩号为引(1)1+760，在底板竖直钻孔，由于开挖卸荷和浸水作用，钻孔浅部0～10m范围内绿泥石片岩非常破碎，强度很低，难以获得完整岩芯，所以完整岩芯大部分在钻孔深部。

取长度大于 20cm 的岩芯在实验室进行了套钻取芯（直径 50mm 岩芯），如图 3.1所示。由于绿泥石片岩本身层理发育明显，钻孔方向与层理发育方向斜交，再加上钻取过程中的高应力卸荷导致的裂隙发育。因此，套钻的过程中很多岩芯沿斜截面发生了断裂。

(a) 套钻设备　　(b) 套钻后的岩芯桶

图 3.1　套钻岩芯的设备和套钻后的岩芯桶

由于绿泥石片岩遇水易软化，在套钻过程中应严格控制用水量，套钻获得岩芯的两个端面需要严格按照试验要求的尺寸进行切割、打磨，但用机器切割打磨两个端面不可避免增大用水量，这可能会影响绿泥石片岩端面的平整度和平行度的控制，为此，本试验采用人工切割打磨的方法，此过程中完全不用水，但耗时较多。

3.1.3　绿泥石片岩的矿物成分

绿泥石片岩是一种以绿泥石为主要矿物成分的区域变质岩，其特征是具有片理构造，一般为鳞片变晶结构。绿泥石是族层状结构硅酸盐矿物，主要为 Mg 和 Fe 的矿物。绿泥石是一些变质岩的造岩矿物，属黏土矿物，其晶体呈假六方片状或板状，薄片具有挠性而无弹性，集合体呈鳞片状、土状，这也就决定了这类岩石强度低、弹性变形和塑性变形能力强、水理性质敏感。

其成因主要有两类：一类为后期低温热液作用所形成；另一类为动力浅变质作用产生。蚀变矿物受构造应力作用具有定向性排列，局部发生重结晶，向片理化或构造片岩化方向发展。

锦屏绿泥石片岩主要是在经受了多期多方位强烈构造作用的同时，还经受了区域动力变质作用。其中，石灰岩中的炭质、泥质灰岩夹层或透镜体变质为绿泥石片岩。绿泥石片岩呈透镜体或者夹层状沿岩层面分布，且透镜体或夹层有相对集中的分布趋势，集中分布带间距为 4～24m。

本书进行了锦屏绿泥石片岩的矿物成分鉴定。根据肉眼观察(颜色)，选择了五种绿泥石片岩岩块进行矿物成分鉴定，以期从本质上找出它们的差别。这五个岩样分别命名为 A1、A2、A3、A4 和 A5，断口如图 3.2 所示。可见，A1 岩样破裂面较光滑，带蜡状光泽，夹带更加光亮的黑色颗粒；A2 岩样与其他岩样最大区别就是为花斑状，内夹白色大理岩团粒体或条带状体；A3 岩样最大的区别是夹带黄色的黄铜矿颗粒，硬度非常大，很难切割和打磨，黄铜矿颗粒大小不一，主要为 1mm 左右的小颗粒和 5mm 以上的大颗粒，绿泥石片岩破裂面有粉质感，无光泽；A4 岩样的特点是绿色特别明显，灰绿色体和绿色体互相夹杂在一起，绿色体颗粒感明显，颗粒发亮，灰绿色体具油质感，不发亮；A5 岩样破裂面上肉眼可见较均匀，灰绿色，有油光感，手摸有滑腻感。

采用 X 射线衍射法获得了上述五种岩样的矿物成分，如表 3.1 所示。可见，这五种岩样的矿物成分及其含量各不相同，除 A5 岩样外，其他样品绿泥石的含量均较大，在 40%～50%，随其铁含量的多少呈深浅不同的颜色，所以这五个岩样颜色上的变化主要归咎于绿泥石含铁量不同。其次是闪石，含量仅次于绿泥石，甚

(a) A1 岩样

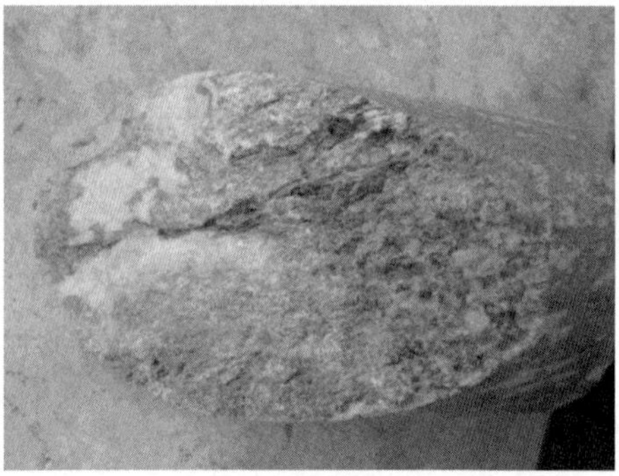

(b) A2 岩样

(c) A3 岩样

(d) A4 岩样

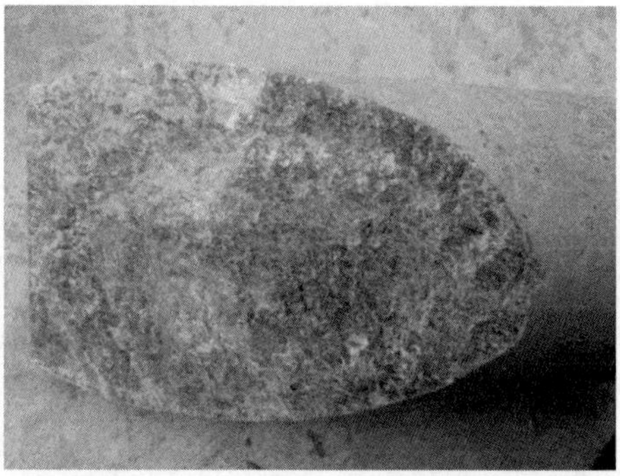

(e) A5 岩样

图 3.2　进行矿物成分鉴定的 5 个岩样的断口照片(见彩图 3.2)

至在 A1、A2 和 A5 岩样中等于或超过了绿泥石的含量,闪石可以呈现白色或绿色,摩斯硬度大概是绿泥石的 2 倍。滑石在 A3、A4 和 A5 岩样中含量较多,在摩斯硬度中其属于硬度最低的矿物,非常软并且有滑腻感。因此,滑石含量大的绿泥石片岩强度和弹模均较低。在 A2 岩样中含有少量的方解石,A5 岩样中方解石和白云石均有较大的含量。绿泥石、滑石和闪石矿物均属于硅酸盐矿物,而方解石和白云石则为碳酸盐矿物,为大理岩的主要成分。

表 3.1　锦屏绿泥石片岩矿物成分鉴定成果

岩样编号	绿泥石含量/%	滑石含量/%	闪石含量/%	方解石含量/%	白云石含量/%
A1	46	3	51	0	0
A2	39	14	39	8	0
A3	47	23	30	0	0
A4	39	36	25	0	0
A5	25	22	25	12	16

3.1.4　绿泥石片岩的细观结构

图 3.3 为上述 5 个岩样 SEM 扫描的结果。可见,除 A4 岩样之外,其他岩样具有相似的矿物排列方式和孔隙结构特征,以薄片状定向层状排列为主,其中,绿泥石和滑石矿物一般均为片状,而针状或纤维状的为闪石。方解石和白云石矿物颗粒则成块状。片状体定向层状排列导致孔隙结构非常致密,孔隙较小,从客观揭示了这类岩石渗透率非常低的原因。而 A4 岩样虽然其矿物成分只包括绿泥石、滑石和闪石,但其矿物颗粒的排列较混乱,颗粒之间搭接架桥形成孔隙,但颗粒排列仍较密集。因此,从 SEM 扫描结果总体上看,其孔隙率相比其他岩样

要大。

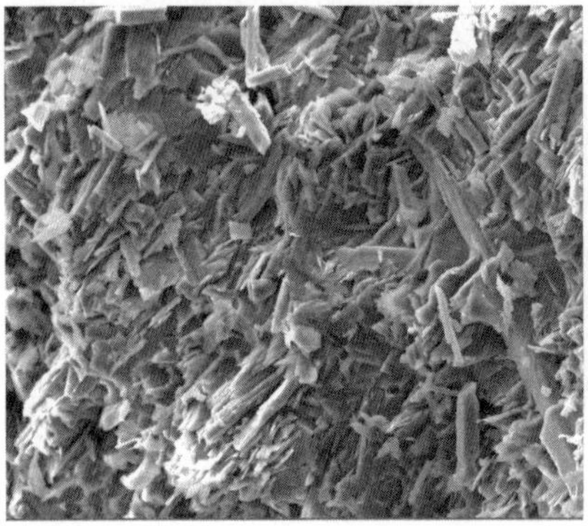

(a) A1 岩样孔隙结构 SEM 扫描照片

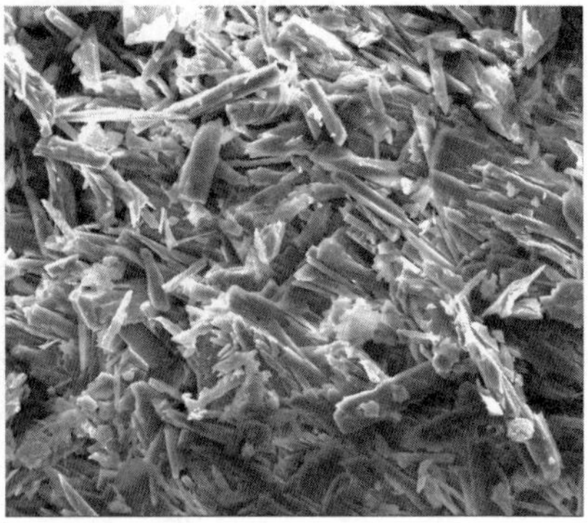

(b) A2 岩样孔隙结构 SEM 扫描照片

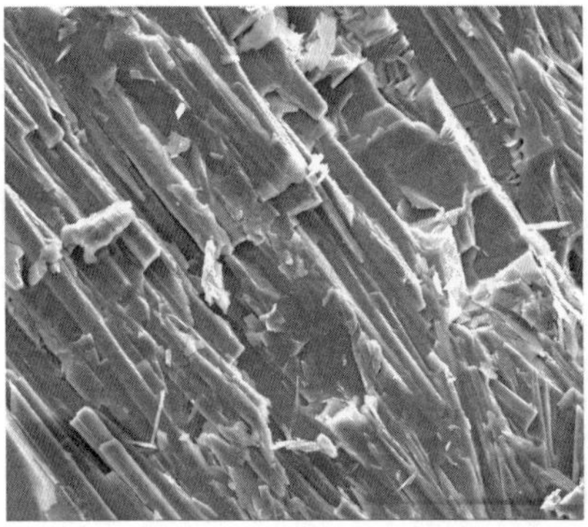

(c) A3 岩样孔隙结构 SEM 扫描照片

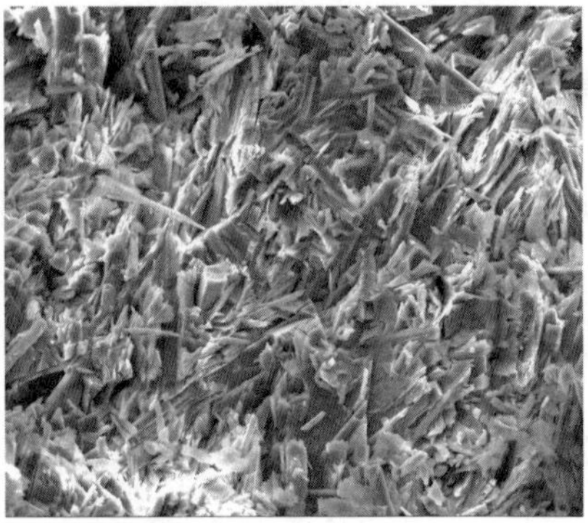

(d) A4 岩样孔隙结构 SEM 扫描照片

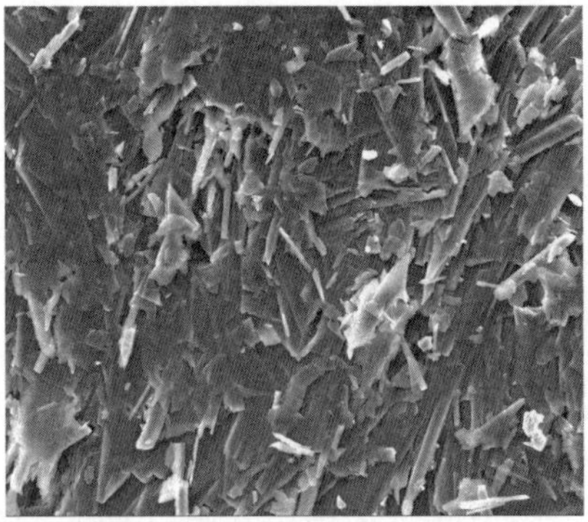

(e) A5 岩样孔隙结构 SEM 扫描照片

图 3.3　绿泥石片岩岩样孔隙结构 SEM 扫描结果

3.1.5　绿泥石片岩的密度、含水率和孔隙率

取绿泥石片岩样进行了系统的物理测试，如图 3.4 所示，测试内容包括块体密度、颗粒密度、天然含水率、吸水率、饱水率和孔隙率，测试结果如表 3.2 所示。此岩样为花斑状，含白色大理石，但其硬度较低，这类绿泥石片岩比一般较纯的绿泥石片岩孔隙率稍大。绿泥石片岩天然密度平均值为 2.74g/cm^3，烘干密度平均值为 2.72g/cm^3（烘干温度为 100℃），饱和密度平均值为 2.79g/cm^3。颗粒密度平均值为 2.93g/cm^3。绿泥石片岩天然含水率平均值为 0.92%。

图 3.4　进行物理性质测试的绿泥石片岩岩样的外观

表 3.2　绿泥石片岩物理性质测试的结果

岩样编号	块体密度/(g/cm^3)			颗粒密度/(g/cm^3)	天然含水率/%	吸水率/%	饱水率/%	孔隙率/%
	天然	烘干	饱和					
A6	2.73	2.71	2.78	2.93	0.97	2.34	2.78	7.52
A7	2.75	2.73	2.80	2.93	0.88	2.16	2.54	6.91
A8	2.74	2.72	2.79	2.93	0.92	2.24	2.68	7.28
平均	2.74	2.72	2.79	2.93	0.92	2.25	2.66	7.24

需要注意的是：由于在取芯、运输、加工过程中经历过多次用水，试验中所测天然含水率实际为岩块当前含水率，而并非现场实际岩体中的天然含水率。其自然吸水率和饱和吸水率为其物理性质，自然吸水率平均值为 2.25%，饱和吸水率平均值为 2.66%，吸水性低（很多软岩吸水率在 10%以上）。孔隙率平均值为 7.24%，孔隙率较低。这些指标从一个侧面说明绿泥石片岩本身的渗透性很差，只能通过原生结构面或次生裂隙面来导水。表 3.3 给出了我国部分工程软岩的吸水率或孔隙率，作为对比参考。相比之下，绿泥石片岩的吸水性非常差，这对于原岩层力学和物理性质的保护及围岩稳定性的控制是有利的。

表 3.3　我国部分工程软岩的吸水率和孔隙率

岩石	吸水率/%	岩石	吸水率/%
葛洲坝泥质粉砂岩 1	6.03～7.27	平庄小风水沟泥岩	64.87
葛洲坝泥质粉砂岩 2	7.33～8.27	穆棱二井凝灰质砂岩	48.25
开滦赵各庄矿泥岩	1.44	穆棱九井凝灰岩	42.90
邯郸陶二矿泥岩	2.98	吉林蛟河矿泥灰岩	63.02
汾西水峪矿铝土页岩	7.75	抚顺西露天矿凝灰岩	80.91
涟邵牛马司矿页岩	4.25	铁法小康矿泥岩	61.43
徐州柳新矿泥岩	10.30	铁法大平矿油页岩	69.24
宁夏石咀山矿泥岩	4.76	铁法大平矿泥岩	61.34
淮北芦岭矿炭质页岩	3.69	龙口洼里矿砂质泥岩	11.88
平顶山四矿泥岩	1.37	龙口北皂矿砂质泥岩	71.76
淮南潘一矿花斑泥岩	7.49	沈阳蒲河矿油页岩	60.25
淮南潘二矿砂质泥岩	5.60	沈北前屯矿凝灰岩	55.56
淮南潘三矿黏土岩	6.61	抚顺西露天凝灰岩	8.97
淮南新庄孜矿炭质页岩	5.21	吉林舒兰矿泥岩	28.30
浙江长广矿砂质泥岩	5.90	广东石鼓矿泥岩	47.46
峰峰通二矿泥岩	6.23	吉林珲春矿含砾中砂岩	17.18
乐山龙池矿粉砂质泥岩	2.39	右江矿四井泥岩	47.57
阜新东梁矿泥质粉砂岩	17.41	广西那龙二井泥岩	51.83
阜新东梁矿泥岩	31.25	云南小龙潭矿泥岩	80.31
平庄红庙矿泥岩	71.40	平庄古山矿泥岩	64.06

3.1.6　绿泥石片岩的膨胀性测试

从表 3.1 所示绿泥石片岩矿物成分的鉴定成果可知，各种类型绿泥石片岩的矿物中均缺少遇水膨胀性矿物，据此可初步判断锦屏绿泥石片岩的膨胀性不突出。然而，为了给出更为直接的回答，特开展了绿泥石片岩的膨胀率试验，包括自由膨胀率、侧向约束轴向膨胀率以及膨胀力试验。所谓自由膨胀率是指烘干岩样在水中膨胀增加的体积与原始体积之比，以百分率表示。它说明岩样在无外力作用下的膨胀特性，主要受岩样中黏粒含量和矿物成分支配。黏粒含量愈高，矿物亲水性越强，自由膨胀率越大。侧向约束轴向膨胀率是指在侧向约束情况下轴向变形量与岩样轴向高度之比，以百分率表示。膨胀力试验则是指在有侧限条件下充分吸水，使其保持不发生竖向膨胀所需施加的最大压力值，其为反映岩石膨胀性强弱的指标。相应测试方法可参见《水利水电工程岩石试验规程》(SL 264－

2001)[169]规定。该试验项目在图 3.5 所示的岩石膨胀试验仪上完成。

(a) 试验设备框架

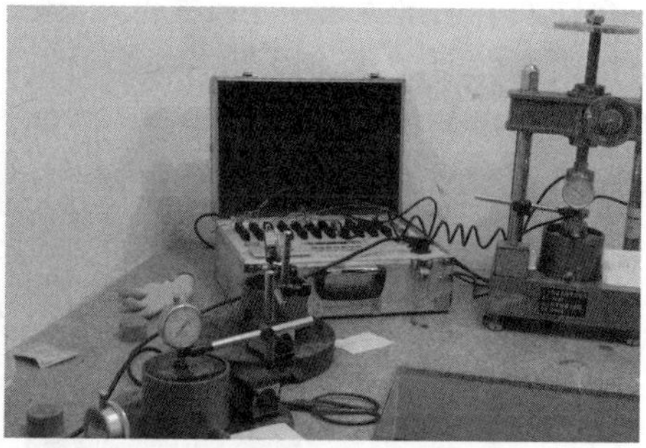
(b) 数据自动读取设备

图 3.5　岩石膨胀试验仪

表 3.4　绿泥石片岩膨胀性试验成果

风化程度	自由膨胀率/%		侧向约束轴向膨胀率/%	膨胀力/kPa
	轴向	径向		
微风化	0.034	0.193	0.062	11.078
	0.154	0.101	0.120	19.436
	0.043	0.057	0.123	15.538
平均值	0.077	0.117	0.102	15.351

三种膨胀性试验的成果如表 3.4 所示。从试验成果来看,绿泥石片岩轴向自由膨胀率均值为 0.077%,径向为 0.117%,体积膨胀率为 0.311%,而膨胀性软岩的自由膨胀变形量小于 10%。可见,绿泥石片岩的膨胀性极低。侧向约束轴向膨胀率为 0.102%,很低。膨胀力为 15.35kPa,相对于现场几十兆帕级原岩应力和二次应力来说,膨胀力可以忽略不计。

3.1.7　绿泥石片岩的渗透性

通过孔隙率、吸水率等测试成果可见,绿泥石片岩的渗透率非常低,基本上不透水。由于地应力水平非常高,绿泥石片岩岩体中的裂隙也处于压密状态,透水性较差,从现场开挖揭露情况也可验证这一结论。然而,作为引水隧洞,运行期隧洞长期过水,内水将通过开挖后围岩损伤产生的裂隙渗入岩体中,导致岩体软化,从而影响其长期稳定性。因此,了解绿泥石片岩裂隙渗透性有助于把握运行期内水渗透范围和围岩软化范围。为防止或尽可能降低内水入渗,进行围岩灌浆阻水效果如何也需要检验,开展相应的渗透性试验对于采取合理的措施、科学设置参数具有重要意义。

本节开展了围压作用下绿泥石片岩裂隙渗透试验和灌浆裂隙渗透试验。由于绿泥石片岩非常软，且强度低，常规的轴向劈裂试验应用时常常出现压刀已完全进入岩样中，岩样仍未出现破裂，此时岩样边缘部位已经被压碎，导致岩样经常在期望裂隙面形成部位之外发生破坏，故轴向裂隙的产生非常困难，无法形成完整的粗糙裂隙。因此，本节采用人工切割方法形成裂隙面，如图 3.6 所示。

图 3.6　绿泥石片岩单裂隙面岩样

1. 围压作用下绿泥石片岩单裂隙面渗透性试验

围压作用下单裂隙面绿泥石片岩渗透试验在岩石温度-应力-渗流耦合三轴流变仪上进行，如图 3.7 所示。图 3.8 为围压为 10MPa、渗透压为 0.8MPa 每小时的渗透水重量随时间的演化曲线。可见，在前 7h 内，渗透量不断增大，意味着渗透通道逐渐通畅，但 7h 以后，渗透量逐渐降低，这区别于通常的认识，也就是说在该试验条件下，渗透过程中渗透通道并非由于矿物质所渗流溶解运移而不断地扩大通畅从而表现为渗透量的升高，这可能与绿泥石片岩本身的物理力学性质、围压和渗透压大小有关。由于绿泥石片岩较软，且在水的作用下渐进软化更为严重，在高围压条件下裂隙面逐渐被压密，虽然存在矿物质溶解运移问题，但由于裂隙面在高压力作用下导致孔隙坍塌，孔隙率降低，渗透通道被挤密堵塞，从而导致渗透量降低。

该试验成果意味着衬砌和灌浆后随着围压的部分恢复，岩体内应力的升高将促进开挖期间张开或错动的裂隙面闭合，在裂隙面中水的软化作用下，裂隙面将被压密，渗透通道被堵塞，渗透率会降低。但这是个辩证的问题，并非在任何条件下都能达到，这种效果必须通过注浆等控制措施降低一定范围内绿泥石片岩承受的渗透压才可能达到。

图 3.7　岩石温度-应力-渗流耦合三轴流变仪

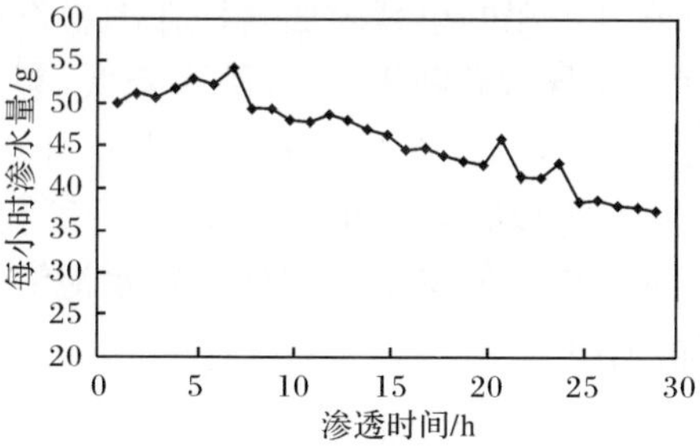

图 3.8　围压为 10MPa、渗透压为 0.8MPa 条件下单裂隙面的渗透试验曲线

2. 围压作用下灌浆单裂隙面渗透性试验

现场灌浆后，浆液主要充填入裂隙中，而裂隙也是主要的导水通道。因此，需要开展试验，研究在一定应力环境中充填入浆液的裂隙渗透性。

实际上，充填浆液的裂隙渗透性受到裂隙面粗糙度、浆液配比和厚度等多种因素的综合影响，但由于裂隙面只能切割形成，无法考虑粗糙度的影响。浆液的配比按现场设计使用的配比，采用水灰比(0.5(0.6)∶1)～(1∶1)的纯水泥浆液。图 3.9为室内形成的灌浆单裂隙面岩样。

试验取围压 15MPa、渗透压 2MPa 和围压 10MPa、渗透压 1MPa 两组方案，试验过程中记录每小时的渗流水量，试验结果如图 3.9 所示。可见，单位时间渗流量呈指数形式减小而后趋于平稳，与未灌浆时呈线性递减的试验结果对比更能显现出水泥灌浆对渗透性的影响。

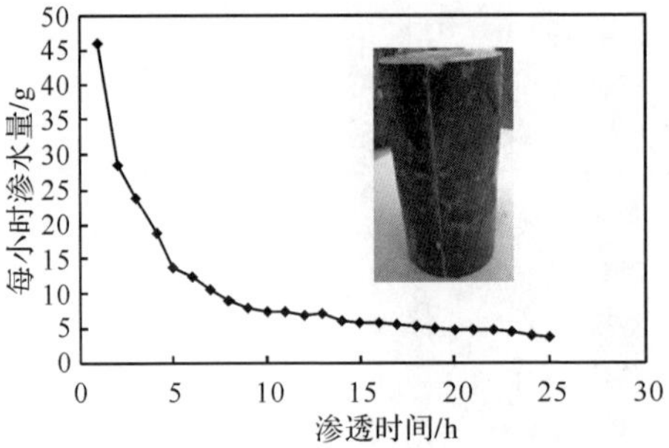

(a) 围压 15MPa、渗透压 2MPa 条件下的灌浆岩样渗透水量变化曲线

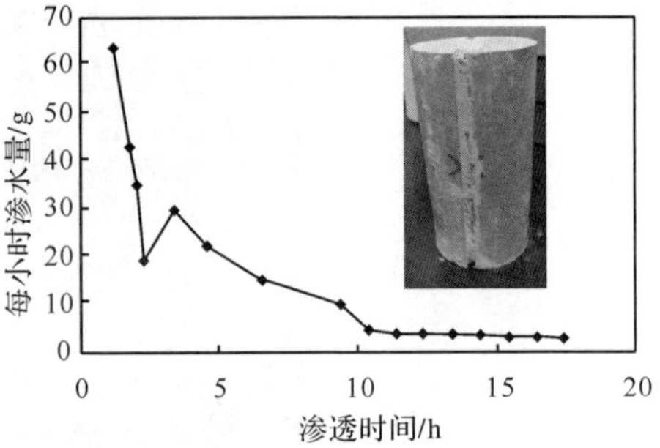

(b) 围压 10MPa、渗透压 1MPa 条件下的灌浆岩样渗透水量变化曲线

图 3.9　灌浆岩样渗透水量变化曲线

综合上述分析可知，含裂隙面岩样在围压作用下，渗流量起始时略有增大，而后呈线性减小趋势，充填过水泥的单裂隙面岩样在围岩作用下，渗流量呈指数形式减小。这一方面说明围压导致孔隙坍塌，孔隙率降低，裂隙面愈合，另一方面说明灌浆封堵裂隙对减小岩体渗透性有显著效果。由此可知，现场施工中，应增大围岩的围压，并封堵岩体中的裂隙。据此，应采用两种工程措施以期取得较好效果：其一，进行衬砌等支护，其二，对裂隙面岩体进行水泥灌浆。当然，本节的分析不涉及灌浆对岩体的加固作用。

3.2　深埋绿泥石片岩力学特性及试验

本节内容包括单轴试验、常规三轴试验、完整岩样干燥和饱和状态下的直剪试验、单裂隙面干燥和饱和状态下的直剪试验、单裂隙面灌浆后的直剪试验、饱和及干燥条件下的流变试验等。通过已取得的试验成果对其力学性质进行了分析，特别是水对其变形和强度性质的影响进行对比和评估，为该洞段挤压变形原因分析、开挖和支护方案制定以及围岩与衬砌结构的长期稳定性分析和评价奠定了坚实基础。

3.2.1　干燥和饱和条件下绿泥石片岩单轴压缩力学特性试验

按照《水利水电工程岩石试验规程》(SL 264－2001)[169]规定，在烘箱中制备干燥岩样，如图 3.10 所示；采用抽真空法进行岩样饱和，如图 3.11 所示。

绿泥石片岩干燥和饱和条件下典型的单轴压缩全过程曲线如图 3.12 所示。可见，加载初期，绿泥石片岩初始压密段很明显。随着继续加载进入弹性变形阶段，在达到峰值强度前，未出现明显的压密段，峰后应力-应变曲线呈脆性跌落形态。

图 3.10　绿泥石片岩干燥岩样的制备

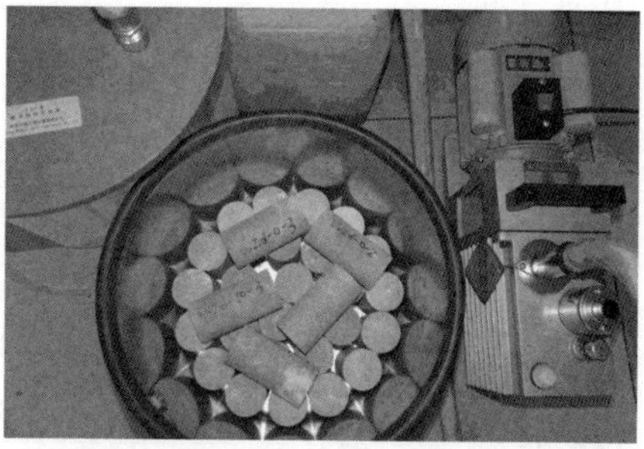

图 3.11　绿泥石片岩饱和岩样的制备

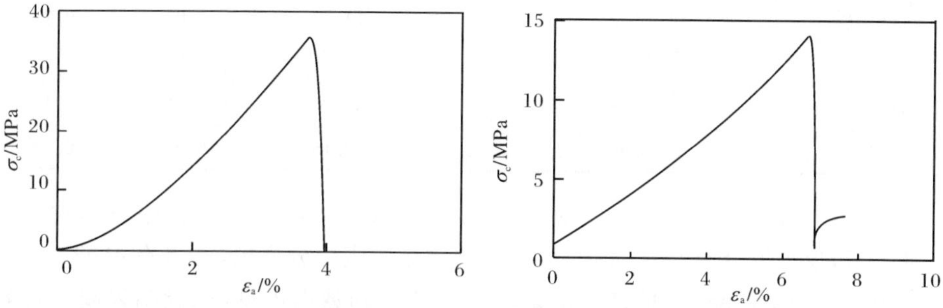

(a) 干燥　　(b) 饱和

图 3.12　干燥和饱和条件下绿泥石片岩的单轴压缩应力-应变曲线

相应试验结果如表 3.5 所示。可见,无论是干燥还是饱和条件下,绿泥石片岩试验所得结果离散性均比较大,这可能是由于该洞段绿泥石片岩岩层产状复杂,且绿泥石片岩与绿砂岩互层分布,层厚较小等原因造成的。另外,由于锦屏引水隧洞中大部分为大理岩层,绿泥石片岩地层非常短。因此,人们对大理岩变形力学性质的概念比较清晰,而对绿泥石片岩的认识并不深入,为了对这类软岩的变形破坏特征建立起概念,在下面的分析中,将其与大理岩进行了比较,以加深理解。

干燥时,绿泥石片岩的平均弹性模量为 13.18GPa。单轴条件下大理岩的弹性模量为 36.53GPa,为绿泥石片岩的 2.8 倍,通过这种比较,可以建立起绿泥石片岩变形能力的概念,仅弹性变形就将达到大理岩变形的 3 倍,甚至更多。饱和情况下,其平均弹性模量为 3.54GPa,相同条件下大理岩的弹性模量为30.13GPa,为绿泥石片岩的 8.5 倍,也就是说仅考虑弹性变形,大理岩如果发生 30mm 变形,绿泥石片岩将发生 0.25m 左右的变形,这是相当严重的,它所导致的工程问题将完全不同,现场该岩层发生的大变形问题主要因素之一便是绿泥石片岩弹性模量小，可变形能力强。

表 3.5　干燥和饱和条件下绿泥石片岩的力学特性参数

岩样编号	岩样状态	峰值应力/MPa	峰值应力时的应变/$\times10^{-3}$	弹性模量/GPa	变形模量/GPa	泊松比
A9	饱和	37.09	7.42	6.01	3.92	0.35
A10	饱和	20.24	5.08	4.78	3.96	0.70
A11	饱和	14.03	6.70	1.95	1.82	0.36
A12	饱和	6.52	3.77	1.44	1.92	0.05
平均值		19.47	5.74	3.54	2.90	0.36
A13	干燥	53.37	3.04	19.81	17.17	0.38
A14	干燥	50.13	4.26	13.18	11.83	0.23
A15	干燥	35.51	3.76	11.35	7.77	0.22
A15	干燥	16.18	2.22	8.36	6.52	0.18
平均值		38.80	3.32	13.18	10.82	0.25

饱和条件下，绿泥石片岩的弹性模量约为干燥时的 27%，弹性模量软化系数达到 0.27，这说明，绿泥石矿物遇水导致的软化效应十分突出，一旦有水进入该岩层，仅弹性变形将导致支护结构的破坏。表 3.5 的数据可见，试验结果离散性较大，表明了岩样非均质性很明显，力学性质变异性大，所得弹性模量的软化系数也存在变异性。图 3.13 为单轴条件下绿泥石片岩的弹性变形情况。

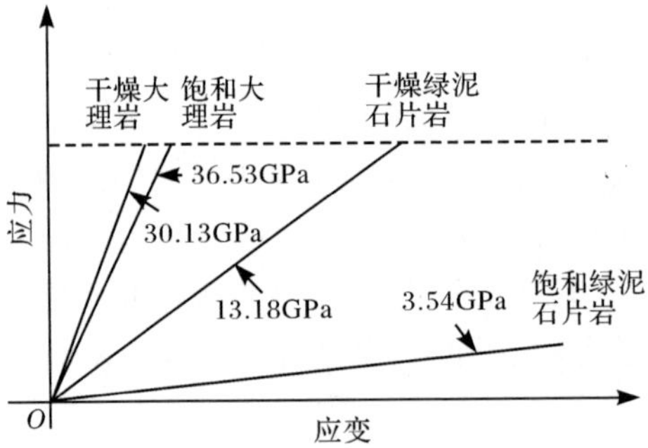

图 3.13　单轴条件下绿泥石片岩的弹性变形情况

干燥条件下，绿泥石片岩单轴抗压强度均值为 38.8MPa，饱和时为 19.47MPa，后者为前者的 50%。强度软化系数为 0.5，强度降低非常明显。其干燥强度约为大理岩强度的 43%，这说明，除大的弹性变形外，较低的强度导致岩体破坏时产生的塑性变形也将成为该洞段大变形的主要因素之一。且仅对完整岩石来讲，饱和后的强度降低将近一半，由此导致的工程稳定性问题将非常突出。

3.2.2 干燥和饱和条件下常规三轴压缩力学特性

1. 强度特性

图 3.14 为干燥和饱和条件下绿泥石片岩峰值强度与围压的关系。可见，绿泥石片岩的峰值强度对围压比较敏感，且很好地符合 Mohr-Coulomb 强度准则直线型的特点。干燥条件下，绿泥石片岩的黏聚力 $c=10.39\text{MPa}$，内摩擦角 $\phi=28.02°$；饱和条件下，其黏聚力 $c=2.85\text{MPa}$，内摩擦角 $\phi=25.73°$。饱和条件下的黏聚力为干燥条件的 27%，内摩擦角为 92%，内摩擦角降低不明显。

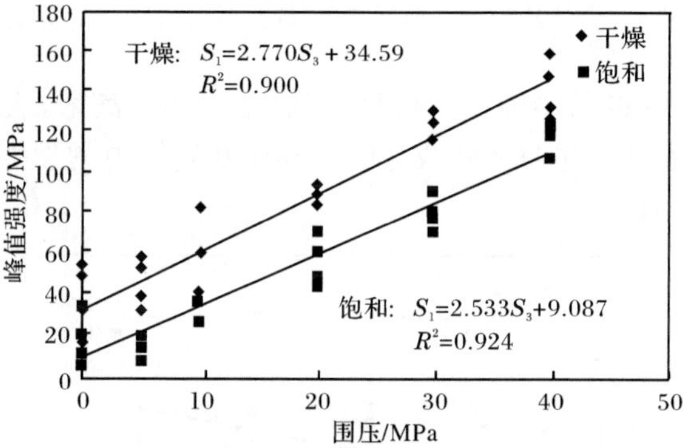

图 3.14 干燥和饱和条件下绿泥石片岩峰值强度与围压的关系

根据峰值强度与围压拟合曲线得出峰值强度软化系数与围压的关系如图 3.15 所示。峰值强度软化系数越高，说明饱水峰值强度与干燥峰值强度的比越大，即软化越轻。可见，随着围压的升高，峰值强度的软化效应逐渐降低，低围压下软化严重，高围压下软化较轻，这说明，表层松动围岩围压较低，一旦遇水后强度降低将非常严重。衬砌和灌浆后，围岩内部分围压会逐渐的恢复，其软化效应将降低，从而对围岩稳定有利。

2. 变形特性

图 3.16 为饱和与干燥条件下绿泥石片岩弹性模量与围压的关系。在干燥和饱和条件下，绿泥石片岩的弹性模量均随围压增大有所升高，并呈线性相关。可见，随着围压升高，将岩样结构压密，弹性性质的压缩硬化效应明显。但相对于强度的围压效应来讲，弹性模量的围压效应相对较弱。在实际工程中，由于表层围岩围压低，集中应力将导致围岩破裂，岩体本身发生了变化，而内部岩体围压较高，破裂相对较轻，与表层岩体在材料本身上是不同的，而室内试验中所有岩样在施加不同围压时几乎相同。因此，实际工程中的围压效应将比室内试验结果更加显著。

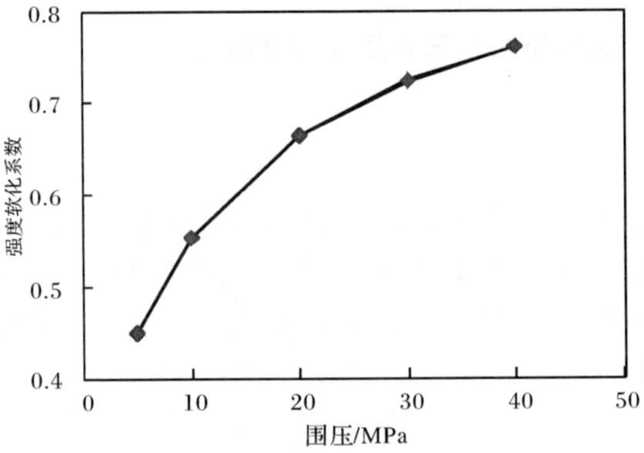

图 3.15 绿泥石片岩峰值强度软化系数与围压的关系

同时，由图 3.16 的试验数据点可见，试验结果非常离散，表明岩样的变异性非常大，这与绿泥石片岩本身矿物成分的变异性及岩样内的裂隙面、缺陷、孔隙等结构因素的变异性有关。

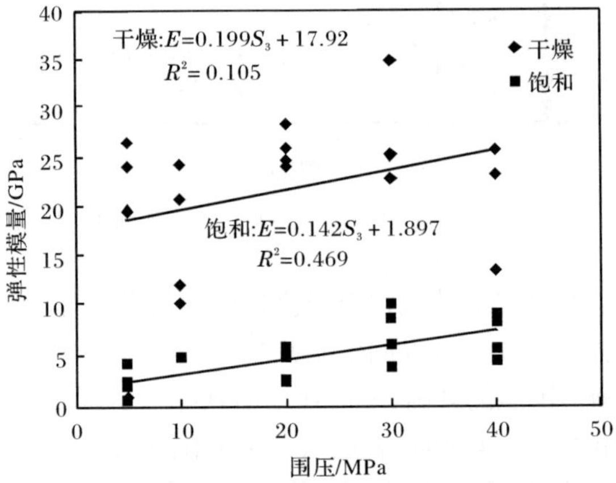

图 3.16 干燥和饱和条件下弹性模量与围压的关系

在三轴压缩条件下，饱和绿泥石片岩的弹性模量相对于干燥时降低很多，弹性模量软化系数与围压的关系如图 3.17 所示。可见，随围压升高，弹性模量软化系数线性升高，表明围压升高可降低水对岩石的软化效应，但相对于强度来讲，变形参数的软化随围压升高的效应要弱得多。在 5MPa 围压下，弹性模量软化系数为 0.14，在 40MPa 围压下，软化系数也仅达到 0.29。可见，水对绿泥石片岩变形性质的影响效应是非常显著的。需要注意的是，室内试验是将岩样饱和后再施加的围压，试验过程中水无法排出导致围压压密裂隙降低渗透系数的效应未能体现。在实际工程中，随着围压的升高，裂隙中的水会排出，围岩内的结构面和裂隙被压密，岩体的渗透系数将大幅降低。因此，水的软化效应也将明显减弱，围压效应将更加显著。在衬砌和灌浆后，随流变变形发展，围岩内围压会逐渐部分恢复，也会降低水的软化效应。

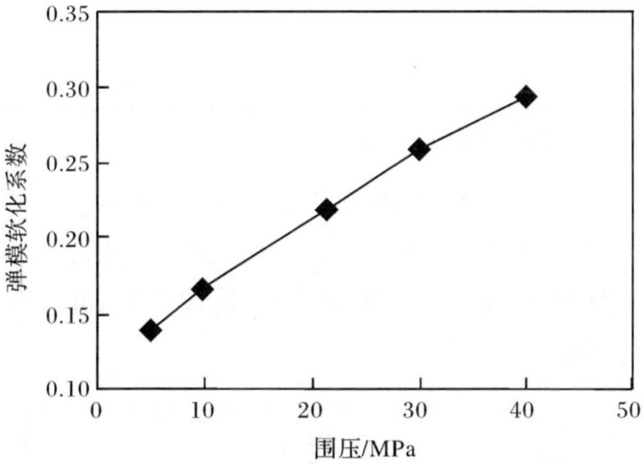

图 3.17　绿泥石片岩弹性模量软化系数与围压的关系

3.2.3　干燥和饱和条件下完整岩样直剪力学特性

试验在中国科学院武汉岩土力学研究所 RMT150C 岩石力学试验系统上开展，试样采用直径为 50mm、高度为 100mm 的圆柱形岩样。

1. 剪切强度

干燥和饱和条件下完整岩样直剪试验的法向应力分别为 0.5MPa、10MPa、20MPa 和 30MPa。试验所得绿泥石片岩完整岩样的剪切峰值强度如图 3.18 所示。经线性拟合可分别获得干燥和饱和条件下的剪切强度参数，如表 3.6 所示。可见，黏聚力降低了 38.61%，内摩擦角降低了 6.35%，水对黏聚力的影响相对更明显。

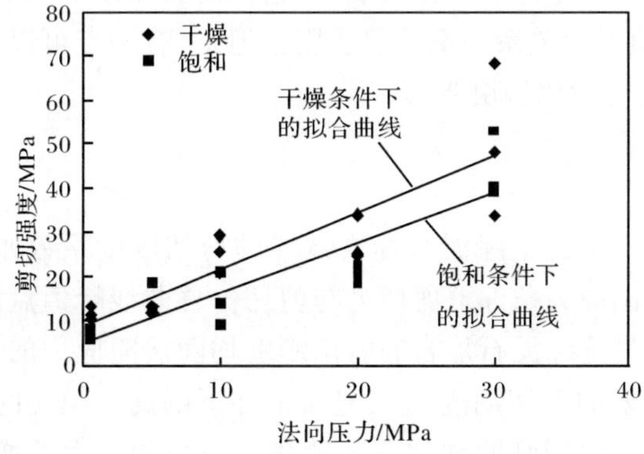

图 3.18　干燥和饱和条件下完整岩样直剪试验所得剪切强度与法向应力的关系

表 3.6　完整绿泥石片岩在干燥与饱和条件下直剪试验所得强度参数

条件	c/MPa	摩擦系数 μ	ϕ/(°)
干燥	8.78	1.27	51.81
饱和	5.39	1.13	48.52
降低百分比(相对于干燥)/%	38.61	11.02	6.35

注:降低百分比=(干燥－饱和)/干燥×100%。

剪切强度软化系数与法向应力的关系如图 3.19 所示。图中数据点以图 3.18 中拟合曲线为基础获得,可见,法向压力为 0 时,最低剪切强度软化系数为 0.61,随法向应力的增大而增大,说明强度遇水降低效应减弱。当法向应力增大至 30MPa 以后,软化系数增长减缓。

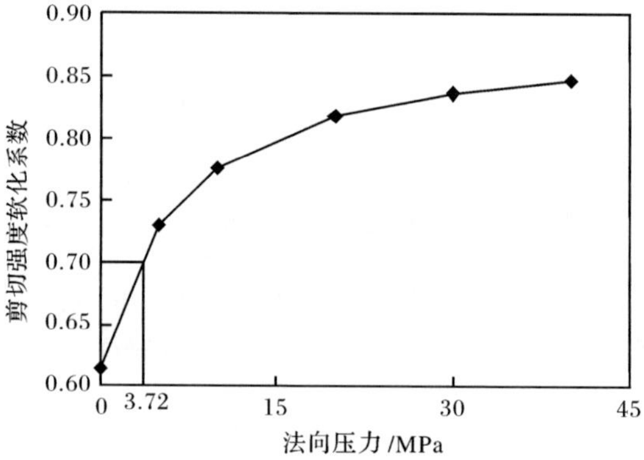

图 3.19　完整岩样剪切强度软化系数与法向应力的关系

由图 3.19 可知,剪切强度降低 30%对应的法向应力为 3.72MPa,现场内在的高地应力作用、外在初期表面支护和衬砌支护下围岩中的法向应力均可达到该数值。但岩石和岩体的力学性质存在差别,即它们的软化系数与法向应力的关系趋势是一致的,但数值对应关系并不一定适用。但是,有一点可以肯定,岩体强度降低 30%对应的法向应力比岩块要低。

2. 剪切刚度

干燥与饱和条件下完整绿泥石片岩试样的剪切刚度系数如图 3.20 所示,图中数据点为不同法向应力条件下剪切力与剪切位移曲线峰值点前直线段的斜率。可见,干燥、饱和条件下绿泥石片岩的剪切刚度均随法向应力的增大而增长,且干燥条件下绿泥石片岩的剪切刚度略比饱和条件下的高。相应的软化系数曲线如图 3.21 所示。可见,剪切刚度软化系数随法向应力的增大而增高,这意味着,随法向应力的增大,剪切刚度遇水软化效应逐渐减弱,在法向应力大于 30MPa 后,剪切刚度的软化效应不再明显。

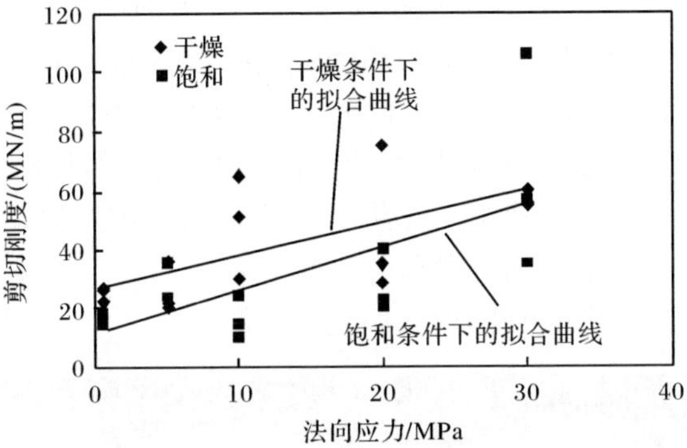

图 3.20　干燥和饱和条件下完整绿泥石片岩岩样剪切刚度与法向应力的关系

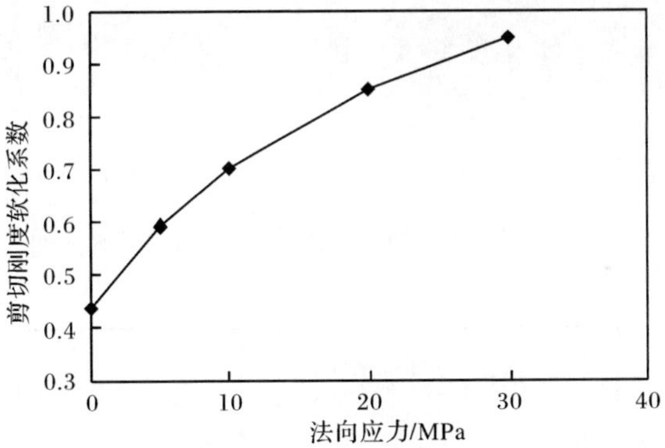

图 3.21　完整绿泥石片岩岩样剪切刚度软化系数与法向应力的关系(软化系数=饱和/干燥)

3.2.4　干燥和饱和条件下单裂隙面岩样直剪力学特性

由于完整绿泥石片岩孔隙率低、渗透性差,水主要存在于原生裂隙、结构面和次生裂隙中,而这些裂隙多属于剪切破裂面,常常对岩体的整体强度起到控制作用。因此,需把握绿泥石片岩剪切破裂面在水饱和前后刚度和强度的变化,评估水对单裂隙面力学性质的影响程度。

本书采用直接剪切的方法使试件产生单裂隙面,并沿与之相同的方向进行裂隙面的直剪试验。为了充分保证裂隙面的试验条件,在产生单裂隙面后再进行干燥和饱和操作。产生的典型破裂面如图 3.22 所示。

试验获得的绿泥石片岩单裂隙面的剪切强度与法向应力的关系如图 3.23 所

示。可见，尽管不同岩样形成的破裂面特征各不相同，但它们的剪切强度均随着法向应力的增大而增长。干燥与饱和条件下单裂隙面的剪切强度参数如表 3.7 所示。可见，此试验条件下，水对单裂隙面强度的影响主要体现在黏聚力上，其降低达到 55.58%，而内摩擦系数基本维持未变。这与完整岩样试验成果中的结论类似。根据节理岩体力学的基本认识，当法向应力较低时，以沿裂隙面滑移为主，此时，黏聚力很小，甚至可以忽略，只有内摩擦角。而当法向应力较高时，以沿裂隙面剪切为主，裂隙面的凸起被剪断，体现出黏聚力的作用。浸水后，造成裂隙面凸起软化，更易被剪断，故造成黏聚力的明显降低。

(a) 完整岩样直剪产生的破裂面　　(b) 干燥后的耦合裂隙

图 3.22　直剪试验产生的绿泥石片岩典型破裂面

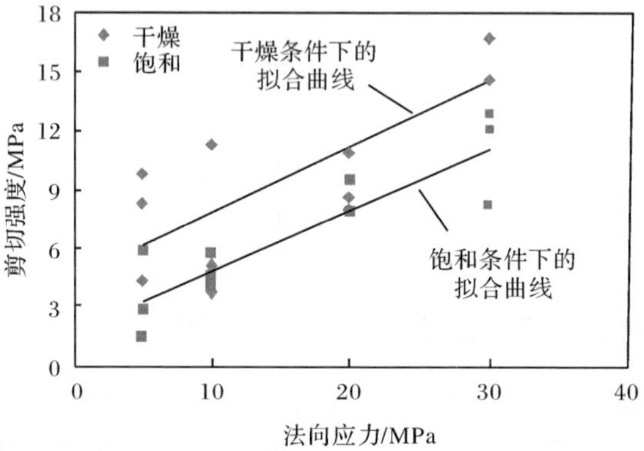

图 3.23　单裂隙面岩样直剪试验获得的剪切强度与法向应力的关系

表 3.7　单裂隙面岩样在干燥和饱和条件下直剪试验所得强度参数

条件	c/MPa	摩擦系数 μ	ϕ/(°)
干燥	4.21	0.35	19.30
饱和	1.87	0.31	17.23

续表

条件	c/MPa	摩擦系数 μ	ϕ/(°)
降低比例(相对于干燥)/%	55.58	11.43	10.71

注:降低百分比=(干燥−饱和)/干燥×100%。

强度软化系数与法向应力的关系如图 3.24 所示,图中法向应力为 0.5MPa 时的强度软化系数为 0.46,实际上在初期表面支护和衬砌支护以及外在高应力作用下现场裂隙的法向应力均高于 0.5MPa,也就是说其强度软化系数均大于 0.46,并随着法向应力的升高而升高,软化效应降低。对比图 3.19 可知,裂隙面剪切强度受水的影响比完整岩样明显,软化系数小,强度降低比例大,强度降低比例的平均值为 36.71%。

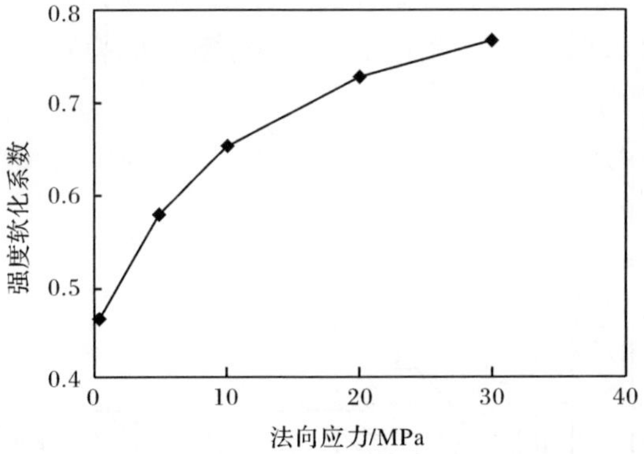

图 3.24　单裂隙面岩样强度软化系数与法向应力的关系

单裂隙面的剪切刚度则受水的影响不明显,相应试验结果如图 3.25 所示,可见,干燥和饱和条件下的拟合曲线近似重合。

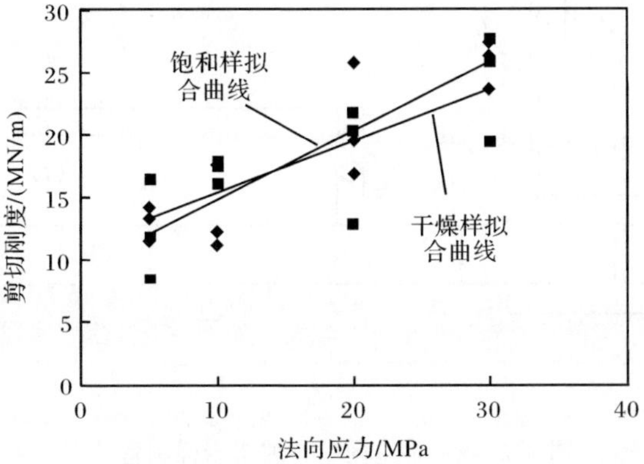

图 3.25　干燥和饱和条件下单裂隙面剪切刚度与法向应力的关系

3.2.5 充填水泥浆单裂隙面岩样直剪力学特性

绿泥石片岩地层灌浆不仅希望降低渗透性，同时也期望能够显著提高绿泥石片岩的变形和强度性质，以应对长期变形和强度的时效衰减。本节将主要讨论灌浆对强度和变形的影响。

单裂隙面由直剪试验生成，由于充填水泥浆直剪试验中设定了不同的法向应力级别，为保证裂隙面结构与法向应力的对应性，单裂隙面生成时采用对应的法向应力。

1. 室内单裂隙岩样制备装置

由于裂隙面粗糙不平，很难保证不同部位充填厚度的均匀性。为此，研制了用于单裂隙面充填水泥浆的试验装置——一种室内单裂隙岩样制备装置[170]，装置结构如图 3.26 所示。

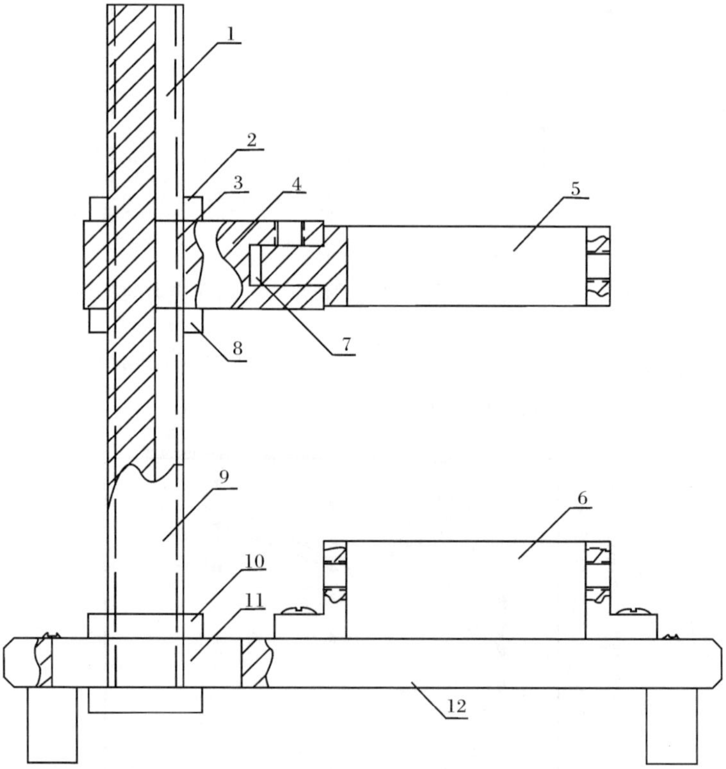

图 3.26　一种室内单裂隙岩岩样制备装置

1. 键槽；2. 固紧螺帽；3. 键；4. 活动上座；5. 固定套环；6. 下部岩芯固定套环；7. 和端壁垂直的水平通槽；8. 调节螺帽；9. 螺纹主轴；10. 固紧螺帽；11. 通槽；12. 底座

制备装置由底座、活动上座、下部岩芯固定套环、上部岩芯固定套环、螺纹主轴、调节螺帽、固紧螺帽构成，底座一端上开有贯通上下表面的通槽，螺纹主轴下端连接固定帽罩，螺纹主轴上端穿过通槽，通过固紧螺帽固定在底座的上方，螺纹主轴沿轴线方向开有贯通的键槽，活动上座一端开有圆孔，圆孔内开有键槽，键固定在圆孔的键槽内，活动上座通过键套装在螺纹主轴上，键和螺纹主轴上的键槽滑动接触，活动上座另一端的端壁上开有和端壁垂直的水平通槽，活动上座的上方和下方分别设有固紧螺帽和调节螺帽，上部岩芯固定套环插入活动上座水平通槽内，并通过螺栓固定，下部岩芯固定套环通过螺栓固定在底座上。

该设备的工作原理是：

(1) 将下部岩芯装入固定套环，并用环壁四周的螺栓固定岩芯。

(2) 把上部岩芯放在下部岩芯上，使两者裂隙面对齐，松动固定螺帽和调节螺帽，转动螺纹主轴并下降活动上座，松动活动上座一端的螺栓并调节上部岩芯固定套环的前后位置，使上部岩芯固定套环套在上部岩芯上，确保上部岩芯和下部岩芯水平端面平行和轴线竖直且共线，严格达到岩样试验要求的圆柱形标准后，锁死固紧螺帽和及活动上座一端的螺栓，并用环壁四周的螺栓固定上部岩芯，完成上部岩芯和下部岩芯的定位。

(3) 测量活动上座和底座的距离，松动固紧螺帽，上升活动上座至可充填高度后，旋转上升调节螺帽至夹紧活动上座。

(4) 在下部岩芯上铺黏结材料，松动下降调节螺帽，测量活动上座和底座的距离，使活动上座下降至要求裂隙宽度后，锁死固紧螺帽，完成上下岩芯的耦合对接过程。

充填浆液的厚度为 1～2mm，如图 3.27 所示。

图 3.27　充填水泥浆后的单裂隙面岩样

2. 直剪试验成果

图 3.28 为充填水泥浆单裂隙面岩样直接剪切强度的试验结果。可见，相同法向应力下，充填水泥浆单裂隙面直剪强度均低于单裂隙面饱和剪切强度，从强度参数(见表 3.8)来看，二者拟合曲线的斜率较为接近，主要差别在于黏聚力。这是由于两种试验的剪切破坏机制存在显著差别。单裂隙面上存在大量凸起，剪切时这些凸起抵抗剪切作用力，体现黏聚力的作用，剪切破坏时，这些凸起被剪断，裂隙面被磨平，如图 3.29 所示。而充填水泥浆后，原有裂隙面凸起在剪切过程中不再起作用，剪切力主要由水泥浆承担，剪切破坏后水泥浆被剪碎，而水泥浆的黏聚力明显低于原岩的黏聚力，故出现了图 3.28 所示的结果。

表 3.8　充填水泥浆单裂隙岩样直剪试验所得强度参数

条件	c/MPa	摩擦系数 μ	ϕ/(°)
充填浆液	1.43	0.24	13.50

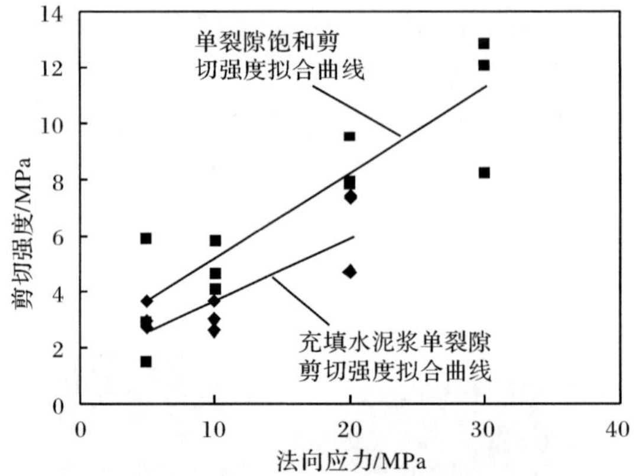

图 3.28　充填水泥浆单裂隙剪切强度试验结果

从另一个角度来看，原岩中裂隙开裂后可能处于张开或微闭状态，使得宏观上岩体的强度降低，而单裂隙面剪切试验模拟的情况相对简单。从本节试验结果和机制分析来看，通过此项试验仅能了解充填水泥浆后单裂隙面的强度大小和破坏机制，难以评估水泥浆对岩体的强化效应。

仅从单裂隙来看，在本节所述的试验条件和试验方法下，受到水泥浆自身强度较低的影响，其无助于提高裂隙面的剪切强度。

图 3.29　充填水泥浆单裂隙剪切行为示意图

3.2.6　干燥和饱和条件下完整岩样的三轴流变试验

绿泥石片岩三轴流变试验共选择了 8 个岩样，其中 4 个进行干燥条件下的三轴蠕变试验，4 个进行饱和条件下的三轴蠕变试验。试验设备及变形监测如图 3.30(a)所示。干燥岩样围压为 0MPa 和 5MPa 时，轴向加载级别为 5MPa；围压为 10MPa 时，轴向加载级别为 8MPa；围压为 20MPa 时，轴向加载级别为 20MPa，但其在 84MPa 左右破坏。但实际上，各岩样的变异性非常大，各围压作用下破坏时的最高轴向应力如表 3.9 所示，可见，其随围压升高的变化规律不明显。图 3.30(b)为围压 0MPa、5MPa 和 10MPa 下岩样破坏形态，可见，岩样在各围压下宏观破坏均表现为沿斜面的剪切破坏。

(a) 试验设备

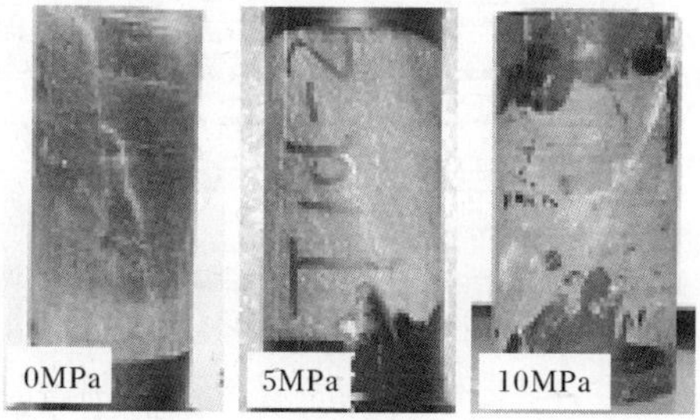

(b) 岩样破坏形态

图 3.30　绿泥石片岩岩样的三轴蠕变试验

表 3.9 干燥绿泥石片岩蠕变试验中最高轴向应力

围压	0MPa	5MPa	10MPa	20MPa
最高轴向应力/MPa	75.0	70.0	140.7	84.9

干燥岩样的蠕变曲线和等时曲线如图 3.31～图 3.34 所示。可见，这 4 个岩样在不同围压下蠕变变形均不明显，等时曲线几乎重合，而且等时曲线上没有出现明显的强度拐点，难以据此得出岩样的长期强度。这可能与岩样本身矿物成分和性质有关，岩样的大变异性要求进行大量试验，但试验本身耗时较长使得这种要求难以满足，这给绿泥石片岩长期特性研究带来了非常大的困难。

饱和岩样蠕变试验中围压分别取 0MPa、5MPa、10MPa 和 20MPa。单轴情况下轴向加载级别为 4MPa，轴压加载到 12MPa 并恒载大约 8h 以后，岩样破坏；围压为 5MPa 的岩样轴向加载级别为 4MPa，岩样不是在轴向恒载过程中破坏的，而是在第 9 级荷载(41MPa)加载过程中破坏的；围压为 10MPa 的岩样轴向加载级别为 5MPa，当加载到第 7 级荷载(50MPa)时，岩样变形表现出明显的流变性，于是将恒载时间由原来的 12h 变为 24h，荷载级差也由原来的 5MPa 变为 2.5MPa，在加载到第 9 级荷载(55MPa)以后，大约恒载 4h 岩样破坏；围压为 20MPa 的岩样最初阶段的轴向加载级别为 10MPa，后期降低为 5MPa，加载到 40MPa 以后，岩样没有破坏，但其变形已经表现出明显的流变性，故 24h 之后没有继续进行下一荷载的加载，又恒载了大约 3.5h 以后，岩样破坏。饱和条件下绿泥石片岩蠕变试验中最高轴向应力如表 3.10 所示。

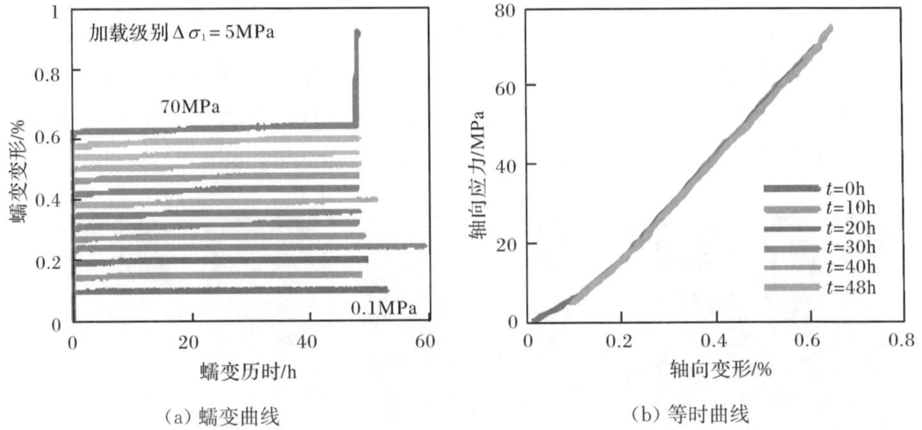

图 3.31 单轴条件下蠕变曲线与等时曲线

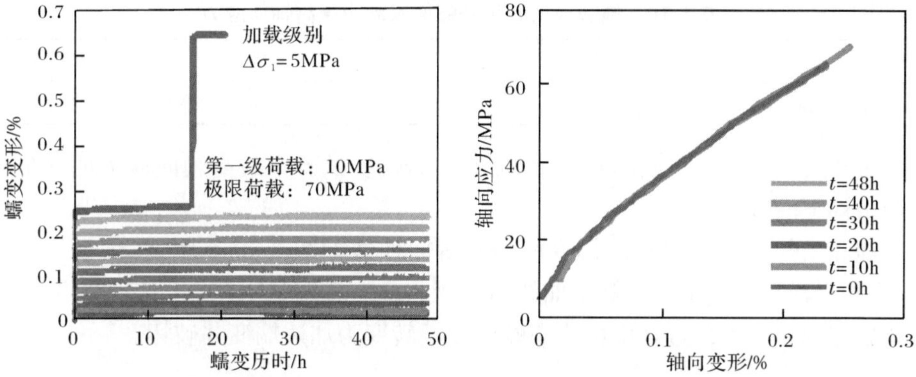

(a) 蠕变曲线　　(b) 等时曲线

图 3.32　围压为 5MPa 时蠕变曲线与等时曲线

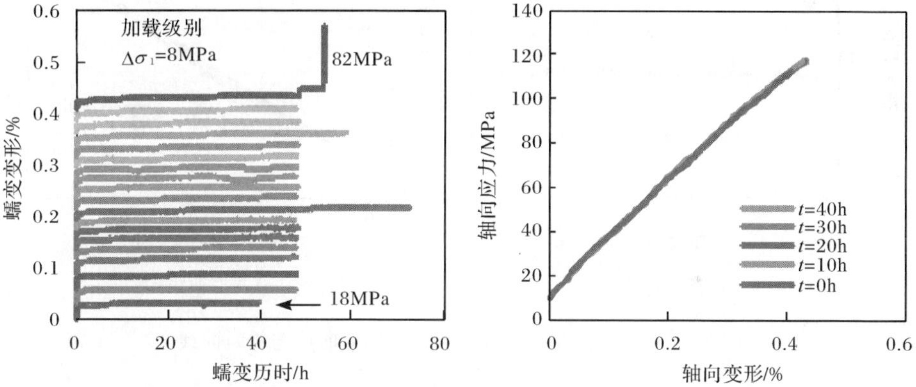

(a) 蠕变曲线　　(b) 等时曲线

图 3.33　围压为 10MPa 时蠕变曲线与等时曲线

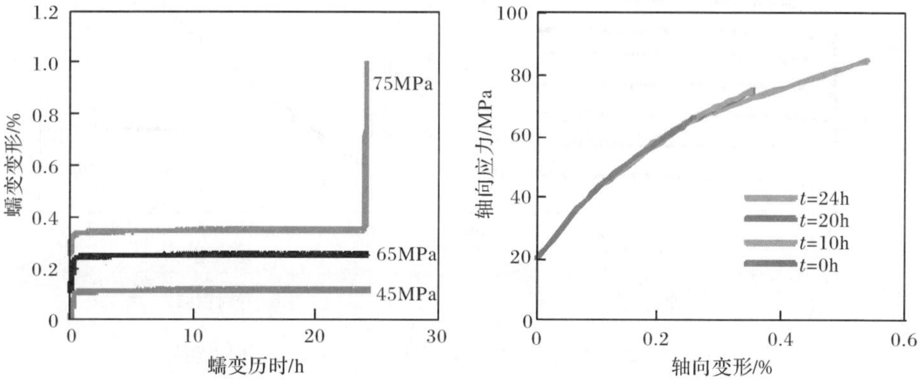

(a) 蠕变曲线　　(b) 等时曲线

图 3.34　围压为 20MPa 时蠕变曲线与等时曲线

表 3.10　饱和绿泥石片岩蠕变试验中最高轴向应力

围压	0MPa	5MPa	10MPa	20MPa
最高轴向应力/MPa	12	41	55	40

对比表 3.9 可知，饱和条件下绿泥石片岩蠕变试验中最高轴向应力明显低于干燥条件下的数值。

饱和条件下 4 个岩样的蠕变曲线和等时曲线如图 3.35～图 3.38 所示。可见，饱和岩样在不同围压下蠕变曲线与干燥岩样有着明显不同，蠕变变形明显，且这些岩样都是在恒载过程中由稳态蠕变逐渐转变为加速蠕变并破坏。

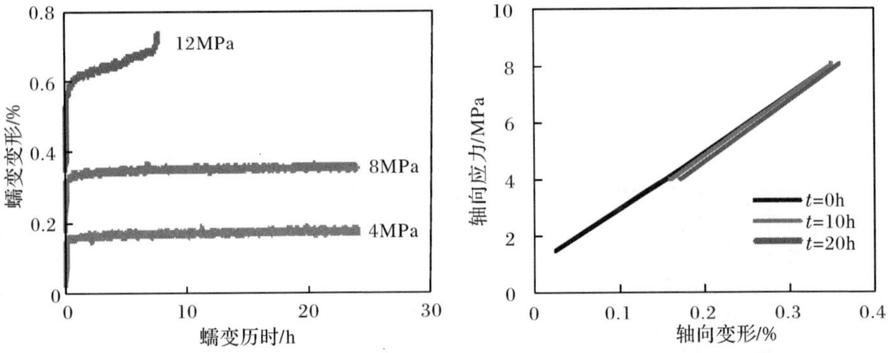

(a) 蠕变曲线　　(b) 等时曲线

图 3.35　围压为 0MPa 时饱和岩样蠕变曲线与等时曲线

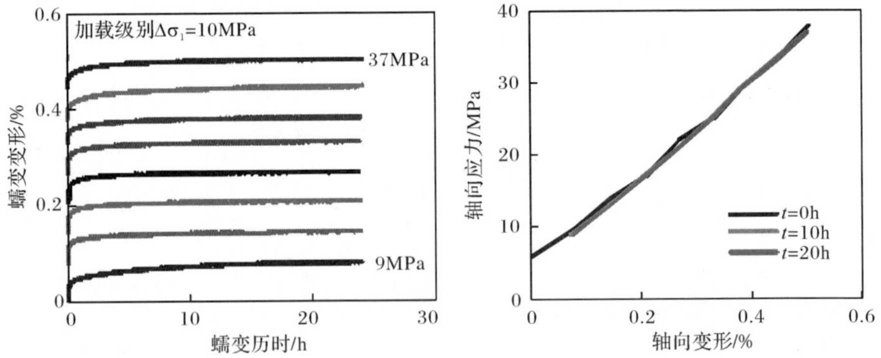

(a) 蠕变曲线　　(b) 等时曲线

图 3.36　围压为 5MPa 时饱和岩样蠕变曲线与等时曲线

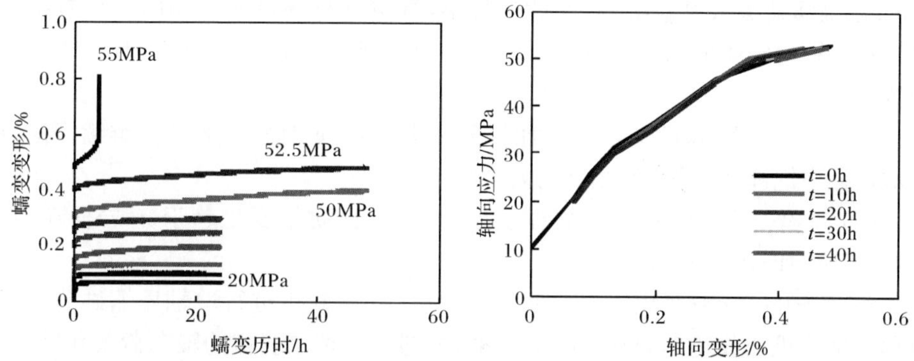

(a) 蠕变曲线　(b) 等时曲线

图 3.37　围压为 10MPa 时饱和岩样蠕变曲线与等时曲线

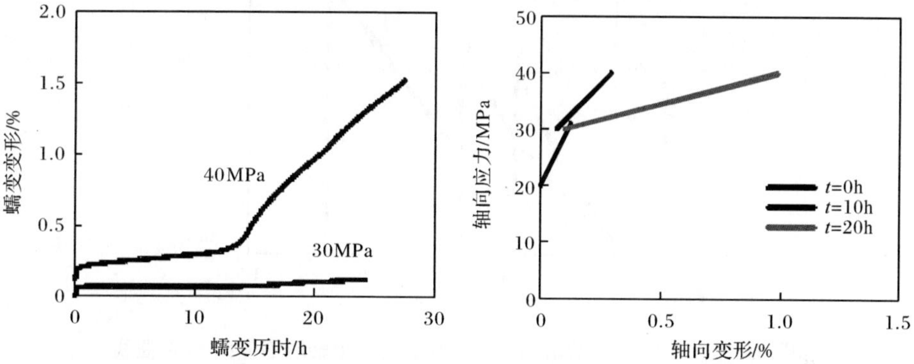

(a) 蠕变曲线　(b) 等时曲线

图 3.38　围压为 20MPa 时饱和岩样蠕变曲线与等时曲线

3.2.7　饱和化学溶液条件下绿泥石片岩力学特性

对于使用饱和 NaCl 溶液进行绿泥石片岩饱和的具体方法如下：

(1) 使用烘箱对绿泥石片岩岩样进行烘烤处理，对岩样烘烤 24h 后，使用电子天平称量其质量，记录天平示数，而后继续烘烤，记录示数，直至岩样示数值基本不变，说明岩样达到完全干燥状态。

(2) 制备饱和 NaCl 溶液，在规范中查得 NaCl 在 20℃时，每 100ml 的水可以溶解 NaCl 试剂为 36.8g，配置好饱和 NaCl 溶液后，将岩样放入真空缸中，关闭真空缸对外通气阀门，同时打开真空泵与真空缸的通气阀门，使用真空泵对岩样进行抽真空处理，抽真空时间为 24h，彻底将岩样内部空气抽出，而后关闭真空缸与真空泵的通气阀门，关掉真空泵。

(3) 缓慢打开真空缸与外界通气阀门，气管须没入饱和 NaCl 溶液中，将饱和

NaCl 溶液缓慢吸入真空缸内，在此过程中，真空缸与外界通气阀门开启应缓慢，保持真空缸内气压值保持不变，待饱和 NaCl 溶液完全抽入真空缸内，关闭阀门，静置 24h。

(4) 将岩样拿出，拭干岩样表面水分，称其质量，而后放入容器内继续浸泡，在浸泡过程中饱和 NaCl 溶液始终将岩样浸没。

(5) 每隔一段时间称一次岩样质量，直至岩样质量变化趋于 0，岩样在饱和 NaCl 溶液中即达到饱和。

将制备好的绿泥石片岩岩样使用 RMT-150 试验机进行单轴压缩试验，试验过程中试验机加载速率为 0.002mm/s，试验过程中记录岩样的轴向荷载和轴向应变，试验曲线如图 3.39 所示。

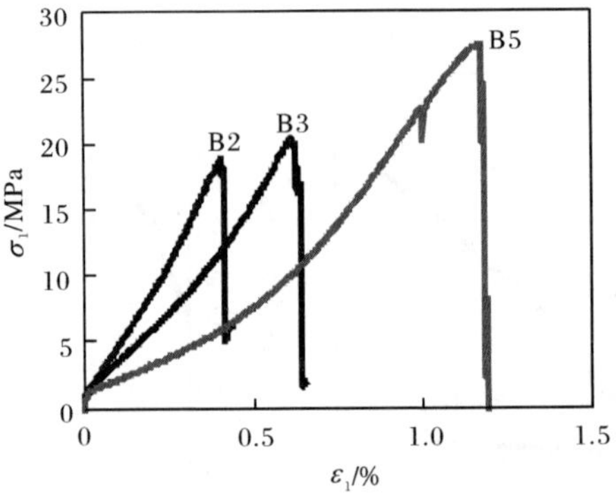

图 3.39 饱和 NaCl 溶液的绿泥石片岩岩样单轴压缩应力-应变曲线

进行常规三轴试验，所采取的试验机为美国 MTS 公司生产的 MTS815.03 型岩石力学试验机。试验机加载通过位移控制，加载速率为 0.002mm/s。试验过程中对岩石的轴向应力、轴向应变、环向应变等进行记录，试验曲线如图 3.40 所示。

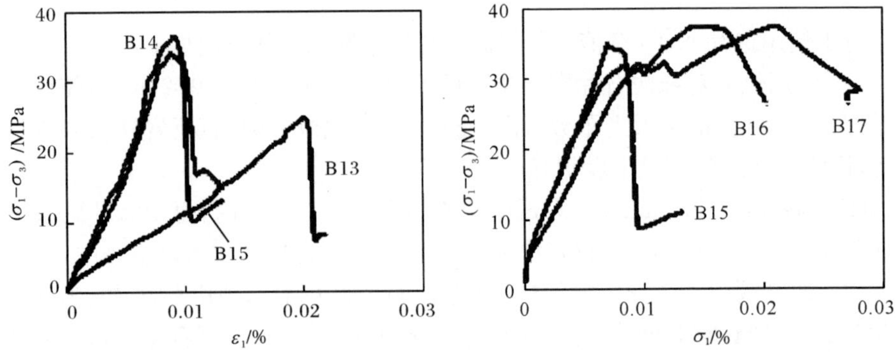

(a) 围压 10MPa　　(b) 围压 20MPa

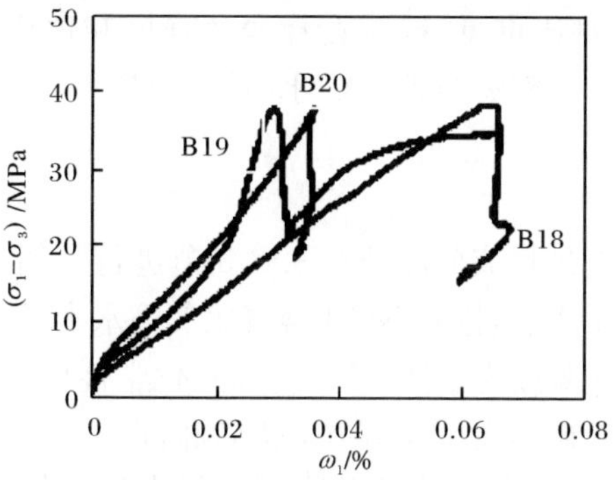

(c) 围压 30MPa

图 3.40　饱和 NaCl 溶液的绿泥石片岩常规三轴压缩应力-应变曲线

为了分析饱和 NaCl 溶液岩样的力学性质,可进行同干燥和饱水岩样的力学性质对比分析,峰值强度、弹性参数和强度参数如表 3.11 和表 3.12 所示。

表 3.11　绿泥石片岩不同试验条件下的峰值强度与弹性参数

试验	岩石状态	峰值强度/MPa	弹性模量/GPa	泊松比
单轴压缩试验	干燥状态	53.37	19.81	0.38
	饱和 NaCl 溶液	20.61	3.116	0.41
	饱和蒸馏水	14.03	1.95	0.41
围压为 10MPa 的常规三轴试验	干燥状态	74.23	39.39	0.27
	饱和 NaCl 溶液	22.22	4.53	0.42
	饱和蒸馏水	17.66	2.08	0.42
围压为 20MPa 的常规三轴试验	干燥状态	91.38	53.91	0.31
	饱和 NaCl 溶液	36.46	5.25	0.48
	饱和蒸馏水	26.67	7.47	0.39
围压为 30MPa 的常规三轴试验	干燥状态	96.36	48.87	0.36
	饱和 NaCl 溶液	38.36	6.39	0.41
	饱和蒸馏水	27.02	5.28	0.63

表 3.12　绿泥石片岩不同试验条件下的强度参数

岩样状态	黏聚力/MPa	内摩擦角/(°)
干燥	22.46	20.92
饱和 NaCl 溶液	6.03	16.76
饱和蒸馏水	5.95	10.98

由以上数据进行对比可见，绿泥石片岩的强度和抗变形能力由大到小依次为：干燥状态、饱和 NaCl 溶液、饱和蒸馏水，且围压越大，强度越大。

3.2.8　软化机理分析

对于绿泥石片岩的矿物成分已经在 3.1.3 节进行介绍，绿泥石片岩中与水发生反应的矿物成分几乎没有，饱和 NaCl 溶液比蒸馏水多了 Na^+、Cl^- 两种离子，并且在化学性质上，NaCl 溶液为中性溶液，所以从化学性质来说，饱和 NaCl 溶液与饱和水的岩样在与岩石矿物发生反应方面大致相同。

对于岩石来讲，当带有负电荷的矿物颗粒与水相互作用时，在它周围产生了一个电场，在矿物颗粒电场范围内的水分子和水溶液中的阳离子（如 Na^+、Ca^{2+}、Al^{3+} 等）一起被吸附在矿物颗粒表面。因为水分子是极性分子（氢原子端显正电荷，氧原子端显负电荷），它被土粒表面电荷或水溶液中的离子电荷吸引而定向排列。矿物颗粒周围水溶液中的阳离子，一方面受到矿物颗粒所形成的静电引力作用，另一方面又受到布朗运动扩散力作用。在矿物颗粒表面处，静电引力最强，把水化离子和极性分子牢固地吸附在颗粒表面上形成固定层。在固定层外围，静电引力比较小，水化离子和极性水分子的活动性比在固定层中大些，形成扩散层。固定层和扩散层中所含阳离子与矿物颗粒表面负电荷一起构成双电层。

由双电层理论可知，双电层的厚度与岩石中溶液的离子浓度成反比关系：

$$\frac{1}{K}=\frac{1}{ev}\left(\frac{DkT}{8\pi n_0}\right)^{1/2} \tag{3.1}$$

式中：$1/K$ 为双电层厚度；D 为介电常数；k 为 Boltzmann 常数；T 为温度；e 为单位电子电荷；n_0 为距矿物颗粒表面较远的水溶液的离子正常浓度；v 为离子价数。

由式(3.1)可见，离子浓度越大，双电层厚度越小。从微观方面分析双电层对岩石的影响可知，双电层厚度变厚，即矿物颗粒附近的固定层和扩散层的厚度变大，则相邻矿物颗粒之间黏聚力以及摩擦力会减小，整体表现出来的是岩石强度降低。

可以判定，绿泥石片岩与红砂岩在饱和 NaCl 溶液浸泡饱和之后与两种岩石在蒸馏水浸泡后强度差别主要是由于双电层效应所致。同样，两种岩石遇水强度降低的主要原因也是由于双电层效应的影响：双电层岩石的双电层厚度与岩石强度成反比，双电层越厚，岩石强度低；而双电层越薄，岩石强度高。

3.3　深埋层状软岩的力学特性及试验

层状岩体通常具有显著的横观各向同性或正交各向异性特征，优势层面大多属于物质分异面，平行优势层面方向的岩体组成基本相同，而垂直优势层面方向的岩体组成则呈现单一或软硬交替性状。矿井围岩中具有层状构造的沉积岩所占比重极大，且许多变质岩也具有显著层状构造特征。层状岩体由于发育有层理面，变形和破坏特征存在明显的横观各向同性性质。在大埋深情况下其应力分布及其破坏特征更具有复杂性。

济宁三号煤矿已有多条主要巷道进入到大埋深范围，如西部辅运巷最大埋深已超过 900m，七采区巷道也已进入地下 800m 水平，巷道掘进过程中揭露出大量近似平行于巷道两帮的裂隙面，造成围岩破坏严重。显然，这些巷道属于典型深井围岩巷道，较高的初始地应力和较低的围岩强度/应力比将造成显著的围岩大变形问题，破坏程度严重，深井层状围岩的变形破坏特征和机理亟须研究。

3.3.1　试验目的及方案设计

1. 试验目的

进行自然状态下不同层理面倾斜角度的单轴和三轴压缩试验，其主要目的是获得岩石基质的单轴抗压强度、各级围压下三轴压缩峰值强度、弹性模量（垂直及平行各向同性面）、泊松比（垂直及平行各向同性面）、黏聚力（基质及层理面）、内摩擦角（基质及层理面）及应力-应变曲线，研究不同层理角度及不同围压时岩石的变形破坏特征等。

进行自然状态下不同层理面倾斜角度的巴西劈裂试验，其主要目的是获得基质及层理面抗拉强度，研究不同层理面角度时抗拉强度变化规律。

2. 方案设计

依据试验目的，分别设计不同层理角度的压缩试验及巴西劈裂试验方案，试验方案见表 3.13。

表 3.13　层状深埋软岩室内试验方案

序号	试验类型	试件数量	试验路径	试验设备	备注
1	单轴压缩试验	4×3=12 块（ϕ50×100mm）	应变控制	MTS 电液伺服三轴试验系统	3 个层理角度
2	常规三轴压缩试验	4×4×3=48 块（ϕ50×100mm）	初始围压分别取 5MPa、10MPa、20MPa、30MPa	MTS 电液伺服三轴试验系统	3 个层理角度
3	巴西劈裂试验	3×3=9 块（ϕ50×50mm）	应力控制	RMT-150B 多功能全自动刚性岩石伺服试验机	3 个层理角度

单轴及三轴压缩试验的加载路径为先对岩样施加至预定的围压，然后施加轴向荷载，直至岩样失去承载能力破坏或出现明显的屈服平台时结束。试验过程采用位移速率控制模式，加载速率为 0.001mm/s。

巴西劈裂试验加载路径为对岩样施加线性荷载，直至岩样失去承载能力破坏。试验过程采用应力速率控制模式，加载速率为 0.02kN/s。

3.3.2 岩样性质和制备

室内试验岩石是在济宁三号煤矿取得的细砂岩及粉砂岩互层，取样地点为西部辅运巷，埋深 855m，取样地点如图 3.41 所示。岩石发育有明显层理，具有很强的横观各向同性性质。其中，岩石基质为细砂岩，浅灰色，成分以石英为主，长石次之，黏土质胶结，较坚实；岩石层理为粉砂岩，深灰色，层面含大量碳化物，黏结强度较低。

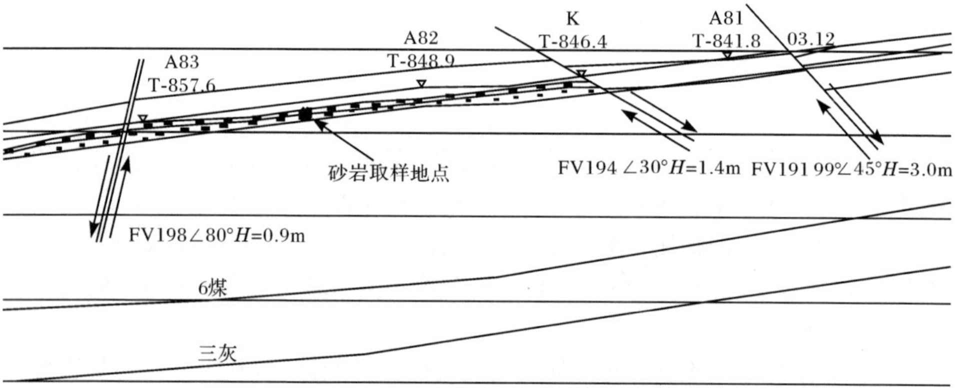

图 3.41 砂岩取样地点示意图

细砂岩及粉砂岩互层岩石是从现场取回的大块样本。通过钻芯机和切割机加工成直径 50mm、高度约为 100mm 的圆柱体岩样，最后经磨石机磨平两端面，形成 $\phi 50\times 100$mm 的标准岩样。试件加工精度（平行度、平直度和垂直度）符合《水利水电工程岩石试验规程》(SL 264－2001)[169]要求。

为研究不同层理面角度下岩石的性质，确定基质和层理面的力学参数，需进行不同加载方向 θ（轴向方向与岩样层理面夹角）的试验，加载方向定义如图 3.42 所示。因岩石层理发育，岩样钻取成功率低，确定加工角度为 0°、30°和 90°的岩样，各角度岩样如图 3.43 所示。

在进行压缩试验前对完整岩样进行超声波测试，测试过程为：将试件置于测试架上，发射器与接收器分别置于岩样的两端，换能器与岩样之间应使用凡士林使两者实现完全耦合，测读纵波在岩样中的传播时间，测试结果列于表 3.14。测试结果为：竖直层理时岩样平均纵波波速为 5321m/s，水平层理时岩样平均波速为 4241m/s，倾斜层理时岩样平均波速为 5100m/s。显然，对同组岩样而言纵波速度差别较小，但不同层理角度的波速差别明显，这表明所用岩样具有一定的各向

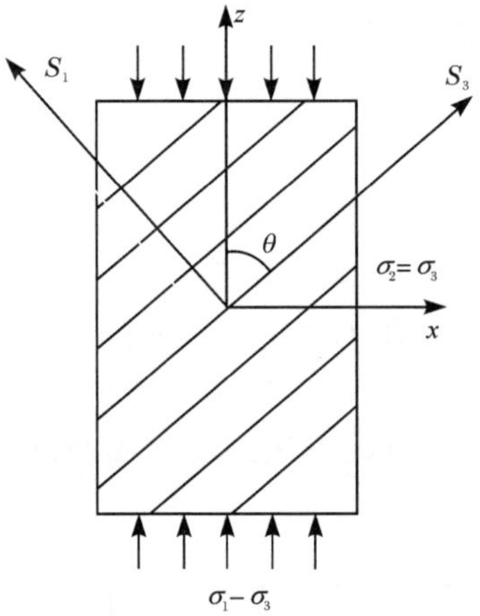

图 3.42　加载方向 θ 的定义

(a)θ=0°　(b)θ=30°　(c)θ=90°

图 3.43　加工岩样示意图

异性特征，垂直于层理面的纵波速度较低。考虑到 3 组岩样中主体的材料特性相同，其差别主要体现在尺度较小的层理面、沉积弱面的数量和方向上。也就是说，层理面、沉积弱面与主体材料的变形特性差异巨大，必将引起岩样强度和破坏特征的差异。

表 3.14　不同层理角度下岩样波速测试

岩样编号	θ/(°)	最小值/(m/s)	最大值/(m/s)	平均值/(m/s)
C1	0	4945	5547	5321
C2	30	4990	5255	5100
C3	90	4145	4519	4241

3.3.3 层状岩石常规压缩试验研究

1. 强度变化规律及破坏形态

1) 水平层理岩石

图 3.44 为水平层理岩石常规压缩试验的应力-应变及体应变曲线。图中可见,水平层理岩石的变形特征与不含沉积弱面的均质岩石变形特征相似,整个压缩过程大致可分为弹性阶段、屈服阶段和脆性破坏阶段,其初始压密阶段并不明显。此外,水平层理岩石的强度随围压增大而逐渐增大,但其脆性破坏特征并未随围压增大而发生明显变化。

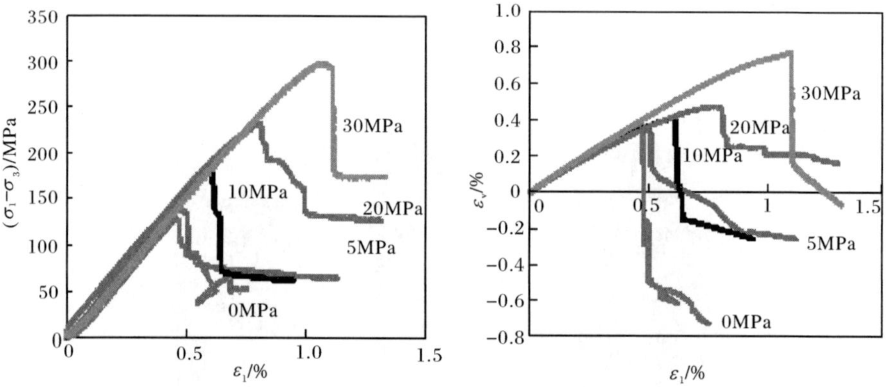

(a) 岩石应力-应变曲线　　(b) 岩石体积应变-轴向应变曲线

图 3.44　水平层理岩石应力-应变曲线(曲线的数据标签表示围压)

图 3.45 为水平层理岩石在不同围压下破坏时的宏观形态。试样破坏照片可见,单轴压缩和 5MPa 围压时岩样破坏形式以轴向劈裂、剥离为主,一端为破裂圆锥面,锥底产生沿轴向的张裂破坏,这与岩样端部受摩擦抑制处于三向压应力状态有关。在 10MPa、20MPa 和 30MPa 围压时岩样均为单一断面剪切滑移破坏,断裂面中部近似为平面,上下为锥面,断裂两块岩块较为对称。剪切带角度与围压无关,为 66°～69°。

岩石宏观断裂与其内部微结构和微缺陷紧密相关,通过岩石断口的微观分析,研究其与宏观断裂形貌的关系,可为岩石损伤演化过程、细观力学的研究提供实测依据,并建立起岩石微观破坏机制和宏观断裂分析的关系。为此,分别对一些典型破裂断口进行了 SEM 扫描分析,深入分析粉细互层砂岩在不同围压时的破坏机制。

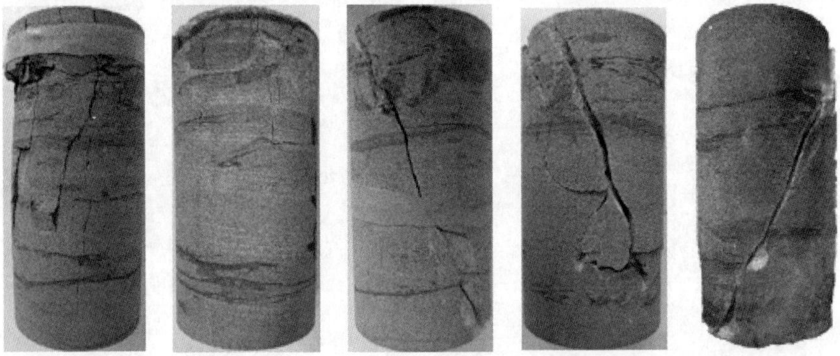

(a) 0MPa　(b) 5MPa　(c) 10MPa　(d) 20MPa　(e) 30MPa

图 3.45　水平层理岩石常规三轴试验破坏照片(子标题中数据为围压)

扫描电镜具有高分辨率、放大倍数大和样品制作简单等特点,在现代固体材料微区形貌和细观结构分析中得到了广泛应用,在岩相鉴定和细观结构构造研究方面也取得了极好的应用效果。依据大量标准应力下室内岩石力学试验所得岩石断裂面在扫描电镜下所观察到的形貌可知,典型岩石的微观断裂方式主要包括拉伸破坏和剪切破坏两大类。其中,张裂断口主要包括沿晶拉花、穿晶拉花和台阶状花样;剪切断口主要包括沿晶面擦花、切晶擦花、擦阶状花样和整平断口花样。

对水平层理岩样,选取 0MPa、10MPa 和 30MPa 围压时岩样典型断口进行扫描,根据电镜扫描图片,同时比对典型岩石断口扫描形态特征,对砂岩断口断裂破坏机制进行分析,扫描结果如图 3.46～图 3.48 所示。砂岩属于孔隙胶结类型岩石,由 100 倍扫描结果可以看出,胶结物质与矿物颗粒之间胶结密切,岩样致密,断口表面均分布大量岩粉。图 3.46 为单轴压缩(或较低围压)时岩石断口破坏形态,断口为拉伸断口,晶间断裂花样,无岩屑积留,晶体棱角清晰,解理面为岩石内抗拉能力相对较弱的结构,在压致拉裂作用下容易撕裂,且在断面间剪应力作用下产生穿晶断裂并分离。图 3.47 和图 3.48 为高围压时岩石断口破坏形态,破裂面均为擦阶状花样和切晶擦花花样,有明显剪切错动痕迹,晶体被切断,棱角磨平,剪切磨碾后的岩粉大量分布在破裂面上,表现为明显的剪切破坏性质。

2) 竖直层理岩石

图 3.49 为竖直层理岩样常规试验的应力-应变及体应变曲线。从应力-应变曲线可见,竖直层理岩样的整个压缩过程大致可分为压密阶段、弹性阶段、屈服阶段和脆性破坏阶段,岩样在低围压和高围压时均表现为脆性破坏。由于层理面赋存并不是严格平面,竖直层理岩样中层理面并不是全部赋存为竖直方向,部分层理与竖向呈小角度,对岩样整体受力变形有一定影响,其应力-应变曲线规律性比水平层理岩样差。

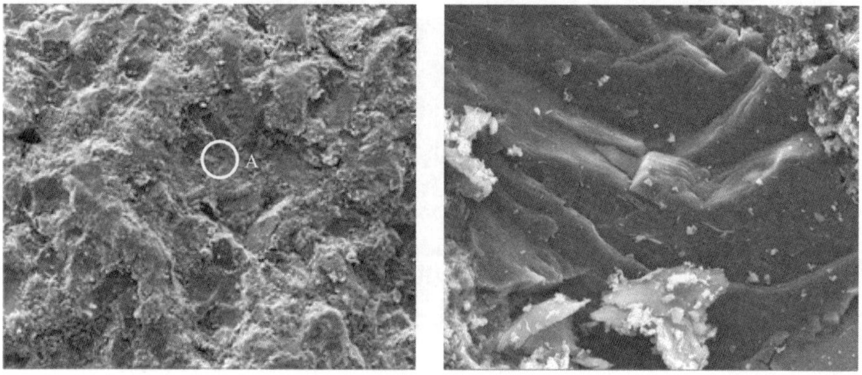

(a) 破坏表面(×100 倍)　　(b) 晶间断裂花样(×800 倍)

图 3.46　水平层理岩样单轴压缩时破坏表面 SEM 扫描结果

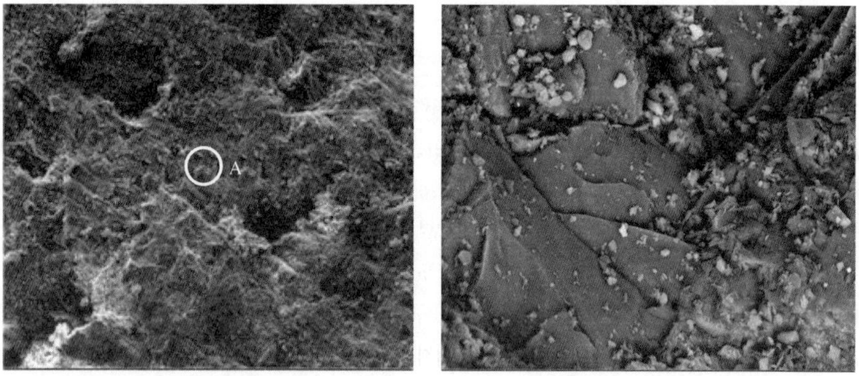

(a) 破坏表面(×100 倍)　　(b) 擦阶状花样(×800 倍)

图 3.47　水平层理岩样 10MPa 围压时破坏表面 SEM 扫描结果

(a) 破坏表面(×100 倍)　　(b) 切晶擦花花样(×800 倍)

图 3.48　水平层理岩样 30MPa 围压时破坏表面 SEM 扫描结果

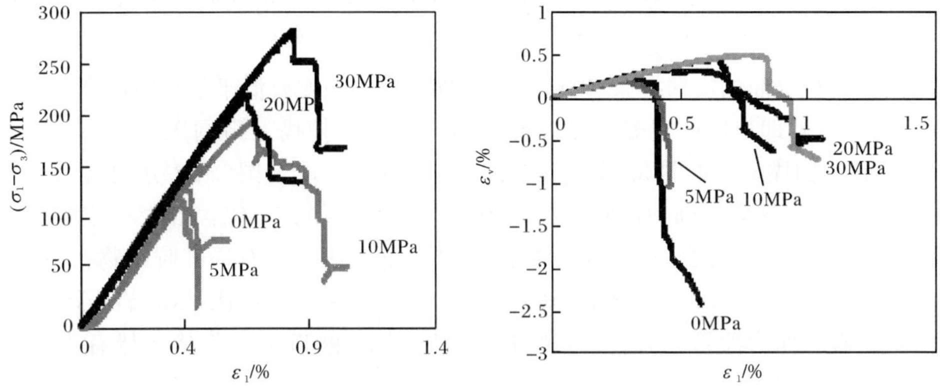

(a) 岩石应力-应变曲线　　(b) 岩石体积应变-轴向应变曲线

图 3.49　竖直层理岩石应力-应变曲线(曲线的数据标签表示围压)

图 3.50 为竖直层理岩石的破坏形态照片。可见,单轴压缩试验时岩样表现为典型的劈裂破坏:由于平行于层理方向黏聚力较小,当作用力超过其抗拉强度时竖直层理面横向扩张发生张拉劈裂导致岩样破坏。而在 5～20MPa 围压条件时以剪切破坏为主,层理面与剪切面贯穿破坏。在 30MPa 高围压时,岩样仅出现剪切破坏,未出现层理面与剪切面的贯穿破坏,破坏模式与均质岩石相似,此时层理面对岩样破坏影响较小。不同围压时的剪切破裂面倾角为 66°～70°。

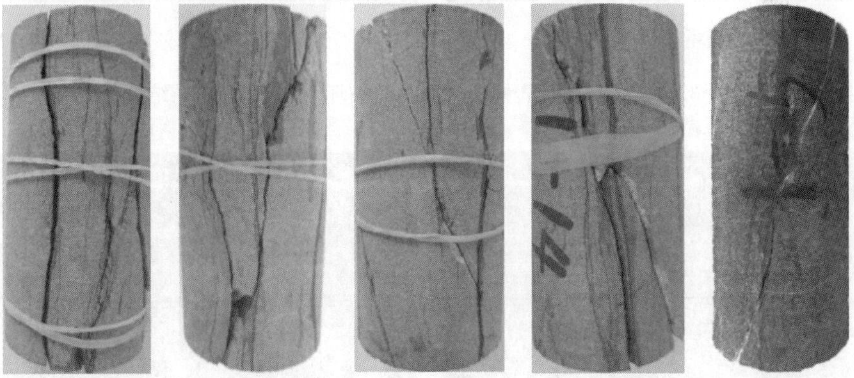

(a) 0MPa　(b) 5MPa　(c) 10MPa　(d) 20MPa　(e) 30MPa

图 3.50　竖直层理岩石常规三轴试验破坏照片(子标题中数据为围压)

综合应力-应变曲线及岩样破坏照片可见,由于岩样赋存竖直层理面导致其侧向抗拉强度降低,在单轴条件下发生沿层理面的劈裂破坏。虽然平行于层理方向的黏聚力可能较低,但其仍具有较高的内摩擦系数,因此,在围压超过 5MPa 时不再沿层理面破坏，而是以剪切破坏为主，并出现层理面与剪切面的贯穿破坏。竖直层理岩样在高围压下发生穿层剪切破坏，岩样性质与均质岩石相似。整体来看，由于沉积弱面的横向扩张影响，竖直层理岩石的强度要低于水平层理岩石。

对竖直层理岩样典型破裂面进行SEM扫描，共扫描三组围压：0MPa、5MPa和20MPa，扫描结果如图3.51～图3.53所示。图3.51和图3.52分别为单轴压缩和低围压时的岩石断口破坏形态，断口主要为张裂断口，包含台阶状花样和晶间断裂花样。断口无岩屑积留，晶体棱角清晰，低围压时岩石局部胶结物被拉断，呈现贝壳状断口，表现为明显的脆性张拉破坏。图3.53为高围压时岩石断口破坏形态，破裂面为擦阶状花样，在剪切错动作用下，断口呈台阶状并伴有大量擦痕，剪切作用明显。

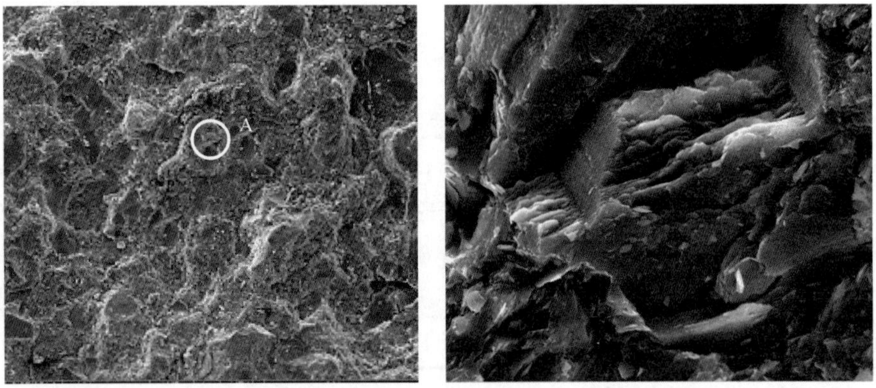

(a) 破坏表面(×100倍)　　(b) 台阶状花样(×800倍)

图3.51　竖直层理岩样单轴压缩时破坏表面SEM扫描结果

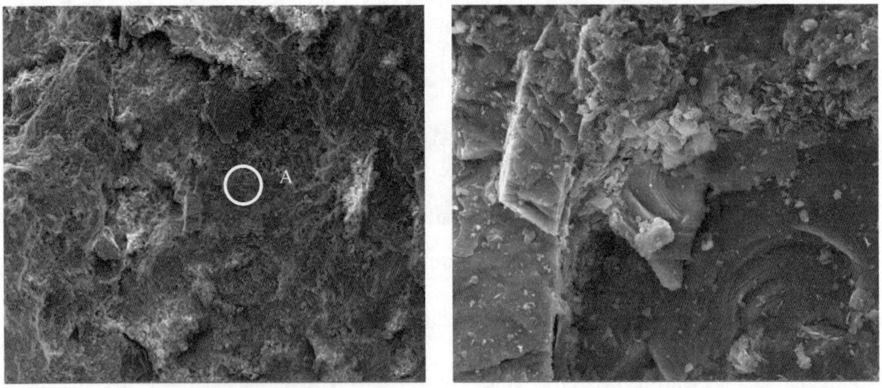

(a) 破坏表面(×100倍)　　(b) 晶间断裂花样(×800倍)

图3.52　竖直层理岩样5MPa时破坏表面SEM扫描结果

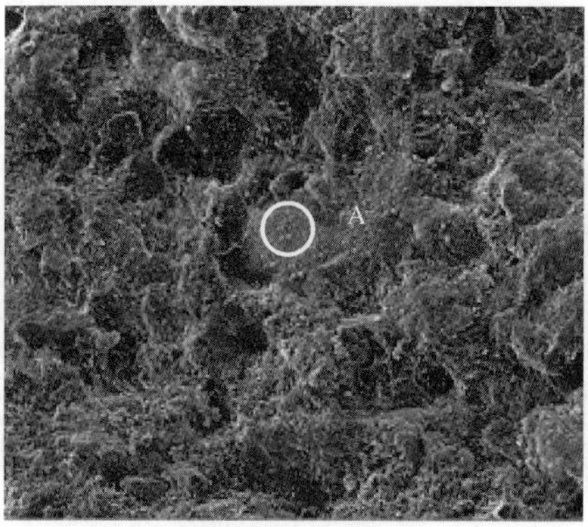

(a) 破坏表面(×100 倍)

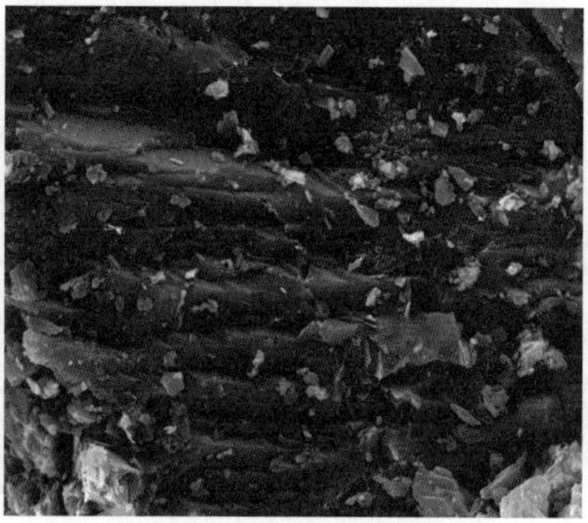

(b) 擦阶状花样(×2000 倍)

图 3.53　竖直层理岩样 20MPa 时破坏表面 SEM 扫描结果

3) 30°层理岩石

图 3.54 为 30°层理岩石的应力-应变及体应变曲线。其中,应力-应变曲线去掉了初始压头调整阶段的数据,其压缩过程可大致分为弹性阶段、屈服阶段和破坏阶段。值得注意的是,低围压条件下岩样均表现为脆性破坏,而在 20MPa 和 30MPa 围压时岩样开始呈现延性变形的特征,围压的增加对倾斜层理岩样变形特征的影响要大于对水平和竖直层理的影响。

图 3.55 为 30°层理岩石破坏形态的照片。从破坏形态来看,30°层理岩石在 5 组围压下主控破裂面均为沉积弱面,即沿层理面的剪切滑移破坏,未出现穿层破坏,破坏角为 60°。岩样破裂面较为完整光滑,仅出现少量摩擦点。下端存在局部圆锥面,与试样端部的摩擦有关。

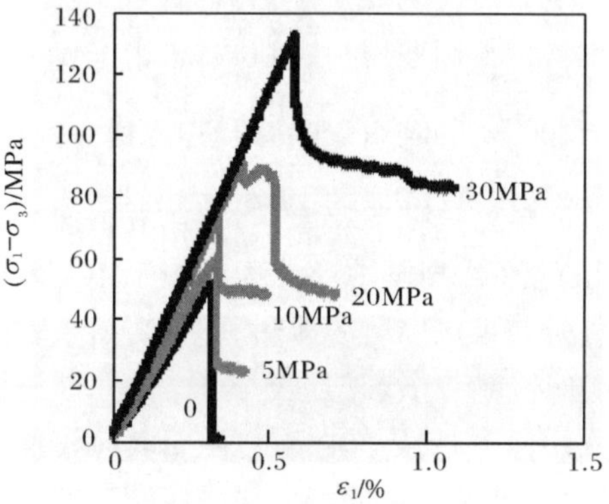

(a) 岩石应力-应变曲线

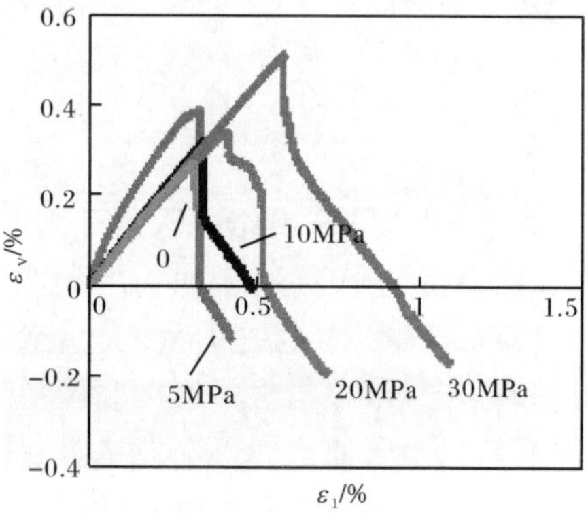

(b) 岩石体积应变-轴向应变曲线

图 3.54　30°层理岩石应力-应变曲线(曲线的数据为围压)

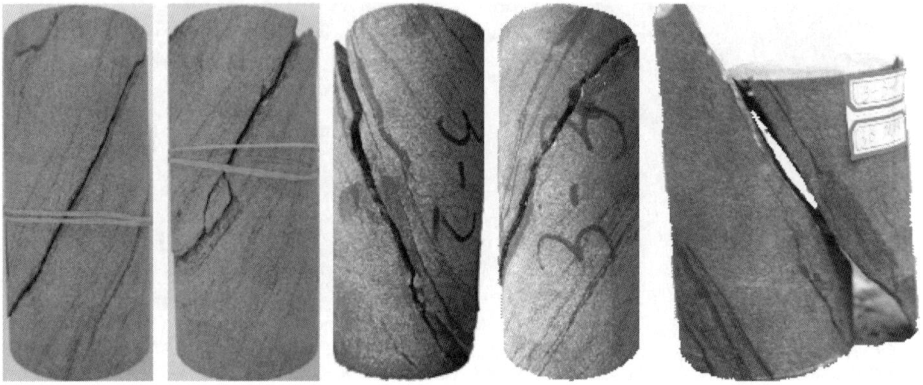

(a) 0MPa　(b) 5MPa　(c) 10MPa　(d) 20MPa　(e) 30MPa

图 3.55　30°层理岩石常规试验破坏照片(子标题中数据为围压)

为研究岩样沿层理面剪切滑移的破坏机理,对倾斜层理岩样典型破裂面进行SEM扫描,扫描三组围压:0MPa、10MPa和30MPa,扫描结果如图3.56～图3.58所示。图3.56为单轴压缩时岩石断口破坏形态,断口主要为剪切断口,擦阶状花样,有明显解理阶。断口分布大量擦痕,晶体部分被切断,棱角被磨,剪切磨碾后的大量岩粉分布在破裂面上。图3.57为低围压时岩石断口扫描形态,为剪切断口,破裂面为擦阶花样,微观形态为整齐擦阶状形貌。高围压时(图3.58)的岩石断口形态为平行条纹花样,擦痕明显,并为一解理断裂源的微观形态,有清楚的解理阶,表现为明显的剪切错动破坏性质。由此可见,单轴压缩和高围压条件时,倾斜层理岩样均为沿层理面的剪切滑移破坏,岩样破坏均由倾斜层面控制。

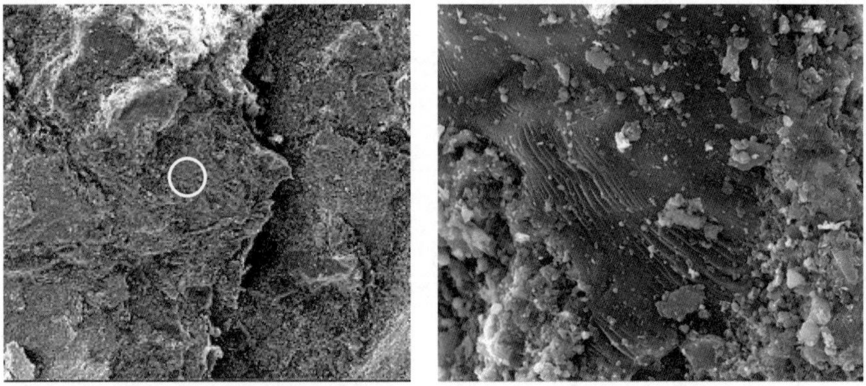

(a) 破坏表面(×100倍)　(b) 擦阶状花样(×2000倍)

图 3.56　倾斜层理岩样单轴压缩时破坏表面SEM扫描结果

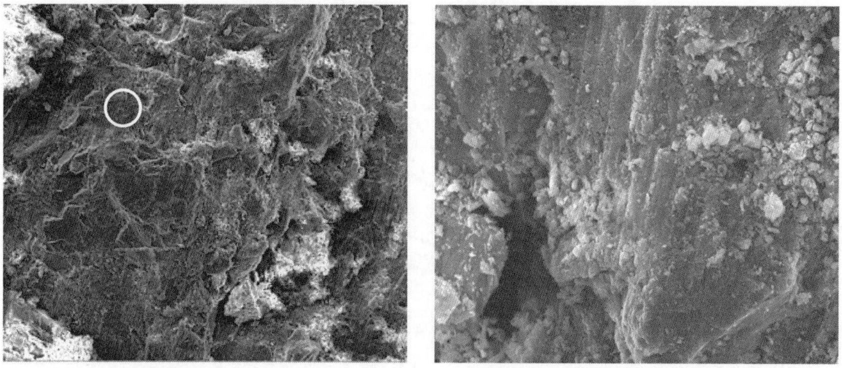

(a) 破坏表面(×100 倍)　(b) 擦阶状花样(×800 倍)

图 3.57　倾斜层理岩样 10MPa 围压时破坏表面 SEM 扫描结果

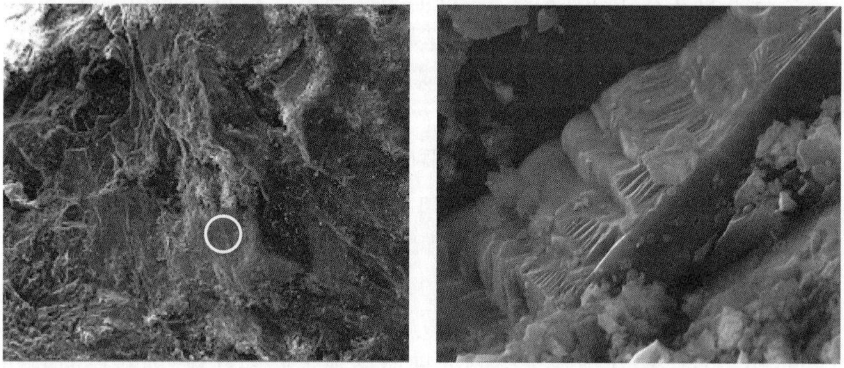

(a) 破坏表面(×100 倍)　(b) 平行条纹花样(×2000 倍)

图 3.58　倾斜层理岩样 30MPa 围压时破坏表面 SEM 扫描结果

4) 岩石强度变化规律及破坏机理

将不同层理倾角岩样在不同围压下的峰值强度进行汇总,结果如图 3.59 所示。图中可见,不同层理倾角岩石的强度均随围压增大而升高,但增长规律并不相同:竖直层理由 5MPa 围压到 10MPa 围压时强度增加明显,这主要是由于高围压限制了竖向节理的横向张开和层理间岩石的弯折失稳;水平层理岩石由于水平层理面对岩样破坏形态及整体强度影响较小,岩样强度呈规律性增长;倾斜层理岩石在 0～20MPa 围压时强度均匀增长,只在 30MPa 围压时强度增加明显,说明围压增大使层理面摩擦强度提高,层理面滑移受到抑制而使岩样强度明显增大。整体来看,水平层理岩样的强度最大,竖直层理岩样次之,30°倾斜层理时岩石强度最小。

从破坏机理来看,由于层理弱面胶结强度远低于基质强度,层理最先达到承载极限发生屈服弱化,而此时基质仍处于弹性变形阶段。当层理水平或竖直赋存

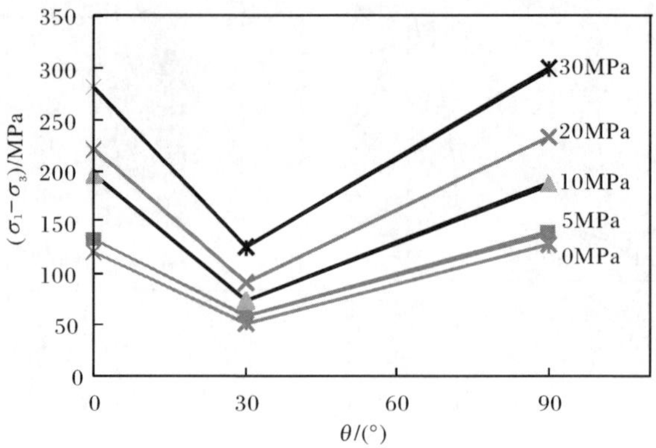

图 3.59　不同围压下层理倾角与破坏强度的变化规律

时，虽然层理面首先发生屈服，但是层理面角度与剪应力最大面角度相差较大，对岩样破坏模式及强度影响较小，只有当基质也发生屈服破坏时才会形成贯穿破坏裂纹。依据水平和竖直层理岩样试验结果，30°层理倾角与最大剪切应力所对应平面角度接近，岩样破坏均沿层理面发生；当弱面发生屈服时岩样承载强度达到峰值并逐渐降低，基质由于未达到承载极限而处于卸载状态，因此，当轴向承载能力降低时，塑性变形主要集中在已经承担了大部分变形的低强度层理面上，导致岩样内塑性变形的局部化，据此可认为岩样塑性变形均由层理面产生。

5）弹性参数变化规律

对于各向同性体而言，描述其弹性力学行为只需 E、ν（或 K、G）两个弹性常数，对于层状岩石一般在力学上将其处理成横观各向同性体，即在层面的任意方向上弹性性质是相同的，而与该层面垂直的轴是材料的弹性旋转对称轴，其应力-应变关系可用 5 个独立的弹性系数来表征，即 E_1、E_3、ν_1、ν_3 和 G_2，其应力-应变关系可由广义胡克定律表示为

$$\begin{bmatrix}\varepsilon_1\\ \varepsilon_2\\ \varepsilon_3\\ \gamma_{12}\\ \gamma_{23}\\ \gamma_{13}\end{bmatrix}=\begin{bmatrix}\frac{1}{E_1} & -\frac{\nu_1}{E_1} & -\frac{\nu_3}{E_3} & & & \\ -\frac{\nu_1}{E_1} & \frac{1}{E_1} & -\frac{\nu_3}{E_3} & & & \\ -\frac{\nu_3}{E_3} & -\frac{\nu_3}{E_3} & \frac{1}{E_3} & & & \\ & & & \frac{2(1+\nu_1)}{E_1} & & \\ & & & & \frac{1}{G_2} & \\ & & & & & \frac{1}{G_2}\end{bmatrix}\begin{bmatrix}\sigma_1\\ \sigma_2\\ \sigma_3\\ \sigma_{12}\\ \sigma_{23}\\ \sigma_{13}\end{bmatrix} \tag{3.2}$$

或简写为张量表示形式：

$$\varepsilon_{ij} = s_{ijkl}\sigma_{kl} \tag{3.3}$$

式中：E_1、E_3 分别为平行和垂直于各向同性平面(层理面)的弹性模量；ν_1、ν_3 分别为平行和垂直于各向同性平面(层理面)的泊松比；G_2 为垂直于各向同性平面的剪切模量。

E_1、E_3 分别由竖直层理和水平层理方向岩石的压缩试验得到，同理可得到 ν_1、ν_3 的大小；G_2 可由层理面与轴向成一定夹角(不包含 0°和 90°)的加载试验来确定。

对于横观各向同性岩石，建立如图 3.60 所示的整体坐标系(xyz)和局部坐标系($x'y'z'$)。取 y 轴为公共坐标轴，整体坐标系(xyz)绕 y 轴转动 θ 形成局部坐标系($x'y'z'$)。

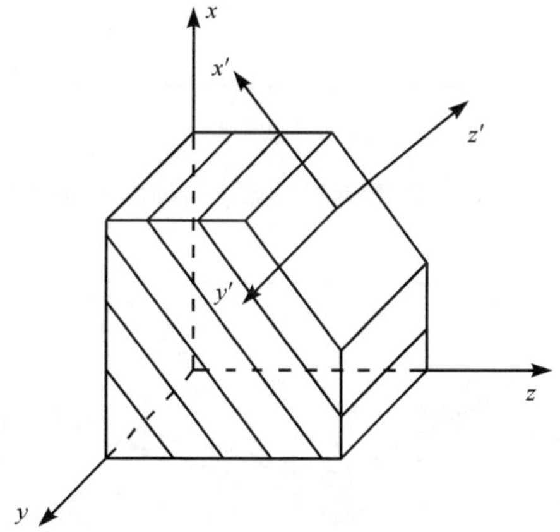

图 3.60 横观各向同性岩石坐标旋转示意图

整体坐标系中横观各向同性弹性本构关系通过局部坐标系中本构关系的张量转换得到，记整体坐标系中弹性矩阵为$[C]'$，则

$$[C]' = [L]^{\mathrm{T}}[C][L] \tag{3.4}$$

式中：转换矩阵$[L]$为

$$[L] = \begin{bmatrix} \cos^2\theta & \sin^2\theta & \sin\theta\cos\theta \\ \sin^2\theta & \cos^2\theta & -\sin\theta\cos\theta \\ -2\sin\theta\cos\theta & 2\sin\theta\cos\theta & \cos^2\theta - \sin^2\theta \end{bmatrix} \tag{3.5}$$

根据转换矩阵得到视弹性模量和视泊松比与 5 个弹性参数的关系为

$$\frac{1}{E_n} = \frac{\cos^4\theta}{E_1} + \left(\frac{1}{G_2} - \frac{2\nu_3}{E_3}\right)\cos^2\theta\sin^2\theta + \frac{\sin^4\theta}{E_3} \tag{3.6}$$

$$-\frac{\nu_n}{E_n} = \left(\frac{1}{E_1} + \frac{1}{E_3} + 2\frac{\nu_3}{E_3} - \frac{1}{G_2}\right)\sin^2\theta\cos^2\theta - \frac{\nu_3}{E_3} \tag{3.7}$$

在已知水平层理、竖直层理及倾斜层理岩石弹性模量的条件下，可由式(3.6)

和式(3.7)反算得到岩石的剪切模量 G_2。

下面将依据常规试验结果，对层状岩石弹性模量随围压及层理角度的变化规律进行分析。根据不同围压下岩石的应力-应变数据，分别整理得到层状岩石弹性模量在不同层理倾角及不同围压下的数值，统计结果分别如图 3.61 及图 3.62 所示。

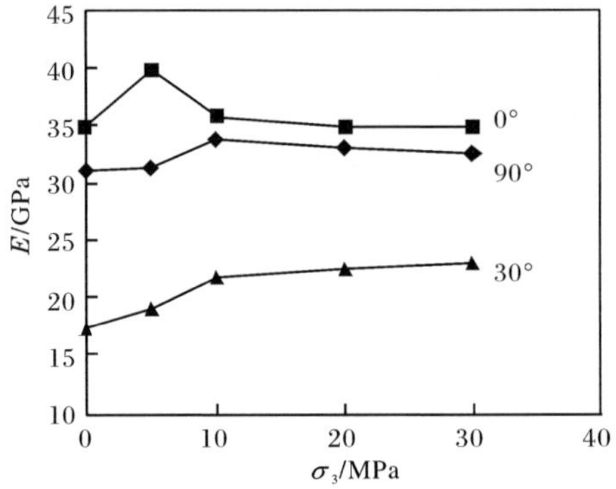

图 3.61 不同层理倾角时层状岩石弹性模量变化规律

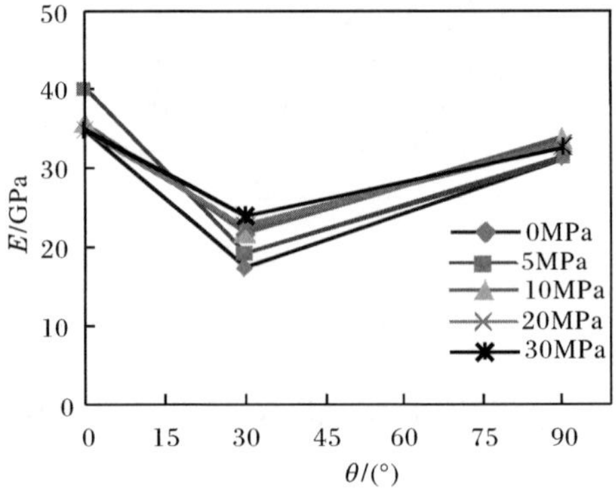

图 3.62 不同围压时层状岩石弹性模量变化规律

图 3.61 可见，水平层理条件下岩石弹性模量变化幅度较小，仅在 5MPa 到 10MPa 围压时出现明显提升，说明对于赋存水平层理的沉积岩试样，在达到屈服前围压对其变形影响较小；竖直层理条件下岩石弹性模量值变化规律与水平层理相似，但在 5MPa 围压时弹性模量出现突增，并显著大于其他围压时的数值；30°层理倾角岩石弹性模量整体表现为随围压增大而增大，这是因为当围压增大时岩样层理面承载能力提高，摩擦力抑制了层理面滑移导致轴向变形减小，从而使岩样的弹性模量提高。其机理为水平层理岩样受轴向力作用时因层理面强度较低而首先发生压缩变形，层理竖向赋存时主要由基质承担轴向荷载，且基质抗变形能力强于层理面，体现为水平层理岩样弹性模量低于竖直层理；对于倾斜层理岩样

其层理角度剪切刚度低，沿斜面滑移产生的轴向变形显著大于前两者，故其弹性模量也最低。

图 3.62 为不同层理倾角时岩石弹性模量变化规律。可见，在给定围压条件下，层状岩石的弹性模量随层理倾角增大表现为先减小后增大。总体来看，竖直层理岩样弹性模量大于水平层理，倾斜层理岩样最小。

6) 强度参数变化规律

Mohr-Coulomb 准则是岩体力学中应用最广泛的强度理论，随岩体力学这一学科的发展和完善，国内外学者也提出了众多的强度准则，但由于 M-C 准则表达式简洁，物理意义明确，且能较好地拟合大部分岩石的三轴压缩试验结果，因而其应用最为广泛，表达式为

$$\sigma_1 = \frac{1+\sin\phi}{1-\sin\phi}\sigma_3 + \frac{2c}{1-\sin\phi} \tag{3.8}$$

应当注意的是，岩石在单轴条件下的破坏形态比较复杂，不仅包含有裂纹的剪切滑移，而且包含有沿轴向拉伸裂纹的萌生和扩展以及剪切裂纹和拉伸裂纹的相互作用。此条件下以剪切滑移破坏为基础的 Mohr-Coulomb 屈服准则不再适用，因此，在分析层状岩石强度参数时不再采用单轴条件下的试验数据。将水平层理、竖直层理和 30°倾斜层理岩样的屈服应力 σ_1 与最小主应力 σ_3 的数据进行整理。下面将分别对不同屈服阶段及不同层理角度时的屈服应力与围压的对应关系进行具体分析。

(1) 不同屈服阶段时屈服应力与围压的关系。

图 3.63 为峰值强度和残余强度时各层理角度岩样对应的屈服应力与围压关系。由图可见，在试验围压范围内，不同层理角度岩样都近似符合 Mohr-Coulomb 准则。图 3.63(a)可知，水平层理强度参数稍大于竖直层理岩样，这主要是由于竖向层理横向扩张导致峰值强度降低而引起的，但两者差值并不大，而 30°层理岩样峰值时强度参数显著低于前两者。图 3.63(b)可知，水平层理与竖直层理岩样残余强度参数基本一致，水平层理和竖直层理对岩样的残余强度影响都较小，此时可将水平或竖直层理强度参数近似视为层状岩石基质的残余强度参数，30°层理岩样残余强度参数仍明显较低。

(2) 不同层理角度时屈服应力与围压的关系。

图 3.64 为不同层理角度岩样分别在峰值强度和残余强度时对应的屈服应力与围压关系。总体来看，各层理角度峰值强度的黏聚力均大于残余阶段时，说明峰值后岩样裂纹贯通滑移，导致黏聚力快速减小；内摩擦角变化规律则有所不同：从图 3.64(a)和图 3.64(b)可以看出，竖直层理和水平层理岩样在峰值强度时的内摩擦角大于残余阶段，说明峰后摩擦作用逐渐减弱。从图 3.64(c)可见，30°层理岩样内摩擦角为一定值，主要是由于 30°层理面即为岩样破坏面，岩样破坏后破裂

面摩擦性质变化不大。

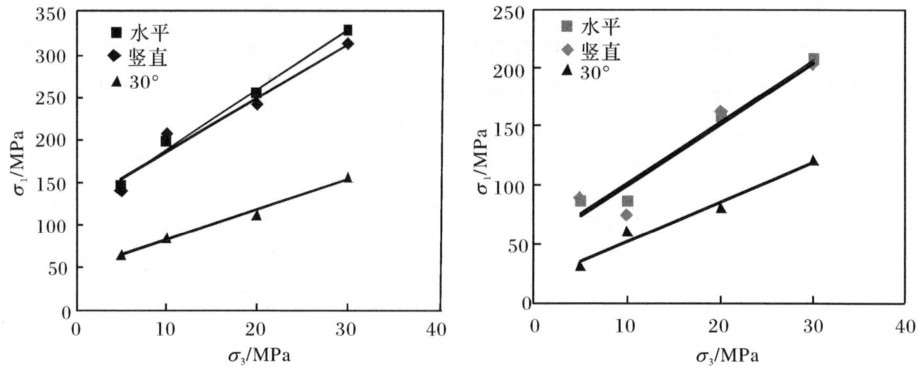

(a) 峰值应力与围压的关系　　(b) 残余应力与围压的关系

图 3.63　不同屈服阶段时屈服应力与围压的关系

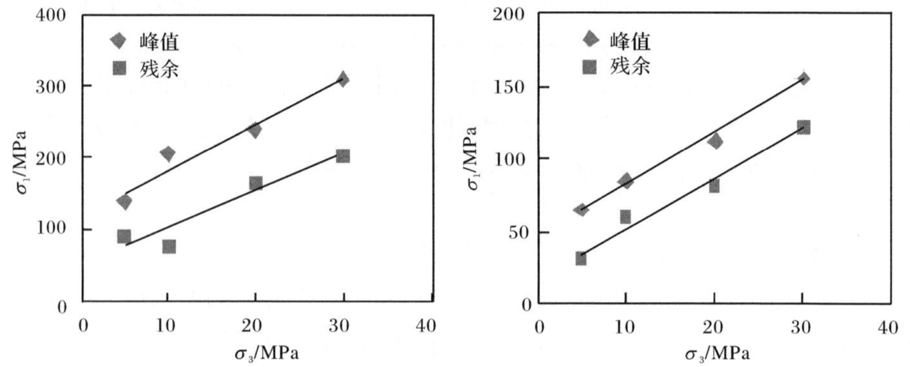

(a) 竖直层理　　(b) 水平层理

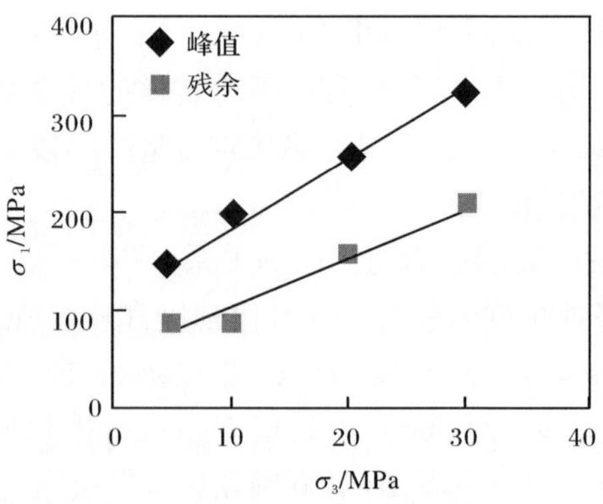

(c) 30°倾斜层理

图 3.64　不同层理角度时屈服应力与围压的关系

3.3.4　层状岩石巴西劈裂试验研究

本次所做巴西劈裂试验包括三个加载方向：平行层理面（0°）、垂直层理面（90°）以及与层理方向成 45°，加载方式如图 3.65 所示。

三组不同层理角度岩样的劈裂试验，其破坏形式分别如图 3.66 所示。其中，加载方向与层理面平行时为层理面的拉伸破坏；加载方向与层理面垂直时为沿加载力之间纯拉伸破坏；加载方向与层理面成 45°时，出现两种破坏方式，即沿加载力的拉伸破坏和沿层理面的剪切破坏。

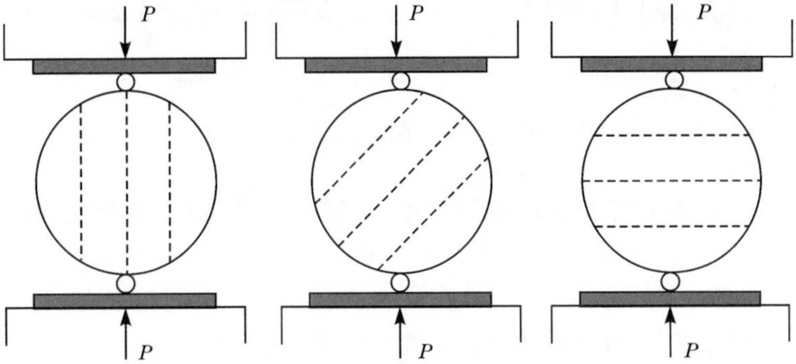

(a) 平行层理方向　(b) 与层理成 45°　(c) 垂直层理方向

图 3.65　不同层理方向加载示意图

(a) 平行层理方向　(b) 与层理成 45°

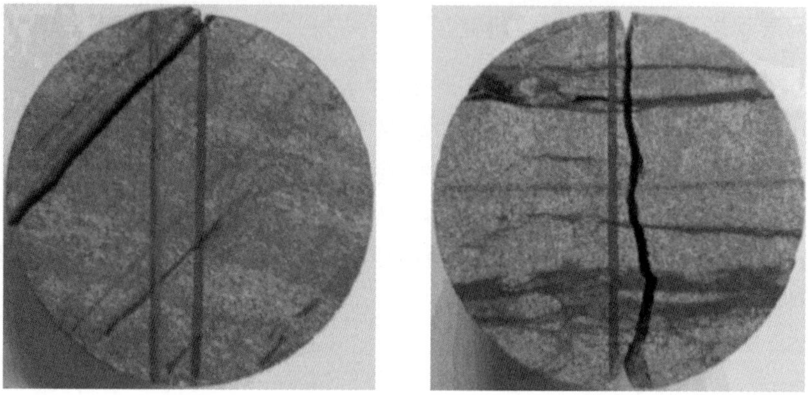

(c) 与层理成 45°　　(d) 垂直层理方向

图 3.66　不同层理方向岩样破坏形式

统计各层理角度时的岩样抗拉强度，岩样的抗拉强度随层理角度的变化如图 3.67所示。可见，随着层理角度从 0°变化到 90°，其抗拉强度呈现逐渐增大的趋势，其机理为：随层理角度增大，岩样内部由薄片状沉积面间黏聚力转变为基质的黏聚力来抵抗拉应力，而沉积面间的黏聚力显著小于基质。

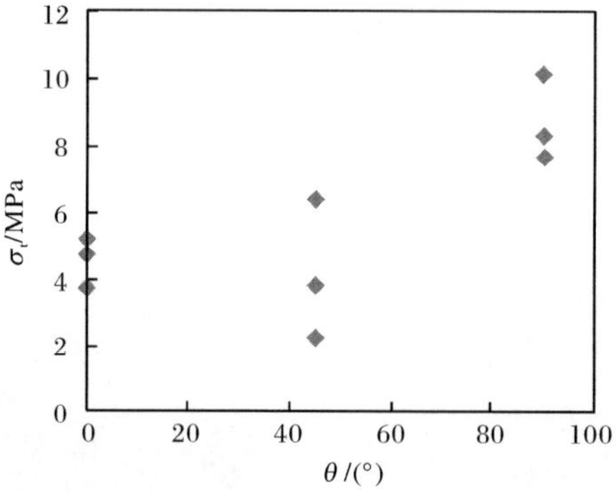

图 3.67　抗拉强度与层理角度关系

此外，45°层理倾角时抗拉强度离散性较大，这主要是由层理弱面的分布位置决定的，即当线荷载正好施加于层理面时发生层理面的剪切破坏，其抗拉强度明显偏低。

3.4　小　　结

深埋软岩工程变形、破坏和失稳的原因是多方面的，但其根本原因是其具有复杂的变形力学机制。通过室内单轴和常规三轴试验，我们对绿泥石片岩和层状粉砂岩的基本力学性质已经有了较全面的认识，这为揭示现场岩体的变形力学机制奠定了坚实的基础。

(1) 室内试验结果表明，绿泥石片岩的弹性模量较小，可变形能力强，仅弹性变形部分就可以导致该岩层中开挖隧洞后的大变形问题。绿泥石片岩的弹性模量对围压非常敏感，同时，卸围压路径下所得的弹性模量比常规加载路径下的弹性模量降低约50%。由此可见，在开挖前，由于掌子面前方岩体处于一定围压作用下，其弹性模量较高，在开挖初期，围岩内应力未能充分调整之前，围岩的弹性模量仍在一定时间内保持较高的水平，此时的变形问题尚未显现。但随着应力状态逐渐调整，围压降低，围岩破裂，其弹性模量迅速下降，变形也将迅速增大。同时，由于围岩内部和表层所处的围压不同，相应的弹性模量也将存在较大的差别。因此，开挖后围岩所产生的弹性变形主要是开挖扰动区域内围岩的变形。要有效的控制这一部分变形，需要施加强有力的表面支护，控制围岩内围压的丧失或者恢复一定的围压。

(2) 绿泥石片岩的强度很低，单轴干燥条件下，仅为大理岩的50%，而该洞段埋深在1500m以上，应力水平达到近40MPa，而且在卸荷路径下，低围压时其强度要比常规加载路径下更低。因此，在该洞段开挖后，根本来不及环向加载，仅卸载就可以导致围岩破坏，大范围围岩破裂松动产生的塑性变形也是该洞段围岩大变形的重要组成部分。因此，必须加固破裂围岩，提高其强度，才能有效地控制这一部分变形。

(3) 水对绿泥石片岩岩体强度特性的影响可谓至关重要，甚至对工程的稳定性起到控制性的作用。单轴条件下，岩块的峰值强度软化系数达到0.5，这仅仅是损伤较小岩块的软化系数，对于表层一定深度范围内的破裂岩体，水一旦进入，其强度软化系数将更小，可导致此范围内岩体强度迅速降低，锚杆与岩体的锚固力也迅速下降，大量的荷载转移至表层支护系统，很容易摧毁支护系统。试验发现，随着围压的升高，峰值强度的软化效应逐渐降低，低围压下软化严重，高围压下软化较轻，这说明，提供一定的围压对于控制围岩遇水后的强度软化可起到一定的作用。

(4) 水对绿泥石片岩变形性质的影响效应也是非常显著的。室内试验表明随着围压的升高，弹模软化系数是逐渐升高的，且实际工程由于高围压对裂隙和结构面的压密效应，导致渗透系数降低，故围压效应更加显著。因此，提供围压，减小变形，降低渗透系数对于降低水对弹模的软化效应非常重要。另外采用一定的阻水措施控制水进入该岩层，对于控制变形和围岩稳定性至关重要。

(5) 高应力下软岩的流变变形也相当可观，且主要是由于强度长期劣化造成的。试验表明，其长期强度为瞬时强度的15%～29%。监测结果表明，已开挖洞段在滞后 20 天后开始监测，目前已经监测到最大收敛变形达 0.22m。这要求在支护设计中也要考虑长期流变效应。

(6) 相同围压时水平层理岩石强度大于竖直层理岩石，倾斜层理岩石强度最低；不同层理倾角岩石的抗压强度均随围压增大而升高，层状岩石的各向异性程度随围压增大而有所减低。

(7) 随围压增高，水平层理和竖直层理岩石均由张拉破坏过渡为剪切破坏，破坏模式与均质岩石类似，倾斜层理岩石在高围压和低围压时均表现为剪切滑移破坏，显示了层理对岩石破坏性质的重要影响。

(8) 给定围压条件下，竖直层理岩样弹性模量大于水平层理，倾斜层理岩样最小，这主要是由不同层理倾角时层状岩石的承载方式决定的。

(9) 峰值和残余强度时，水平层理与竖直层理岩样强度相近，倾斜层理岩样强度显著低于前两者。

(10) 抗拉强度随线荷载与层面角度增大而增大。

第 4 章　深埋软岩力学模型

从第 3 章的试验可知，深埋绿泥石片岩是一种以绿泥石为主要矿物成分、具有片理构造的变质岩，该岩石强度低，易破碎，且遇水软化和崩解，属于典型的深埋软弱岩石，对于工程安全的影响极大。锦屏二级水电站绿泥石片岩洞段施工中出现了围岩大变形、塌方、支护结构损坏等情况，严重威胁了施工安全，增大了施工和支护技术难度。因此，深入研究绿泥石片岩的力学特征，并在此基础上建立合理的力学模型，对于科学分析和评价工程安全性具有重要意义。

近年来，一些学者们针对绿泥石片岩开展了一系列有意义的研究，关注的焦点主要集中在绿泥石片岩的水理特性和流变特性[171~173]。然而，工程实践表明：绿泥石片岩洞段开挖后即发生围岩大变形甚至塌方，围岩中即时产生的破裂结构很大程度上决定了其后续的水理特性和长期力学行为。因此，研究绿泥石片岩的短期力学性质并建立其合理的弹塑性力学模型[174,175]是进行工程安全性分析的一个重要前提。本章将基于锦屏绿泥石片岩的室内力学试验结果，研究其强度参数的演化规律、剪胀特性及其演化特征，建立考虑深埋绿泥石片岩剪胀特性和硬化软化的力学模型，并通过室内试验与模拟结果的对比验证模型的正确性。

而层状岩体的变形和强度性质具有明显各向异性，变形特性与均质岩体有很大区别，不能简单沿用已有针对均质岩体的力学模型。对此，许多学者也针对层状或节理岩体建立了大量的力学模型：张玉军等[176]建立了用于层状岩体的弹塑性模型、黏弹-黏塑性模型和破坏准则；刘立等[177]对层状复合岩体的损伤演化方程进行了试验研究，推导了复合岩体三维非线性损伤本构方程及损伤演化方程；朱泽奇等[178]针对层状岩体建立了可以考虑其横观各向同性变形特征的遍布节理模型，并利用改进模型对洞室群开挖进行分析。这些模型能较好反映层状岩体的变形和屈服特性，但仍与实际结果存在一定差异。

因此，本章将依据粉细砂岩互层状岩石三轴压缩试验结果，分析强度参数和剪胀参数演化规律并以此建立强度参数与应变软化参数之间的关系，最后通过强度参数这一中间变量为纽带得到应力和应变软化参数的关系，进而得到峰后应力-应变之间的关系。在此基础上建立包含体应力的横观各向同性应变软化力学模型，并将所建立的模型嵌入有限差分软件 $FLAC^{3D}$进行模拟验证。此外，在已有研究基础上，以济三煤矿深井巷道层状围岩为研究对象，结合建立的考虑体积应力的横观各向同性应变软化模型，对层状岩体力学参数敏感性进行分析。

4.1 绿泥石片岩力学参数演化分析与力学模型

4.1.1 试验结果分析与初始屈服位置的确定

为了分析绿泥石片岩的力学响应和行为特性，分别在中国科学院武汉岩土力学研究所的 RMT-150C 岩石力学试验机和 MTS815.03 试验机上进行了单轴压缩试验和三轴压缩试验，试样均为 $\phi50 \times 100$mm 的圆柱体标准试样，试验得到的应力-应变曲线、体积应变-轴向应变曲线如图 4.1 所示。

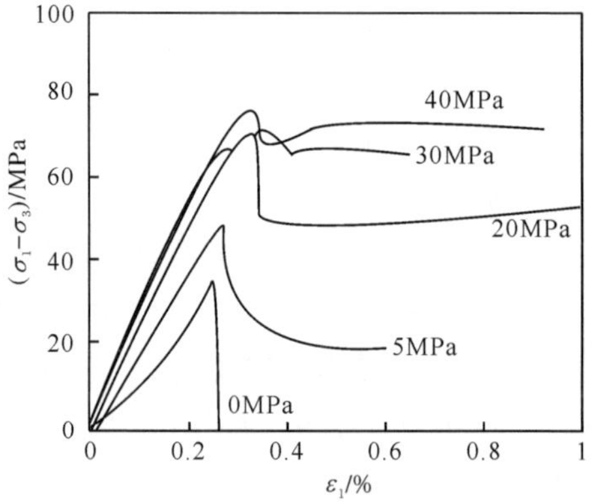

(a) 不同围压下绿泥石片岩的应力-应变曲线

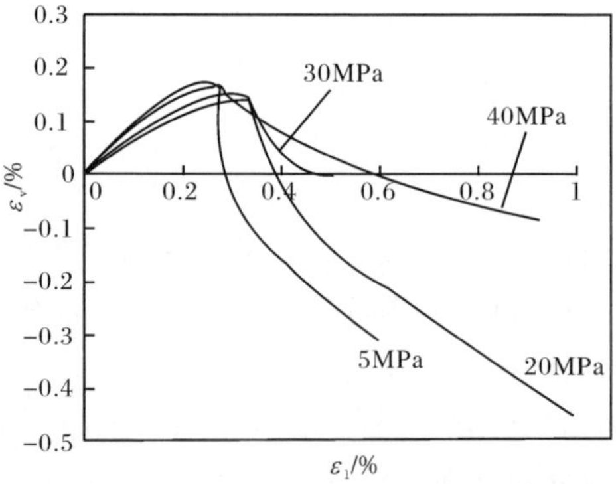

(b) 不同围压下绿泥石片岩的体积应变-轴向应变曲线

图 4.1　绿泥石片岩的试验曲线

由图 4.1 可知：

(1) 岩样变形主要经过初始压密、弹性变形、应变硬化、应变软化四个阶段。

(2) 弹性阶段近似呈线性，取最大割线模量 E_{max} 为弹性模量[179]，经验表明，相对于中硬岩和硬岩，软岩的弹性模量随塑性变形的变化较小。因此，为了后续分析的简便，假设弹性模量和泊松比在整个加载过程中为定值，加载过程中不考虑弹塑性耦合。

(3) 随着围压增大，峰值强度逐渐升高，说明绿泥石片岩的强度对围压比较敏感。

(4) 峰后曲线形态受围压影响变化较大，随着围压的增大，峰后曲线形态由脆性向延性转变，且围压越大峰后残余应力越大。

(5) 图 4.1(b)可见，体积应变主要分为压缩变形和扩容变形两个阶段，随着围压增大，扩容程度逐渐减小。

初始屈服是材料第一次由弹性状态进入塑性状态，材料进入初始屈服后即标志着塑性应变的产生。对于硬化材料或软化材料，随着应力和变形的增加，屈服面也将随之变化，即为后继屈服[180]。

确定初始屈服应力的位置较为困难，严格来讲，只有在加载过程中一点点卸载，通过计算每点处是否产生塑性应变才能判断该点是否为初始屈服点，但这在实践中是不可能实现的。许多学者也都各自基于试验数据提出了相应的初始屈服点的选取方法，过镇海等[181]针对混凝土介质提出了能量等值法和几何作图法的屈服点定值方法，但这两种方法与塑性变形之间的关系缺乏明确的物理意义；白冰等[182]通过计算针对每条应力-应变曲线的路径相关的塑性硬化参量，利用破坏点的确定性给出初始屈服点，但其应用较为复杂；张凯[29]和杨凡杰等[183]通过循环加卸载试验发现，体积应变拐点之后卸载点处轴向应变对应的加载和卸载偏应力值误差显著大于拐点之前，故将体积应变最大值处作为初始屈服点；也有学者将环向应变的明显转弯点对应的应力取为初始点，如果环向变形转弯点不明显，可人为设定某个塑性应变对应的应力为屈服应力，但其取值有很大的主观性和随意性；陆银龙等[184]和韩建新等[185]通过将峰值点取为初始屈服点对峰后强度参数演化进行了研究，得到了与试验曲线较为吻合的结果。

为了后续力学模型更方便地描述绿泥石片岩的扩容和剪胀特性，本书取体积应变-轴向应变曲线峰值点为屈服点，从初始屈服点开始岩石出现剪胀趋势。选取试验过程中三个不同阶段试验点(即文中定义的初始屈服点、峰值点、残余强度点)，可得到其最大主应力随最小主应力的变化曲线(如图 4.2 所示)，不难发现，三个屈服状态点的曲线形态都近似呈线性，由此可以认为，取体积应变-轴向应变曲线峰值点为屈服点后，Mohr-Coulomb 屈服准则仍然是近似成立的。

岩石在应力达到峰值后，在围压较低的条件下宏观上表现为应变软化现象。目前对其研究主要集中在两个方面：一是研究峰值后产生应变软化特性的机制，认为软化特性不是岩石自身性质的表现，而是岩石破坏裂隙所表现出的结构性

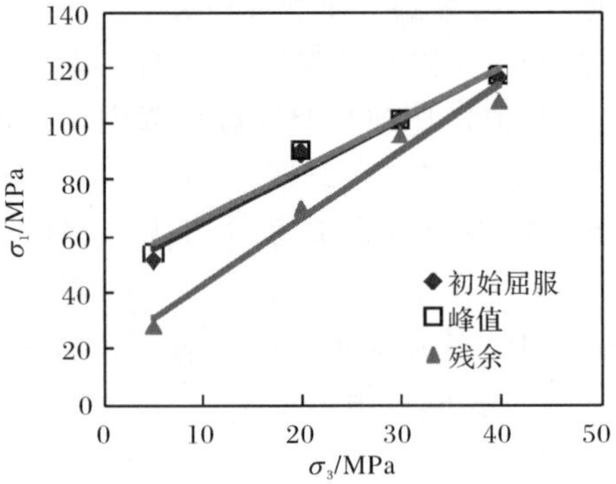

图 4.2　三个屈服状态点的最大主应力与最小主应力曲线

质，岩石应变不是均匀的，表现为应变局部化[174]；二是基于岩石应变软化的宏观效应，假设材料的变形和应力的分布是均匀的，在经典的弹塑性力学框架之下讨论[175]。而在围压较高的条件下，岩石在应力峰值后宏观上表现为强化现象。工程分析要求能够在同一个力学模型中同时合理反映围岩强度参数随塑性变形的演化、剪胀特性、围压效应、硬化和软化特性等，而这些在试验认知和理论上都是一些复杂的问题。

4.1.2　内变量的定义

由上述试验结果可见，绿泥石片岩的力学性质随塑性变形而变化，且受围压的影响显著。为了反映这一特性，需要修正传统塑性力学中的内变量（一般为塑性应变）的定义，使其包含围压的影响因素。所谓的“围压”只是常规三轴试验中的一种特殊应力状态（$\sigma_2=\sigma_3$），在实际工程围岩中一般不存在这种应力状态。因此，考虑一般性条件，定义内变量 κ 如下：

$$\begin{cases}\kappa=\int \mathrm{d}\kappa \\ \mathrm{d}\kappa=\dfrac{\sqrt{\dfrac{2}{3}\mathrm{d}e_{ij}^{\mathrm{p}}\,\mathrm{d}e_{ij}^{\mathrm{p}}}}{f\left(\dfrac{I_1}{\sigma_{\mathrm{c}}}\right)}\end{cases} \tag{4.1}$$

式中：$\mathrm{d}e_{ij}^{\mathrm{p}}$ 为塑性应变偏张量，定义为 $\mathrm{d}e_{ij}^{\mathrm{p}}=\mathrm{d}\varepsilon_{ij}^{\mathrm{p}}-\dfrac{1}{3}\mathrm{tr}(\mathrm{d}\varepsilon_{ij}^{\mathrm{p}})\boldsymbol{I}$；$\sqrt{\dfrac{2}{3}\mathrm{d}e_{ij}^{\mathrm{p}}\,\mathrm{d}e_{ij}^{\mathrm{p}}}$ 为等效塑性剪应变增量，记为 $\mathrm{d}\gamma^{\mathrm{p}}$；$f(I_1/\sigma_{\mathrm{c}})$ 为应力张量第一不变量 I_1 的函数，为无量纲化引入单轴抗压强度 σ_{c}。

根据式（4.1）定义的内变量，如果屈服状态相同，则其内变量相同，所以可以取岩石达到残余强度时的内变量为定值来确定 $f(I_1/\sigma_{\mathrm{c}})$ 的表达形式，具体方法为:设初始屈服时的内变量为 0,残余强度时的内变量为 1;在屈服阶段,由试验数据中的每一个加载步,可计算出其弹性应变增量和塑性应变增量,进而可计算出等效塑性剪应变增量 $d\gamma^p$,由式(4.1)可得到一个含有待求 $f(I_1/\sigma_c)$形式的 $d\kappa$;累加求和得到残余强度时的 κ 值,令其值为 1 即可得 $f(I_1/\sigma_c)$的曲线形态和函数形式。

按照上述方法,根据绿泥石片岩不同围压下的常规三轴试验结果,可得到 $f(I_1/\sigma_c)$的表达式为

$$f\left(\frac{I_1}{\sigma_c}\right)=0.0015\frac{I_1}{\sigma_c}+0.0003 \tag{4.2}$$

由式(4.1)计算不同围压下应力峰值对应内变量 κ 的值,发现 κ 约为 0.1,故取 $\kappa=0.1$ 作为应力峰值的判定。

4.1.3 强度参数演化

根据上面定义的内变量,利用式(4.1)处理三轴试验的结果时,经过 $d\kappa$ 叠加后,每个 κ 对应着一组(σ_1,σ_2,σ_3)。取受压为正,Mohr-Coulomb 屈服准则用第一主应力 σ_1 和第三主应力 σ_3 的表达式为

$$\sigma_1=\sigma_3\frac{1+\sin\phi}{1-\sin\phi}+2c\frac{\cos\phi}{1-\sin\phi} \tag{4.3}$$

式中:c 和 ϕ 分别为岩石的黏聚力和内摩擦角。

由式(4.3)可知,只要给定两组(σ_1,σ_3)的值,即可解出一组(c,ϕ)的值。把内变量 κ 从 0 到 1 细分后,选取最接近 κ 值的两组(σ_1,σ_3),并由式(4.3)计算对应的(c,ϕ),列于表 4.1 中。由表 4.1 做出强度参数随内变量 κ 的变化曲线,如图 4.3 所示。

表 4.1　绿泥石片岩内变量取不同值时的应力状态和强度参数

κ	第一组		第二组		黏聚力/MPa	内摩擦角/(°)
	σ_1/MPa	σ_3/MPa	σ_1/MPa	σ_3/MPa		
0.012	101.8	30	116.8	40	23.2	11.5
0.1	53.81	5	117.3	40	16.6	16.8
0.3	46.1	5	100.6	30	11.9	21.8
0.4	42.1	5	99.8	30	10.1	23.3
0.5	37.5	5	99.6	30	8.0	25.2
0.7	32.8	5	109.5	40	7.4	21.9
0.8	31.1	5	109.1	40	6.7	22.4
0.9	29.1	5	108.8	40	5.9	22.9
1.0	27.9	5	108.5	40	5.4	23.3

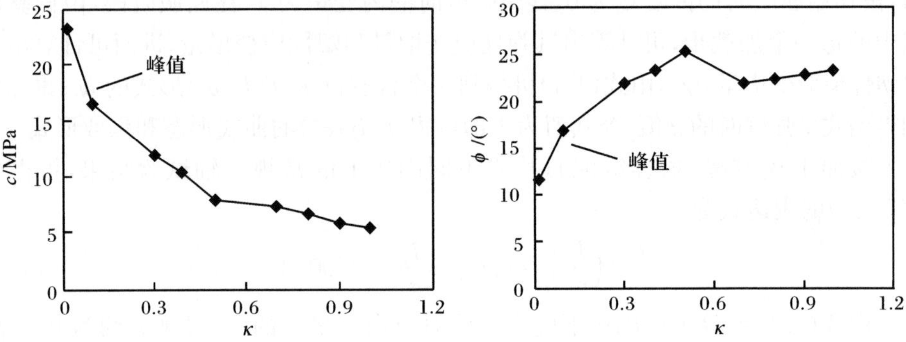

(a) 黏聚力随内变量的变化曲线　　(b) 内摩擦角随内变量的变化曲线

图 4.3　强度参数与内变量的关系曲线

图 4.3 可见，从初始屈服开始，内摩擦角近似呈抛物线形式一直增大，黏聚力在峰值点前近似线性减小，峰后近似呈抛物线形式减小。在残余强度阶段，黏聚力和内摩擦角逐渐趋于稳定。

综合以上分析，设 c 的初值为 c_0，ϕ 的初值为 ϕ_0。c 值线性减小，当到达峰值点 $\kappa=\kappa_t$ 时，$c=c_t$，而后一直呈抛物线减小至 c_r；ϕ 值一直呈抛物线增大至 ϕ_r。则强度参数 $c(\kappa)$、$\phi(\kappa)$ 的表达式为

$$\begin{cases} c(\kappa)=\dfrac{c_t-c_0}{\kappa_t}\kappa+c_0, & 0\leqslant\kappa\leqslant\kappa_t \\ c(\kappa)=\dfrac{c_t-c_r}{(\kappa_t-1)^2}(\kappa-1)^2+c_r, & \kappa_t<\kappa\leqslant 1 \end{cases} \tag{4.4}$$

$$\phi(\kappa)=(\phi_0-\phi_r)(\kappa-1)^2+\phi_r,\quad 0\leqslant\kappa\leqslant 1 \tag{4.5}$$

式(4.4)和式(4.5)对应的演化函数曲线如图 4.4 所示。

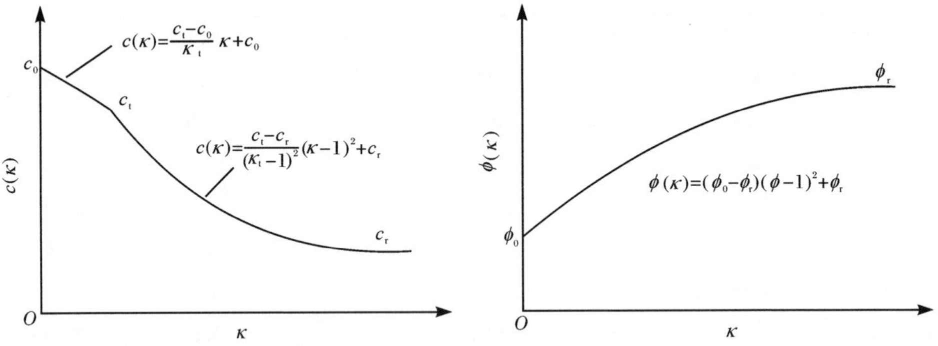

(a) 黏聚力演化函数曲线　　(b) 内摩擦角演化函数曲线

图 4.4　强度参数演化函数模型

4.1.4　剪胀特性与流动法则

岩土材料区别于金属材料，受剪时会产生较为明显的剪胀现象。在经典岩石塑性力学理论中，描述剪胀的参数应用最广泛的是剪胀角 ψ。传统方法中，在处理剪胀角时通常有两种方式：一种是采用非关联流动法则并令剪胀角等于 0，实际上是忽略了材料的剪胀性；另一种是采用关联流动法则并令内摩擦角等于剪胀角且为定值，即采用屈服函数作为塑性势函数，这样往往会导致产生远大于实际情况的剪胀变形。在考虑非关联流动法则选取剪胀角时，仅知道 $\psi<\phi$，取何值尚无特别严格的理论依据。孔位学等[186]采用非关联流动法则并取 $\psi=\phi/2$。在常用的数值分析软件(如 FLAC 和 ANSYS 等)中，剪胀角在非线性本构模型中都默认为 0，虽然 FLAC 中的应变软化模型允许用户自定义剪胀角，但没有给出具体的建议。本书采用非关联流动法则以纠正关联流动法则计算中产生的过大剪胀变形，在塑性势函数选择上以剪胀角 ψ 代替屈服函数中的内摩擦角 ϕ，并研究剪胀角随等效塑性剪应变的演化规律。

常规三轴试验第二主应力 σ_2 和第三主应力 σ_3 是相等的，其应力点在 Mohr-Coulomb 的 π 平面上相应位置见图 4.5，它是 a 和 b 两条线的交点，这两条棱线在应力空间中的方程分别为

$$\begin{cases} f_1=\sigma_1-\sigma_2 N_\phi-2c\sqrt{N_\phi} \\ f_2=\sigma_1-\sigma_3 N_\phi-2c\sqrt{N_\phi} \end{cases} \tag{4.6}$$

式中：N_ϕ为内摩擦角 ϕ 的函数，且 $N_\phi=(1+\sin\phi)/(1-\sin\phi)$。

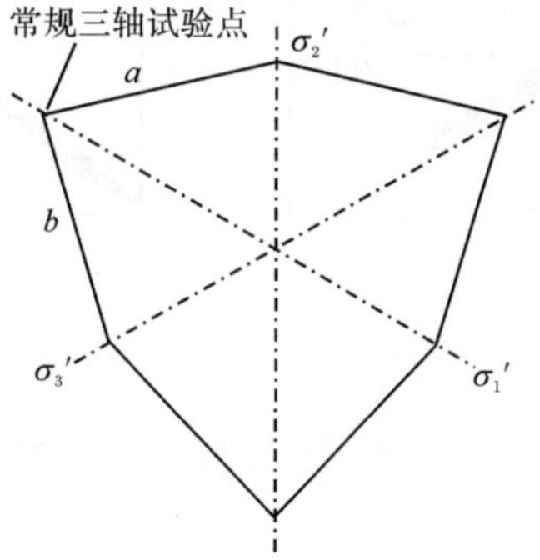

图 4.5　π 平面上常规三轴试验点对应位置

把式(4.6)中的内摩擦角 ϕ 换成剪胀角 ψ，得到如下塑性势函数：

$$\begin{cases} g_1=\sigma_1-\sigma_2 N_\psi-2c\sqrt{N_\psi} \\ g_2=\sigma_1-\sigma_3 N_\psi-2c\sqrt{N_\psi} \end{cases} \tag{4.7}$$

式中：N_ψ为剪胀角 ψ 的函数，且 $N_\psi=(1+\sin\psi)/(1-\sin\psi)$。

设其符合非关联流动法则，则有

$$d\varepsilon^{p} = d\lambda_1 \frac{\partial g_1}{\partial \sigma} + d\lambda_2 \frac{\partial g_2}{\partial \sigma} \tag{4.8}$$

将式(4.7)代入式(4.8)，即可得到塑性应变增量的三个主应变为

$$\begin{cases} d\varepsilon_1^{p} = d\lambda_1 + d\lambda_2 \\ d\varepsilon_2^{p} = -d\lambda_1 N_{\psi} \\ d\varepsilon_3^{p} = -d\lambda_2 N_{\psi} \end{cases} \tag{4.9}$$

将式(4.7)～式(4.9)相加，可得

$$d\varepsilon_{v}^{p} = (d\lambda_1 + d\lambda_2)(1 - N_{\psi}) \tag{4.10}$$

由式(4.9)的第一式和式(4.10)解得

$$N_{\psi} = 1 - \frac{d\varepsilon_{v}^{p}}{d\varepsilon_1^{p}} \tag{4.11}$$

可解出剪胀角 ψ 为

$$\psi = \arcsin \frac{d\varepsilon_{v}^{p}}{-2d\varepsilon_1^{p} + d\varepsilon_{v}^{p}} \tag{4.12}$$

下面给出剪胀角的具体计算方法。以围压 5MPa 的试验结果为例，经整理得到塑性体积应变 ε_{v}^{p}、第一塑性主应变 ε_1^{p} 与等效塑性剪应变 γ^{p} 曲线如图 4.6 所示。

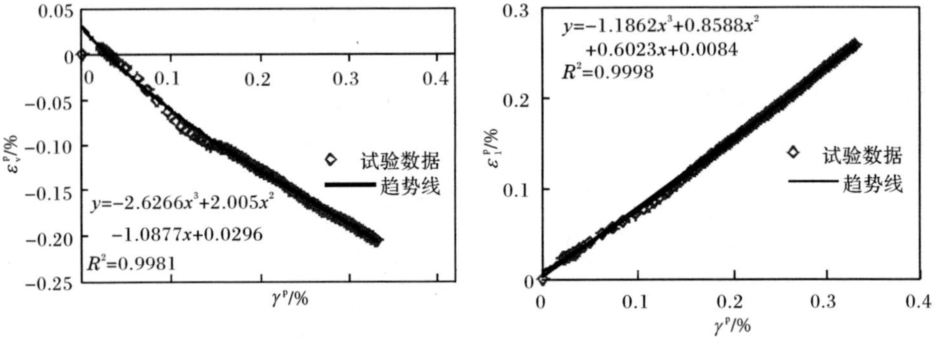

(a) 塑性体积应变与等效塑性剪应变关系图　　(b) 第一塑性主应变与等效塑性剪应变关系

图 4.6　两种塑性应变与等效剪应变关系

拟合 ε_{v}^{p}、ε_1^{p} 与 γ^{p} 的曲线得到如下表达式：

$$\varepsilon_{v}^{p} = -26266(\gamma^{p})^3 + 200.5(\gamma^{p})^2 - 1.0877\gamma^{p} + 0.0003 \tag{4.13}$$

$$\varepsilon_1^{p} = -11862(\gamma^{p})^3 + 85.876(\gamma^{p})^2 + 0.6023\gamma^{p} + 8 \times 10^{-5} \tag{4.14}$$

对式(4.13)和式(4.14)取微分，分别得到

$$d\varepsilon_{v}^{p} = [-78798(\gamma^{p})^2 + 401\gamma^{p} - 1.0877]d\gamma^{p} \tag{4.15}$$

$$d\varepsilon_1^{p} = [-35586(\gamma^{p})^2 + 171.752\gamma^{p} + 0.6023]d\gamma^{p} \tag{4.16}$$

把式(4.15)和式(4.16)代入到式(4.12)，可得到 ψ 用 γ^{p} 表示的函数表达式：

$$\psi = \arcsin \frac{-78798(\gamma^{p})^{2} + 401\gamma^{p} - 1.0877}{-7626(\gamma^{p})^{2} + 57.496\gamma^{p} - 2.29323} \tag{4.17}$$

这样，即可通过计算不同的等效塑性剪应变求出剪胀角。由式(4.1)可以得到等效塑性剪应变与内变量的对应关系，进行插值可以求出不同内变量对应的剪胀角。同理可求得其他围压下不同内变量下的剪胀角值，如表 4.2 所示。

表 4.2　不同内变量和围压下的剪胀角

κ	5MPa 围压下的 ψ/(°)	30MPa 围压下的 ψ/(°)	40MPa 围压下的 ψ/(°)
0.1	25.064	18.181	17.501
0.2	22.589	16.964	15.087
0.3	20.199	14.248	13.223
0.4	18.382	12.196	11.800
0.5	17.016	11.816	10.941
0.6	15.938	11.701	10.414
0.7	15.378	11.197	10.302
0.8	15.280	11.141	10.529
0.9	15.673	10.973	11.056
1.0	16.575	10.847	11.956

由表 4.1 和表 4.2 可得到摩擦角 ϕ 和不同围压下剪胀角 ψ 的演化曲线，如图 4.7所示。

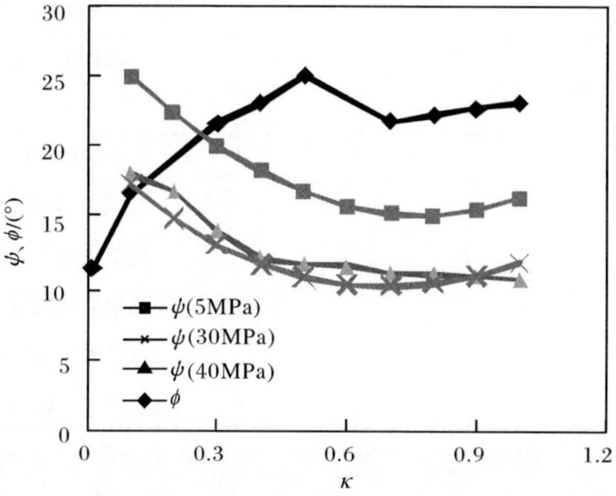

图 4.7　剪胀角与内摩擦角的演化

由图 4.7 可知，剪胀角随着内变量的增大而减小。这是由于剪切破坏时，上部凸台会被部分剪断或磨平，则后续剪切破坏中凸台向上移动的分量会减小，剪胀角减小(如图 4.8 所示)。另外,还注意到剪胀角对围压比较敏感,这是由于高围压时岩石裂隙会紧密闭合,上部凸台对下部凸台的剪断作用随着围压的增大而增强,由图 4.8 可知,剪断作用越强,向上移动的法向位移分量越小,所以剪胀角随围压增大而减小。

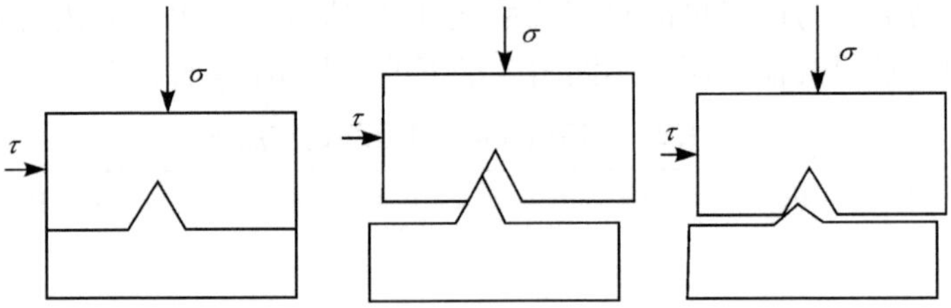

图 4.8 剪切摩擦过程示意图

由图 4.7 可见,绿泥石片岩的内摩擦角与剪胀角演化趋势相反,应采用非关联流动法则。当内摩擦角趋于平缓时,剪胀角也趋于平缓。由上述分析可归纳出剪胀角随内变量变化的函数为

$$\psi(\kappa) = (\phi_r - \phi_0)(\kappa - 1)^2 + \phi_0, \quad 0 \leqslant \kappa \leqslant 1 \tag{4.18}$$

本章依据绿泥石片岩的常规三轴试验,建立了考虑其硬化软化和剪胀特性的力学模型,涉及的主要待定参数见表 4.3,表中的参数均可通过常规试验来确定。

表 4.3 力学模型中的参数

参数类型	待定参数
塑性内变量	函数 f 中的参数 a 和 b
	峰值点塑性内变量 κ_t
弹性参数	弹性模量 E
	泊松比 ν
强度参数	单轴抗压强度 σ_c
	黏聚力初值 c_0
	峰值点黏聚力 c_t
	黏聚力残余值 c_r
	内摩擦角初值 ϕ_0
	内摩擦角残余值 ϕ_r

4.2 绿泥石片岩力学模型的数值验证

为了验证本章所建立的力学模型,采用不同围压下绿泥石片岩的三轴试验结果与模型数值模拟的数据进行比较。具体方法为:由初始屈服函数求出初始屈服

点的主应力，此时等效塑性剪应变为 0，内变量为 0，用广义虎克定律求出此时的弹性应变；给定一个加载步，设内变量增量为 dκ，可由式(4.1)计算出等效塑性剪应变增量；由此时的塑性内变量可求出内摩擦角、黏聚力、剪胀角，即得到后继屈服函数，可由式(4.3)求出主应力，就可计算出弹性应变增量；由非关联流动法则推导出的式(4.9)代入等效塑性剪应变增量表达式，即可求出塑性应变增量。如此不断给出加载步，即可计算出不同围压下的($\sigma_1-\sigma_3$)-ε_1 曲线和 ε_v-ε_1 曲线(数值计算结果如图 4.9 所示)。由于在模型中对力学参数的演化函数做了分段简化(如图 4.4 所示)，故曲线并不十分平滑。但是，无论从定性还是定量上，本章所建立模型都能够反映绿泥石片岩由低围压下的脆性破坏到高围压下的延性破坏的转换过程和岩石的剪胀性质、峰值前的硬化和峰值后的软化等力学特征。模型中主要的参数取值如表 4.4 所列(由绿泥石片岩的常规三轴试验确定)。

表 4.4　力学模型参数的取值

函数 f	$0.0015I_1/\sigma_c+0.0003$
σ_c/MPa	35.51
E/MPa	25000
v	0.19
c_0/MPa	23.2
c_t/MPa	22
c_r/MPa	5.39
ϕ_0/(°)	11.54
ϕ_r/(°)	23.26
κ_t	0.1

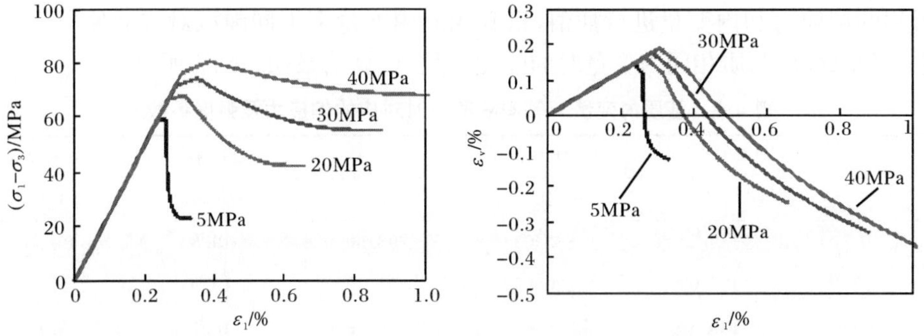

(a) ($\sigma_1-\sigma_3$)-轴向应变曲线　　(b) 体积应变-轴向应变曲线

图 4.9　力学模型的数值模拟结果

4.3 互层状粉细砂岩横观各向同性应变软化力学模型的建立

4.3.1 初始屈服位置选择和塑性内变量定义

砂岩为硬脆性岩石，且由于内部赋存层理面，屈服即进入峰后软化阶段。此外，通过分析水平层理和倾斜层理岩石室内压缩试验结果，可知岩石体积应变拐点对应的应力值均与岩石的峰值应力接近。为计算简便，本章将峰值应力选作初始屈服应力对岩石屈服变形进行分析。

塑性内变量仍选取等效塑性剪切应变，其定义如式(4.1)所示，详见4.1.2节，在此不再赘述。

4.3.2 应变软化规律

1. 层状粉细砂岩基质塑性内变量求解

由3.3节试样破坏规律可知，当层理水平或竖直赋存时，层理对岩样的破坏模式影响较小，但竖直层理岩石在低围压时表现出压张横向破坏特征，因此，本章通过水平层理岩石的变形破坏性质研究层状岩石基质的强度参数演化规律。

本次共进行了4个围压条件下水平层理岩石的三轴试验，由于10MPa围压残余强度过低，与其他围压时的数据存在明显差异性，故采用5MPa、20MPa和30MPa围压数据求解内变量。层状粉细砂岩基质内变量表达形式为

$$\kappa=\int \mathrm{d}\gamma^{\mathrm{p}} f\left(\frac{I_1}{\sigma_{\mathrm{c}}}\right)=\int \mathrm{d}\gamma^{\mathrm{p}}\left[17.4\left(\frac{I_{1i}}{\sigma_{\mathrm{c}}}\right)^2-172.6\,\frac{I_{1i}}{\sigma_{\mathrm{c}}}+467.4\right] \tag{4.19}$$

为了计算基质强度参数随内变量的演化，将内变量进行等间隔取值，对试验得到的偏应力和内变量进行插值，得到相同内变量下不同围压对应的偏应力，并进一步求解出基质相同内变量时的强度参数，计算结果如表4.5所示。

表4.5 基质内变量 κ 等间隔取值时对应的偏应力及强度参数

κ	围压/MPa			黏聚力 c /MPa	内摩擦角 ϕ /(°)
	5	20	30		
0	139.22	235.03	298.60	19.8	49.6
0.1	137.03	220.95	295.49	19.0	49.3
0.2	132.42	209.68	289.39	18.1	49.1
0.3	125.78	200.45	273.64	17.8	48.2
0.4	117.45	192.55	252.65	17.6	46.8

续表

κ	围压/MPa			黏聚力 c /MPa	内摩擦角 ϕ /(°)
	5	20	30		
0.5	108.26	185.26	233.15	17.1	45.6
0.6	99.54	177.95	218.85	16.0	44.9
0.7	92.76	170.00	208.69	15.0	44.5
0.8	88.69	160.81	198.42	14.7	43.5
0.9	86.13	149.85	185.80	15.0	41.8
1	80.17	136.60	179.16	13.4	41.6

根据上述计算结果绘制出强度参数 c 和 ϕ 随内变量 κ 的变化规律，如图 4.10 所示。可见，基质在初始屈服后黏聚力快速减小，说明岩样内裂纹逐渐萌生和快速扩展贯通，c 也直接表明了基质强度的幅值；内摩擦角也随内变量增大呈现减小的趋势，这是因为砂岩颗粒以胶结形式连接，内部结构较为松散，岩石基质在剪切破裂之初裂纹面粗糙，摩擦作用发挥得很及时和充分，随着破裂加剧和裂纹滑移，破裂面粗糙程度降低致使摩擦系数降低，宏观上表现为内摩擦角的减小。

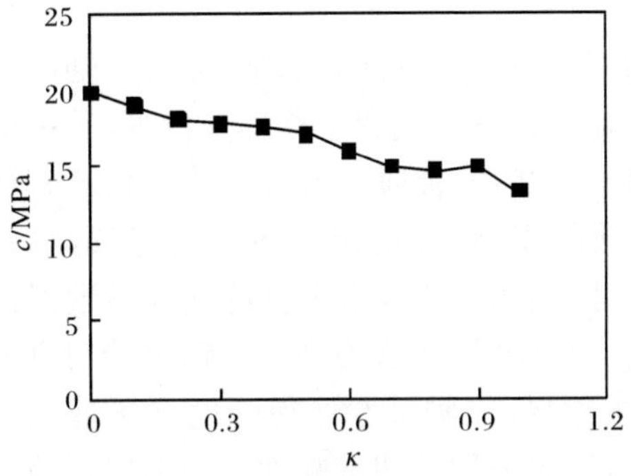

(a) 黏聚力 c

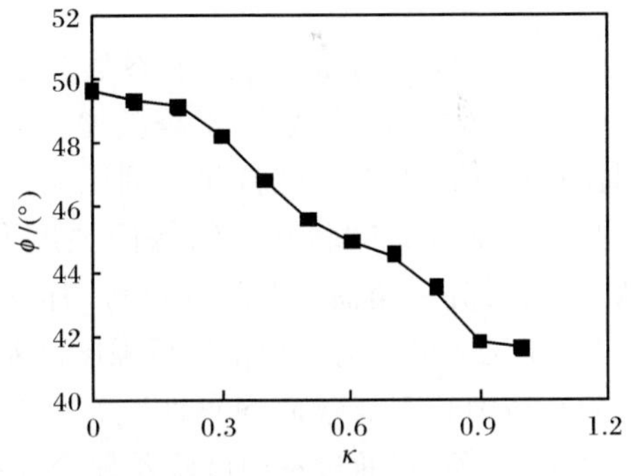

(b) 内摩擦角 ϕ

图 4.10　砂岩基质强度参数随内变量的变化规律

针对基质强度参数随内变量的变化规律，提出采用图 4.11 所示分段函数表示强度参数与塑性内变量的关系。

图 4.11 中 c_0 和 c_r 为岩石基质的初始和残余黏聚力，ϕ_0 和 ϕ_r 为岩石基质的初始和残余内摩擦角。对比试验结果可知，基质黏聚力在内变量为 1 时才达到其残余值，而内摩擦角在内变量为 0.8～0.9 时才达到其残余值。分段函数具体表达形式为

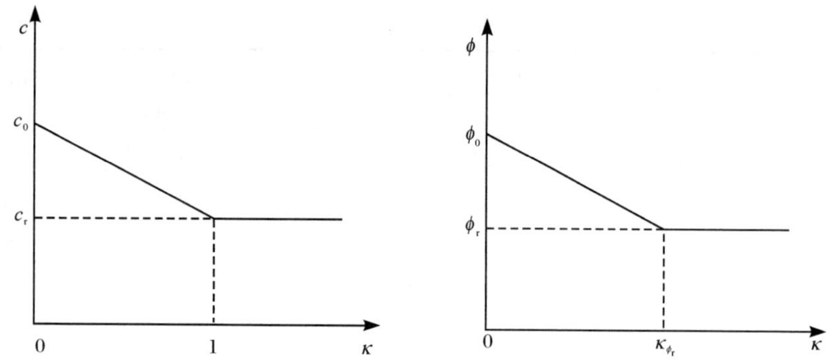

(a) 黏聚力　　(b) 摩擦角

图 4.11　基质黏聚力及摩擦角与内变量的关系

$$\begin{cases} c = c_0 - \kappa(c_0 - c_r), & \kappa \leqslant 1 \\ c = c_r, & \kappa > 1 \end{cases} \tag{4.20}$$

$$\begin{cases} \phi = \phi_0 - \dfrac{\kappa}{\kappa_\phi}(\phi_0 - \phi_r), & \kappa \leqslant \kappa_\phi \\ \phi = \phi_r, & \kappa > \kappa_\phi \end{cases} \tag{4.21}$$

2. 层状岩石层理面塑性内变量求解

确定岩体结构面抗剪强度参数的主要方法有:室内直剪试验、室内三轴压缩试验、原位大型直剪试验、工程类比、抗剪强度计算公式和位移反分析等,其中应用比较成熟的为直剪试验和三轴压缩试验。一些学者通过大量试验分析了直剪试验和三轴压缩试验确定结构面强度参数的误差,并给出了各自的建议:韩佳泳[187]通过分析偏轴压力及有效剪切面积对参数的影响,指出直剪试验参数误差过大,建议尽量采用三轴仪进行强度试验;张少华等[188]认为岩石三轴试验与直剪试验在应力状态与载荷均布性上存在严重差异,三轴试验所得强度高于剪切试验;周应华等[189]通过室内试验及理论分析,建议采用剪切试验确定完整岩石的抗剪强度参数,但仍可通过三轴压缩实验结果预测结构面的抗剪强度参数。针对以上学者的分析,本节拟采用三轴压缩试验结果确定层理面强度参数。

此外,对于 30°倾角层理岩石,由于基质强度高于层理面,基质未达承载极限而卸载,导致塑性变形主要集中在强度较低的层理面上,假定岩样破坏时塑性应变均为层理面所产生是合理的,故选用 30°层理岩石试验数据对层理面强度参数的演化规律进行研究。

岩样受力状态如图 4.12 所示,根据已知试验现象,30°倾斜层理面岩样均沿层理面破坏,依据 Mohr-Coulomb 准则,用层理面上的法向应力 σ 和剪应力 τ 可表示为

$$\tau = c_j + \sigma \tan\phi_j \tag{4.22}$$

式中，c_j 和 ϕ_j 分别为层理面的黏聚力和内摩擦角。

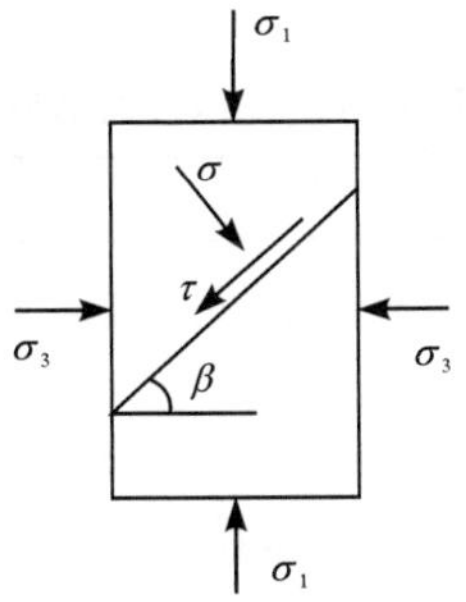

图 4.12　层理面的受力状态

依据图 4.12 所示层理面倾斜方向并按照莫尔应力圆理论，作用于层理面上的法向应力 σ 和剪应力 τ 分别为

$$\begin{cases}\sigma=\dfrac{1}{2}(\sigma_1+\sigma_3)+\dfrac{1}{2}(\sigma_1-\sigma_3)\cos(2\beta)\\ \tau=\dfrac{1}{2}(\sigma_1-\sigma_3)\sin(2\beta)\end{cases}\tag{4.23}$$

将式(4.23)代入式(4.22)，得到用 σ_1、σ_3 和 β 表示的沿层理面破坏方程式(4.24)。它的物理意义为，当作用于岩体上的主应力值满足方程时，层理面上的应力处于极限平衡状态。此外，当层理面进入塑性状态时，层理面上的应力及强度均是层理面方向的函数，即岩体强度是随层理面方向变化而改变的。

$$\begin{aligned}\sigma_1&=\sigma_3+\frac{2(c_j+\sigma_3\tan\phi_j)}{(1-\tan\phi_j\cot\beta)\sin(2\beta)}\\&=\frac{\sin(2\beta)-\tan\phi_j\cos(2\beta)+\tan\phi_j}{\sin(2\beta)-\tan\phi_j\cos(2\beta)-\tan\phi_j}\sigma_3+\frac{2c_j}{\sin(2\beta)-\tan\phi_j\cos(2\beta)-\tan\phi_j}\end{aligned}\tag{4.24}$$

将式(4.24)对 β 求导并令其为 0，得 $\beta=\pi/2+\phi_j/2$，岩样强度最低，为层理面的最不利位置，此时莫尔应力圆与层理面强度线相切而不是相交。当 $\beta=\pi/2$ 或 $\beta=\phi_j$ 时，$\sigma_1\to\infty$，岩样不可能沿层理面破坏，岩样将沿岩石内的某一方向破坏。

30°层理岩石共进行了 4 个围压条件下的试验，将试验数据代入式(4.24)，利用不同围压下的等效剪切塑性应变及对应体应力值解出待定参数，确定层理面内变量表达形式为

$$\begin{aligned}\kappa&=\int\mathrm{d}\gamma^{p}f_j\left(\frac{I_1}{\sigma_c}\right)\\&=\int\mathrm{d}\gamma^{p}\left[162.7\left(\frac{I_{1i}}{\sigma_c}\right)^3-1178.3\left(\frac{I_{1i}}{\sigma_c}\right)^2+2401.9\frac{I_{1i}}{\sigma_c}-922.4\right]\end{aligned}\tag{4.25}$$

利用式(4.25)计算所得层理面内变量在初始屈服时为 0，在残余强度时为 1。为了计算层理面强度参数随内变量累积的变化，参照基质内变量计算方法，对层

理面内变量进行等间隔取值，得到相同内变量下不同围压对应的偏应力，求解得到的层理面强度参数列于表 4.6。

表 4.6 层理面内变量 κ 等间隔取值时对应的偏应力及强度参数

κ	围压 σ_3/MPa				黏聚力 c /MPa	内摩擦角 ϕ/(°)
	5	10	20	30		
0	59.16	74.38	90.42	125.06	12.3	33.8
0.1	58.81	70.28	85.64	124.73	11.6	33.9
0.2	57.24	66.70	85.78	122.25	11.0	34.0
0.3	54.65	63.49	87.69	117.60	10.5	33.9
0.4	51.26	60.39	89.04	112.48	10.0	33.8
0.5	47.26	57.27	88.37	108.45	9.1	33.9
0.6	42.88	54.30	85.04	105.86	7.9	34.2
0.7	38.31	51.87	79.27	103.74	6.7	34.5
0.8	33.76	50.42	72.13	100.46	5.8	34.3
0.9	29.45	49.97	65.52	95.32	5.3	33.5
1	25.57	49.63	62.19	90.93	4.9	33.0

根据上述计算结果绘制出强度参数 c 和 ϕ 随内变量的变化规律，如图 4.13 所示。从图中可以看出，层理面黏聚力变化规律与基质相似，都是在初始屈服后快速减小，峰值强度后层理面迅速屈服滑移；层理面内摩擦角随内变量增大而基本保持为一恒定值，这主要是由于倾斜层理面岩样的破坏面为沉积弱面，胶结强度较低的层理面表面较为光滑，破坏前后的摩擦系数差异不大，宏观上表现为内摩擦角基本不变。此外，层理面的强度参数 c 和 ϕ 均明显低于基质强度参数，也进一步验证了层状岩石的各向异性性质。

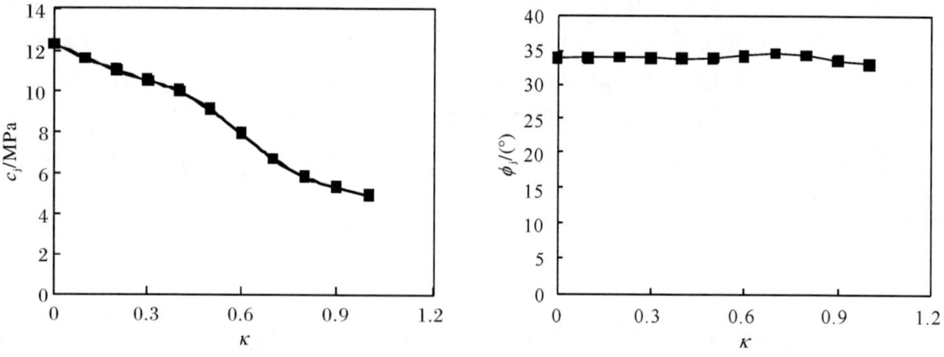

(a) 层理面黏聚力 c_j　　(b) 层理面内摩擦角 ϕ_j

图 4.13 砂岩层理面强度参数随内变量的变化规律

参照基质对强度参数随内变量的处理方式以及倾斜层理岩石强度参数变化规律，采用图 4.14 所示分段函数对层面强度参数与塑性内变量的关系进行描述。

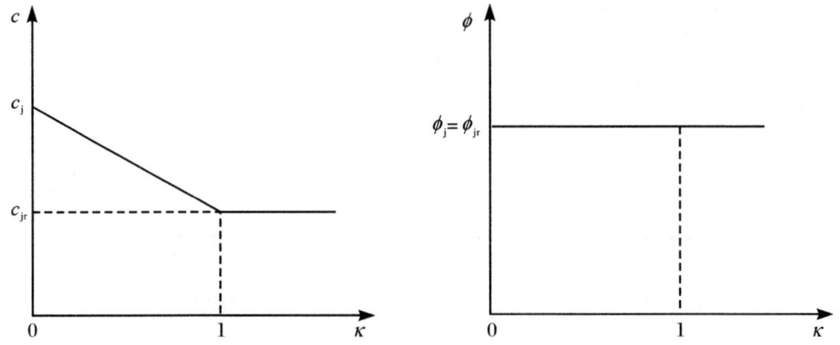

(a) 层理面黏聚力 c_j　　(b) 层理面内摩擦角 ϕ_j

图 4.14　层理面黏聚力及摩擦角与内变量的关系

图 4.14 中 c_j 和 c_{jr}分别为层理面的初始和残余黏聚力，ϕ_j 和 ϕ_{jr}分别为层理面的初始和残余摩擦角。层理面黏聚力在内变量为 1.0 时达到其残余值，而层理面的内摩擦角基本保持为一定值，分段函数具体表达形式为

$$\begin{cases} c = c_j - \kappa(c_j - c_{jr}), & \kappa \leqslant 1 \\ c = c_{jr}, & \kappa > 1 \end{cases} \tag{4.26}$$

$$\phi = \phi_j = \phi_{jr} \tag{4.27}$$

4.3.3　剪胀特性与流动法则

采用与 4.1.4 节相同的理论方法进行剪胀特性分析。以水平层理岩样 5MPa 围压的试验数据为例，首先计算塑性体应变 ε_v^p、塑性应变组合($-2\varepsilon_1^p+\varepsilon_v^p$)和等效塑性剪应变 γ^p，拟合得到 ε_v^p 及($-2\varepsilon_1^p+\varepsilon_v^p$)与 γ^p的关系，如图 4.15 所示，拟合得到的关系式为

$$\varepsilon_v^p = 101462\,(\gamma^p)^3 - 566.21\,(\gamma^p)^2 + 0.3825\gamma^p + 0.00006 \tag{4.28}$$

$$\varepsilon_v^p - 2\varepsilon_1^p = -2.1544\gamma^p + 0.00008 \tag{4.29}$$

对式(4.28)和式(4.29)进行微分，得

$$d\varepsilon_v^p = 304386\,(\gamma^p)^2 - 1132.42\gamma^p + 0.3825 \tag{4.30}$$

$$d\varepsilon_v^p - 2d\varepsilon_1^p = -2.1544 \tag{4.31}$$

将式(4.30)和式(4.31)代入式(4.12)，即可得到用等效塑性剪应变表示的剪胀角表达式，即

$$\psi = \arcsin\frac{304386\,(\gamma^p)^2 - 1132.42\gamma^p + 0.3825}{-2.1544} \tag{4.32}$$

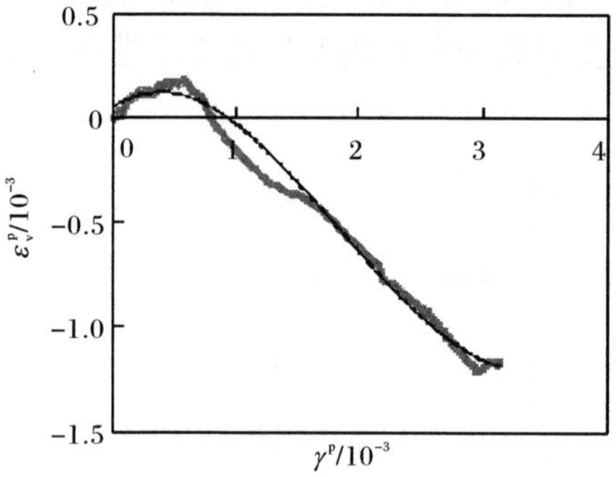

(a) 塑性体积应变 ε_v^p

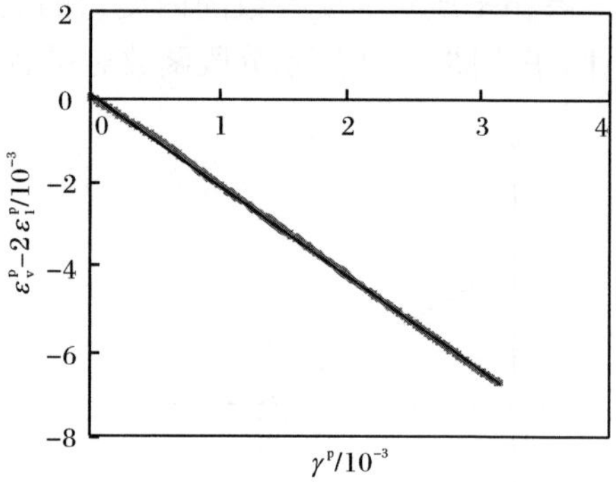

(b) $\varepsilon_v^p-2\varepsilon_1^p$

图 4.15　水平层理岩样应变组合与等效塑性剪应变的关系

代入不同的等效塑性剪应变即可求得相应的剪胀角。根据式(4.1)中等效塑性剪应变与内变量的关系进行插值，可进一步得到同一围压下不同内变量对应的剪胀角。水平层理岩石和倾斜层理岩石在不同围压时的剪胀角随内变量的变化规律分别如图 4.16 和图 4.17 所示。

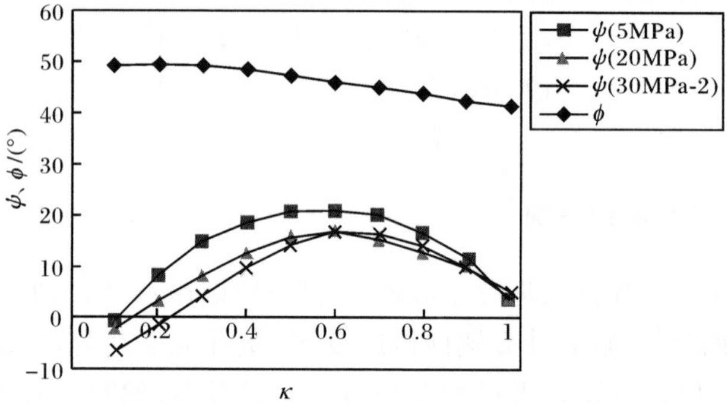

图 4.16　水平层理岩样不同围压下剪胀角与摩擦角对比

图 4.16 可见，水平层理岩石剪胀角随内变量增大呈现出先增大后减小的趋势，这是由于初始屈服后岩石内裂隙扩展，剪胀角逐渐增大，此后裂隙面尖端被磨平或剪断，剪胀角逐渐减小。砂岩为孔隙胶结类型岩石，其孔隙率较高，内部结构较为松散，岩石的剪胀效应并不明显，宏观表现为剪胀角数值较小。高围压时剪胀角略小于低围压，这是由于低围压时裂隙面沿尖端斜面爬升而产生剪胀扩容，而高围压时裂隙面更易于将尖端磨平或剪断，体胀量小，宏观表现为随围压升高岩石剪胀角减小。

图 4.17 可见，倾斜层理岩石剪胀角仅在 5MPa 围压时剪胀角随内变量增大

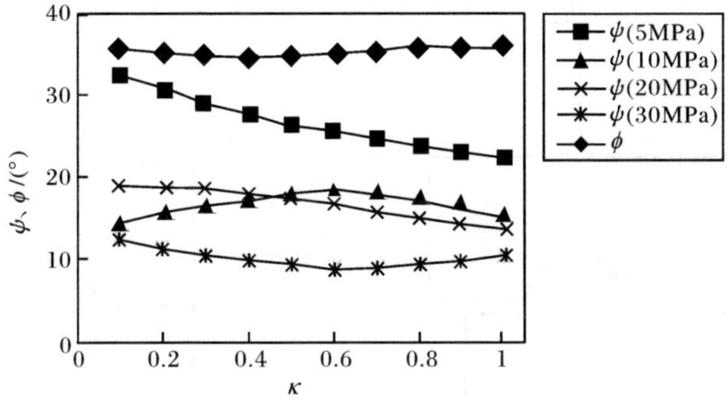

图 4.17　倾斜层理岩样不同围压下剪胀角与摩擦角对比

而减小，其余围压时剪胀角变化并不明显，这是由于倾斜层理岩石压缩试验均沿沉积弱面滑移破坏，破坏面较为光滑，仅出现若干断裂点，故破坏前后剪胀角变化较小。倾斜层理岩石剪胀角也表现为随围压增大而减小，其机理与水平层理相似。

层状砂岩剪胀角随内变量和围压的上述变化规律可通过图 4.18 来解释：当岩石产生屈服后，随裂隙产生和扩展，裂隙面沿下部凸台爬升，宏观表现为剪胀角的增大，随剪切滑移的继续，上部凸台会被部分剪断或磨平，则后续剪切破坏中凸台向上移动的分量会减小，导致剪胀角减小，故随内变量的增加，剪胀角出现先增大后减小的情况。此外，剪胀角对围压也较为敏感，这是由于在低围压时上部凸台沿下部凸台爬升[图 4.18(b)、(c)]，而在高围压时，上部凸台直接将下部凸台剪断[图 4.18(e)、(f)]，向上移动的法向位移分量减小，宏观表现为剪胀角随围压增大而减小[183]。

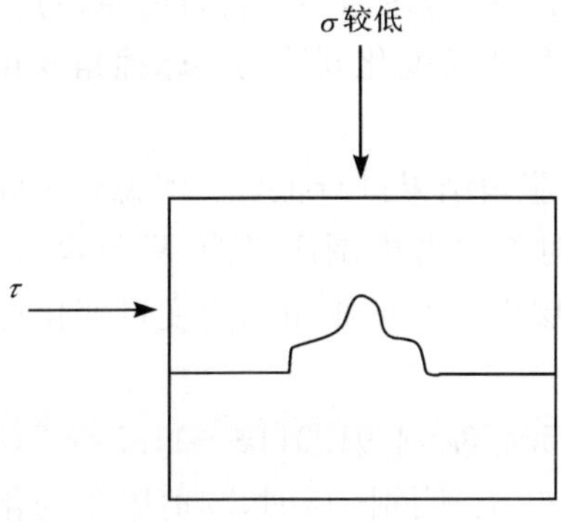

(a)

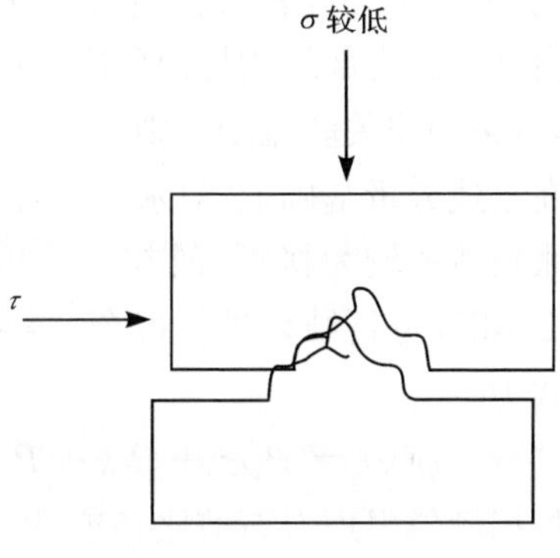

(b)

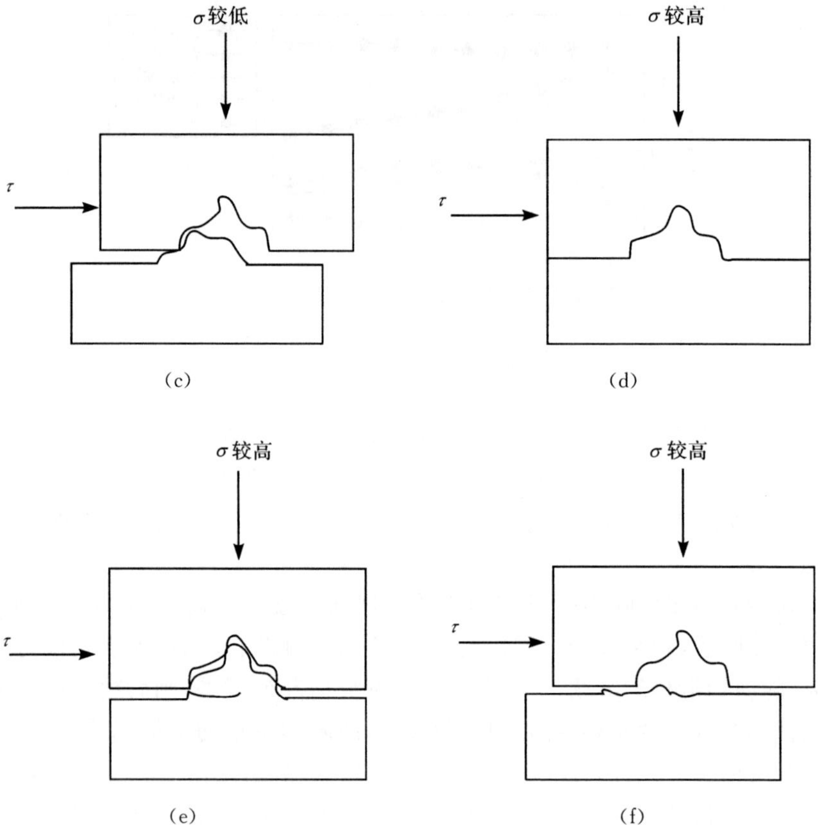

图 4.18　不同围压下的剪胀机理示意图

此外，水平层理岩石和倾斜层理岩石的剪胀角均远小于岩石内摩擦角，这主要是由砂岩的内部结构松散所决定的，而且剪胀角变化规律与内摩擦角变化趋势不同，应采用非关联流动法则。

在上述分析基础上，对水平层理岩石剪胀角结果进行拟合。考虑到不同围压时剪胀角数值较为接近，故在拟合剪胀角时不再考虑围压影响，只包含内变量。选取 20MPa 分析结果进行拟合，得到水平层理岩石剪胀角随内变量变化规律的表达式为

$$\psi(\kappa) = P_1\kappa^2 + P_2\kappa + P_3 = -75.433\kappa^2 + 91.011\kappa - 11.5 \tag{4.33}$$

根据倾斜层理岩石剪胀角变化规律可知，在不同围压时，其剪胀角变化范围较小，随围压和内变量变化并不明显，为便于工程应用将剪胀角简化为一固定值。根据试验结果，将剪胀角取为 13°～20°是合理的。

至此，本节基于水平层理岩石和倾斜层理岩石常规压缩试验结果，建立了考

虑体积应力的横观各向同性应变软化力学模型。模型参数可通过室内常规试验确定，但实际工程中岩体存在结构面，且试样破坏了岩体原有应力状态以及受尺寸效应的影响，室内试验确定的岩体力学参数要明显高于工程实际，因此，实际工程中岩体力学参数的确定要具体分析。

4.4　互层状粉细砂岩力学模型的数值验证

4.4.1　层状岩石本构关系

对图 3.60 所示横观各向同性体，通常以层面为 $x'y'$ 平面，法向为 z' 轴，则在局部坐标系 $x'y'z'$ 中其应力-应变关系[176]可以表示为

$$\begin{cases} \sigma'_{xx}=S_1(\varepsilon_{ij})=M[(1-n\nu_3^2)\varepsilon'_{xx}+(\nu_1+n\nu_3^2)\varepsilon'_{yy}+\nu_2(1+\nu_1)\varepsilon'_{zz}] \\ \sigma'_{yy}=S_2(\varepsilon_{ij})=M[(\nu_1+n\nu_3^2)\varepsilon'_{xx}+(1-n\nu_3^2)\varepsilon'_{yy}+\nu_2(1+\nu_1)\varepsilon'_{zz}] \\ \sigma'_{zz}=S_3(\varepsilon_{ij})=M[\nu_3(1+\nu_1)\varepsilon'_{xx}+\nu_3(1+\nu_1)\varepsilon'_{yy}+\dfrac{(1-\nu_1^2)\varepsilon'_{zz}}{n}] \\ \sigma'_{xy}=S_4(\varepsilon_{ij})=G_1\gamma'_{xy} \\ \sigma'_{yz}=S_5(\varepsilon_{ij})=G_2\gamma'_{yz} \\ \sigma'_{xz}=S_6(\varepsilon_{ij})=G_2\gamma'_{xz} \end{cases} \tag{4.34}$$

式中：$M=E_1/[(1-\nu_1-2n\nu_3^2)(1+\nu_1)]$；$n=E_3/E_1$；$E_1$、$E_3$、$\nu_1$、$\nu_3$、$G_1$ 和 G_2 分别为平行层面和垂直层面的弹性模量、泊松比和剪切模量。

4.4.2　屈服准则和塑性势函数

一般条件下，岩石基质强度要高于层理面，而层理面是此类岩体失稳的控制性因素，因此，应着重考虑层理面的力学参数。但是根据应力状态、层理面倾角及层理面材料特性的不同，屈服可能发生在岩石基质中，也可能发生在层理面上，或者同时发生在两者中。因此，在基质和层理面的塑性力学模型中均应包括剪切和拉伸屈服的界定和描述，即同时采用 Mohr-Coulomb 剪切屈服准则和拉伸屈服准则。基质和层理面的具体判别方法介绍如下。

1. 基质屈服准则

如上所述，基质屈服包括剪切和拉伸两个方面，其中材料的剪切屈服采用非关联流动法则，拉伸屈服采用关联流动法则，如图 4.19 所示。

取压为负，令屈服包络线 $f(\sigma_1,\sigma_3)=0$，则 AB 段由剪切屈服准则 $f^s=0$ 定义为[190]

$$f^s=\sigma_1-\sigma_3N_\phi+2c\sqrt{N_\phi} \tag{4.35}$$

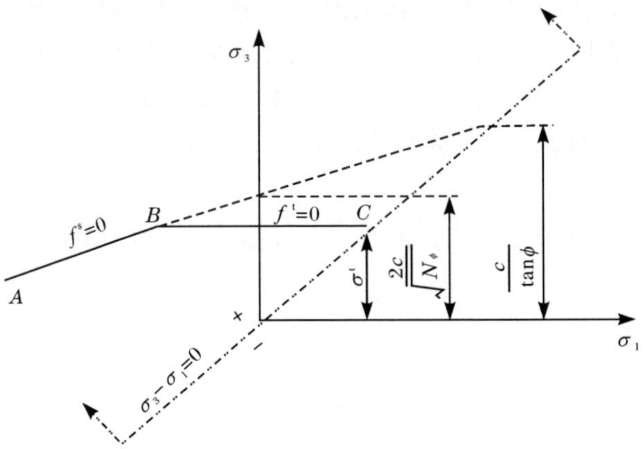

图 4.19　FLAC^{3D}中 Mohr-Coulomb 屈服准则[191]

BC 段由拉伸屈服准则 $f^t=0$ 定义为

$$f^t = \sigma_3 - \sigma^t \tag{4.36}$$

式中：$N_\phi=(1+\sin\phi)/(1-\sin\phi)$；$\sigma^t$ 为抗拉强度。

根据拉伸和剪切屈服面关系的分析，基质的拉伸强度应小于 $f^s=0$ 与 $\sigma_1=\sigma_3$ 交点处的 σ_3 值，即

$$\sigma_3^t = \frac{c}{\tan\phi} \tag{4.37}$$

与屈服准则对应的塑性势函数定义为

$$g^s = \sigma_1 - \sigma_3 N_\psi \tag{4.38}$$

$$g^t = -\sigma_3 \tag{4.39}$$

式中：$N_\psi=(1+\sin\psi)/(1-\sin\psi)$，$\psi$ 为基质剪胀角，由 4.3.3 节剪胀参数变化规律可知，此处应选用非关联流动法则，即 $\psi\neq\phi$。

根据室内试验所得应力-应变曲线可知，粉砂岩互层岩石在峰后呈现出应变软化特征，传统的理想弹塑性模型无法准确反映其力学行为。因此，在本模型中需要建立起相应于此弹塑性模型的硬化软化定律。此处引入考虑体应力的塑性参数 κ^s 来描述塑性剪切应变软化行为，引入塑性参数 κ^t 来描述拉伸应变软化行为，其增量型的表达式为

$$\Delta\kappa^s = \frac{1}{\sqrt{2}}\sqrt{(\Delta\varepsilon_1^{ps}-\Delta\varepsilon_m^{ps})^2+(\Delta\varepsilon_m^{ps})^2+(\Delta\varepsilon_3^{ps}-\Delta\varepsilon_m^{ps})^2}\,f\left(\frac{I_1}{\sigma_c}\right) \tag{4.40}$$

$$\Delta\kappa^t = |\Delta\varepsilon_3^{pt}| \tag{4.41}$$

式中：$\Delta\varepsilon_m^{ps}=(\Delta\varepsilon_1^{ps}+\Delta\varepsilon_3^{ps})/3$，为基质体积塑性剪切应变增量；$\Delta\varepsilon_1^{ps}$ 和 $\Delta\varepsilon_3^{ps}$ 为基质第一和第三主应力方向的塑性剪应变增量；$\Delta\varepsilon_3^{pt}$ 为基质塑性拉应变增量；$f(I_1/\sigma_c)$表达形式见式(4.19)。

当基质应力状态处于稳定区域时，基质处于弹性状态，此时不需对基质进行塑性修正；当处于屈服状态时，根据关联/非关联流动法则进行“塑性应力修正”。

对于剪切屈服流动情况（AB 段），修正后的应力增量关系可以表示为[191]

$$\begin{cases}\sigma_1^N = \sigma_1^I - \lambda^s(\alpha_1 - \alpha_2 N_\psi) \\ \sigma_2^N = \sigma_2^I - \lambda^s \alpha_2 (1 - N_\psi) \\ \sigma_3^N = \sigma_3^I - \lambda^s(-\alpha_1 N_\psi + \alpha_2)\end{cases} \tag{4.42}$$

式中：

$$\lambda^s = \frac{f^s(\sigma_1^I, \sigma_3^I)}{(\alpha_1 - \alpha_2 N_\psi) - (-\alpha_1 N_\psi + \alpha_2) N_\phi}$$

$$\alpha_1 = K + \frac{4}{3}G$$

$$\alpha_2 = K - \frac{2}{3}G$$

对于拉伸屈服流动情况（BC 段），修正后的应力增量关系可以表示为[191]

$$\begin{cases}\sigma_1^N = \sigma_1^I - \lambda^t \alpha_2 \\ \sigma_2^N = \sigma_2^I - \lambda^t \alpha_2 \\ \sigma_3^N = \sigma_3^I - \lambda^t \alpha_1\end{cases} \tag{4.43}$$

式中：

$$\lambda^t = \frac{\sigma_t^I - \sigma^t}{\alpha_1}$$

2. 层面屈服准则

层状岩体的层面产状由图 3.60 表示，用来描述层理面的应力变量共有 4 个，即 $\Delta\sigma_{1'1'}$、$\Delta\sigma_{2'2'}$、$\Delta\sigma_{3'3'}$ 和 $\Delta\tau$。在 $(\sigma_{3'3'}, \tau)$ 坐标系中表示的层面屈服准则如图 4.20 所示。

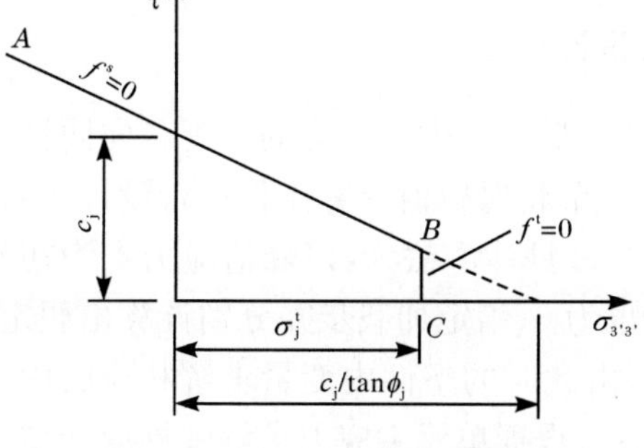

图 4.20　FLAC3D层面屈服准则

在局部坐标系下，采用 Mohr-Coulomb 屈服准则和拉伸屈服准则，层面的剪切和拉伸屈服函数形式为

$$f_j^s = \tau + \sigma_{3'3'}\tan\phi_j - c_j \tag{4.44}$$

$$f_j^t = \sigma_{3'3'} - \sigma_j^t, \quad \sigma_{j\max}^t = \frac{c_j}{\tan\phi_j} \tag{4.45}$$

式中：$\tau = \sqrt{\sigma_{1'3'}^2 + \sigma_{2'3'}^2}$，$\sigma_{1'3'}$、$\sigma_{2'3'}$ 和 $\sigma_{3'3'}$ 均为层面局部坐标系内的应力分量；c_j、ϕ_j 和 σ_j^t 分别为层面的黏聚力、内摩擦角和抗压强度。

式(4.44)和式(4.45)屈服准则对应的势函数为

$$g_j^s = \tau + \sigma_{3'3'}\tan\psi_j \tag{4.46}$$

$$g_j^t = \sigma_{3'3'} \tag{4.47}$$

式中：ψ_j 为层面膨胀角，此处与岩石基质情况类似，选用非相关联流动法则，即 $\psi_j \neq \phi_j$。

同理，当层面进入屈服状态时也要根据关联/非关联流动法则进行"塑性应力修正"，最后将修正后的应力增量转换到整体坐标系下。

对于层面，其考虑体应力的剪切硬化参量和拉伸硬化参量的增量形式为

$$\Delta\kappa_j^s = \frac{1}{3}\sqrt{2(\Delta\varepsilon_{3'3'}^{ps})^2 + (\Delta\varepsilon_{1'3'}^{ps})^2 + (\Delta\varepsilon_{2'3'}^{ps})^2}\, f_j\left(\frac{I_1}{\sigma_c}\right) \tag{4.48}$$

$$\Delta\kappa_j^t = \Delta\varepsilon_{3'3'}^{pt} \tag{4.49}$$

式中：$\Delta\varepsilon_{1'3'}^{ps}$、$\Delta\varepsilon_{2'3'}^{ps}$ 和 $\Delta\varepsilon_{3'3'}^{ps}$ 为层面局部坐标系内塑性剪应变增量；$\Delta\varepsilon_{3'3'}^{pt}$ 为层面塑性拉应变增量；$f_j\left(\frac{I_1}{\sigma_c}\right)$ 表达形式见式(4.25)。

确定上述塑性参数计算方法后，基于式(4.34)确定应力状态，首先利用式(4.35)和式(4.36)判别假设内部不含层理面时岩体(即假设为均质岩体)的整体破坏情况，如果破坏则进行"塑性应力修正"；根据式(4.44)和式(4.45)对层理面破坏情况进行判别，若破坏也需进行"塑性应力修正"。

4.4.3 数值计算流程设计

以上建立了层状粉细砂岩考虑体应力的横观各向同性应变软化模型，为了将其应用于数值计算中，本节将对数值计算流程进行设计。对于每个应力增量加载步，提出相应的迭代方法，具体方法为：以峰值应力点为初始屈服点，此时等效塑性剪应变为 0，内变量也为 0；给定加载步并分别计算出假定不含层理面岩体的内变量和层理面内变量，由此时的塑性内变量求解相应的内摩擦角、黏聚力和剪胀角，即得到后继屈服函数；根据单元主应力求解弹性应变增量，根据非关联流动法则求解塑性应变增量。通过各个加载步的累加，即可计算出不同围压下的应力-应变曲线和体应变-轴向应变曲线，具体迭代过程如图 4.21 所示。

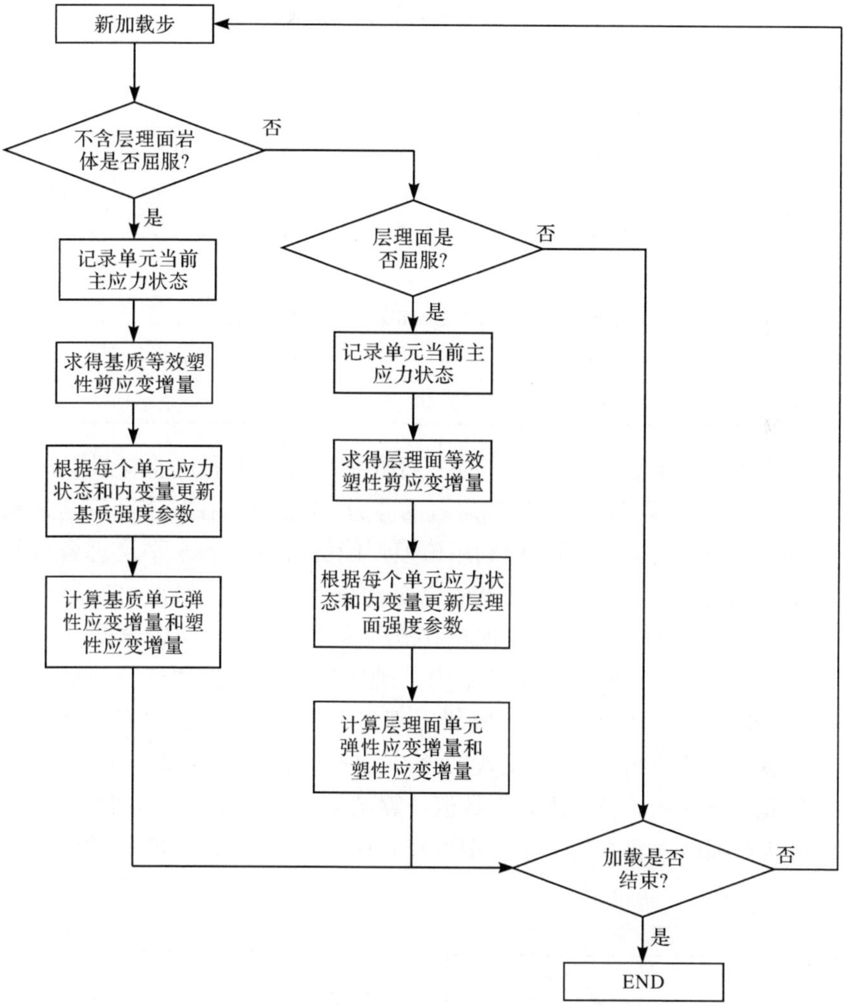

图 4.21　层状岩石应变软化计算流程图

4.4.4　算例验证

为验证所建立力学模型的适用性，利用上述计算方法对水平和倾斜层理岩石的室内三轴压缩进行数值模拟。岩石基质和层理面力学参数取值见表 4.7。整套参数包括岩体弹性参数、基质强度参数和层面强度参数三部分。可见，本模型的弹性参数并未区分基质与层面，而是二者组成的整体在平行和垂直层理方向的弹性参数，因此，该取值直接决定了平行层理与垂直层理弹性参数的高低。本节仅给出水平层理和倾斜层理岩石模拟计算结果。

表 4.7　层状岩石计算参数取值

参数类型	参数取值			
弹性参数	平行层面弹模 E_1	36GPa	平行层面泊松比 ν_1	0.18
	垂直层面弹模 E_3	32GPa	垂直层面泊松比 ν_3	0.16
基质强度参数	初始黏聚力 c_0	19.8MPa	残余黏聚力 c_r	13.4MPa
	初始摩擦角 ϕ_0	49.6°	残余摩擦角 ϕ_r	41.6°
	κ_ϕ	0.9		
层面强度参数	初始黏聚力 c_j	12.3MPa	残余黏聚力 c_{jr}	4.9MPa
	残余摩擦角 ϕ_j	33°	残余摩擦角 ϕ_{jr}	33°
层面剪胀角	层面剪胀角 ψ_j	15°		

水平层理岩石在不同围压下室内三轴压缩数值模拟和试验结果对比分别见图 4.22 及图 4.23。可见，水平层理岩石的应力-应变曲线在数值计算结果和试验曲线在趋势和定量上均吻合较好，利用该模型能够较好反映水平层理岩石的脆性破坏和峰后软化等力学特征，但两者体应变-轴向应变曲线存在一定差异，这主要是由 20MPa 围压时体应变试验数据与其他围压数据规律不一致导致的。

倾斜层理岩石在不同围压下的室内三轴压缩数值模拟和试验结果对比分别如图 4.24 和图 4.25 所示。可见，倾斜层理岩石的应力-应变数值计算结果也很好地吻合了室内试验结果，能够反映出倾斜层理岩石的脆性破坏特征。

综合水平层理和倾斜层理岩石数值计算结果与室内试验结果的对比可知，本章针对层状粉细砂岩建立的力学模型可较好模拟其脆性破坏、峰后软化等主要力学特性。

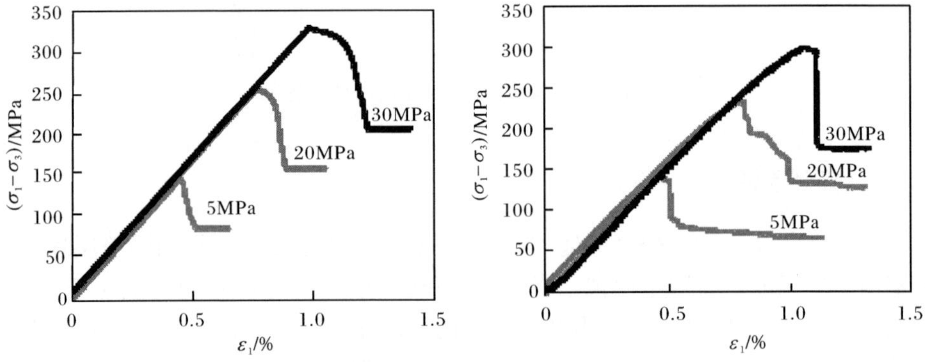

(a) 数值模拟结果　　　　(b) 室内试验

图 4.22　水平层理岩石数值模拟和室内试验偏应力-轴向应变曲线对比

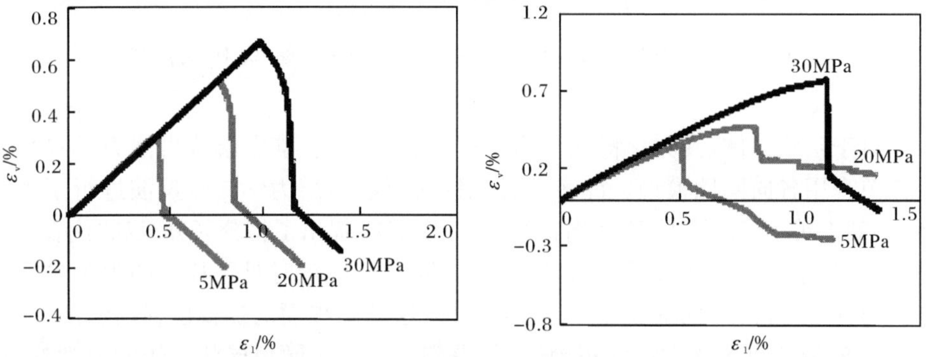

(a) 数值模拟结果　　(b) 室内试验

图 4.23　水平层理岩石数值模拟和室内试验体积应变-轴向应变曲线对比

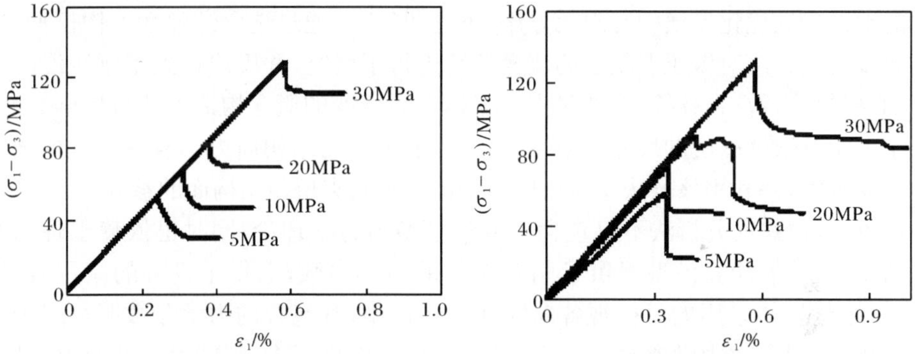

(a) 数值模拟结果　　(b) 室内试验

图 4.24　斜层理岩石数值模拟和室内试验应力-应变曲线对比

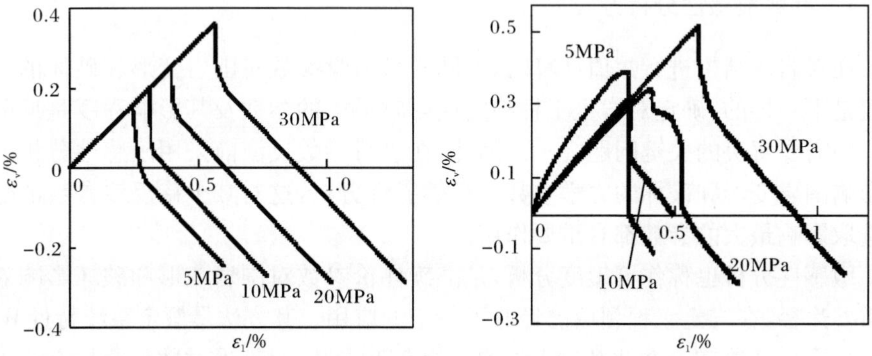

(a) 数值模拟结果　　(b) 室内试验

图 4.25　倾斜层理岩石体积应变-轴向应变曲线对比

4.5　互层状粉细砂岩力学参数敏感性分析

对于层状岩体,其力学特性与均匀连续岩体不同,确定层状岩体力学参数不可简单套用各向同性模型。许多学者也针对层状岩层力学参数反演进行了大量研究:刘杰等[192]采用ADINA各向异性结构模块,提出了将分区分级和“代表单元体”理论相结合的参数分析方法,得到了不同片理倾角时丹巴片岩的力学参数及各向异性变化规律;杜景灿等[193]提出了针对层状结构面的加权位移反演法,通过灵敏度分析证明了该方法的正确性,并得到了顺层缓倾角层状岩体的力学参数;刘迎曦等[194]引入了结构模量与结构缺陷度的概念,通过各向异性系数 m、n 和 k 的变化来实现从各向同性结构到各向异性结构的多种线性变化行为,再通过结构模量 E^*、泊松比 ν 的变化实现其非线性变化行为,建立了等效横观各向同性边坡体的地层参数优化反演的有限元方法;黄光明等[195]通过选取黏弹性本构模型,采用分步反演方法对碾压混凝土的流变特性进行了研究,并反演得到了碾压混凝土坝的黏弹性参数;吉林等[196]通过引入岩体宏观应变的概念构造了新目标函数,克服了力学参数灵敏度的尺寸效应,增加了软弱夹层与结构面力学参数在目标函数中的灵敏度,并利用该方法反演出层状岩体中软弱夹层与结构面的参数。

可见,位移反分析法不仅包含了数学模型与力学理论,同时也依赖于现场实测信息,为数值计算模型提供了贴合实际的力学参数,取得了良好的应用效果。但是,层状岩体采用的是横观各向同性本构模型,其包含的力学参数明显多于均质岩体,若对所有力学参数均进行反演,计算工作量巨大,解的稳定性变差,易陷入局部极小值。为找出对围岩变形影响更为显著的力学参数,减少反演工作量,提高反演结果质量,在反演前对所有参数进行敏感性分析非常必要。

4.5.1　参数敏感性分析方法

在对岩体结构进行数值计算时,不同模型力学参数对围岩变形和破坏的影响程度是不一样的,确定对岩土工程稳定性影响最大的参数及其影响程度是反分析工作中需要解决的关键问题之一。因此,在进行参数反演前采用敏感性分析方法对影响围岩变形和破坏的力学参数进行敏感性分析,这对减少待反演参数的数量和选取影响最大的参数都有重要作用。

敏感性分析也称作灵敏度分析,是准确评价参数对围岩变形和破坏影响效应的重要途径,在岩土工程领域已经有了一定的应用。其方法是假定系统特性 W 由 n 个因子 a_i 所决定。在此基础上选取一组基准参数向量,通过数值分析方法确定建立参数向量与系统特性向量之间的确定性函数关系,令某个因子在取值范围内变动而其他因子为定值,研究和预测此因子系统特性向量的影响程度,此称为单因素敏感性分析方法。为对各个参数之间的敏感程度进行比较分析，则需要采用无量纲形式的敏感度 S，其形式定义如下：

$$S_i = \left| \frac{\mathrm{d}W}{\mathrm{d}a} \right| \frac{a_i}{W_i} \tag{4.50}$$

式中：S_i表示参数 a 在 a_i点的敏感度；W 表示为参数 a 的函数，即 $W=f(a)$，写成离散形式为

$$S_i = \left| \frac{\Delta W}{\Delta a} \right| \frac{a_i}{W_i} = \left| \frac{W_i - W_{i-1}}{a_i - a_{i-1}} \right| \frac{a_i}{W_i}, \quad i = 2,3,4,\cdots \tag{4.51}$$

由上述两式可知，敏感度 S 是个无量纲非负实数，其值愈大，表明在基准状态下，系统特性 W 对参数 a 的依赖程度愈高，从而可以定量说明参数 a 的敏感性。据此，可以方便的就各个参数对某一特性进行敏感性分析，并进行对比评价。

4.5.2　数值计算模型的建立

为了确定层状岩体力学参数的敏感性，采用本章建立的力学模型和单因素敏感性分析方法对济三煤矿深部巷道岩体参数进行敏感性计算。

由于巷道(直墙拱形、高度 5m、埋深 780m)轴向方向尺寸远大于径向尺寸，故采用平面模型进行计算。分析模型在巷道轴线方向(Z 轴方向)取单位宽度，水平方向(X 轴方向)取 100m，垂直方向(Y 轴方向)取 100m。

计算时初始地应力采用已有实测值：σ_{xx} 取为 21.3MPa，σ_{yy} 取为 22.5MPa，σ_{zz} 取为 18.1MPa，τ_{xy} 取为 2.4MPa。依据经验确定每个参数的基准值和取值范围，如表 4.8 所示。

表 4.8　围岩体参数基准值以及敏感性分析范围

参数	基准值	参数范围
平行于层面的弹性模量 E_1/GPa	14	4～28
垂直于层面的弹性模量 E_3/GPa	12	4～20
平行层面的泊松比 ν_1	0.2	0.12～0.30
垂直层面的泊松比 ν_3	0.18	0.10～0.26
基质初始黏聚力 c_0/MPa	6	2～10
基质残余黏聚力 c_r/MPa	2	0.5～6
基质极限等效塑性剪应变 γ_s^p/%	1.0	0.5～2
基质初始内摩擦角 ϕ_0/(°)	39	32～42
基质残余内摩擦角 ϕ_r/(°)	25	20～35
基质剪胀角 ψ/(°)	15	0～30
基质抗拉强度 σ_t/MPa	2.2	0.3～2.2
层面初始黏聚力 c_j/MPa	2.4	0.8～5.0

续表

参数	基准值	参数范围
层面残余黏聚力 c_{jr}/MPa	1.2	0.4～2.0
层面极限等效塑性剪应变 γ_{js}^{p}/%	0.5	0.1～2.0
层面初始内摩擦角 ϕ_j/(°)	34	28～38
层面残余内摩擦角 ϕ_{jr}/(°)	22	18～32
层面剪胀角 ψ_j/(°)	15	0～25
层面抗拉强度 σ_{tj}/MPa	0.8	0～1.6

为分析不同参数对围岩变形的敏感性，采用隧洞各测点连线的长度变化来反映围岩变形特征，测点布置如图 4.26 所示，各测点连线分别计为 k12、k13、k23。

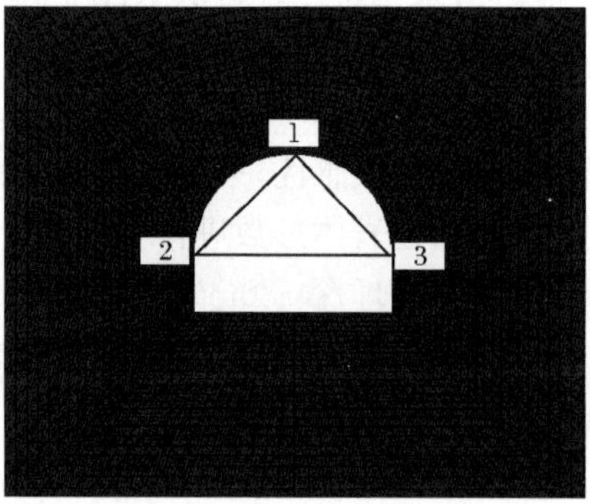

图 4.26　部分计算网格及测线布置示意图

4.5.3　模型参数对围岩变形的影响分析

根据上述的敏感性分析方法，对每个参数进行分析，以开挖断面两帮及顶帮收敛量作为指标值，图 4.27 列出了部分参数与围岩变形的关系曲线，各参数对围岩变形的敏感度如表 4.9 所示。

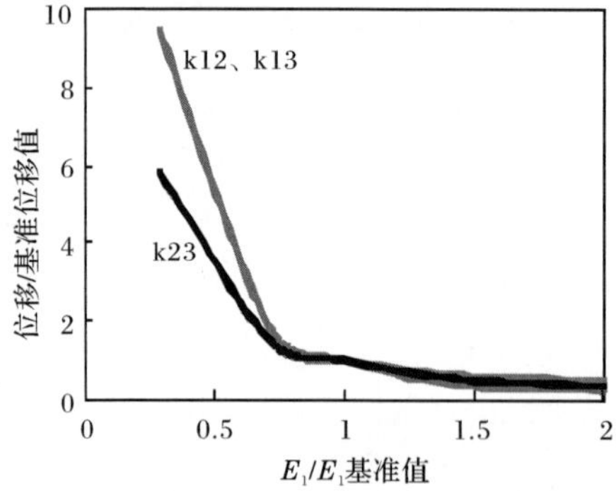

(a) 平行层面弹性模量 E_1

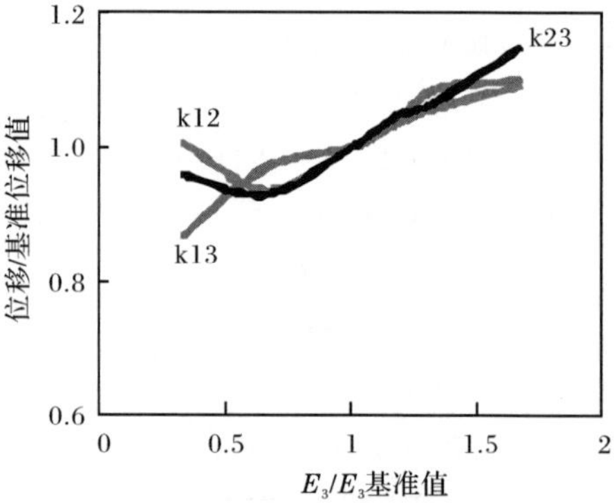

(b) 垂直层面弹性模量 E_3

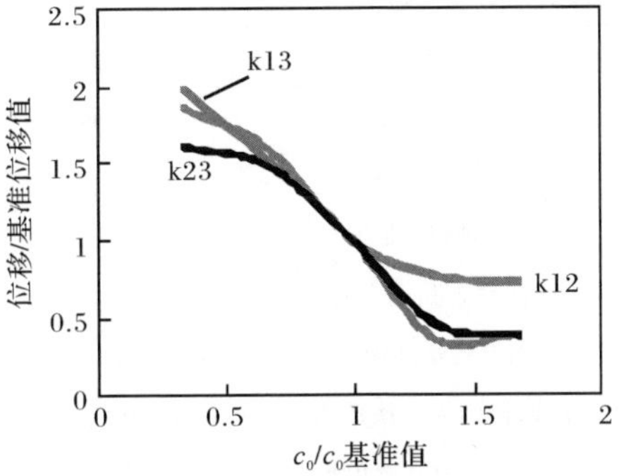

(c) 基质初始黏聚力 c_0

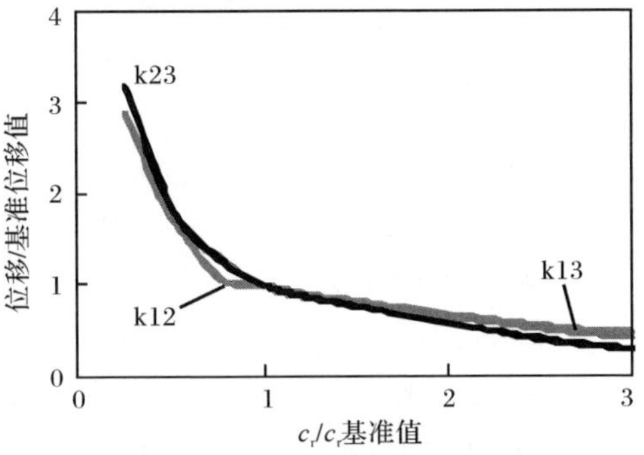

(d) 基质残余黏聚力 c_r

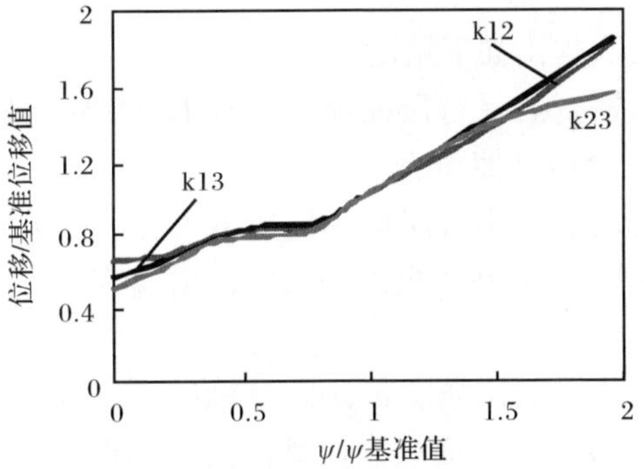

(e) 基质剪胀角 ψ

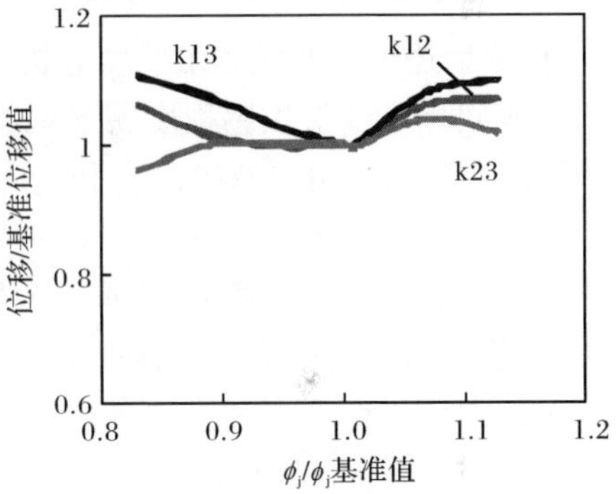

(f) 层面内摩擦角 ϕ_j

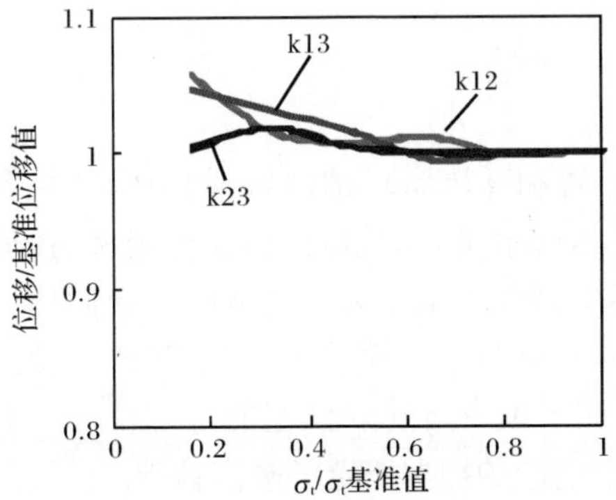

(g) 基质抗拉强度 σ_t

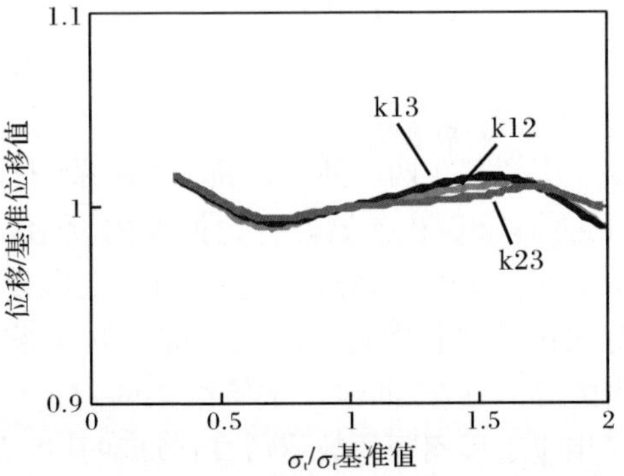

(h) 层面初始黏聚力 c_j

图 4.27　部分参数与围岩变形的关系曲线

表 4.9 模型参数对围岩变形的敏感度

参数	敏感度	参数	敏感度
平行层理弹性模量 E_1	3.81	基质剪胀角 ψ	0.64
垂直层理弹性模量 E_3	0.35	基质抗拉强度 σ_t	0.05
平行层面的泊松比 ν_1	0.21	层面初始黏聚力 c_j	0.18
垂直层面的泊松比 ν_3	0.26	层面残余黏聚力 c_{jr}	0
基质初始黏聚力 c_0	4.84	层面极限等效塑性剪应变 γ_{js}^{p}	0.13
基质残余黏聚力 c_r	0.87	层面初始内摩擦角 ϕ_j	0.52
基质极限等效塑性剪应变 γ_s^p	0.85	层面残余内摩擦角 ϕ_{jr}	0.07
基质初始内摩擦角 ϕ_0	3.53	层面剪胀角 ψ_j	0
基质残余内摩擦角 ϕ_r	2.63	层面抗拉强度 σ_{tj}	0.02

根据上述关系曲线和敏感度分析结果，得出如下结论：

(1) 对围岩变形敏感程度明显的参数包括：平行层面弹性模量 E_1、基质初始黏聚力 c_0、基质初始内摩擦角 ϕ_0 和基质残余内摩擦角 ϕ_r。

(2) 对围岩变形敏感程度一般的参数包括：垂直层面弹性模量 E_3、平行层面泊松比 ν_1、垂直层面弹模 υ_3、基质残余黏聚力 c_r、基质极限等效塑性剪应变 γ_s^p、基质剪胀角 ψ 和层面初始内摩擦角 ϕ_j。

(3) 对围岩变形不敏感的参数包括：基质抗拉强度 σ_t、层面初始黏聚力 c_j、层面残余黏聚力 c_{jr}、层面极限等效塑性剪应变 γ_{js}^p、层面残余内摩擦角 ϕ_{jr}、层面剪胀角 ψ_j、层面抗拉强度 σ_{tj}，其值均在 0.2 以下，可通过基于 Hoek-Brown 屈服准则开发的 RockLab 软件确定或直接采用试验结果。

4.6 小　　结

本章基于两种典型深部软岩(绿泥石片岩和互层状粉细砂岩)的力学特性和行为的认识，在弹塑性理论框架内，研究了其初始屈服面位置、内变量定义、强度参数演化特性等，分别建立了与其变形破坏机制和力学行为相适应的各向同性应变软化模型和横观各向同性应变软化模型，并进行了数值验证，通过数值模拟给出的应力-应变曲线与试验结果的对比，验证了本章所建立模型的合理性。为后续相应工程问题的数值仿真计算和开挖力学响应的把握奠定了坚实基础。

第 5 章　深埋软岩工程变形特性与稳定性分析

深埋软岩所处位置通常地应力水平较高，地应力环境较为复杂，在地质作用和开挖扰动等因素的影响下，极易出现围岩非线性大变形导致的支护结构损坏、大规模塌方等失稳问题，极大地影响了工程的正常施工进度，也为后期的衬砌施工带来了诸多困难。因此，采用科学的方法揭示深埋软岩工程开挖后力学响应过程，总结其变形破坏演化规律，对于掌握深埋软岩工程的非线性大变形发展特征，准确评价其变形程度，科学制定防治措施具有重要意义。

本章首先介绍了锦屏二级水电站引水隧洞埋深 1500～1800m 绿泥石片岩洞段开挖后围岩变形损伤的监测和测试成果，对其挤压变形程度进行了评价。然后介绍了采用位移、超声波、钻孔成像等多技术手段针对济宁三号井深埋巷道开挖过程围岩变形损伤演化的监测和测试成果，并对深埋软岩工程的非线性变形测量方法和评价方法进行阐述。

5.1　锦屏二级水电站绿泥石片岩洞段变形特征与评价

5.1.1　绿泥石片岩洞段工程问题概况

锦屏二级水电站引水隧洞西端 1＃引水隧洞和 2＃引水隧洞开挖过程中揭露出长度约为 400m 的绿泥石片岩地层，分别始于引(1)1＋537 和引(2)1＋613，其埋深为 1500～1800m。该地层埋深大、地应力水平高、岩体软弱、强度低、岩层结构复杂、变异性大、遇水易软化，流变效应显著。在上层开挖过程中揭露出严重的围岩破坏和大变形现象，例如 2008 年 6 月 26 日，2＃引水隧洞引(2)1＋643m 掌子面前方发生大塌方，方量约 500m^3。该洞段主要为Ⅳ类绿泥石片岩夹大理岩地层。塌方引起掌子面附近 4 榀拱架变形，已架设拱架洞段多处出现喷射混凝土层开裂、剥落，如图 5.1(a)所示。现场可见，部分洞段侧墙的喷射混凝土层出现开裂，有的部位裂缝宽度较大，延伸甚至达到几十米，破坏大部分都位于北侧壁和拱肩处，如图 5.1(b)所示。

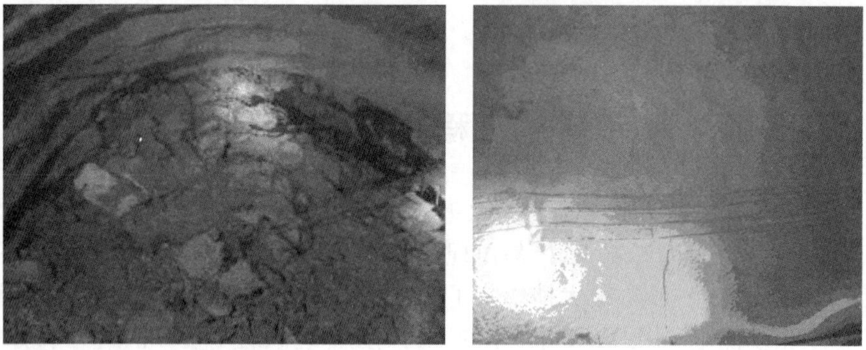

(a) 洞段塌方　　(b) 附近喷层开裂

图 5.1　绿泥石片岩洞段塌方

5.1.2　开挖与支护情况

引水隧洞西端采用钻爆法开挖，四心马蹄形断面，隧洞开挖直径 13～13.8m。施工工序分上下两层开挖，上层先开挖 8.5～8.9m，然后完成下层 4.5～4.9m 的开挖。

绿泥石片岩地层根据各洞段围岩岩性和围岩分类情况拟定了 4 种类型的支护参数：

(1) Ⅲ类围岩(绿砂岩、绿砂岩大理岩互层或大理岩绿泥石片岩互层洞段)：S7 型，开挖洞径 13m，边顶拱 280°范围系统锚杆 $\phi32$(ϕ 为直径)，$L=6/9$m(L 为长度)，@×@=1.0×1.0m(@×@为间距×排距)，喷 CF30 硅粉钢纤维混凝土厚 10cm，局部挂网 $\phi8$@15×15cm。

(2) Ⅳ类围岩(绿砂岩及部分绿泥石片岩洞段)：S8 型，开挖洞径 13.4m，全断面系统锚杆 $\phi32$，$L=9$m，@×@=1.0×1.0m，喷 CF30 硅粉钢纤维混凝土厚 20cm，格栅拱架@1.0m，顶拱 120°范围超前自钻式中空注浆锚杆 $\phi28/32$，或小导管 $\phi42/45$，$L=4.5$m，@=0.6m。

(3) Ⅳ类围岩(绿泥石片岩洞段)：S8-n 型，开挖洞径 13.8m，全断面系统锚杆 $\phi28/32$，$L=6/9$m，@×@=1.0×1.0m，喷 CF30 硅粉钢纤维混凝土厚 20cm，格栅拱架@0.5m，顶拱 120°范围超前自钻式中空注浆锚杆 $\phi28/32$，或小导管 $\phi42/45$，$L=4.5$m，@=0.3m；隧洞开挖进尺控制在 1m 以内，掌子面及时喷 10cm 厚 CF30 硅粉钢纤维混凝土封闭。

(4) Ⅳ类围岩(绿泥石片岩洞段)：S8-n′型，开挖洞径 13.8m，掌子面顶拱 150°范围布置一排超前锚杆(锚筋桩)或超前注浆小导管，环向间距 30～40cm，搭界长度不大于 2m，外插角 5°～10°。局部围岩易塌方洞段应增加布置第二排超前锚杆

(锚筋桩)或超前注浆小导管。掌子面爆破开挖后,视掌子面围岩破碎情况喷射5～10cm 厚 CF30(硅粉)钢纤维混凝土封闭,掌子面不能保证稳定时可增设随机玻璃纤维锚杆 $\phi 25$,$L=4.5\text{m}$。洞周开挖面初喷厚 5～8cm 的 CF30(硅粉)钢纤维混凝土,挂网 $\phi 8$@15×15cm,系统布置格栅拱架(或型钢拱架)至掌子面,拱架纵向间距 0.5～1.0m。洞周开挖面布置系统锚杆 $\phi 32$,$L=6/9\text{m}$,@×@=1.0×1.0m,复喷厚 25cm 的 CF30(硅粉)钢纤维混凝土,局部可加厚至 30cm。隧洞开挖进尺控制在 1m 以内。

5.1.3　绿泥石片岩洞段上层开挖后围岩位移及锚杆应力监测

绿泥石片岩洞段上层开挖后布置了一些监测仪器,相应的监测数据对变形程度评价、扩挖之前"缩径"问题研究、制定扩挖和加固方案、落底(下层)开挖和衬砌施工等具有重要作用。

绿泥石片岩洞段上层开挖过程中的监测仪器主要包括收敛观测仪器和锚杆应力计等。1＃引水隧洞在绿泥石片岩洞段只有 1 个锚杆应力监测断面,2＃引水隧洞有 2 个。引水隧洞收敛测线的布置情况如图 5.2 所示,引(1)1＋540 和引(2)1＋691 断面的锚杆应力计布置分别如图 5.3 和图 5.4 所示,可见,前者锚杆应力计分别安装在左右拱座和顶拱,且每个锚杆应力计布置了两个测点,分别位于距孔口 2m 和 5m 处;而后者则安装在左右拱肩和顶拱,每个锚杆应力计布置了 3 个测点,分别位于距孔口 2m、5m 和 8m 处。由收敛观测仪器监测断面的埋设时间来看,大部分断面的埋设滞后于开挖 20d 的时间,大部分断面埋设时距掌子面 2 倍洞径,此时瞬时变形已经接近完成。因此,大部分收敛观测仪监测断面监测到的是围岩的流变变形,需要注意的是,在大埋深高地应力情况下,绿泥石片岩的流变变形不仅仅是黏弹性变形,相当一部分是其长期强度和变形性质降低造成的变形。

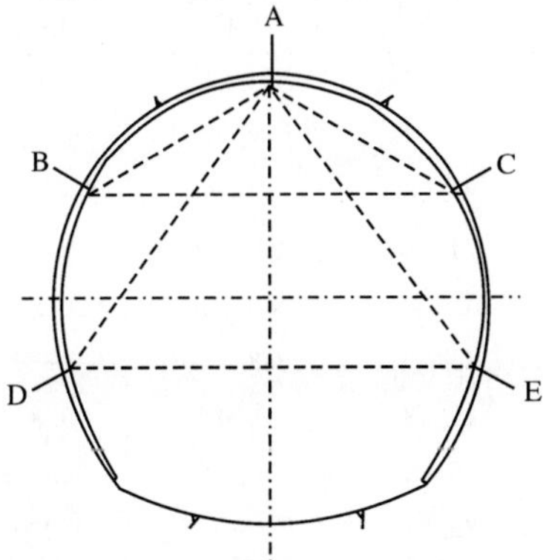

图 5.2　引水隧洞收敛测点布置图

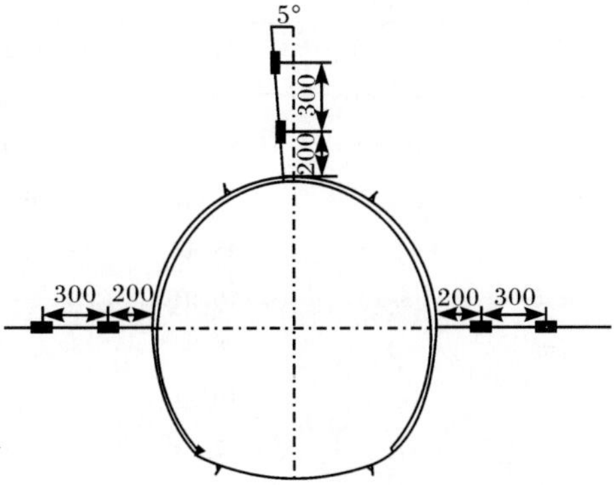

图 5.3　引(1)1＋540 断面锚杆应力计布置图

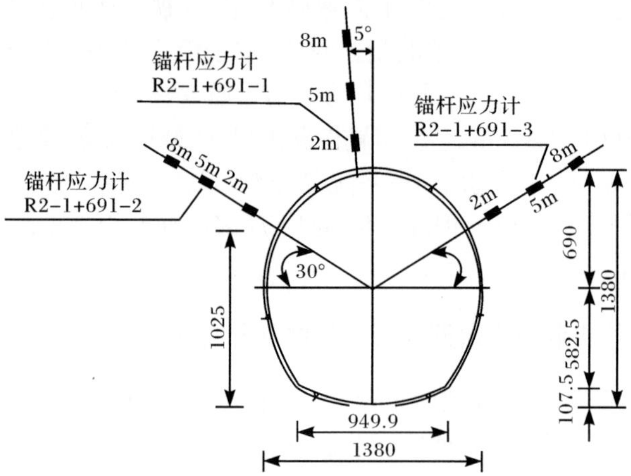

图 5.4　引(2)1+691 断面锚杆应力计布置图(单位:cm)

1. 收敛观测仪监测成果分析

1#引水隧洞和2#引水隧洞绿泥石片岩地层上层扩挖前收敛监测断面测线的最大收敛值分别如表 5.1 和表 5.2 所示,表中重点标出的断面为主要的大变形断面。相应的收敛时程曲线如图 5.5 所示。可见,该洞段的流变变形很明显,最大收敛变形为 0.38m,发生在侧墙,且大部分断面的最大测线收敛值发生在侧墙和拱肩的侧向,这可能存在两方面的原因:一是以垂直应力为主的地应力场造成侧墙围岩的塑性大变形,而垂直方向主应力偏向南侧,造成北侧拱肩出现大的塑性变形;二是在钢拱架底脚缺乏有效的侧向约束。现在存在系统支护的情况下,可能前者占主要部分,B-C 测线所表现出的大收敛变形也说明了这一点。

表 5.1　1#引水隧洞已揭露绿泥石片岩洞段收敛测线最大值/mm

桩号引(1)	A-B	A-C	A-D	A-E	B-C	D-E
1+615	25.75	34.36	34.26	33.27	45.81	47.45
1+635	37.87	43.74	33.37	49.42	72.07	62.23
1+655	84.01	29.02	77.92	37.96	−35.94	186.40
1+675	150.27	58.37	106.09	74.74	234.28	177.89
1+725	31.69	48.47	63.38	123.45	88.20	202.33
1+735	8.42	19.04	—	—	38.57	—
1+755	−0.94	6.79	5.39	10.48	6.89	9.39
1+760	10.80	10.91	161.02	18.73	56.74	383.28
1+780	77.03	17.54	125.62	25.91	226.46	352.07
1+800	3.87	5.75	8.62	11.67	6.55	6.85

表 5.2 2#引水隧洞已揭露绿泥石片岩洞段收敛测线最大值/mm

桩号引(2)	A-B	A-C	A-D	A-E	B-C	D-E
1+643	41.47	12.12	19.77	6.39	73.26	46.63
1+648	17.89	29.10	−79.56	29.88	123.13	78.26
1+653	−7.99	138.20	54.62	95.48	129.17	228.87
1+665	149.09	63.31	162.14	92.58	175.59	263.03
1+673	26.65	72.86	104.56	53.68	46.25	57.98
1+680	216.60	58.76	181.43	58.25	150.25	149.56
1+691	278.37	−4.23	293.48	30.22	160.65	285.22
1+703	27.19	77.31	132.37	98.93	100.09	268.51
1+730	8.28	2.12	47.95	9.17	19.19	105.35
1+760	4.54	3.35	5.11	3.75	8.65	3.80
1+815	−0.76	−0.88	1.82	1.15	0.25	4.06

1#引水隧洞收敛变形较大的 5 个断面中,引(1)1+655、引(1)1+675、引(1)1+725 和引(1)1+780 四个断面已经基本收敛,而引(1)1+760 断面尚未收敛,且变形主要为侧墙和拱肩的侧向变形。由收敛监测变形看,1#引水隧洞已揭露绿泥石片岩地层大变形洞段主要在引(1)1+635~1+800 长约 165m 的范围内。

2#引水隧洞收敛变形较大的 5 个断面中,引(2)1+665、引(2)1+680 两个断面基本收敛,其余断面均未收敛,最大收敛变形为 0.28m,发生在侧墙的侧向,其次为拱肩侧向变形。可见,2#引水隧洞已揭露绿泥石片岩地层大变形洞段主要在引(2)1+643~1+730 长约 87m 的范围内。

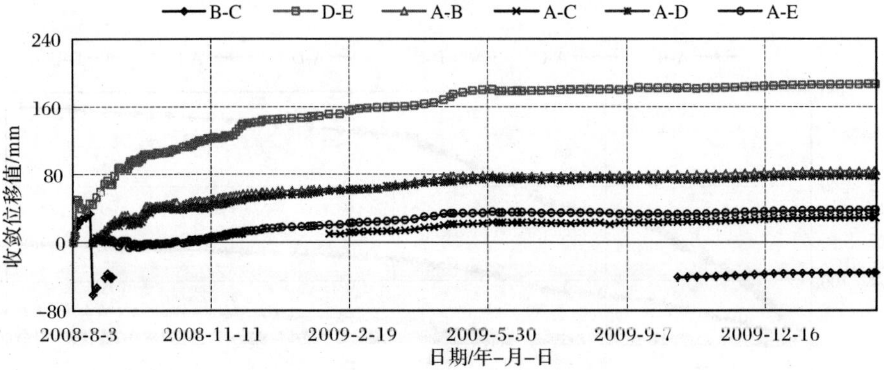

(a) 引(1)1+655 收敛位移时程曲线

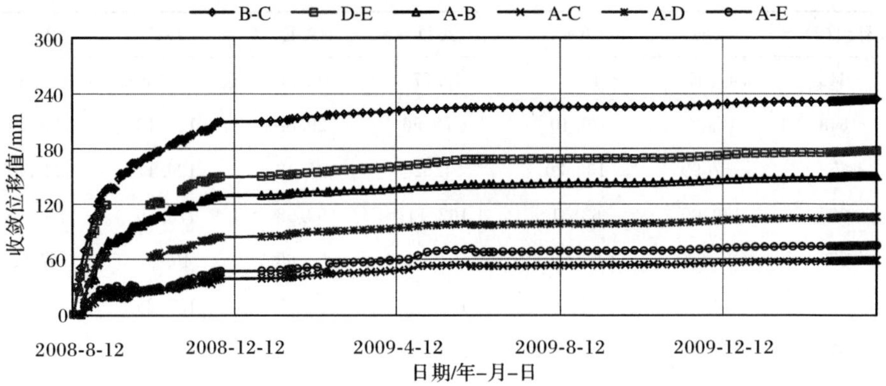

(b) 引(1)1+675 收敛位移时程曲线

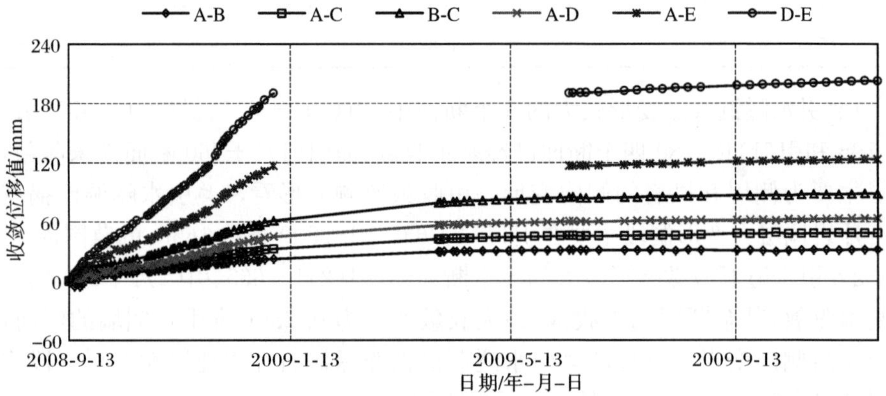

(c) 引(1)1+725 收敛位移时间历程曲线

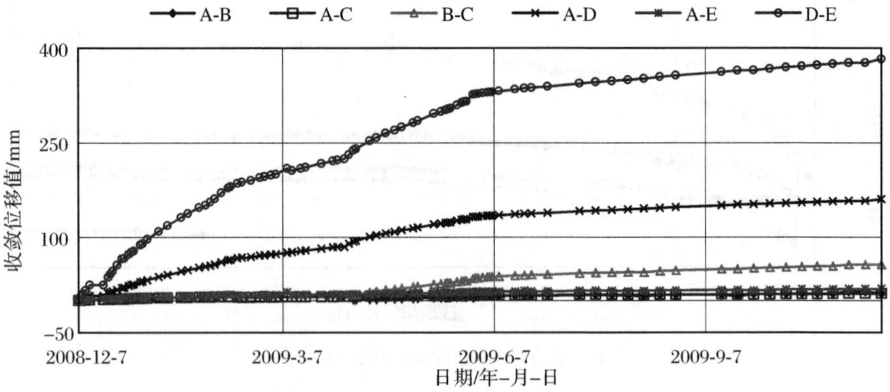

(d) 引(1)1+760 收敛位移时间历程曲线

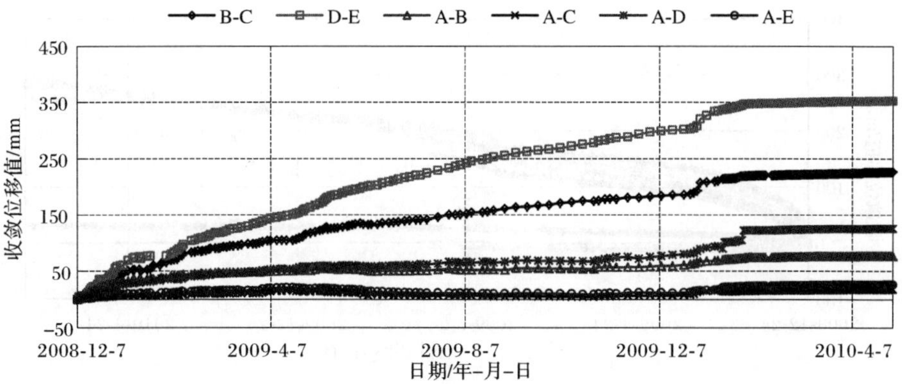

(e) 引(1)1＋780 收敛位移时间历程曲线

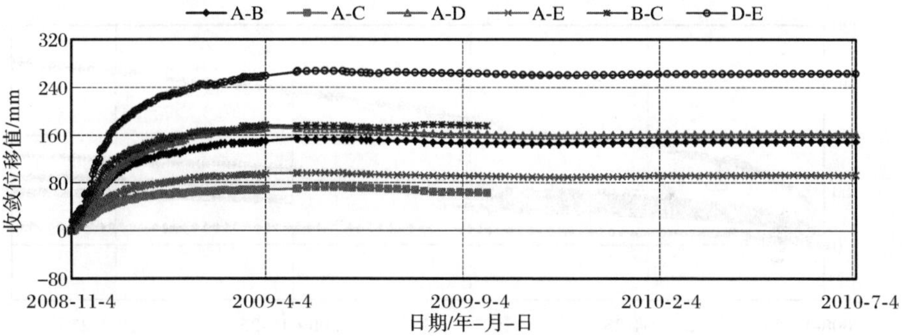

(f) 引(2)1＋665 收敛位移时间历程曲线

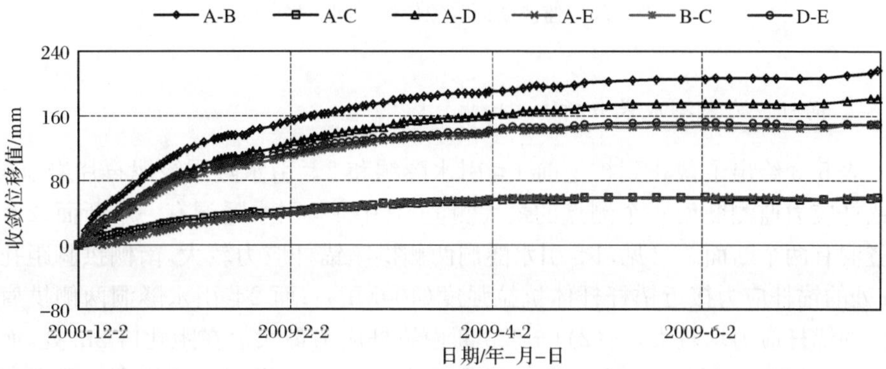

(g) 引(2)1＋680 收敛位移时间历程曲线

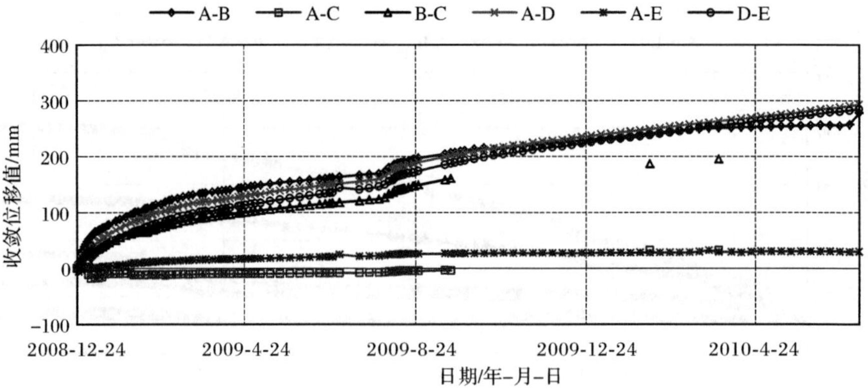

(h) 引(2)1+691 收敛位移时间历程曲线

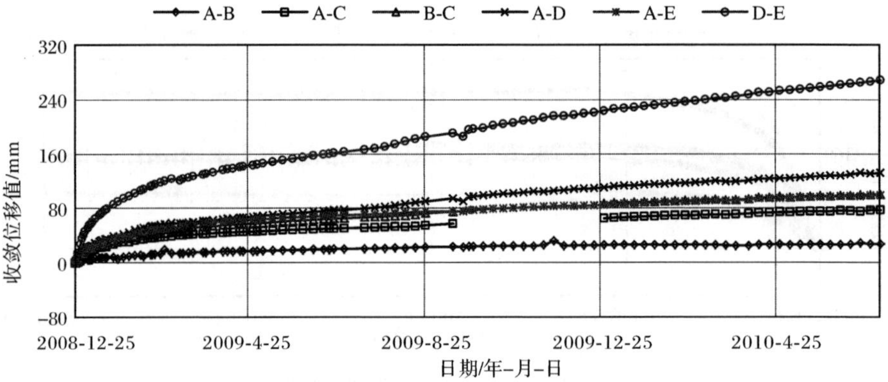

(i) 引(2)1+703 收敛位移时间历程曲线

图 5.5　监测断面收敛位移时间历程曲线

2. 锚杆应力监测成果分析

表 5.3 给出了截止到扩挖前 1＃引水隧洞和 2＃引水隧洞绿泥石片岩地层 3 个锚杆应力监测断面每个测点的最大测值,其中 1＃引水隧洞有一个断面,2＃引水隧洞有两个断面。可见,1＃引水隧洞两侧拱座锚杆应力较大,南侧拱脚距孔口 2m 处的锚杆应力接近锚杆杆体抗拉强度(400MPa);而 2＃引水隧洞两侧拱肩和顶拱的锚杆应力均较大,引(2)1+630 断面锚杆应力最大值在距孔口 2m 处,而引(2)1+691 顶拱锚杆应力最大值在距孔口 2m 处,左右拱肩的锚杆应力最大值则位于距孔口 5m 位置。

表5.3 1#和2#引水隧洞已揭露绿泥石片岩洞段监测锚杆应力计监测应力最大值/MPa

编号	据孔口2m处/MPa	据孔口5m处/MPa	据孔口8m处/MPa
引(1)1+540−1	2.77	3.35	—
引(1)1+540−2	146.55	42.06	—
引(1)1+540−3	396.75	−13.91	—
引(2)1+630−1	149.02	−0.85	—
引(2)1+630−2	253.17	38.83	—
引(2)1+630−3	133.65	62.31	—
引(2)1+691−1	361.98	−12.16	12.77
引(2)1+691−2	−131.22	291.25	41.16
引(2)1+691−3	125.55	221.96	72.05

通过以上收敛观测断面及锚杆应力计监测数据的分析，可知：

(1) 从收敛监测变形来看，1#引水隧洞已揭露绿泥石片岩地层大变形洞段主要在引(1)1+635～1+800长约165m的范围内。

(2) 从收敛监测变形来看，2#引水隧洞已揭露绿泥石片岩地层大变形洞段主要在引(2)1+643～1+730长约87m的范围内。

(3) 如果变形继续发展，该洞段部分锚杆存在被拉断的可能。

5.1.4 绿泥石片岩洞段二次扩挖前物探测试

1. 低波速区概念

通常将围岩内部声波速度明显下降的区域定义为低波速区。低波速区的大小不仅与围岩完整性、围岩强度、原岩应力大小、隧洞断面大小、断面形状、掘进方式等多种因素有关，还受支护方式、支护参数等因素影响。因此，隧洞低波速区的大小是确定支护强度的重要依据，尤其是确定锚杆长度的主要依据，同时也是对隧洞围岩稳定性进行评价的重要依据。

工程中，低波速区反映了现场围岩在高应力或爆破扰动下发生破裂，完整性变差，波速降低，承载能力下降，导致围岩中的应力减小，出现类似松弛特征，故该区域常常被称为松动圈，但本质上此区域与浅埋隧洞松散岩体塌落拱内的松弛区完全不同，若无特别说明，本书称为低波速区。

巷道工程中通常依据松动圈大小对巷道围岩稳定性进行分类，如表5.4所示。

表 5.4　巷帮稳定性(松动圈)分类

巷帮分类	分类名称		巷帮松动圈/cm	备注
小松动圈	Ⅰ	稳定巷	0～40	巷帮整体性好,不易风化的可不支护
中松动圈	Ⅱ	较稳定巷	40～100	
	Ⅲ	一般巷	100～150	刚性支护有局部破坏
大松动圈	Ⅳ	一般不稳定巷	150～200	刚性支护大面积破坏,采用可缩性支护
	Ⅴ	不稳定巷	200～300	巷帮变形有稳定期
	Ⅵ	极不稳定巷	＞300	巷帮变形在一般支护下无稳定期

考虑到现场环境的复杂性,为简化声波波速的采集过程,现场通常使用的超声波测试仪为单孔一发双收探头,仪器如图 5.6 所示。

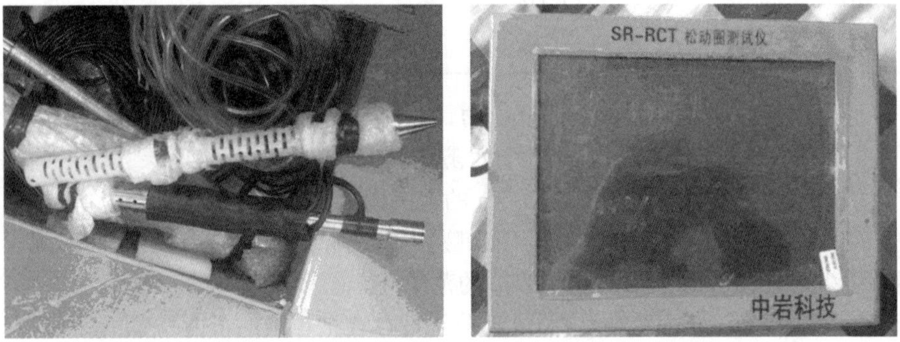

(a) 一发双收探头　　(b) 声波测试主机

图 5.6　声波测试仪器图

2. 低波速区测试原理

低波速区测试实质上是应用超声波在不同介质中传播速度不同,来预测围岩的破坏情况。测试物体是以弹性体为前提条件的,当岩体未受到爆破扰动时,内部裂隙数量较少,相应变形也较小,此时可以把岩体视为弹性体。超声波是由声波仪振荡器产生的高压电脉冲信号加在发射换能器,发射换能器受到激发产生瞬态的振动信号,该振动信号经发射换能器与岩体之间耦合后在岩体介质中传播,从而携带岩体内部信息到达接收换能器,接收换能器把接收到的振动信号再转变成电信号传给声波仪,经声波仪放大处理后,显示出超声波穿过岩体的声时、波速等参数。

根据弹性理论,由弹性波的波动方程通过弹性力学空间问题的静力方程推导,可得出超声波纵波波速与介质的弹性参数之间的关系,即

$$V_p = \sqrt{\frac{E(1-\nu)}{\rho(1-\nu)(1-2\nu)}} \tag{5.1}$$

$$V_s = \sqrt{\frac{E}{2\rho(1+\nu)}} \tag{5.2}$$

式中：V_p为纵波速度；V_s为横波速度；E 为弹性模量；ν 为泊松比；ρ 为密度。

式(5.1)和式(5.2)可见，超声波在岩体中的传播速度与岩体的弹性模量、泊松比以及密度有关，而岩体弹性模量、泊松比和密度与岩块自身抗压强度、密实程度直接相关。因此，岩体的波速就可以间接反映岩块抗压强度以及内部破坏情况。将弹性波波速测定理论应用于岩体力学，通过回采巷道两帮不同深度的波速变化规律，可以确定巷道周围围岩的低波速区大小。目前很多学者利用波速变化率 η，作为确定低波速区范围的判据。η 的计算公式如下：

$$\eta = \frac{V_{p0} - V_{p1}}{V_{p0}} \tag{5.3}$$

式中：V_{p0} 为原岩波速；V_{p1} 为监测得到岩体波速。一般认为 $\eta>10\%$，岩体即发生损伤。

单孔声波测试通常采用的是一发双收方式，发射至接收换能器 S_1，间距为20cm，接收换能器 S_1 至接收换能器 S_2 间距为 20cm。在钻孔内沿孔壁发射、接收声波信息，测试时按测孔点距由钻孔内向外开始测试，由计算机完成波列数据采集与数据存储，室内通过回放和资料处理拾取纵波，在仪器采集的波形中根据波形起跳点确定纵波波速。声波测孔系统主要是由换能器、地面控制仪器和记录处理系统等三部分组成。

图 5.7 为一发双收方式的原理图，发射换能器 F 发射的声波，通过直线FS1S2 和折线 FABS1、FACS2 到达接收换能器 S_1 和 S_2，而声波仪测得的沿岩壁滑行的折射波首波。这样，BC 段的岩体波速即可按下式计算：

$$v_p = \frac{\Delta L}{t_{FS_1} - t_{FS_2}} \tag{5.4}$$

式中：ΔL 为两接收换能器间距；t_{FS_1}、t_{FS_2} 分别为两接收换能器接收到滑行波的时间。

3. 绿泥石片岩洞段物探测试断面布置情况

1#引水隧洞在绿泥石片岩段共实施了 4 个声波测试断面：引(1)1+663、1+690、1+726 和 1+763，在绿泥石片岩洞段发生挤压变形后，又布置了 3 个应急物探检测断面，断面桩号分别为引(1)1+676、1+696 和 1+726。

声波测试断面的测孔布置情况如图 5.8 所示。应急物探监测断面的测孔布置如图 5.9 所示。引(1)1+676 和 1+726 只实施了边墙测孔，而引(1)1+696 则同时实施了边墙和拱肩的测孔。

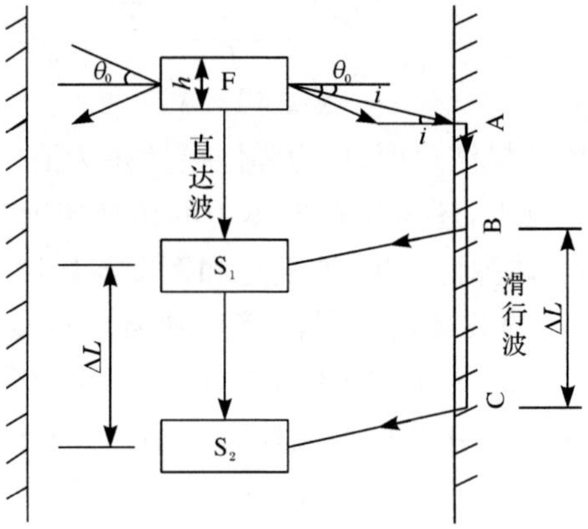

图 5.7　一发双收测试原理图

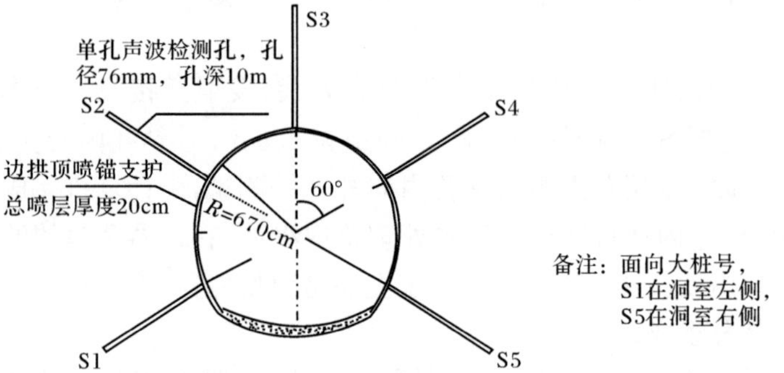

图 5.8　引(1)1+690 松动圈测试断面的测孔布置

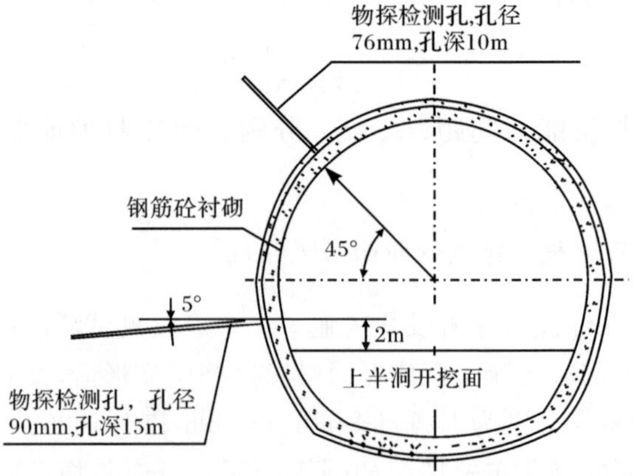

图 5.9　应急物探检测断面测孔布置图

4. 绿泥石片岩洞段低波速区测试结果

引(1)1＋663 断面松弛深度声波检测结果如表 5.5 所示。本断面的主要岩性为绿泥石片岩、局部含大理岩夹层；1＃引水隧洞引(1)1＋663 断面低波速区深度范围在 3.8～5.0m；断面岩体总体声波速度范围为 3448～6452m/s，平均波速为 4390m/s。低波速区范围如图 5.10 所示。

表 5.5　1＃引水隧洞引(1)1＋663 断面低波速区深度声波检测结果

孔号	测试深度/m	低波速区深度/m	损伤岩体波速最小值/(m/s)	损伤岩体波速最大值/(m/s)	损伤岩体波速均值/(m/s)	原岩波速最小值/(m/s)	原岩波速最大值/(m/s)	原岩波速平均值/(m/s)	波速变化率/%
S1	15	4.8	3448	5714	4353	4000	6452	4772	8.78
S2	15	3.8	3571	4348	4018	3704	4878	4356	7.76
S3	15	4.0	3636	4762	4256	3704	5000	4483	5.06
S4	15	4.6	3636	4878	4278	3774	5263	4436	3.56
S5	15	5.0	3509	4762	3988	3846	5000	4371	8.76

注：孔号由左侧壁开始。

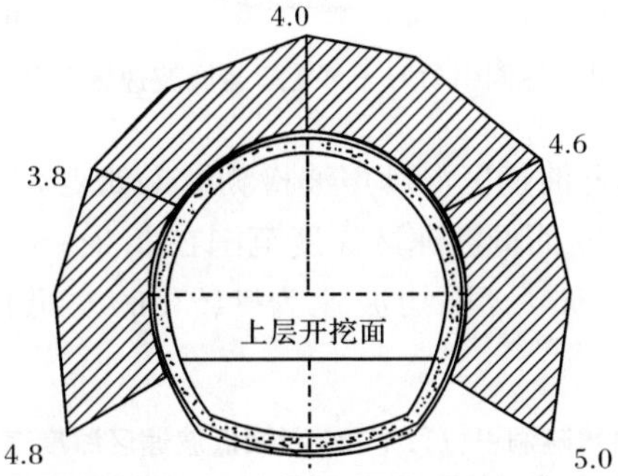

图 5.10　1＃引水隧洞引(1)1＋663 断面低波速区测试结果(单位：m)

引(1)1＋690 断面低波速区深度声波检测结果如表 5.6 所示。该断面低波速区深度范围在 3.4～5.2m。断面岩体总体声波速度范围为 3086～5747m/s，平均波速为 4612m/s。低波速区范围如图 5.11 所示。

表 5.6　1＃引水隧洞引(1)1＋690 断面松弛深度声波检测成果表

孔号	测试深度/m	低波速区深度/m	损伤岩体波速最小值/(m/s)	损伤岩体波速最大值/(m/s)	损伤岩体波速均值/(m/s)	原岩波速最小值/(m/s)	原岩波速最大值/(m/s)	原岩波速平均值/(m/s)	波速变化率/%
S1	10	4	3268	4274	3840	3546	5747	4954	22.48

续表

孔号	测试深度/m	低波速区深度/m	损伤岩体波速最小值/(m/s)	损伤岩体波速最大值/(m/s)	损伤岩体波速均值/(m/s)	原岩波速最小值/(m/s)	原岩波速最大值/(m/s)	原岩波速平均值/(m/s)	波速变化率/%
S2	10	3.6	3401	4630	4029	3968	5747	4871	17.29
S3	10	3.8	3704	4762	4160	3623	5747	4712	11.71
S4	10	3.4	3623	4762	4278	4274	5747	5007	14.56
S5	10	5.2	3086	5376	4240	3968	5747	4947	14.29

注:孔号由左侧壁开始。

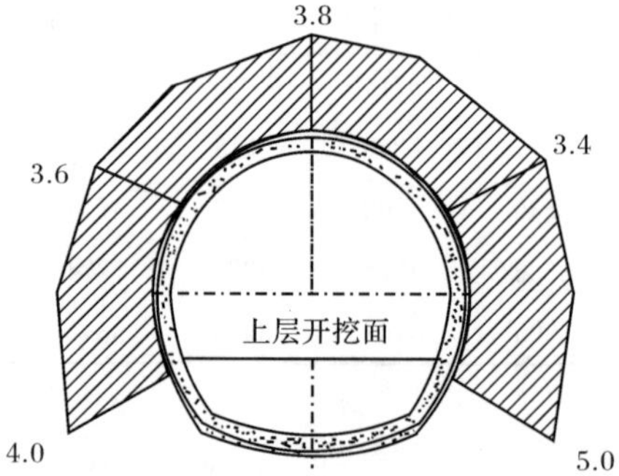

图 5.11　1#引水隧洞引(1)1+690 断面低波速区测试结果(单位:m)

引(1)1+726 断面低波速区深度声波检测结果如表 5.7 所示。本断面的岩性为绿泥石片岩、大理岩,断面低波速区深度范围在 3.2～5.6m;断面岩体总体声波速度范围为 3333～6061m/s,平均波速为 4463m/s。低波速区范围如图 5.12 所示。

表 5.7　1#引水隧洞引(1)1+726 断面低波速区深度声波检测成果表

孔号	测试深度/m	低波速区深度/m	损伤岩体波速最小值/(m/s)	损伤岩体波速最大值/(m/s)	损伤岩体波速均值/(m/s)	原岩波速最小值/(m/s)	原岩波速最大值/(m/s)	原岩波速平均值/(m/s)	波速变化率/%
S1	10	5.6	3509	5556	4127	4444	6061	5309	22.26
S2	10	3.4	3390	4762	4022	4082	5714	4817	16.50
S3	10	4.0	3333	4348	3821	4167	6061	5078	24.89
S4	10	5.0	3390	4878	3890	3846	5714	4652	16.38
S5	10	3.2	3448	4545	3963	3704	5182	4380	9.52

注:孔号由左侧壁开始。

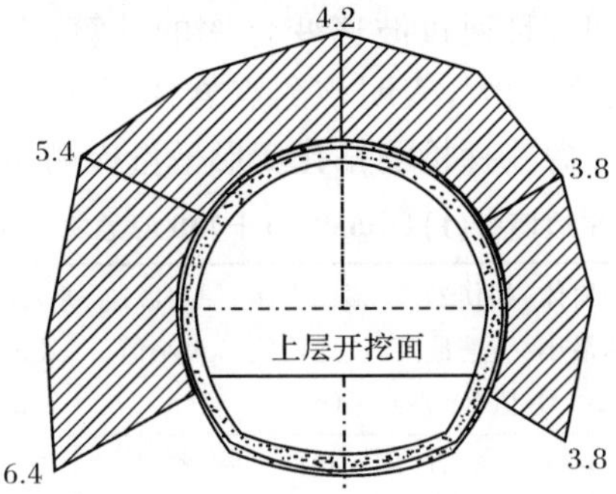

图 5.12　1#引水隧洞引(1)1+726 断面松动圈测试结果(单位:m)

引(1)1+762 断面低波速区深度声波检测结果如表 5.8 所示。本断面岩性为绿泥石片岩、大理岩;断面低波速区深度范围在 3.8~6.4m;岩体总体声波速度范围为 3279~6452m/s,平均波速为 4487m/s。低波速区范围如图 5.13 所示。

表 5.8　1#引水隧洞引(1)1+762 断面低波速区深度声波检测成果表

孔号	测试深度/m	低波速区深度/m	损伤岩体波速最小值/(m/s)	损伤岩体波速最大值/(m/s)	损伤岩体波速均值/(m/s)	原岩波速最小值/(m/s)	原岩波速最大值/(m/s)	原岩波速平均值/(m/s)	波速变化率/%
S1	15	6.4	3509	4348	3810	3774	4651	4168	8.59
S2	15	5.4	3448	4444	3953	3704	4878	4229	6.50
S3	15	4.2	3509	4545	4046	4167	5882	5020	19.40
S4	15	3.8	3390	4651	3911	3774	6250	4742	17.52
S5	15	3.8	3279	5128	4007	3571	6452	5220	23.23

注:孔号由左侧壁开始。

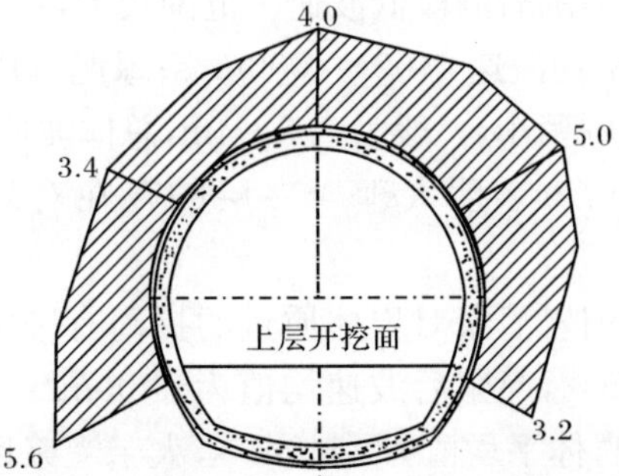

图 5.13　1#引水隧洞引(1)1+762 断面松动圈测试结果(单位:m)

应急物探测试结果如表 5.9 所示。引(1)1+676、1+696 和 1+696(拱肩)孔通过在测量的孔深范围内波速相对高值段(原岩段)的平均值获得原岩波速,但是原岩的声波速值仍然偏低，且通过波速变化率的计算，在引(1)1＋696孔和1＋696(拱肩)的波速变化率均偏大，表明该测点岩体损伤破坏比较明显。引(1)1＋726孔基本未见原岩。应急物探检测钻孔变形模量检测如表5.10所示。

表5.9　1＃引水隧洞左边墙引(1)1＋650～1＋740应急物探检测单孔声波检测成果

孔号	测试深度/m	低波速区深度/m	损伤岩体波速最小值/(m/s)	损伤岩体波速最大值/(m/s)	损伤岩体波速均值/(m/s)	原岩波速最小值/(m/s)	原岩波速最大值/(m/s)	原岩波速平均值/(m/s)	测量全距/(m/s)	波速变化率/%
1＋676	15	7.0	3546	5051	4217	3704	5051	4553	1830	7.38
1＋696	15	5.4	3086	4902	3628	3401	5051	4258	3087	14.80
1＋696拱肩	10	6.8	3472	5051	4262	4630	5051	4883	1579	12.72
1＋726	15	14.0	3030	5051	4167	—	—	—	—	17.50

表5.10　1＃引水隧洞左边墙引(1)1＋650～1＋740应急物探检测钻孔变形模量检测成果

孔号	变模最大值/GPa	变模最小值/GPa	变模平均值/GPa	测值全距/GPa
1＋696拱肩	5.04	1.15	3.54	3.89

绿泥石片岩洞段物探测试成果表明：

(1) 本次检测的1＋696(拱肩)孔的变形模量值偏低，且测值全距较大，表明所测岩体破碎且不稳定，低值点位于孔深0.5m及孔深5.5m处。

(2) 与相同岩性的原岩比较，由于受岩体卸荷裂隙、爆破裂隙等新增结构面影响，岩体波速明显偏低，隧洞低波速区内的岩体微细裂隙发育，且微张，沿结构面岩体从闭合状态变为张开状态，新增张开裂隙，隧洞低波速区内的岩体变模值明显低于原岩的平均值。

(3) 绿泥石片岩Ⅳ类围岩洞段低波速区范围较大，一般为3～6m，总体波速范围为3300～6500m/s，平均波速4400～4500m/s；绿泥石片岩和大理岩互层Ⅳ类围岩洞段隧洞低波速区范围稍小，一般为2.5～4m，总体波速范围为3300～6500m/s，平均波速4500～4600m/s；表明大理岩夹层的存在对岩体质量有一定程度的提高。

(4) 加强支护洞段围岩灌浆对岩体质量的提高有一定作用，灌浆后比灌浆前波速值平均提高在6.65%，灌浆后波速均值为4400m/s，灌浆后岩体总体波速得到提升。9m灌浆圈外岩体平均值为4540m/s，大于灌浆区岩体灌浆后均值，说明9m灌浆深度较为合适；灌浆圈波速低值点一般位于孔口0～3m范围，因此，有必要在后期进行有针对性的系统固结灌浆。

(5) 对比应急低波速区和系统5孔低波速区检测数据，可以看出系统支护对于提高围岩质量有较好的作用。

5.1.5　绿泥石片岩洞段围岩变形扫描

1＃引水隧洞和 2＃引水隧洞在开挖后对其初始开挖断面进行了三维激光扫描。结果表明，开挖断面基本与设计断面吻合。开挖支护一段时间后，再次进行了断面激光扫描，通过对比设计开挖断面，可评估断面变形量的大小。

1. 1＃引水隧洞已揭露绿泥石片岩洞段的变形分析

根据收敛变形分析可知，1＃引水隧洞在引(1)1＋635～1＋800 段变形问题突出，通过对扫描断面数据的初步分析，可知在该范围之外大部分洞段的最大变形小于 0.3m，变形问题不严重。经过统计，1＃引水隧洞在引(1)1＋635～1＋800 段共有 78 个扫描断面，每个断面最大变形柱状图如图 5.14 所示。可见，有大概 51％的断面最大变形超过了 0.5m。

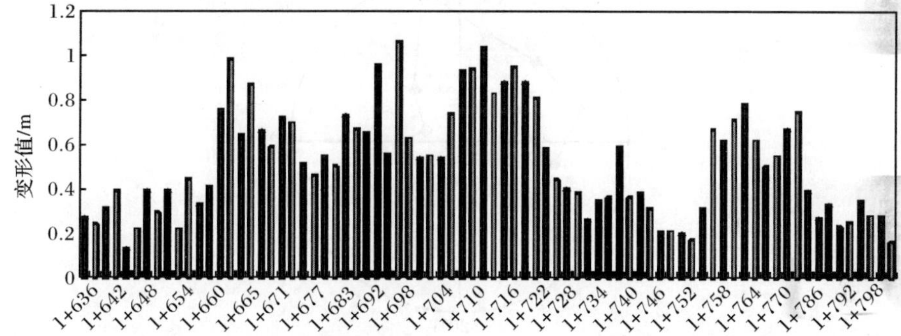

图 5.14　1＃隧洞引(1)1＋635～1＋800 段变形情况

图 5.15 为各个断面扫描结果的极坐标图，每个数据点的极径为变形大小，与水平或垂直坐标轴的夹角即表示该最大位移点在断面上的发生位置，可见，较大变形主要集中在北侧边墙和南侧拱脚处，也有相当一部分断面最大变形发生在顶拱处，但变形量相对不大。

图 5.16 为 1＃引水隧洞最大变形位置的极坐标统计图，每个数据点所在的角度表示最大变形发生在其前后 15°范围内的断面，极径表示该范围内断面个数占总个数的百分比。可见，最大变形发生在南侧顶拱和拱脚处的断面最多，其次为北侧边墙和拱肩。

图 5.16 应结合图 5.15 的变形大小来分析，综合可见，在 1＃引水隧洞引(1)1＋635～1＋800 段的大变形问题主要发生在北侧边墙、拱肩和南侧拱脚。图 5.17 为一个典型扫描断面的情况，可见，初期支护实施后，经历一段时间的变形发展，初期支护断面已经侵入了衬砌断面，并接近成洞断面。

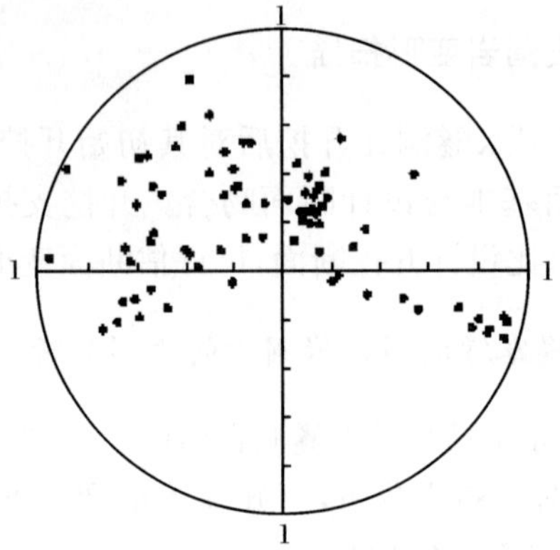

图 5.15 1＃引水隧洞扫描断面的变形极坐标图(单位:m)

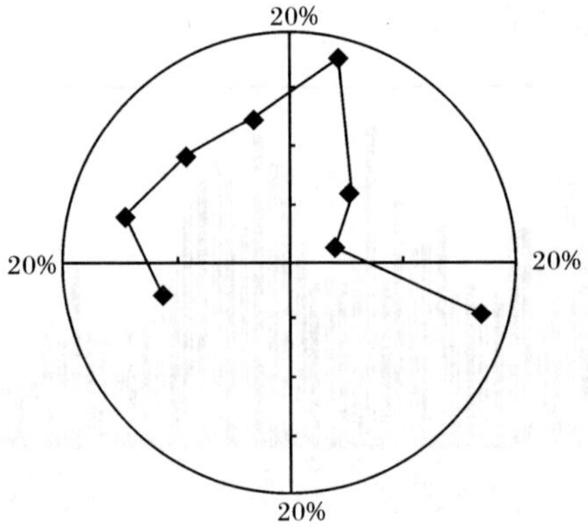

图 5.16 1＃引水隧洞扫描断面的最大变形位置极坐标统计图

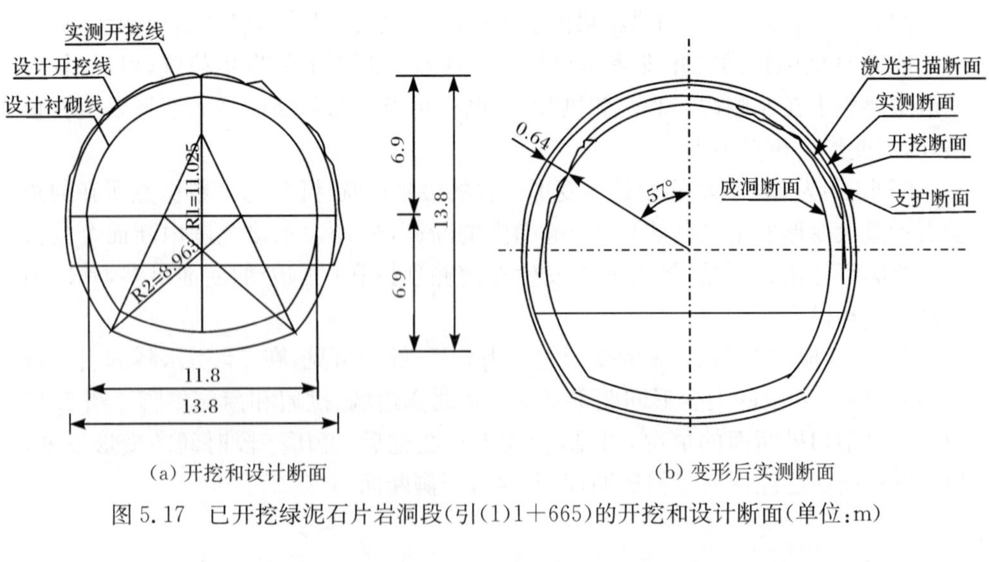

图 5.17 已开挖绿泥石片岩洞段(引(1)1＋665)的开挖和设计断面(单位:m)

2. 2#隧洞已揭露绿泥石片岩洞段的变形分析

2#隧洞在引(2)1+643～1+748段共有56个扫描断面,给出的每个断面上的最大变形柱状图如图5.18所示。可见,在引(2)1+643～1+688段变形问题最为突出,变形均在0.5m以上。

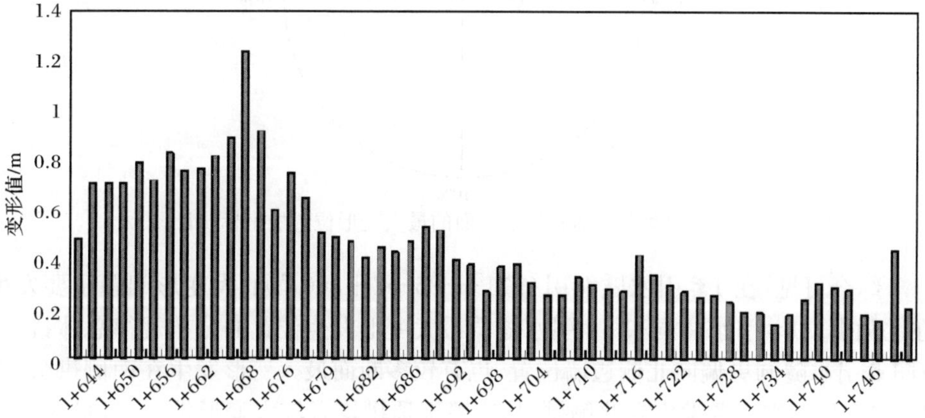

图5.18　2#隧洞引(2)1+643～1+748段变形情况

图5.19为各个断面扫描结果的极坐标图,每个数据点的极径为变形大小,与水平或垂直坐标轴的夹角即表示该最大位移点在断面上发生的位置,可见,较大的变形主要集中在北侧拱。

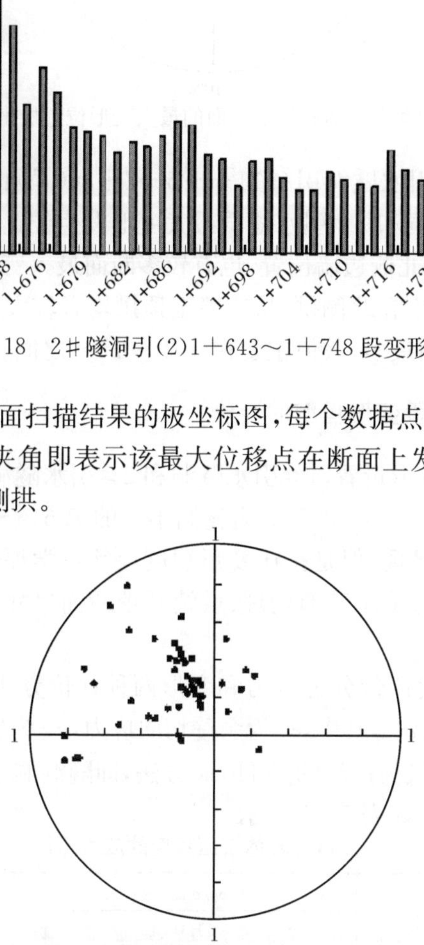

图5.19　2#引水隧洞扫描断面的变形极坐标图(单位:m)

图5.20为2#隧洞最大变形位置的极坐标统计图,每个数据点所在的角度表示最大变形发生在其前后15°范围内的断面,极径表示该范围内断面个数占总个数的百分比。可见,最大变形发生在北侧顶拱的断面最多,其次为北侧边墙。

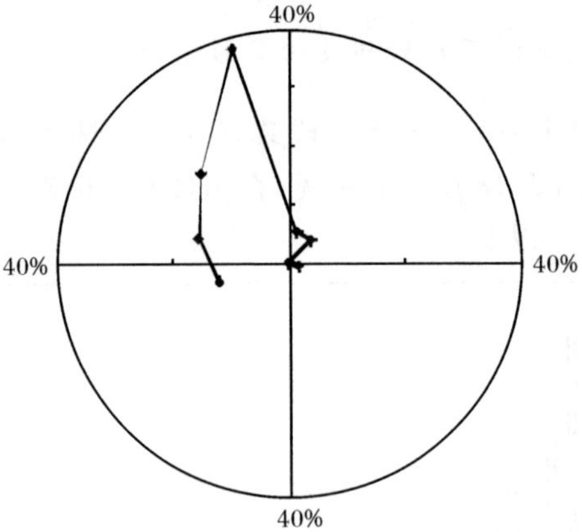

图 5.20　2＃引水隧洞扫描断面的最大变形位置极坐标统计图

综合可见，在 1＃引水隧洞引(1)1＋635～1＋800 段的大变形问题主要发生在北侧拱。1＃引水隧洞和 2＃引水隧洞最大变形发生位置的分布规律总体接近，但 1＃引水隧洞更偏向北侧边墙位置，也有较多断面最大变形发生在南侧拱脚，而 2＃引水隧洞则主要发生在北侧拱，从边墙至顶拱均有较大变形发生，且最大变形发生在北侧顶拱的断面最多，数值主要在 0.2～0.6m 之间。

5.1.6　绿泥石片岩洞段变形程度的评价

从已开挖洞段的变形量看，1＃引水隧洞和 2＃引水隧洞很多断面初期支护变形后最大变形量达到了 0.5～0.7m，为隧洞半径的 7.6%～10.6%。现场已经观察到明显的挤压变形显现，但是挤压变形程度尚须科学评价，以了解围岩的变形稳定情况、挤压程度，为挤压变形处理、后续开挖断面尺寸确定、支护加固设计等奠定基础。

隧洞挤压变形程度评价分为应力和变形两种评价方法。应力评价最常用的是应力强度比法，即 $\sigma_\theta/\sigma_{cm}$，其中，$\sigma_\theta$ 为洞壁切向应力，σ_{cm} 为岩体单轴抗压强度。变形评价方法[67,197]应用最为广泛的是 Hoek 方法，即隧洞洞壁位移与隧洞半径的百分比。二者的评价标准如表 5.11 所示

表 5.11　岩体挤压程度的应力评价

挤压程度	$\sigma_\theta/\sigma_{cm}$	$(u_r/d)/\%$
无挤压	＜1.0	＜1
轻微	1.0～2.0	1～2.5
中等	2.0～4.0	2.5～5
严重	＞4.0	5～10
极严重		＞10
锦屏绿泥石片岩地层	12.5	

1. 应力评价

现场钻孔取芯计算所得的 RQD 值表明，在孔深 14m 以内，RQD 值较低，岩芯如图 5.21(a)所示，而孔深大于 14m 后，RQD 值较高，一般在 80～98，岩芯如图 5.21(b)所示，根据 GSI 与 RQD 之间的对应关系可知，属于 Blocky 和 Very Blocky 之间，根据软件 RocLab 分析可得，σ_c 为 38.8MPa，对于Ⅳ类围岩，GSI 取较低值 45，则 σ_{cm} 约为 6.4MPa。上台阶开挖后，最大环向集中应力达 80MPa，因此，$\sigma_\theta/\sigma_{cm}=12.5$，将以上数值与表 5.11 中的评价标准对比可见，该地层本身就属于极严重挤压变形地层。

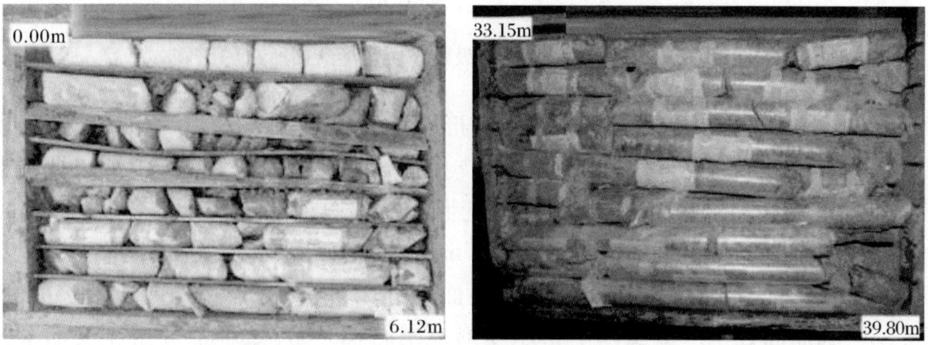

(a) 孔深 14m 内岩芯　(b) 孔深大于 14m 岩芯

图 5.21　西端绿泥石片岩地层钻孔岩芯照片

2. 变形评价

根据 Hoek 评价方法可计算得出锦屏引水隧洞绿泥石片岩洞段不同挤压程度对应的围岩变形范围如下：

轻微挤压：1%～2.5%，对应隧洞围岩变形范围为：0.06～0.16m。

中等挤压：2.5%～5%，对应隧洞围岩变形范围为：0.16～0.32m。

严重挤压：5%～10%，对应隧洞围岩变形范围为：0.32～0.63m。

极严重挤压：>10%，对应隧洞围岩变形范围为：>0.63m。

1#引水隧洞大变形洞段引(1)1+635～1+800 段长约 175m，包括 78 个扫描断面，图 5.22 为其中各个级别挤压变形的断面百分比饼状图，其中，74.36%的断面处于极严重和严重挤压变形的范围内，23.08%的断面处于中等挤压变形范围内，其他断面为轻微挤压变形，当然，参与分析的断面处于挤压变形洞段内，轻微挤压变形的数量很少是很正常的。

另外，对于 1#引水隧洞绿泥石片岩地层来讲，挤压变形洞段占绿泥石片岩洞

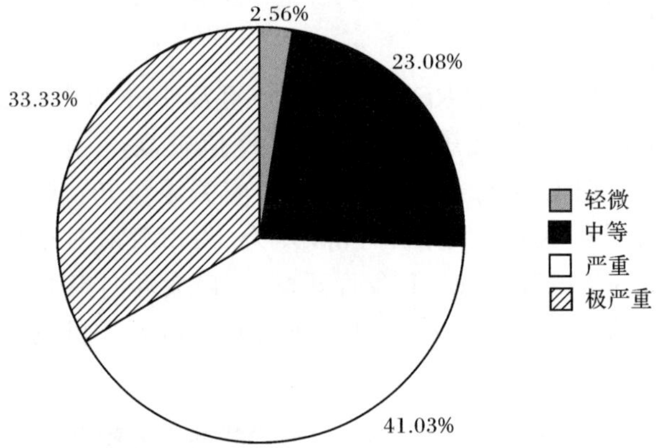

图 5.22　1＃引水隧洞各个级别挤压变形断面所占的比例

段长度的 66％，而总体来看，中等挤压变形以下的洞段占绿泥石片岩洞段 53％，即 1＃隧洞绿泥石片岩洞段上层开挖初期支护后，约一半的洞段处于中等挤压变形范围内，另一半为严重或者极严重挤压变形洞段。

2＃引水隧洞挤压变形洞段长约 105m，占绿泥石片岩区段长度的 33％，包括 56 个扫描断面，各个级别挤压变形的断面百分比饼状图如图 5.23 所示。可见，58.93％的断面处于严重及以上挤压变形范围内，36.5％处于中等挤压变形范围内，由于分析洞段是大变形洞段，同样轻微挤压变形断面很少。

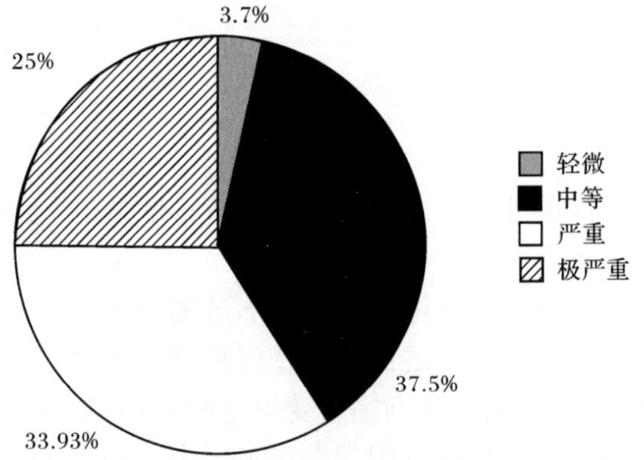

图 5.23　2＃引水隧洞各个级别挤压变形断面所占的比例

总体来看，对 2＃引水隧洞绿泥石片岩地层来讲，中等挤压变形以下的洞段占绿泥石片岩洞段的 81％，即 2＃引水隧洞绿泥石片岩洞段上层开挖初期支护后，大部分洞段处于中等挤压变形范围内，仅五分之一洞段为严重或者极严重挤压变形洞段。

综上分析,可见:大埋深条件下,西端绿泥石片岩地层本身存在严重的挤压变形问题,由于地质条件、支护时机、强度等的局部差异,绿泥石片岩洞段沿线挤压变形程度存在不同,1＃引水隧洞约有一半洞段处于严重及以上挤压变形状态,2＃引水隧洞约有五分之一洞段处于严重及以上挤压变形状态。

5.1.7　绿泥石片岩洞段支护原则及对策

根据本书第3章变形力学机制分析及5.1.6节变形程度的评价结果,确定该洞段的支护原则如下:

(1) 控制围岩内围压的丧失或者恢复一定的围压,以控制弹模和强度的降低。

(2) 加固破裂围岩,控制其变形发展,以增大岩体承载能力。

(3) 防止水的进入,并提供一定的围压,以控制围岩遇水后强度和弹模的降低。

(4) 支护强度需要考虑长期强度的衰减和长期变形的增长。

具体的支护对策为:

(1) 控制围岩内围压的丧失,限制围岩变形,要求进行超前支护,小导管注浆加固前方岩体,并与格栅拱架焊接牢固,以提供支撑力,超前锚杆也起到加固前方岩体的作用,并在开挖后立即起到限制变形发展的作用。同时,要加固掌子面岩体,避免其塌方,导致超前支护失去支撑。

(2) 恢复一定的围压,限制围岩变形,要求及时进行表面封闭,初喷混凝土、挂网、架设格栅拱架、打系统锚杆、再喷混凝土,强调及时性、系统性,要求格栅拱架、挂网和系统锚杆间进行合理连接,形成作用系统。

(3) 防止水的进入需要施工防渗帷幕或者高压灌浆,一方面封闭围岩内张开的结构面和裂隙,堵塞渗水通道,一方面加固围岩,提高岩体强度。

(4) 对于长期强度衰减和变形增长问题,同样需要加固围岩、增强表面支护,长期监测预警,以及时进行加固处理,控制流变变形。

(5) 虽然控制变形需要强有力的表面刚性支护,但过早施加变形能力差的厚刚性支护,承受挤压变形后易发生开裂破坏。因此,要求初次表面支护应具有一定柔性,配合及时地系统锚杆支护,然后,喷厚25～30cm混凝土,由于支护发挥作用能力存在时间问题,因此,期间允许围岩发生一定的变形。这要求及时准确地监测与反馈围岩变形,以便及时增加刚性支护,甚至返修。

(6) 上断面开挖后,格栅拱架底部要求施工钢筋混凝土托梁,并在底角部位加密锚杆锁脚,避免脚部支护被推出或者脚部岩体支撑能力不够。

(7) 灌浆浆液要求进行特别设计,既能保证一定流动性,又能尽量减少用水量,避免灌浆初期浆液中水的作用导致绿泥石片岩强度过度降低,反而会影响稳定性。

(8) 如果条件允许的话，建议锚杆孔注入的砂浆也经过相应的设计，减少用水量，以免砂浆与围岩之间的黏结力增长缓慢，影响锚杆支护力及时发挥，甚至降低其承载能力。

支护原则和支护对策与绿泥石片岩的工程力学特性之间的关系如图 5.24 所示。

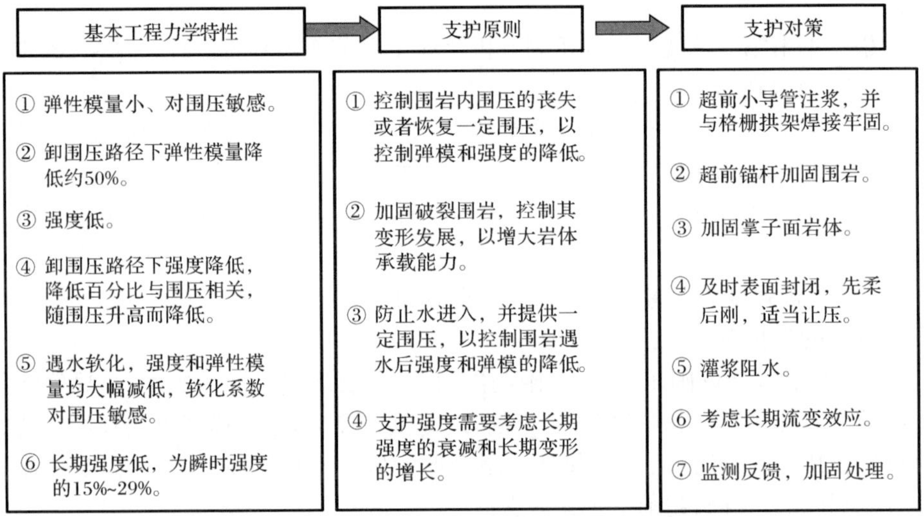

图 5.24　绿泥石片岩支护原则与支护对策的确定

5.2　济宁三号井深埋层状围岩变形特征与稳定性分析

5.2.1　济宁三号井深埋层状围岩基本情况

济宁三号煤矿位于山东省西南部济宁市南郊，井田位于南北向的济宁地堑构造内，属济宁煤田(东区)的中部，地表主要由湖区和平原组成，地表落差很小，为近水平。井田走向长度 8～10km，倾斜长度 10～13km。井田内断层以正断层为主，也见有少数较小落差的逆断层，落差一般在 10m 以下。井田主采 $3_{上}$ 煤和 $3_{下}$ 煤，平均厚度 6.21m，煤层埋深 600～1000m，现已逐步进入深部开采。四采区、五采区、六采区、十二采区、十三采区和十六采区现均已开采完毕，十八采区为正常生产采区。为生产接续需求，掘进七采区生产辅助大巷 $3_{下}$ 胶带巷。

七采区位于井田西南侧，待掘七采 $3_{下}$ 胶带巷属于七采区准备巷道，位于七采区中部，主要用于七采区回采期间煤(矸)运输、通风、行人、管线敷设、排水等。巷道埋深 710～880m，沿煤层顶板向下倾斜 7°施工，断面形状为直墙三心拱形，跨度

4.8m，边墙高度 1.5m，随掘进随支护，锚杆长度 2200mm。

巷道掘进层位为煤 $3_{下}$、顶板中砂岩及底板泥岩、细砂岩，掘进层位的综合柱状图如图 5.25 所示。岩石质地致密坚硬，抗压强度高，发育有明显层理，具有很强的横观各向同性性质，如图 5.26 所示。其中，岩石基质为细砂岩，成分以石英为主，较坚实；岩石层理为粉砂岩，层面含大量碳化物，黏结强度较低。掘进范围内煤岩层总体趋势为东南高、西北低的单斜构造，区内仅发育小断层。掘进过程中受 $3_{下}$ 煤顶板砂岩含水层影响，该含水层含裂隙水，富水性不均一，以静储量为主。

地层	层厚/m	柱状 1:200	层号	岩石名称	岩性描述
山西组	0.0-16.30 10.74		4	细砂岩	灰白色中细砂岩，成份以石英、长石为主，泥质胶结，间夹碳质条带及泥岩薄层
	2.40-18.85 8.21		5	粉细砂岩互层	深灰色，含植物化石，炭化成煤线及煤屑另含少许黄铁矿，互层以粉砂岩为主，显缓波状层理，上部和中部含菱铁质结核
	11.81-40.61 26.21		6	中砂岩 细砂岩	灰白色，成份石英、长石为主，次含云母片及黑色棕色矿物等，泥质胶结，显断续斜层理，层理系由黑色碳质条纹引起，局部含少许深灰色粉砂岩包裹体 灰色中厚层状薄层状细粒砂岩，石英为主，少量长石及黑色矿物
	0-8.50 4.25		7	粉细砂岩互层	深灰色粉砂岩与浅灰白色细砂岩互层，上部为泥岩，含较多植物碎屑化石，具微波状层理，局部间夹碳质条带
	0-2.00 0.40		8	$3_{下}$煤	黑色煤$3_{下}$，块状，以亮煤、暗煤为主，含少量丝炭，沥青光泽，属半光亮型煤
	1.53-2.40 2.03		9	泥岩	灰黑色泥岩，质纯，含大量植物碎屑化石及少量的黄铁矿，参差状断口
	1.0-5.37 3.90		10	细砂岩	浅灰白色细砂岩，成份以石英为主，长石次之，发育斜层理，间夹较多碳质条纹

图 5.25　煤层顶底板综合柱状图

图 5.26　巷道内部水平层理发育图

5.2.2　监测方案设计

1. 围岩深部位移监测

对于地下工程来说，收敛变形可直观反映巷道开挖后围岩的调整状态，但是通过单纯的收敛变形难以区别是洞边局部岩块松动还是深部位移，这也是支护设计中需要考虑的问题之一。

深部位移是巷道围岩应力状态变化和围岩发生流变变形最直接的反映，是地应力、岩体强度、断面尺寸及支护作用等各因素作用的综合表现。现有针对煤系地层的监测成果一般将监测断面布设于掘进迎头之后，掘进面后方所测围岩深部变形仅是整体变形中的一部分，但围岩在掘进面爆破后失去掘进面的约束作用而产生瞬时卸荷变形，这部分变形对于分析围岩变形规律、评价围岩变形稳定、确定支护时机有着重要参考价值，而常规变形监测均不能获得这部分变形。

对此，通过已掘巷道向待掘巷道布置超前位移监测钻孔，监测掘进前后全过程的围岩深部位移变化量，两巷位置关系及钻孔布置如图 5.27 所示。其中，七采 $3_{下}$ 辅运巷为已掘巷道，七采 $3_{下}$ 胶带巷为待掘巷道，两巷水平间距 35m。

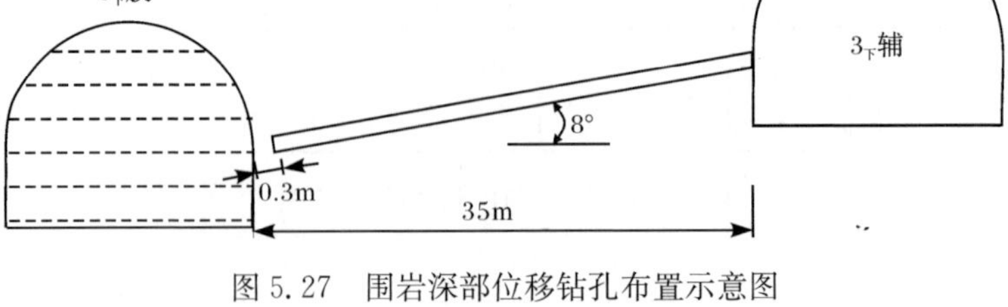

图 5.27　围岩深部位移钻孔布置示意图

布置完成后的钻孔参数为：

(1) 钻孔直径 45mm，长度 34.9m。

(2) 钻孔倾角：俯斜 8°。

(3) 测点距 $3_{下}$胶右帮斜距：0.3m、2m、4m、6m 和 9m。

(4) 钻孔相对于 $3_{下}$胶掘进面位置超前 20m 布置。

(5) 监测范围：超前掘进面 20m，滞后掘进面 35m。

2. 巷道表面收敛监测

巷道开挖后围岩失去原有支撑，破坏了岩体受力平衡状态，围岩将向开挖空间产生松胀变形，一定围岩深度内的应力、变形等都将随掘进面推进而逐渐调整，形成新的平衡状态。巷道收敛变形是开挖后岩体应力释放和调整的直观表现形式，是确认围岩稳定性、判断支护效果、指导施工顺序、预防拱顶崩塌、保证施工质量和安全的最基本资料。

当地质条件、巷道尺寸、施工方法确定时，巷道收敛变形主要受空间和时间两种因素影响：空间效应是掘进面约束作用产生的影响；时间效应是掘进面约束作用接触后，收敛位移随时间增长而增大的现象。当掘进面推过监测断面 1.5 倍洞径后，掘进迎头的空间效应将会消失一大部分，能够监测到的围岩收敛变形仅为整体变形的一小部分。

为尽可能真实反映开挖条件下巷道围岩的变形特征，表面位移监测断面距离掘进迎头 4m，随七采 $3_{下}$胶带巷的开挖掘进，对巷道围岩变形情况进行实时监测。监测断面内安装 3 个监测球头，即断面的顶板和两帮各设置一个测点，如图 5.28 所示。由于底板清底及运输问题，未设置顶底板收敛测线。通过两帮和顶部三个测点数据，计算出拱顶与两帮累计收敛量和两帮收敛累计变化量。表面位移精确监测断面量测利用中科院 WRM-3 型丝尺两用收敛计和自制的连接球头，如图 5.29 所示，精度为 0.01mm。

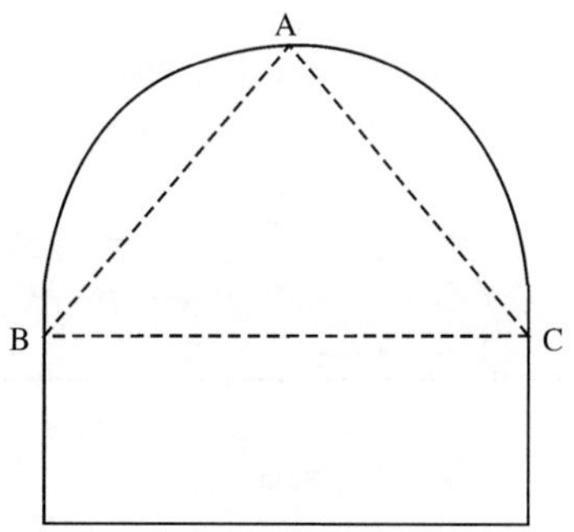

图 5.28　巷道表面收敛测线布置

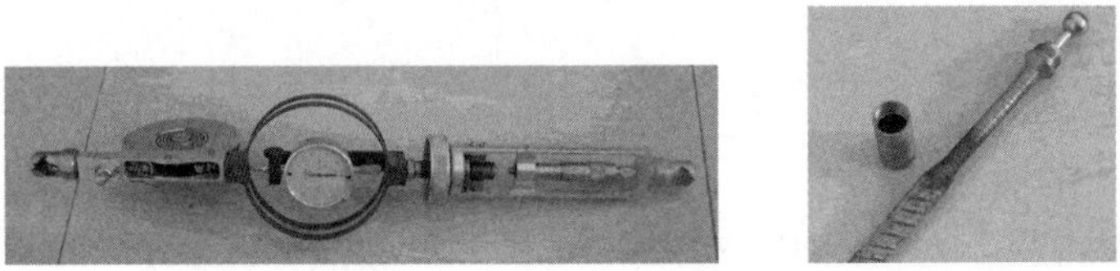

(a) WRM-3 型丝尺两用收敛计　　(b) 连接球头

图 5.29　巷道表面收敛测试仪器

5.2.3　巷道围岩深部位移监测成果分析

随 $3_{下}$ 胶巷道掘进，连续监测帮部围岩在超前掘进面和滞后于掘进面时不同深度围岩位移变化。围岩变形趋于稳定后停止监测，整理绘制不同深度位移-掘进面距离及浅部位移-时间曲线。

1) 不同深度围岩位移变化规律

根据所测位移结果，绘制巷道开挖位移与掘进面位置关系的折线图，如图 5.30 所示。可见，深部和浅部测点位移量明显不同：距孔口 0.3m 处测点累计位移量为 15mm，距孔口 4m 测点累计位移量为 9mm，距孔口 9m 测点累计位移量为 3mm。即距离巷道壁越近其位移量越大，裂隙扩张越明显。对比不同深度测点位移量，确定巷道开挖卸荷影响的深度范围在 4m 左右。此外，不同深度测点的最大变形速率也有差异：距孔口 0.3m 测点最大变形速度为 2.4mm/d，距孔口 4m 测点为 1.0mm/d，距孔口 9m 测点则仅为 0.25mm/d。巷道开挖卸荷过程中围岩应力重新调整，巷道围岩在爆破震动和集中应力作用下产生破裂面并发生碎胀滑移。不同深度处所受约束条件及应力状态均不同，故不同深度围岩位移量及变形速度存在差异。

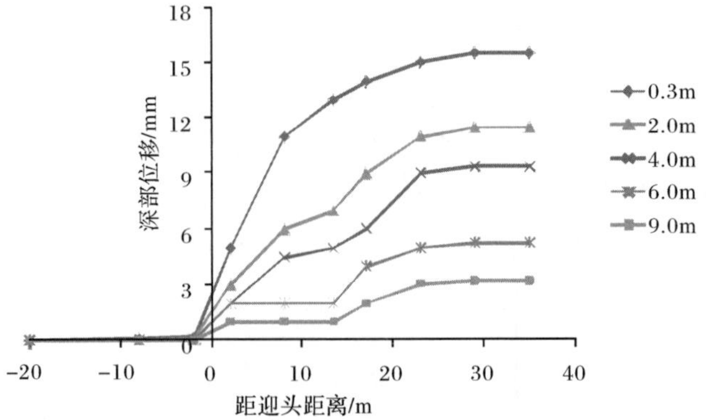

图 5.30　不同深度围岩位移随掘进面推进的变化曲线

2) 不同深度围岩位移时空效应

自 2014 年 1 月 10 日～1 月 29 日，掘进面累计推进 55m，其中超前钻孔 20m，滞后钻孔 35m。不同深度围岩位移随推进时间和推进距离的变化曲线如图 5.31 所示。可见，0.3m 测点与 2.0m 测点处位移随时间和掘进面推进距离的变化规律相似，围岩变形大体可分为以下三个阶段：

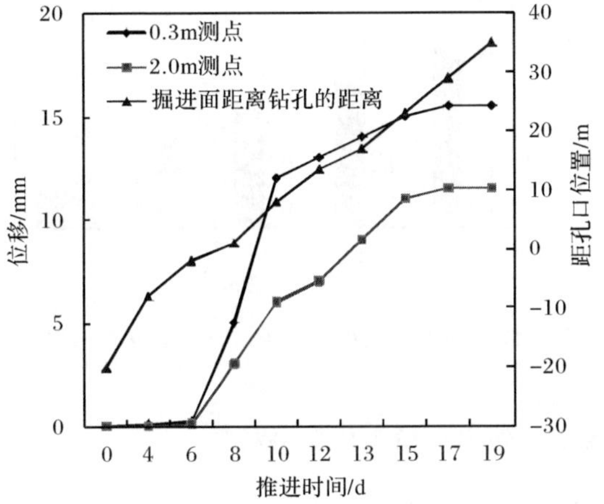

图 5.31 围岩变形随推进时间和距离的变化曲线

(1) 开挖前围岩变形缓慢增长阶段。在钻孔布置完毕至掘进面到达测量钻孔之前，测点位移几乎没有变化，最大变形只有 0.2mm。

(2) 掘进面后方 0～8m 变形迅速增加阶段。在掘进面推过位移钻孔 2m 时围岩变形迅速增加至最大值 5mm，推过掘进面 8m 时变形增加至 11mm，此阶段围岩变形速率为 4.45mm/d，掘进面的空间效应消失。随应力调整，围岩松弛范围向深部扩展，变形最大值为 3～11mm。

(3) 掘进面后方 8～35m 为围岩变形稳定阶段。在掘进面推过钻孔 23m 后开挖卸荷效应减小，围岩变形速率趋于平缓，0.3m 深度测点的累计变形值稳定在 15.5mm 左右。

可见，随着巷道开挖过程中围岩应力调整，围岩变形是动态变化的，位移变化曲线大体呈现出缓慢增长一快速上升一平缓的特征。这是由于在掘进面达到测点之前，围岩没有变形运动空间，测点位移变化很小；掘进面经过位移测孔时，在爆破震动和瞬间卸荷的共同作用下，洞壁围岩在切向剪切应力和径向拉伸应力作用下迅速变形破坏；掘进面推过一定距离后，随变形释放及支护结构约束作用，围岩变形速度变慢并逐渐趋于稳定。

根据监测方案，从掘进全过程的监测总变形量中去除超前监测至迎头后方 2m 处的累计变形量，所得结果即为布置于迎头后方监测断面的累计变形量。全过程总变形量与迎头后方变形量对比如图 5.32 所示。可见，若将监测断面布置于迎头后方，监测结果将损失掉开挖卸荷瞬时变形部分，本研究中，这部分损失变形约为总变形量的 30%，这对于分析掘进全过程的围岩变形规律是十分不利的。

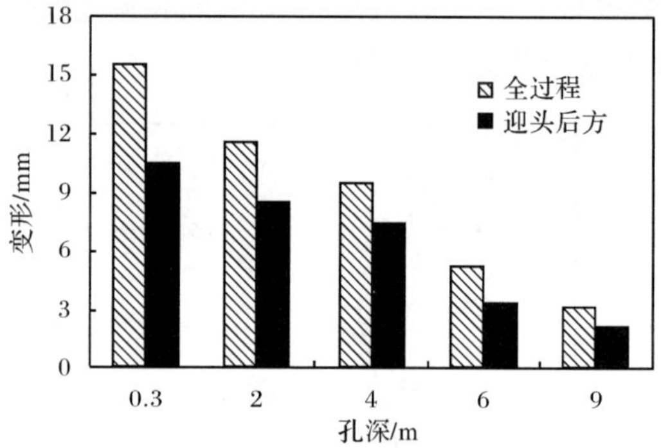

图 5.32 掘进全过程与迎头后方所测变形量对比

5.2.4 深部巷道表面收敛变形监测成果分析

随掘进面向前推进，巷道围岩不可避免会向开挖空间变形，巷道表面位移变化情况是巷道稳定的直接表现，而这些变形是多方位和动态的。多方位是指围岩在自重应力和构造应力作用下产生沉降和侧向挤压造成拱帮收敛和底臌变形；动态是指围岩变形是一个在时间和空间上动态变化的过程，随时间变化呈现非线性变化的规律。

在掘进面后方 4m 处设置收敛变形监测断面，随掘进面推进每天测量两帮及顶板与两帮斜角线的变化量。测线长度趋于稳定后停止监测，整理绘制巷道收敛变形—推进时间及变形速度—推进时间的变化曲线。

1) 表面收敛变形监测结果

自 2013 年 1 月 15 日～1 月 29 日，掘进面累计推进 53m，水平收敛、拱顶与两帮的斜角线等三条曲线均趋于稳定，三条测线收敛量随推进时间的变化曲线如图 5.33所示。可见，三条测线在靠近掘进面时收敛量增长很快，随掘进面远离监测断面，测线收敛量逐渐趋于平缓，AB 和 BC 测线在 9 天后趋于稳定，AC 测线在 10 天后变形稳定。AB 测线的最终变形量最大，为 20.31mm；其次为 AC 测线，其收敛值为 17.83mm，BC 测线(水平收敛)变形量最小，为 13.32mm。

整体来看，三条测线的收敛变形规律相似，但水平收敛明显小于拱顶与两帮的斜角线收敛，这主要是由层状岩体的变形特征所引起的。

2) 表面收敛变形时空效应

巷道围岩变形的时空概念是一个综合概念，包括变形空间效应和时间效应两

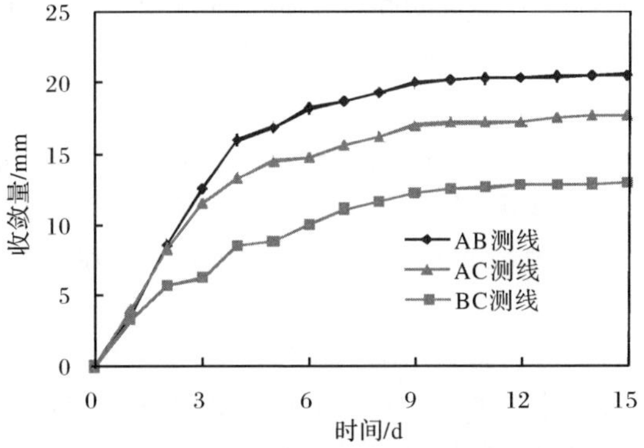

图 5.33　巷道断面表面收敛变形与时间关系图

个范畴。空间效应是围岩变形随开挖面空间变化的特点，时间效应则是开挖过程时间和围岩变形上流变性的表现，指围岩变形随时间改变而改变的性质。为研究巷道表面收敛变形的时空效应，绘制收敛变形速度随累计时间及迎头距离的变化曲线，如图 5.34 所示。

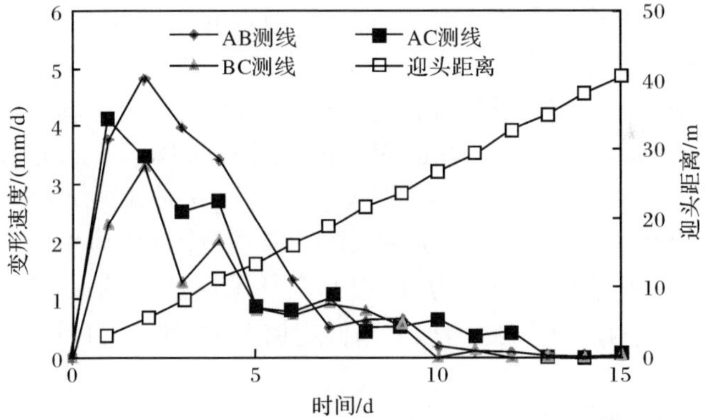

图 5.34　巷道表面变形速度与时间关系图

可见，监测断面三条测线收敛变形随时间的变化规律一致，巷道收敛变形速率初期先快速增大，随掘进面推进变形速率逐渐变小，直至围岩达到一个较为稳定的状态，即巷道收敛速率趋于稳定极小值，巷道围岩经历了一个缓慢的应力调整过程。表面收敛变形可概化为三个阶段：失稳破坏阶段、持续变形阶段和变形稳定阶段，这是时空效应的具体体现，具体表述如下：

(1) 失稳破坏阶段。监测断面距离迎头较近时，巷道爆破开挖对围岩扰动较大，三条测线变形速率均处于剧烈波动状态。由实测数据可知，其变形速率最大为 4.12～4.81mm/d，持续时间为 0～4d，迎头推过监测断面的距离为 3～13.4m。

这主要是由于表面岩体受开挖扰动和自身储存的变形能释放作用影响，变形量急剧增大。由于受爆破扰动、开挖卸荷和应力调整的影响，岩体变形在此阶段是不稳定的。

(2) 持续变形阶段。随掘进工作面继续推进，围岩应力继续调整，存储变形能进一步释放，变形受扰动影响越来越小。此外，锚杆和锚索等支护结构逐渐发挥作用，也进一步限制了围岩的变形速率。此阶段围岩变形速率为 0.34～0.52mm/d，累计时间为 5～10d。

(3) 变形稳定阶段。当掘进面超过监测断面 34m 后，收敛变形不再受开挖影响，围岩变形速率明显降低，在 0.36～0.45mm/d 以下，变形趋于稳定。

总体来看，围岩变形的空间效应主要集中体现在第一阶段，这主要是由于开挖卸荷及应力扰动的影响；时间效应则主要体现在第三阶段，即围岩随时间延续而持续发生变形。

5.2.5 巷道围岩开挖稳定性数值分析

1. 数值模型及网格划分

为更直观了解和全面分析七采 $3_{下}$ 胶带巷围岩的变形、应力、塑性区等随掘进面推进过程的变化规律，以七采区地质条件为基础，采用本书第四章所建立的横观各向同性应变软化模型对开挖过程进行模拟。由于七采 $3_{下}$ 辅运巷与 $3_{下}$ 胶带巷水平距离为 35m，在开挖应力扰动范围以外，故计算模型未考虑七采 $3_{下}$ 辅运巷对胶带巷的影响。洞径尺寸为 5.0m，为了避免模型边界对计算结果的影响，巷道两侧至模型边界的宽度取为 20 倍洞径，共划分 553905 个四面体单元，网格模型划分如图 5.35 所示。模型约束条件为：四周和底部采用法向约束，根据实际地质条件，岩层为近水平，构造应力较小，故上部仅施加上覆岩层的自重应力。

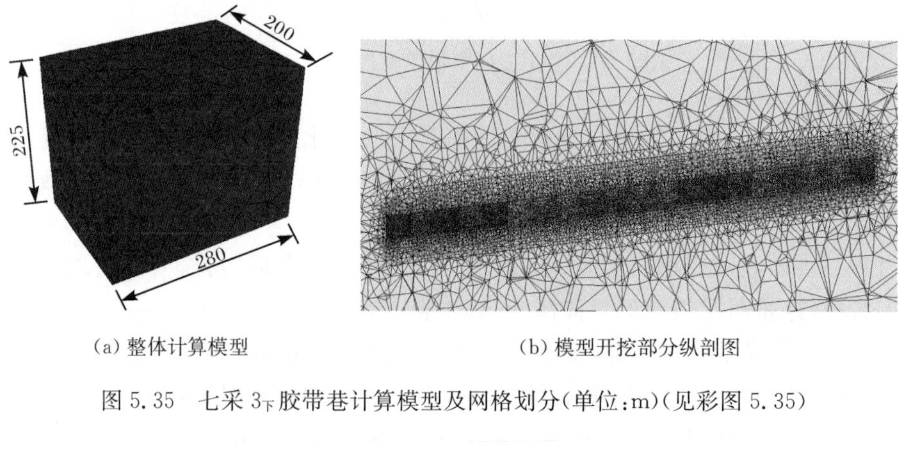

(a) 整体计算模型　　　　(b) 模型开挖部分纵剖图

图 5.35　七采 $3_{下}$ 胶带巷计算模型及网格划分(单位：m)(见彩图 5.35)

2. 初始地应力场

目前,确定初始地应力场的方法主要有两种:①考虑自重和其他构造运动等多种地应力影响因素,用拟合或回归的方法使计算地应力场与实测地应力场相接近。②利用巷道开挖后围岩位移量反演小范围的岩体初始地应力,即位移反分析法。在缺乏实测地应力资料时可采用位移反分析法,但由于所测位移值存在数据有限及测量不准等不足,反演所得地应力场与实际地应力存在误差。此外,以局部地应力代表全局地应力也是不可取的。因此,此处选用第一种方法。

利用回归方法确定初始地应力场,需首先计算不同工况下的地应力,以多元回归为数学工具,将计算模型回归分析结果与实测值进行对比分析,最后基于应力叠加原理合成得到所研究区域三维地应力场。其中,数值计算模型的力学参数选用已有矿井六采区岩体力学参数。

1) 计算区域

计算模型坐标原点取在副井井筒中心,三个坐标的方位分别为:X 轴正向为正东方向,Y 轴正向为正北方向,Z 轴与大地坐标重合,计算区域位置及地应力实测点如图 5.36 所示。其在所选定坐标系中的位置为:$X_0=20469640$,$Y_0=3905189$,$Z_0=0.00$m。沿 X 轴和 Y 轴的计算范围分别为 7000m 和 6000m,竖直方向从海拔−1200m 到地表。

根据选取位置建立地质模型,模型含 5 个较大断层,未考虑小断层影响。断层采用实体单元,厚度为 10m。此外,由于地表标高为 32.8~38.1m,故取地表为水平面,标高取为平均值 35m。

2) 整体地应力场多元回归分析

根据所建的三维地质概化模型,考虑自重和其他构造运动等多种地应力影响因素,形成如下 7 种计算工况:自重 S_g、X 向挤压 S_x、Y 向挤压 S_y、水平剪切 S_{xy}、水平剪切 S_{yx}、垂直剪切 S_{xz}、垂直剪切 S_{yz}。基于线性叠加原理,一个完整的地应力场应该是前述 7 种计算工况叠加合成的结果,即任意一点的地应力为

$$\hat{\sigma}=AS_g+BS_x+CS_y+DS_{xy}+ES_{yx}+FS_{yz}+GS_{xz}+e \tag{5.5}$$

式中:S_g、S_x、S_y、S_{xy}、S_{yx}、S_{yz}、S_{xz} 分别代表上述 7 种应力因素;e 代表误差;A、B、C、D、E、F、G 为回归系数。

通过式(5.5)计算,得回归系数矩阵为 $\boldsymbol{L}_{\mathrm{el}}=[A,B,C,D,E,F,G]^{\mathrm{T}}=[0.35,24,13,-10,-10,80,100]^{\mathrm{T}}$,复相关系数 $R_{\mathrm{el}}=0.9735$。

将回归系数分别与各个工况计算的应力场相乘,再将所有工况线性叠加起来,得到 4 个应力实测点处的计算地应力值,计算值与实测值对比如图 5.37 所示。可见,计算结果与测试结果吻合较好。由于应力分量 σ_x 和 τ_{xz} 在数值上存在偏差,

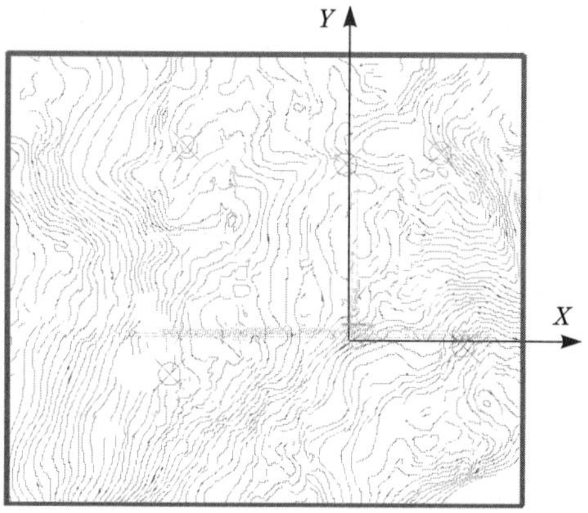

图 5.36　数值计算模型区域及地应力实测点示意图

将导致主应力的方向产生差别，因此，计算结果和测试结果主应力方向上的偏差不可避免，但偏差仍控制在较小范围内，并不影响对巷道开挖后的围岩稳定性分析和评估。

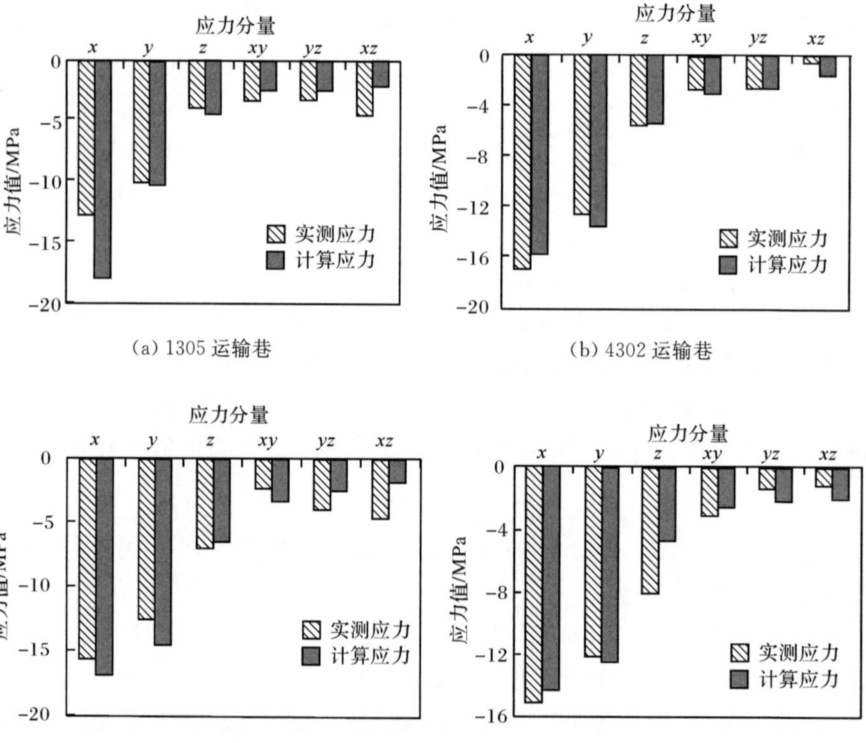

(a) 1305 运输巷

(b) 4302 运输巷

(c) 12305 胶带顺槽

(d) 五采泄水巷

图 5.37　实测应力与计算应力对比

3）局域地应力场

地应力场分为整体地应力场和局域地应力场。在整体地应力场反演中，由于涉及计算范围较广，模型网格划分较大。但是对某一局域进行具体分析时，较大网格显然无法满足计算精度要求，需要建立局域计算模型和二次细分网格划分。针对整体地应力场求解局域地应力场这一问题，张传庆等[198]提出了改进的反距离加权插值法，建议了地下工程局域地应力场的求解方案，并通过工程案例验证了该方法的合理性。该方法中考虑了单元体积这一影响因素，提高了反距离加权插值法在该问题中的适用性。此处采用这一方法插值确定巷道开挖区域的地应力场。

插值获取局域地应力场的具体方法为：通过回归方法得到整体地应力场后，采用改进反距离加权插值法获得局域应力场。需要注意的是，由于整体计算模型与局域模型网格粗细、插值精度等各不相同，插值得到的局域地应力场并非平衡应力场，需要施加一定边界条件后进行迭代得到最终的平衡应力场。

3. 层状岩体力学参数确定

巷道掘进全过程中的围岩深部位移量及收敛量分别如表 5.12 和表 5.13 所示。

表 5.12　深部位移监测结果

测点深度/m	0.3	2.0	4.0	6.0	9.0
位移量/mm	15.5	11.5	9.4	5.3	3.2

表 5.13　收敛变形测量结果

测线位置	两帮	顶帮(左)	顶帮(右)
收敛量/mm	12.91	20.54	17.72

基于巷道右帮掘进全过程的位移监测值，对岩体力学参数进行反演，反演目标是使右帮监测位置的适度函数取最小值，并据此确定层状围岩力学参数的取值。反演具体过程不再赘述，反演获得的敏感性较强的力学参数取值如表 5.14 所示，敏感性不明显的力学参数采用经验取值，如表 5.15 所示。

表 5.14　反演所得力学参数值

E_1/GPa	E_3/GPa	c_0/MPa	c_r/MPa	ϕ_0/(°)	ϕ_r/(°)	γ_s^p/%	ψ/(°)	ϕ_j/(°)
14	11	5.5	2.2	39	22	1.0	10	34

表 5.15　未参与反演力学参数值

ν_1	ν_2	σ_t/MPa	σ_{tj}/MPa	c_j/MPa	c_{jr}/MPa	ϕ_{jr}/MPa	γ_{js}^p/%	ψ_j/(°)
0.2	0.18	2.2	1.0	2.0	1.2	24	0.5	15

将反演计算时所得位移量与巷道右帮监测值进行对比，对比结果如图 5.38 所示。可见，二者吻合较好，验证了反演参数的准确性。

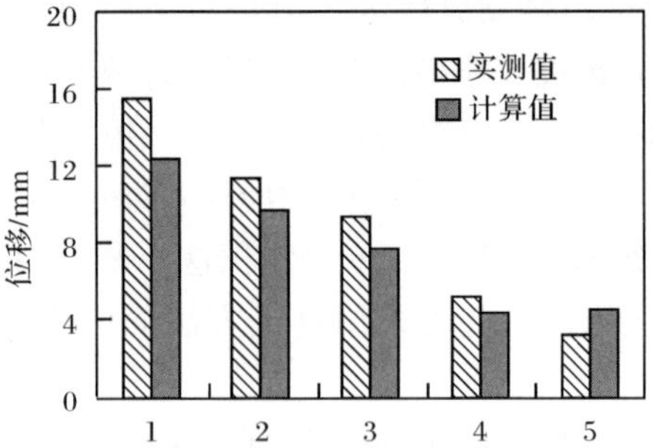

图 5.38　巷道右帮位移实测值与计算值对比

此外，将反演所得力学参数代入数值模型，计算巷道开挖后巷道两帮及顶板与左右帮的收敛变形，实测值与计算值的对比如图 5.39 所示。可见，二者吻合较好，再次验证了反演结果的可靠性。

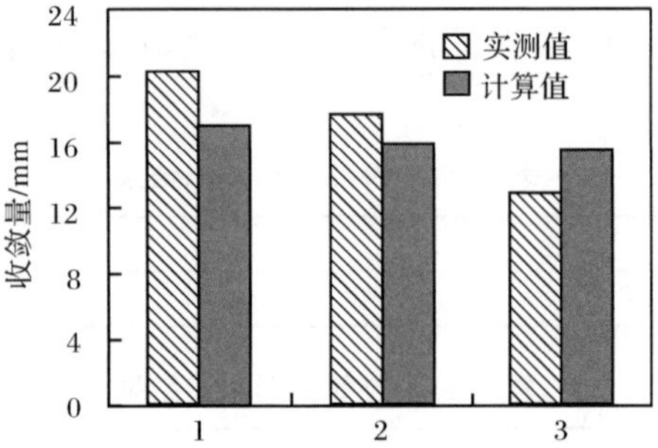

图 5.39　巷道收敛量实测值与计算值对比

4. 七采 $3_{下}$ 胶巷道开挖稳定性模拟结果分析

利用第 3 章建立的计算模型，以及回归反演得到的初始地应力和力学参数，对七采 $3_{下}$ 胶巷道的开挖过程进行了模拟。将首先分析掘进面推进过程中围岩应力分布规律，然后对围岩变形及塑性区演化规律进行分析，并与现场实测变形进行对比。根据掘进工作面每天开挖进尺，对计算模型进行分步开挖模拟。

为叙述方便，文中最大主应力指最大压应力，最小主应力为最小压应力。

1）围岩应力场分布特点

图 5.40 为超前监测断面在超前和滞后于掘进面时的最大主应力（最大压应力）等值线横剖图。可见，在监测断面超前掘进面 6m 时，最大主应力近似为原岩应力，说明在 1.5 倍洞径范围时围岩应力基本未受开挖扰动影响；当监测断面超

前掘进面 2m 时，仅在待掘区域出现应力集中区，最大主应力数值为 28MPa，稍高于原岩应力；掘进面推过监测断面 2～6m 时，在两拱脚及拱顶出现应力集中现象，应力分布规律相似，最大主应力为 35～40MPa；掘进面后方 10～50m 处，应力调整趋于稳定，集中区域仍为两拱脚及拱顶，但 30MPa 等值线分布范围明显扩展。

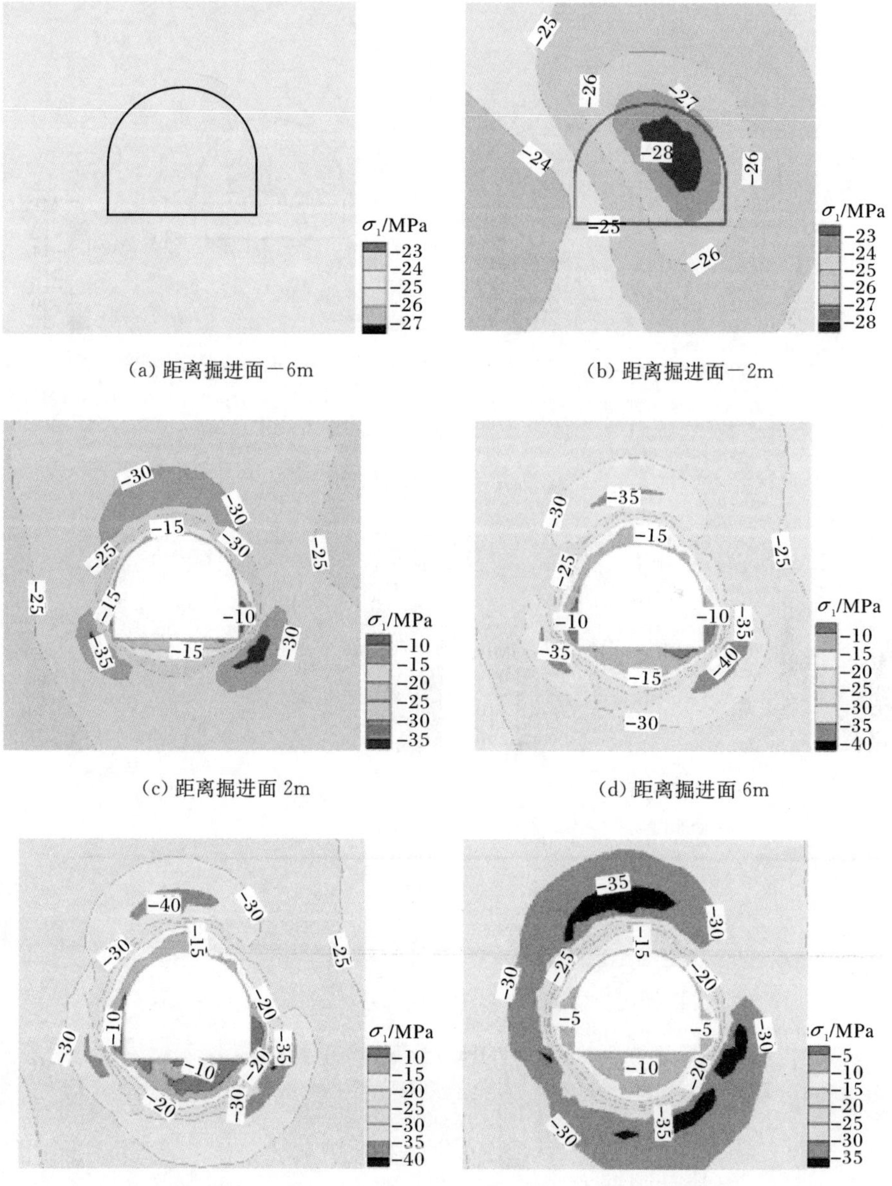

(a) 距离掘进面－6m　　(b) 距离掘进面－2m

(c) 距离掘进面 2m　　(d) 距离掘进面 6m

(e) 距离掘进面 10m　　(f) 距离掘进面 50m

图 5.40　随掘进面推进时围岩最大主应力横剖图

图 5.41 为超前监测断面在超前和滞后于掘进面时的最小主应力等值线横剖图。可见，在 1.5 倍洞径范围外时围岩最小主应力也未受开挖扰动影响，围岩应力为原岩应力；监测断面超前掘进面 2m 时，掘进面附近围岩最小主应力量值迅速减小，在较大应力差下容易产生塑性区；迎头推过监测断面 2～6m 后，由于开挖卸

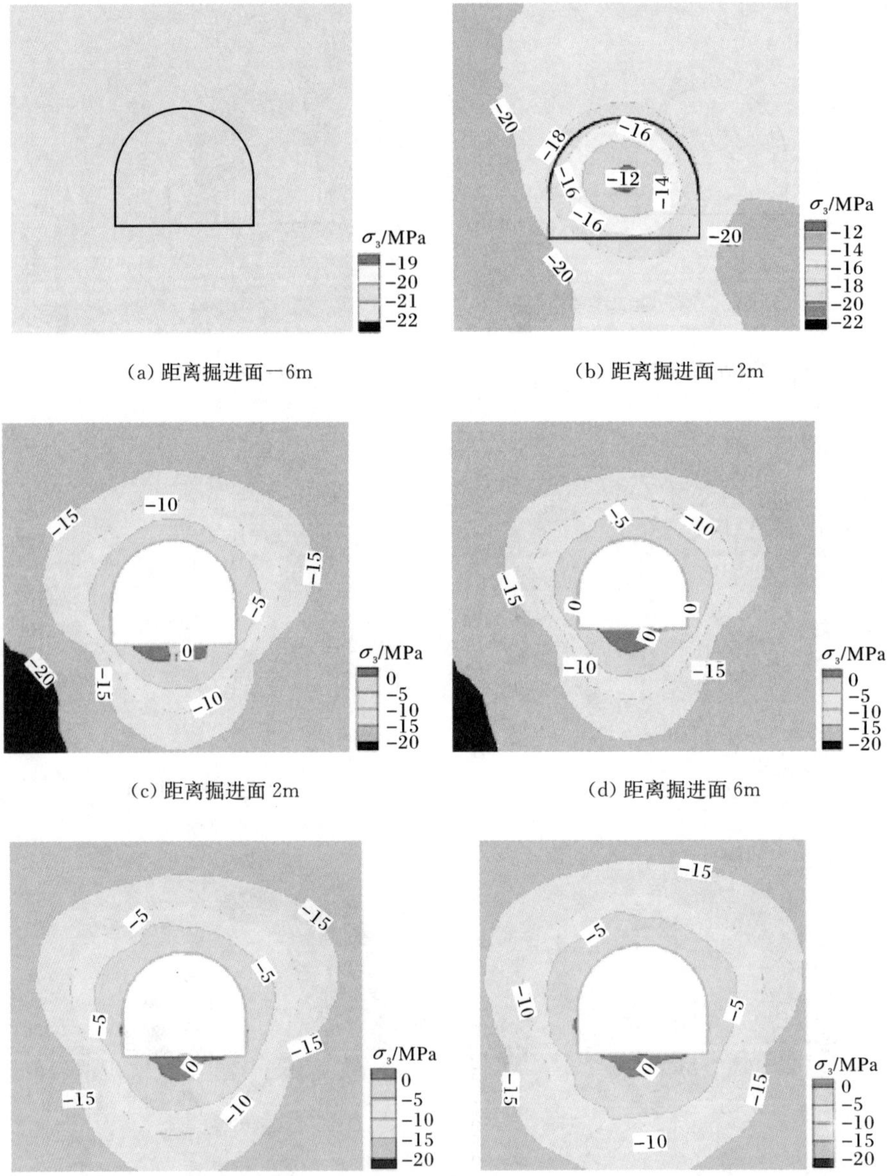

(a) 距离掘进面－6m　　(b) 距离掘进面－2m

(c) 距离掘进面 2m　　(d) 距离掘进面 6m

(e) 距离掘进面 10m　　(f) 距离掘进面 50m

图 5.41　随掘进面推进时围岩最小主应力横剖图(见彩图 5.41)

荷作用，巷道壁围岩应力明显降低，底板甚至出现拉应力，对围岩稳定极为不利；迎头推过 10～50m 后，最小主应力分布规律相似，围岩应力调整完毕，底板拉应力区扩大，两帮也出现小范围拉应力区。

巷道掘进过程中围岩应力是一个不断动态调整的过程，为分析不同深度处围岩主应力量值的变化规律，随开挖过程记录 0.5m、1m 和 2m 深度处围岩主应力量值，如图 5.42 所示。

可见，在掘进面前方 6m 处围岩应力开始受到开挖影响，在悬空顶板作用下巷道围岩最大主应力增大。掘进面推过监测断面后，随浅部围岩（0.5m 深度）变形释放和塑性区发展，围岩最大主应力迅速减小，应力峰值向深部弹性区转移；浅部围岩应力在掘进面后方 10m 处达到稳定值 5.5MPa，深部围岩最小主应力由原岩应力增加到 32MPa。

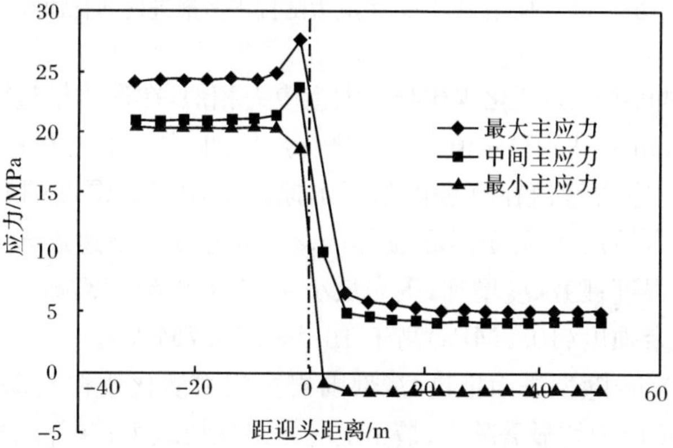

(a) 0.5m 深度

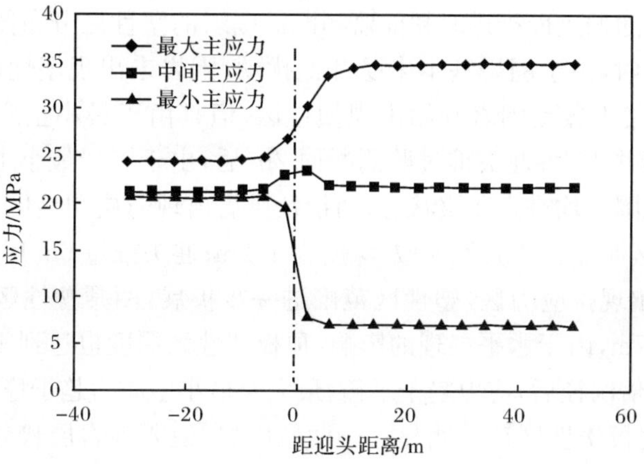

(b) 1m 深度

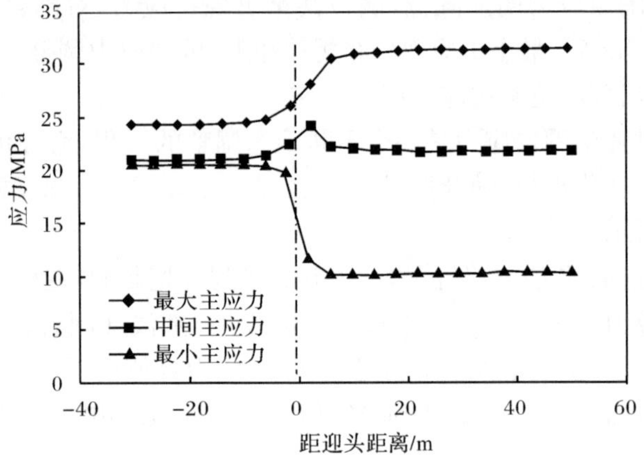

(c) 2m 深度

图 5.42　不同深度围岩主应力随掘进面推进的演化曲线

浅部围岩中间主应力变化规律与最大主应力相似，在迎头推过监测断面后迅速减小，迎头后方 6m 处达到稳定值 5MPa；随深度增加，中间主应力基本保持不变。

围岩最小主应力量值在掘进面附近迅速减小，0.5m 深度围岩在掘进面后方出现拉应力，围岩易产生大变形和拉伸破坏，其应力调整速度较快，掘进面后方 2m 即达到残余强度；随深度增加，围岩最小主应力调整幅度减小，未出现拉应力，2m 深度围岩残余强度(10.5MPa)高于 1m 深度(5.7MPa)。

综合上述分析，随掘进面推进，浅部围岩主应力演化规律与深部不同：浅部最大、最小和中间主应力均显著减小，最小主应力出现拉应力；深部围岩中间主应力随掘进面推进的变化规律不明显，最大主应力出现应力集中，而最小主应力量值减小。

2) 围岩塑性区分布特点

图 5.43 为随掘进面推进时超前监测断面围岩的塑性区分布图。掘进面距离监测断面－6m 时，由于围岩基本未受开挖扰动，围岩未出现塑性区；掘进迎头前方 2m 处，应力集中导致围岩开始出现塑性区，但是由于最小主应力降低范围较小，塑性区范围并不大；迎头推过监测断面 2m 后，由于围岩最小主应力的量值迅速减小，巷道壁围岩均进入屈服状态，两帮及拱肩出现薄层塑性区，底板出现拉应力区导致屈服区明显大于其他区域，深度为 1.2m；迎头推过 6m 后，底板拉应力区扩大且两帮也出现拉应力区，塑性区范围进一步扩展，两帮塑性区深度为 0.8m，底板深度为 1.7m，由于水平层理的影响，顶板塑性区深度也达到 1.2m；掘进面推过 10m 即 2.1 倍洞径后，应力趋于平衡，最大及最小主应力趋于稳定，塑性区基本停止扩展，顶底板塑性区范围明显大于两帮围岩，说明围岩层状分布对巷道稳定性有较大影响，两帮塑性区深度稳定在 1.2m，拱顶为 1.8m，底板深度为 2.4m。

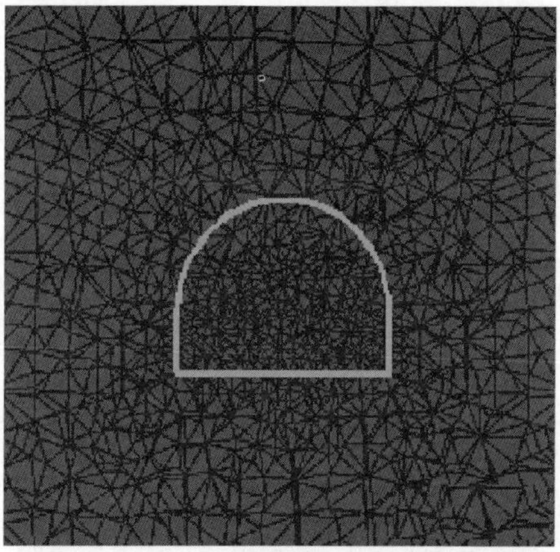

(a) 距离掘进面－6m

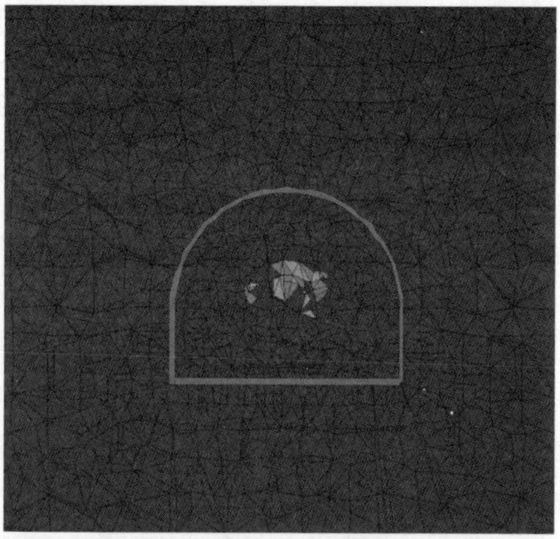

(b) 距离掘进面－2m

(c) 距离掘进面 2m

(d) 距离掘进面 6m

(e) 距离掘进面 10m

(f) 距离掘进面 50m

图 5.43　随掘进面推进时围岩塑性区分布图(见彩图 5.43)

可见，巷道围岩在垂直于层面方向破坏范围最大，它主要是受到沿岩层方向的压应力形成挤压剪切破坏，水平层理对顶板及底板塑性区破坏范围影响较大；两帮及拱肩处围岩受水平层理影响较小，在 0.9 倍洞径深度范围外最小主应力接近于原岩应力，这也限制了塑性区的进一步延伸扩展。

3) 围岩位移场分布特点

图 5.44 为随掘进面推进时超前监测断面围岩位移的横剖图。可见，受开挖卸荷影响及掘进面约束作用，超前掘进面 0.5～1.25 倍洞径范围内围岩出现变形，但由围岩塑性区分布可知，此时的围岩主要为弹性响应，围岩变形量较小。掘进面推过监测断面后洞室边界点应力释放，在剪胀作用下围岩变形迅速增加，掘进迎头后方 2m 处最大位移为 10mm，发生在拱顶处，两帮及底板位移为 8mm；迎头推过 6m 后，围岩塑性区范围扩展，变形量迅速增加，拱顶变形达到 18mm，为最终变形量的 90%，两帮变形为总变形量的 80%，底板变形仅为总变形量的 56%；

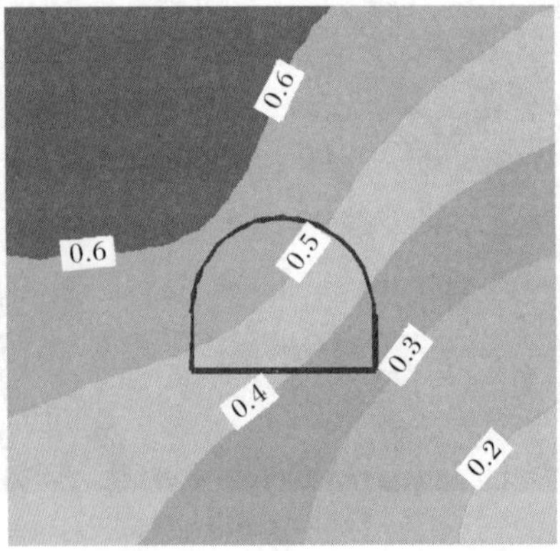

(a) 距离掘进面－6m

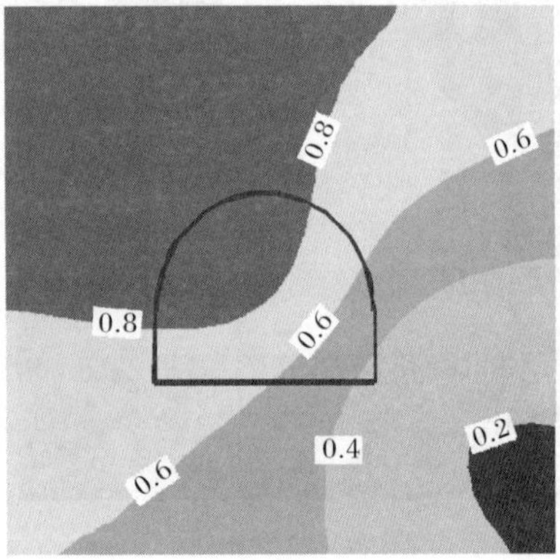

(b) 距离掘进面－2m

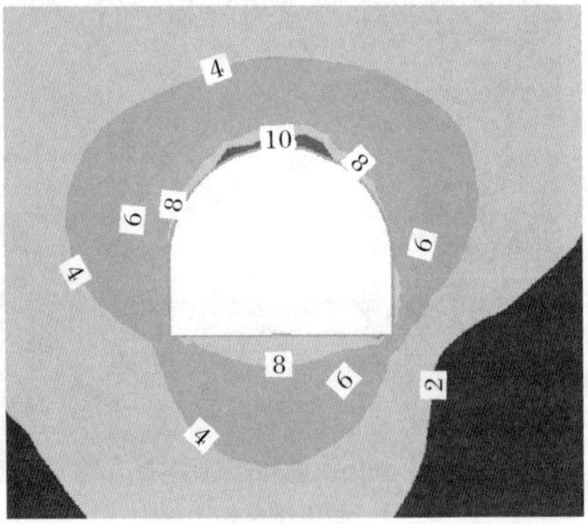

(c) 距离掘进面 2m

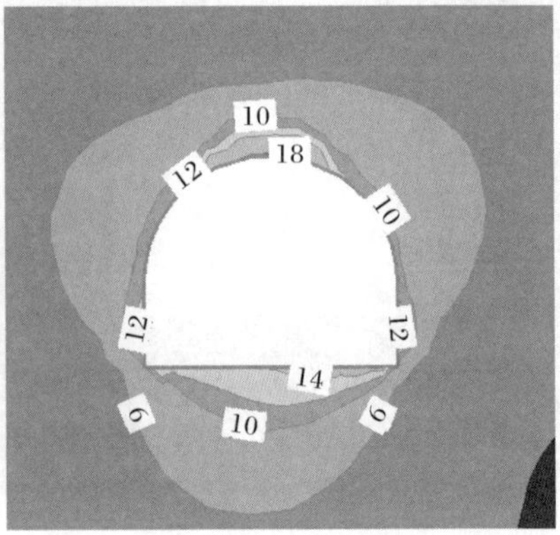

(d) 距离掘进面 6m

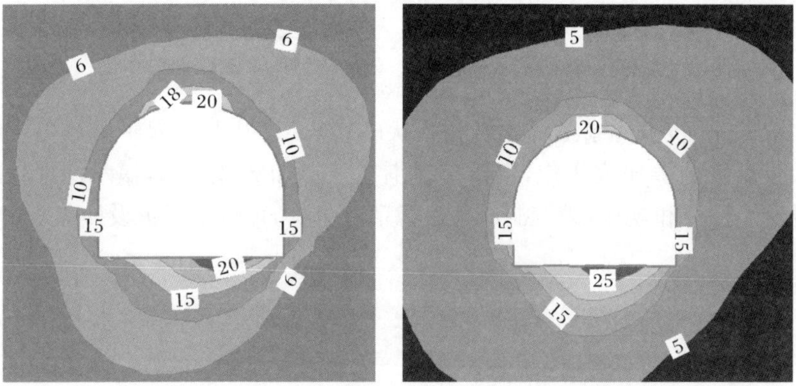

(e) 距离掘进面 10m　　(f) 距离掘进面 50m

图 5.44　随掘进面推进时围岩变形横剖图(单位:mm)(见彩图 5.44)

迎头推过监测断面 10m 后,综合前面应力及塑性区分析,两帮及拱顶变形已基本稳定,变形量分别为 15mm 和 20mm,而底板变形则持续增加,最终变形量为 25mm。

从围岩变形规律可见,帮部围岩在掘进面到达监测断面前变形量较小,掘进面推过监测断面时位移量迅速增加,迎头后方 2 倍洞径时帮部围岩变形基本收敛,这与现场实测数据是相吻合的。此外,顶底板变形量均显著大于两帮,说明水平赋存层理对围岩稳定性有显著影响,且底板变形持续增加,较难达到自稳,将会严重影响到两帮的稳定,对此应有足够的认识。

4) 支护对策及支护时机

综合以上分析可见,巷道围岩的应力、塑性区及变形是随开挖过程逐渐变化和调整的,应力、变形和破坏均滞后于开挖过程,卸荷开挖的影响范围为掘进面前方约 0.5 倍洞径,后方约 2 倍洞径。从围岩屈服过程来看,最小主应力对围岩的塑性状态有显著的影响,最小主应力的量值控制了破坏区的深度。因此,在巷道开挖后应尽快支护,其机理为:一方面可增强围岩完整性,提高围岩强度参数,另一方面可恢复和改善围岩的应力状态,将巷道开挖后应力调整形成的二向应力状态恢复到三向应力状态,提高围岩最小主应力,限制围岩的屈服破坏。

从围岩破坏范围来看,受水平层理的影响,围岩顶底板塑性区深度及变形均明显大于帮部。此外,在上覆岩层自重和构造应力作用下,巷道首先在底板产生较大变形,塑性区向下扩展,底板围岩进入塑性流动状态,底板围岩强烈变形,造成严重的底臌问题,且其变形持续发生,将影响到两帮和顶板的稳定。因此,必须要改善底板、帮角等关键部位的承载结构,并对底板进行支护,形成全断面封闭支护的整体承载结构。

5.3 小　　结

本章对深埋软岩(绿泥石片岩和层状砂岩)工程开挖过程中岩体力学响应开展了大量现场监测研究工作,主要包括围岩变形和破裂损伤,揭示深埋软岩工程中围岩变形特征和规律,为隧洞或巷道稳定性分析、评价及支护设计奠定了基础。

第6章 深埋软岩工程稳定性控制技术与优化

本书第3、4和5章已对深埋软岩的力学特性、力学模型以及围岩变形特征和规律进行了详细阐述,而如何控制深埋软岩工程挤压变形问题、优化软岩开挖地层施工工艺正是本章所要论述的内容。

深埋软岩工程在开挖过程中常常遭遇挤压变形问题,特别是大断面隧洞,常采用分层或分工序方式开挖,第一层或第一道工序开挖支护后出现的挤压变形意味着围岩稳定控制不力,稳定状态出现恶化,在后续开挖工序施工之前,必须控制住此时的围岩变形,同时又要考虑后续开挖对已开挖部分稳定性的扰动,以及后续开挖揭露围岩本身的稳定性,在此过程中的时间、空间、相互作用等问题变得错综复杂,如何确定挤压变形状态下围岩的力学参数、如何评估扩挖和后续开挖对围岩变形的影响、如何设计后续开挖方案以及采取何种技术措施控制围岩变形等问题亟须解决。

锦屏二级水电站深埋绿泥石片岩洞段上层开挖支护后出现了因挤压而产生的"缩径"问题,初期支护断面严重侵占衬砌断面,且围岩稳定性状况较为恶劣。这种情况给后续施工(上层扩挖、下层开挖)带来了一系列问题,比如"缩径"洞段的防护处理、下层(落底)开挖方案等。本章以此工程为典型案例,对其挤压变形洞段围岩的力学参数、加固方案和落底开挖方案等稳定性控制问题进行阐述,旨在为类似深埋软岩工程的施工技术和防护控制设计提供参考。

6.1 深埋绿泥石片岩挤压变形洞段围岩力学参数分析

锦屏二级水电站深埋绿泥石片岩洞段位于引水隧洞西端,采用钻爆法开挖,四心马蹄形断面,隧洞开挖直径13～13.8m。施工工序分上下两层开挖,上层先开挖8.5～8.9m,然后完成下层4.5～4.9m开挖。

由第五章绿泥石片岩洞段上层开挖后的围岩变形可知,该洞段开挖支护后发生了挤压变形,现场也称为"缩径"。根据绿泥石片岩洞段变形程度评价结果可知,该洞段在中等挤压变形、严重挤压变形范围内都有断面,本次岩体力学参数分析主要针对三个变形层次:中等挤压变形(≤0.35m)、严重挤压变形且小于0.5m、极严重挤压变形且小于0.7m,中等挤压变形洞段对应围岩类别为Ⅲ类,严重和极严重挤压变形洞段对应围岩类别为Ⅳ类,为叙述方便,这三个洞段在书中分别称为中等挤压洞段、严重挤压洞段和极严重挤压洞段。

隧洞开挖后，原岩应力平衡被打破，洞壁径向应力降低而切向应力升高，进而导致临近开挖面围岩变形破裂，强度下降，承载能力降低，随后施加的喷锚支护和格栅拱架又使得该范围围岩与支护形成一体，提高了其承载能力，因此，其力学参数既不同于原岩体，也不同于近开挖面围岩体，而如此多的支护措施又难以同时准确的模拟，于是，可将加固范围内的岩体视为一个整体，称为支护围岩体，这里的支护围岩体仅限于指发生挤压变形时的支护与围岩组合体。而隧洞周围力学性质未发生变化的岩体则称为原岩体。于是，隧洞开挖后周围岩体分为原岩体和支护围岩体两部分，本节力学参数分析也针对这两部分开展。

依据现场岩体变形模量的测试结果，Ⅳ类围岩原岩体的弹性模量为5.04GPa。基于第三章绿泥石片岩室内试验成果，采用 Hoek 方法(GSI＝45)估计原岩体的强度参数，取黏聚力为 1.85MPa，内摩擦角为 28.52°。Ⅳ类围岩支护围岩体的力学参数则根据断面扫描所得变形量来反演其力学参数。

对于极严重挤压洞段，上层开挖后最大变形设为 0.7m，由于低波速区的测试时间和对应的施工开挖与支护情况不清楚。因此，在反演中难以将其作为依据使用。

由于绿泥石片岩为软弱岩体，其本构关系可简化为理想弹塑性模型。因此，待反演的岩体力学参数只有弹性模量、黏聚力和内摩擦角三个。相应的参数取值范围如表 6.1 所示。对每个参数在其取值范围内设定 5 个水平，相应的取值水平表如表 6.2 所示。依据均匀设计原理，采用 $U_{25}(3)^5$ 均匀设计给出 25 种参数组合方案作为训练样本；采用 $U_{10}(3)^5$ 均匀设计给出 10 种参数组合方案作为神经网络测试样本。神经网络训练完毕后，采用遗传算法进行参数寻优，得到表 6.3 所示的参数取值。

表 6.1　极严重挤压洞段待反演参数的取值范围

弹性模量/GPa	黏聚力/MPa	内摩擦角/(°)
1.00～5.04	0.80～1.85	20.00～28.52

表 6.2　极严重挤压洞段待反演参数的取值水平

水平	弹性模量/GPa	黏聚力/MPa	内摩擦角/(°)
1	1.00	0.80	20.00
2	2.01	1.06	22.13
3	3.02	1.33	24.26
4	4.03	1.59	26.39
5	5.04	1.85	28.52

表 6.3　极严重挤压洞段反演所得参数值

弹性模量/GPa	黏聚力/MPa	内摩擦角/(°)
2.24	1.34	23.27

根据反演参数计算所得极严重挤压洞段上层开挖后围岩的变形如图 6.1 所示，最大变形为 0.7m，与设定变形量几乎完全相等。因此，采用此参数来进行该洞段相关计算分析是合适的。

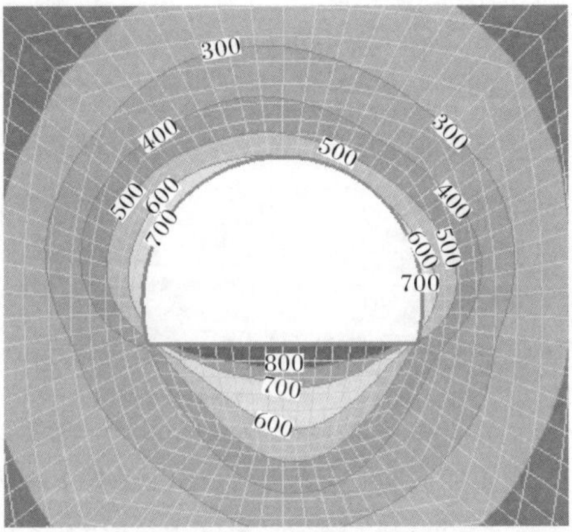

图 6.1　根据反演参数计算所得极严重挤压洞段围岩变形图(单位:mm)

采用相同方法获得严重挤压洞段支护围岩体的弹性模量为 3.89GPa，黏聚力为 1.66MPa，内摩擦角为 25.41°。

Ⅲ类围岩的原岩力学参数也采用 Hoek 方法获得，原岩体(GSI＝66)的弹性模量为 6.53GPa，黏聚力为 2.6MPa，内摩擦角为 36.02°。同样采用反演方法得到支护围岩体的弹性模量为 4.08GPa，黏聚力为 1.73MPa，内摩擦角为 26.17°。

6.2　深埋绿泥石片岩隧洞挤压变形洞段加固方案的研究

6.2.1　支护加固原则

锦屏二级水电站深埋绿泥石片岩洞段上层开挖支护部分洞段出现不同程度的挤压变形或“缩径”问题，“缩径”后断面侵入二次衬砌断面，在要求保证过流断面的情况下，二次衬砌厚度将无法达到要求，出于隔水和抵御长期变形压力的要求，该洞段二次衬砌又是不可或缺的。因此，在进行落底开挖前，必须对上层断面进行扩挖，而上层断面开挖支护完毕后，部分“缩径”断面的锚杆应力非常高，有的甚至已经接近设计标准强度(见 5.2.3 节)，由图 6.2 可见，落底开挖时，将造成上层已开挖支护的围岩发生约 0.1m 的变形，这将导致上台阶锚杆受力状态和围岩性质的进一步恶化，支护系统将进一步开裂，且下层（落底）开挖后，初期支护将部分失去底脚的竖向支撑，可能导致初期支护下沉，甚至因失去竖向支撑而导致其崩溃。因此，落底开挖前必须对上层断面进行充分的支护加固处理，控制变形发展，保证其稳定性。

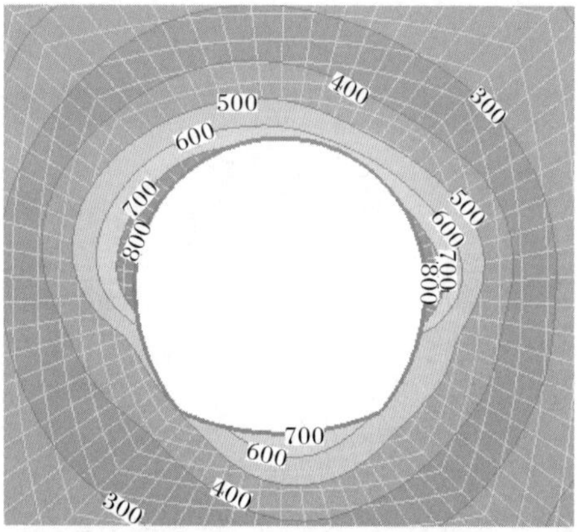

图 6.2　极严重变形洞段在无进一步加固条件下落底开挖后的最终变形量（单位：mm）

图 6.2 的计算结果表明，落底开挖后底拱向上鼓起变形明显，即可能发生底臌。底臌变形影响的不仅仅是底部，它将导致上部围岩的连锁反应，进而影响其稳定性。因此，落底开挖之前支护加固的设计原则是：保证上断面稳定、控制底臌。

6.2.2　支护加固方案

上层开挖后上半断面已经进行了系统支护，支护参数参见 5.2.2 节，二次扩挖时初期喷层和格栅拱架将全部被拆除，重新施工，支护加固方案分析中将不再考虑这部分支护，考虑到发生“缩径”洞段最大变形主要发生在拱肩和拱脚，因此，支护加固将重点关注这两个部位，特别是拱脚为上半断面的支撑，该部位稳定性对上部围岩稳定有着至关重要的作用。

可基本确定支护加固的基本方案是拱肩采用预应力锚杆或锚索[199]（视围岩稳定情况或变形大小确定）加固，拱脚采用预应力锚杆或锚索及锚筋桩组合加固。在此指导下，共拟定了 10 个比选方案，分别针对严重和极严重挤压变形的情况，各方案的具体参数如表 6.4 所示，方案布置如图 6.3 所示。每个方案的分析目的见表 6.4。

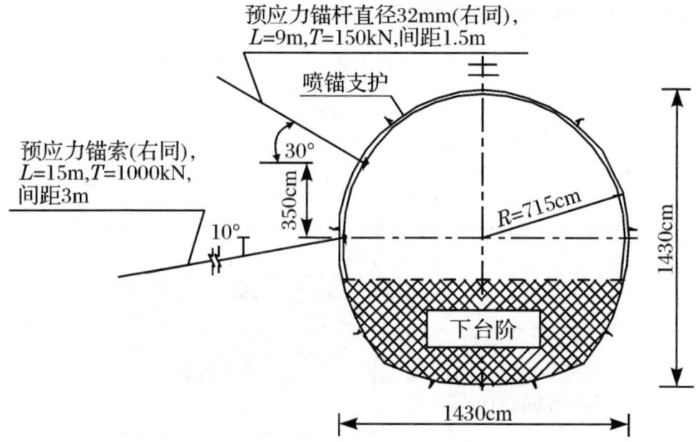

(a) 方案 1

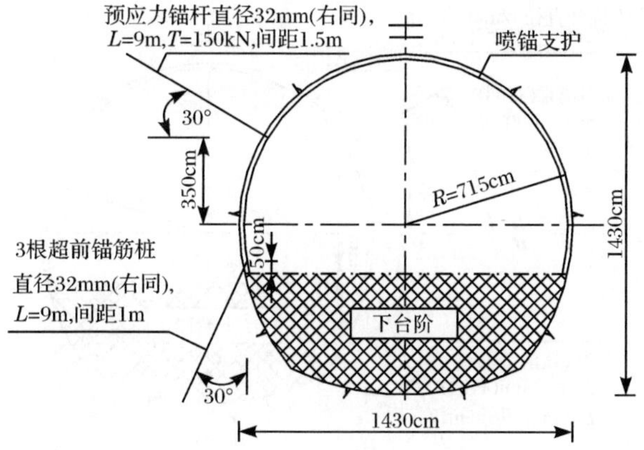

(b) 方案 2

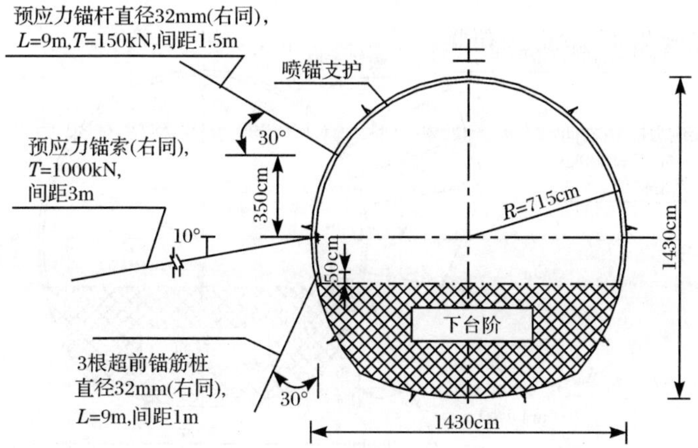

(c) 方案 3

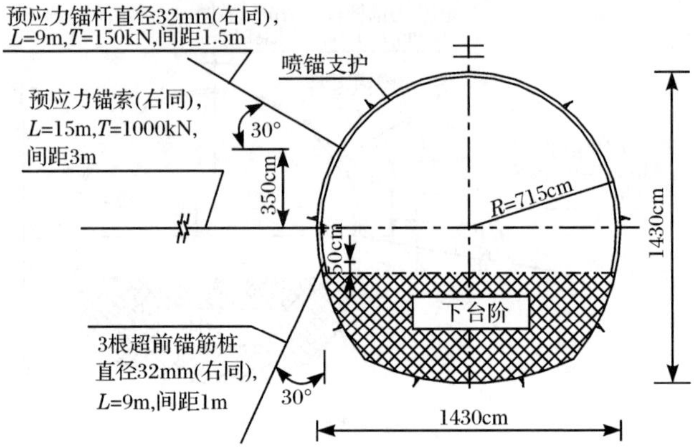

(d) 方案 4

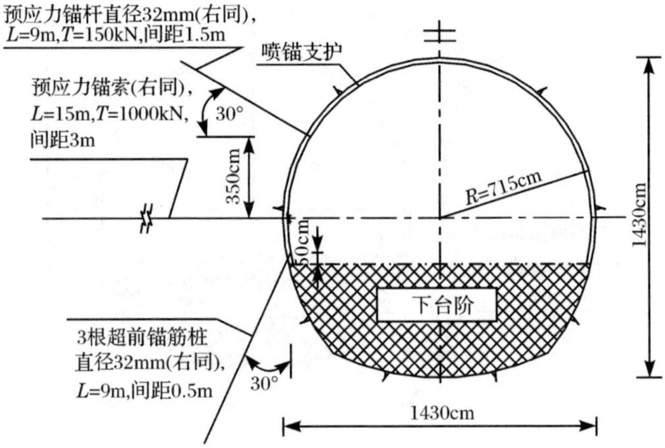

(e) 方案 5

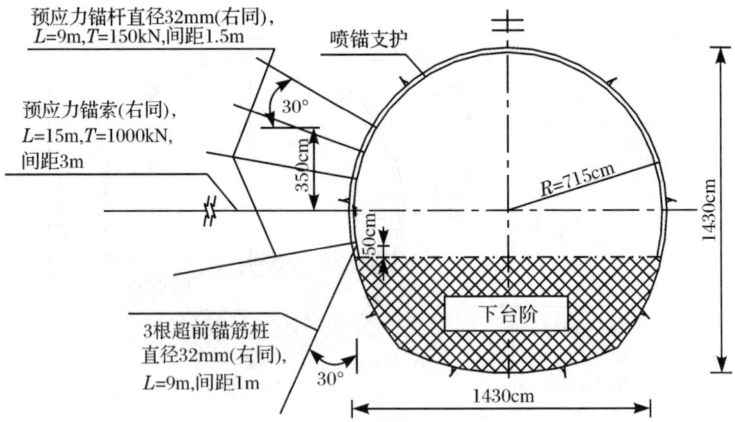

(f) 方案 6

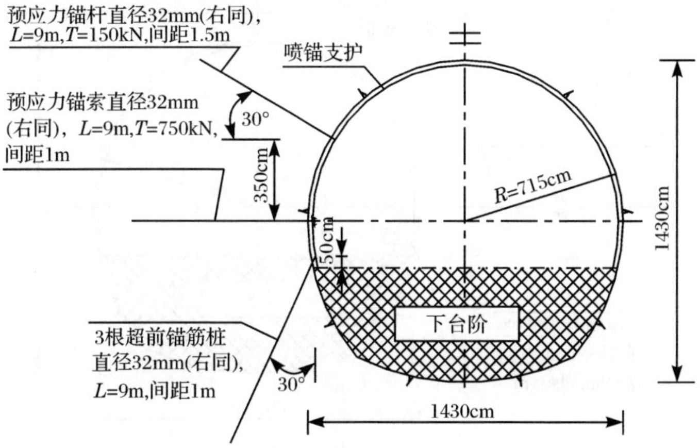

(g) 方案 7

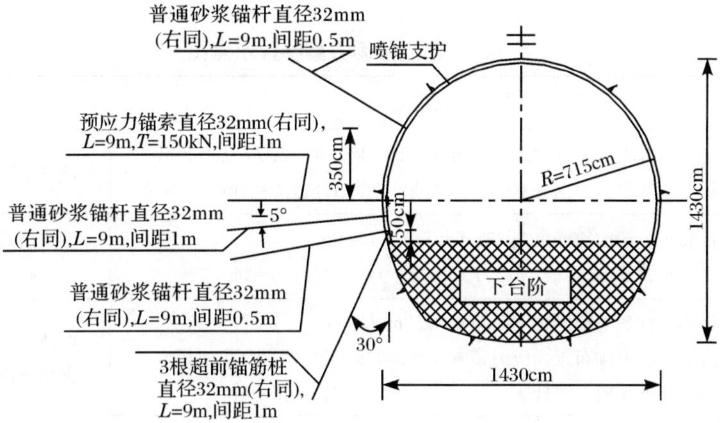

(h) 方案 8

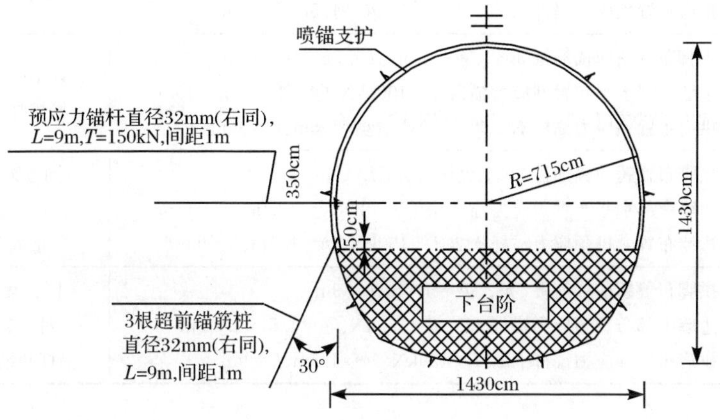

(i) 方案 9

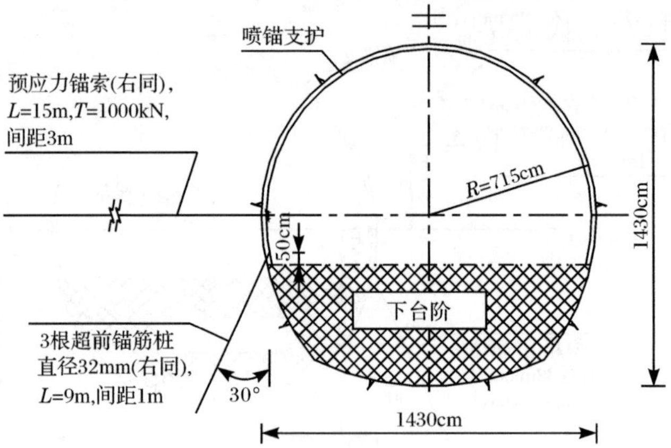

(j) 方案 10

图 6.3　落底加固方案参数示意图

表 6.4　落底加固方案参数示意图

方案	加固措施	备注
1	①边墙中部下倾布置预应力锚索 $T=1000$kN、@=3.0m、$L=15$m ②拱肩布置预应力锚杆 $\phi32$、$T=150$kN、@=1.5m、$L=9$m	评估边墙锚索效果
2	①拱脚布置超前锚筋桩 3$\phi32$、@=1.0m、$L=9$m ②拱肩布置预应力锚杆 $\phi32$、$T=150$kN、@=1.5m、$L=9$m	评估拱脚超前锚筋桩效果
3	①拱脚布置超前锚筋桩 3$\phi32$、@=1.0m、$L=9$m ②边墙中部下倾布置预应力锚索 $T=1000$kN、@=3.0m、$L=15$m ③拱肩布置预应力锚杆 $\phi32$、$T=150$kN、@=1.5m、$L=9$m	评估边墙锚索和拱脚超前锚筋桩效果
4	①拱脚布置超前锚筋桩 3$\phi32$、@=1.0m、$L=9$m ②边墙中部水平布置预应力锚索 $T=1000$kN、@=3.0m、$L=15$m ③拱肩布置预应力锚杆 $\phi32$、$T=150$kN、@=1.5m、$L=9$m	评估边墙锚索布置方向效果
5	①拱脚布置超前锚筋桩 3$\phi32$、@=0.5m、$L=9$m ②边墙中部水平布置预应力锚索 $T=1000$kN、@=3.0m、$L=15$m ③拱肩布置预应力锚杆 $\phi32$、$T=150$kN、@=1.5m、$L=9$m	评估拱脚超前锚筋桩加密后效果
6	①拱脚布置超前锚筋桩 3$\phi32$、@=1.0m、$L=9$m ②边墙中部水平布置预应力锚索 $T=1000$kN、@=3.0m、$L=15$m ③边墙布置 4 排预应力锚杆 $\phi32$、$T=150$kN、@=1.5m、$L=9$m	同方案四对比，评估边墙系统加固后效果
7	①拱脚布置超前锚筋桩 3$\phi32$、@=1.0m、$L=9$m ②边墙中部布置预应力锚杆 $\phi32$、$T=150$kN、@=1.5m、$L=9$m ③拱肩布置预应力锚杆 $\phi32$、$T=150$kN、@=1.5m、$L=9$m	同方案四对比，对比分析边墙锚杆和锚索的效果

续表

方案	加固措施	备注
8	①拱脚布置超前锚筋桩 3ϕ32、@=1.0m、L=9m ②边墙中部布置预应力锚杆 ϕ32、T=150kN、@=1.5m、L=9m ③拱肩布置普通砂浆锚杆 ϕ32、@=0.5m、L=9m ④边墙中部以下布置 2 排普通砂浆锚杆 ϕ32、@=0.5/1.0m、L=9m	评估拱架部位加强支护的效果
9	①拱脚布置超前锚筋桩 3ϕ32、@=1.0m、L=9m ②边墙中部布置预应力锚杆 ϕ32、T=150kN、@=1.5m、L=9m	同方案七对比，分析取消拱肩支护的效果
10	①拱脚布置超前锚筋桩 3ϕ32、@=1.0m、L=9m ②边墙中部水平布置预应力锚索 T=1000kN、@=3.0m、L=15m	同方案四对比分析取消拱肩支护效果

6.2.3　方案计算结果及对比分析

每个方案均在上层开挖变形计算结束后施加加固措施，然后模拟落底开挖（一次性落底），计算此时的围岩变形情况，具体结果如图 6.4～图 6.23 和表 6.5 所示。

根据计算结果可见，下层开挖后，隧洞洞周变形量一般为 5～15cm，变形位移分布不均，但有较明显的分布规律。最大位移均发生在边墙以下部位，尤其是南侧底部边墙，隧洞底板隆起现象明显，需要及时支护封闭，同上部支护结构形成闭环支护系统。与边墙中上部的变形相比较边墙下部变形要小。

即使采用了不同的落底加固方案，对洞室围岩变形限制的差别程度一般在 5cm 以内，相比较现场已经发生的 50cm 甚至更高的围岩变形量来说，是一个比较小的围岩变形量，对于绿泥石片岩自身的变形能力来说完全可以承受。因此，各方案围岩变形量的计算结果可以定性的说明各加固措施对相应部位围岩限制的作用，但依据其量值判断方案的优劣可能较为片面，还需综合考虑现场实际施工能力、工期要求、相互施工干扰以及支护工作量等因素，选择性价比最高的加固方案。

由方案 1（见图 6.4 和图 6.14）和方案 3（见图 6.6 和图 6.16）可见，底拱超前锚筋桩的作用比较显著，除对边墙中下部岩体进行加固外，其对上部拱架的连接、支撑也起到很好的作用。方案 4（见图 6.7 和图 6.17）和方案 5（见图 6.8 和图 6.18）的差别在于锚筋桩的间距，方案 4 锚筋桩间距为 1.0m，方案 5 锚筋桩间距缩小为 0.5m，对比计算结果可见，锚筋桩间距 1.0m 较为合适，配合局部围岩破碎部位的压力灌浆，形成拱脚部位连续的预支护条带，保证了底部临时边墙的稳定。

方案 8（见图 6.11 和图 6.21）中上台阶边墙以下部分增加的锚杆支护对限制落底位移场向上扩展起到很好的作用，同时，该部位的锚杆同拱架的有效连接保证了拱架支护质量的发挥。“缩径”断面洞段处理中拱架需要重新置换，实施新的锁腰锁脚锚杆，可兼作超前预支护锚杆，减小工程量。

计算结果可见，边墙中部的预应力锚杆或锚索有效地限制了落底开挖导致的位移场向上的扩展，效果比较明显。对比方案3(见图6.6和图6.16)和方案4(见图6.7和图6.17)的计算结果，水平布置的锚索效果稍好。

对比方案4(见图6.7和图6.17)和方案7(见图6.10和图6.20)的计算结果可见，预应力锚索相比预应力锚杆对于限制落底开挖导致的位移场向上扩展有较好的作用。两者实施效果的区别在于提供的支护力和锚固深度的不同，与围岩本身的质量有很大关系。

对比方案7(见图6.10和图6.20)和方案9(见图6.12和图6.22)，以及方案4(见图6.7和图6.17)和方案10(见图6.13和图6.23)可见，拱肩部位的预应力锚杆对限制围岩变形起到一定的作用，同时该部位是上断面隧洞开挖过程中变形较大且应力较为复杂的部位，有必要进行针对性的加固。

预应力锚杆施加主动加固力，限制围岩变形，及时施加表面锚固力，而普通砂浆锚杆为被动受力结构，限制变形效果没有预应力锚杆好，但同直径的普通砂浆锚杆和预应力锚杆承载能力并没有本质的区别。置换拱架的锁腰锁脚锚杆可兼作超前预支护锚杆，因此，方案8(见图6.11和图6.21)中拱肩部位采用普通砂浆锚杆较为合适。

从加固效果来看，方案6加固效果最好，但支护工作量要较其他方案增加较多，同时，上断面已经完成了较为密集的浅层系统支护，再增加大量的系统支护，对变形限制可能有较好的效果，但从工程角度讲，意义不是很大。只要围岩变形能够收敛，变形量能为工程所接受，不再发生变形侵占净空的情况，完全可以不再增加大规模的系统支护。因此，落底前超前预支护的作用应是对可能产生破坏的部位局部加固并保证支护结构有效性的发挥。

通过上述对落底前加固方案的计算分析，综合考虑加固效果、施工的可操作性、施工工期、施工干扰以及工程投资等方面的因素，方案8为最优的方案，作为绿泥石片岩已开挖洞段“缩径”断面落底开挖前加固方案，即置换拱架的锁腰锁脚锚杆$\phi32$、@=0.5m、$L=9$m兼作拱肩和拱脚部位的超前预支护锚杆，拱脚部位布置超前锚筋桩3$\phi32$、@=1.0m、$L=9$m，边墙中部水平布置预应力锚杆$\phi32$、$T=150$kN、@=1.5m、$L=9$m。同时，根据落底开挖过程中围岩监测资料的分析，适当的调整超前预支护措施，主要将边墙中部水平布置预应力锚杆调整为$T=1000$kN、@=3m、$L=15$m的预应力锚索，以便更好的限制落底开挖过程中导致的位移场向上扩展，增强预支护效果。

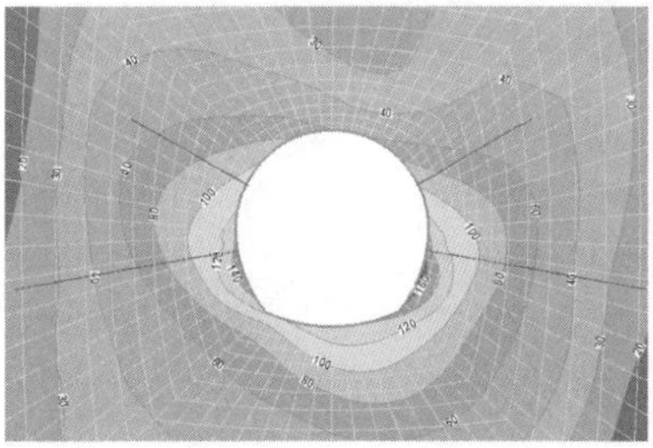

图 6.4 加固方案 1 位移分布图
(极严重挤压洞段)(单位:mm)

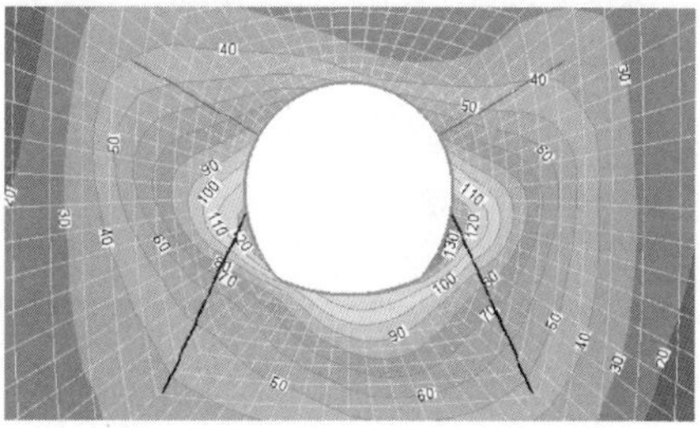

图 6.5 加固方案 2 位移分布图
(极严重挤压洞段)(单位:mm)

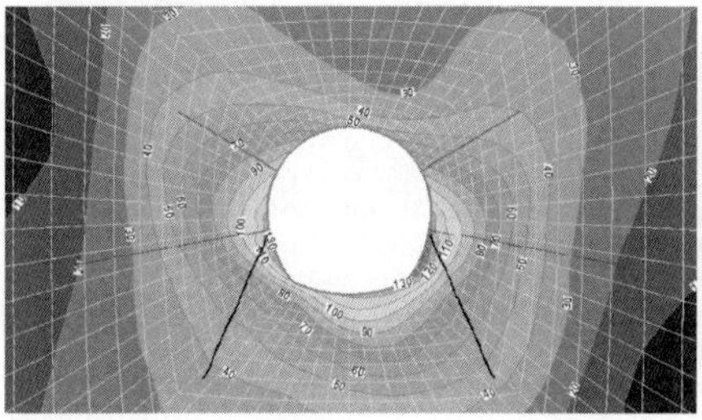

图 6.6 加固方案 3 位移分布图
(极严重挤压洞段)(单位:mm)

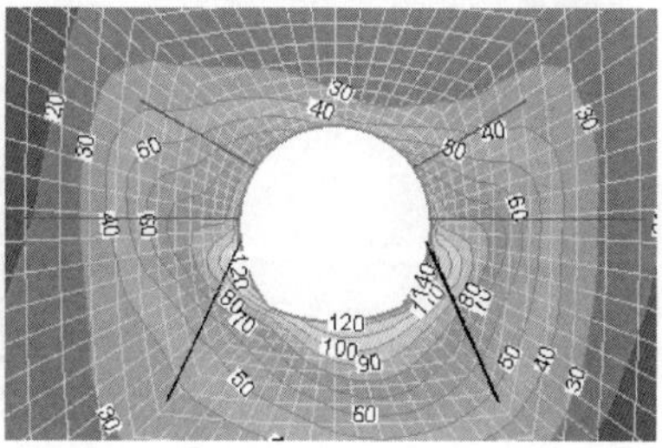

图 6.7 加固方案 4 位移分布图
(极严重挤压洞段)(单位:mm)

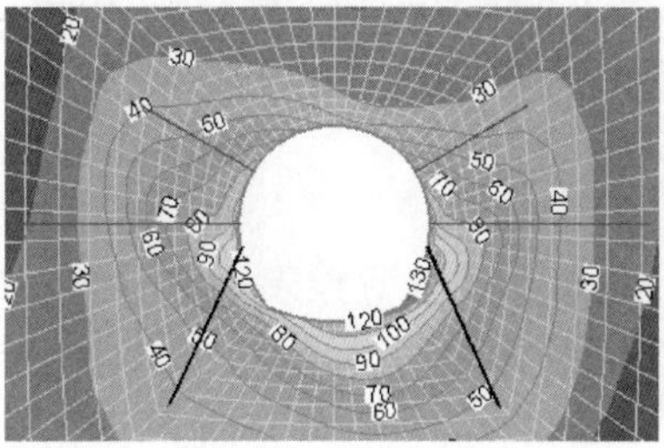

图 6.8 加固方案 5 位移分布图
(极严重挤压洞段)(单位:mm)

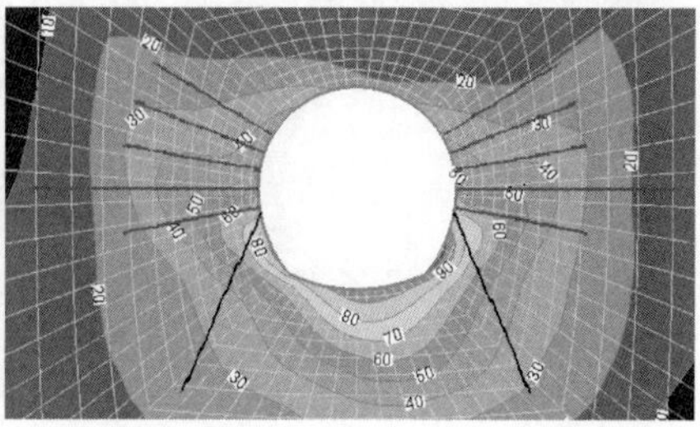

图 6.9 加固方案 6 位移分布图
(极严重挤压洞段)(单位:mm)

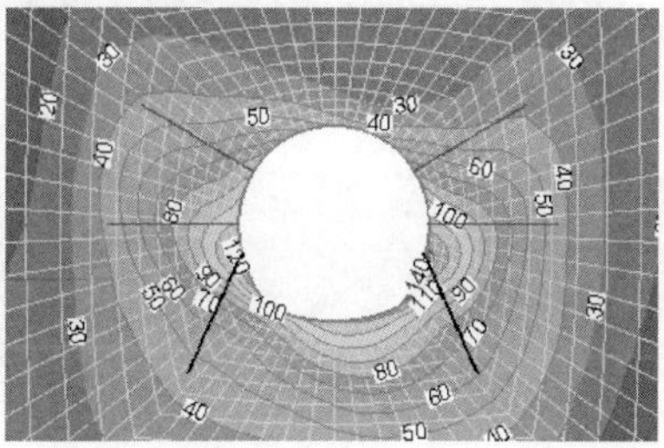

图 6.10 加固方案 7 位移分布图
(极严重挤压洞段)(单位:mm)

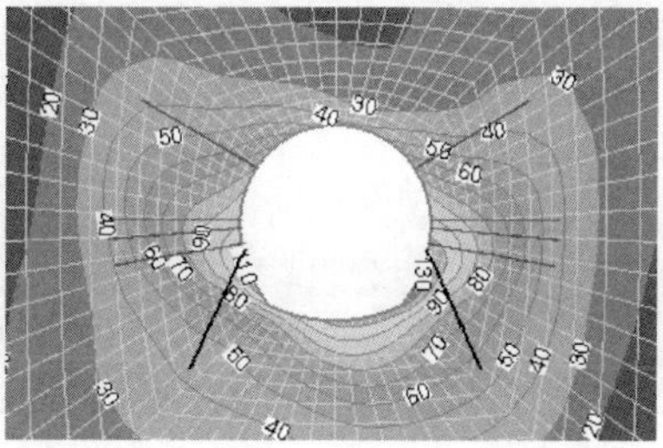

图 6.11 加固方案 8 位移分布图
(极严重挤压洞段)(单位:mm)

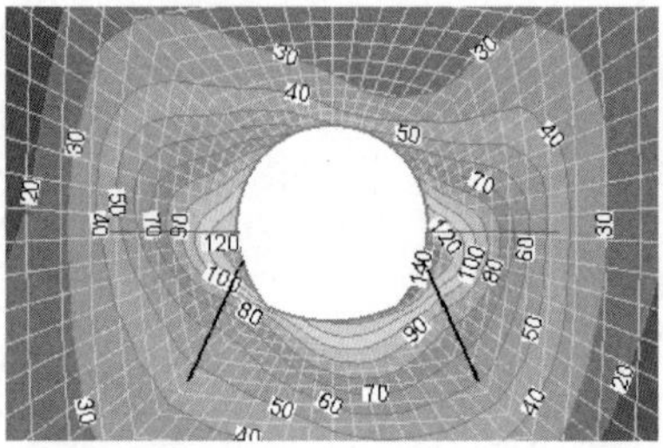

图 6.12 加固方案 9 位移分布图
(极严重挤压洞段)(单位:mm)

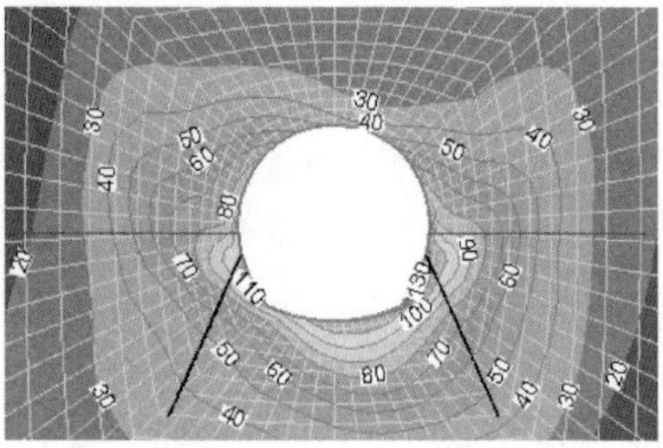

图 6.13 加固方案 10 位移分布图
(极严重挤压洞段)(单位:mm)

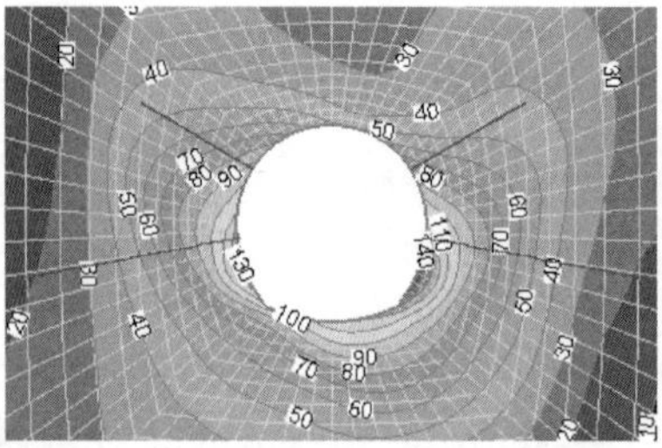

图 6.14 加固方案 1 位移分布图
(严重挤压洞段)(单位:mm)

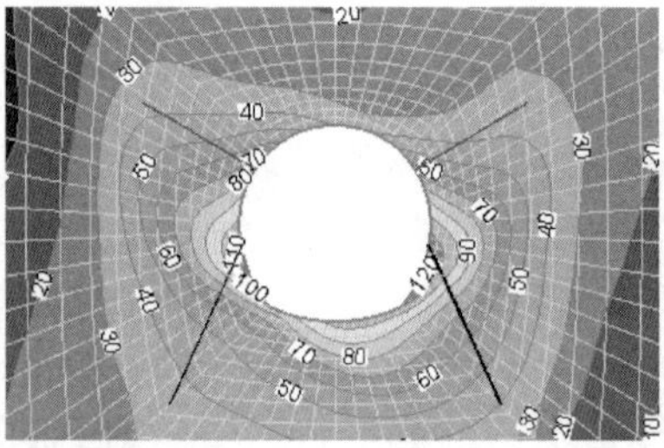

图 6.15 加固方案 2 位移分布图
(严重挤压洞段)(单位:mm)

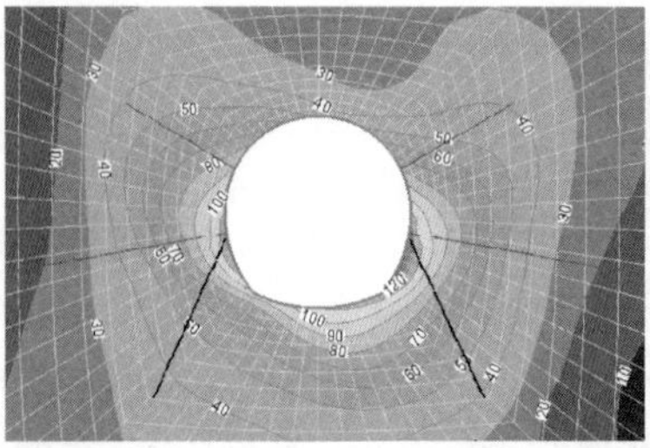

图 6.16 加固方案 3 位移分布图
(严重挤压洞段)(单位:mm)

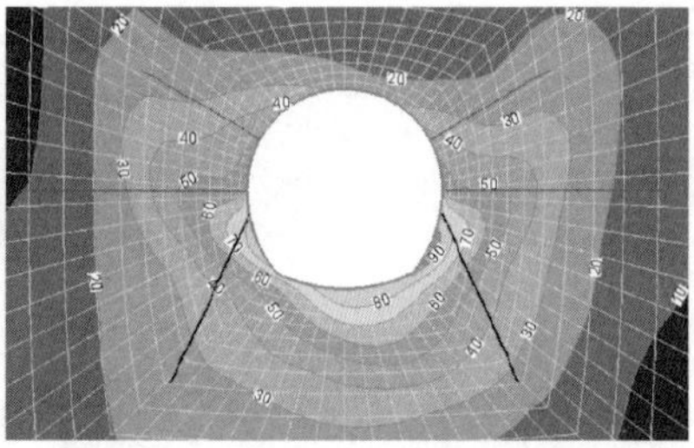

图 6.17 加固方案 4 位移分布图
(严重挤压洞段)(单位:mm)

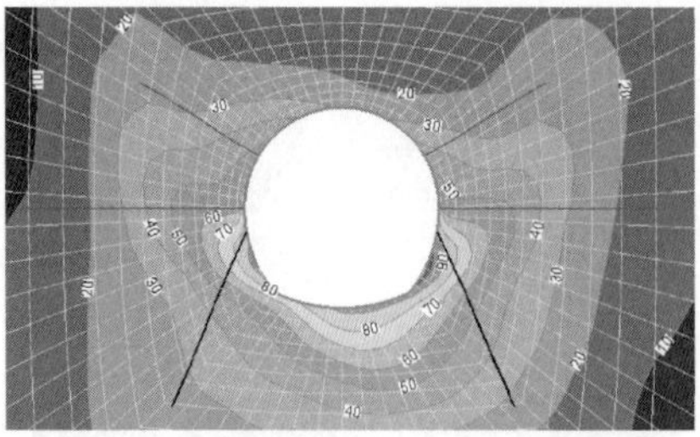

图 6.18 加固方案 5 位移分布图
(严重挤压洞段)(单位:mm)

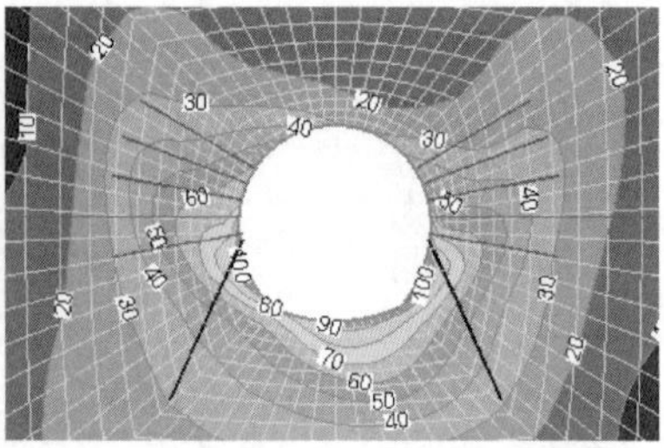

图 6.19 加固方案 6 位移分布图
(严重挤压洞段)(单位:mm)

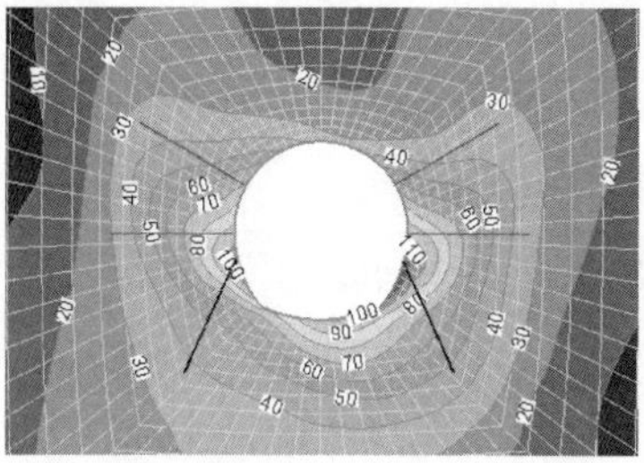

图 6.20　加固方案 7 位移分布图（严重挤压洞段）(单位:mm)

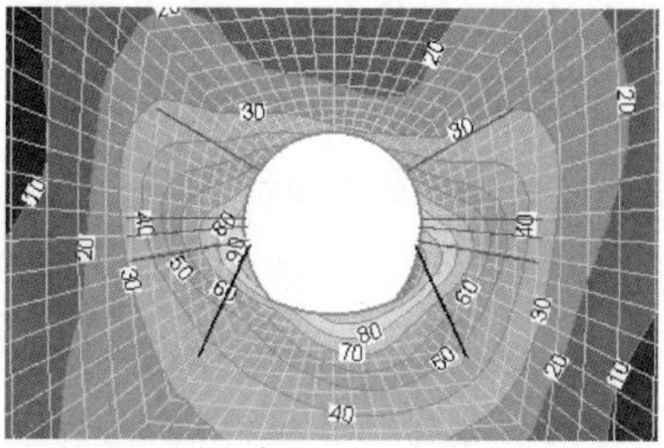

图 6.21　加固方案 8 位移分布图（严重挤压洞段）(单位:mm)

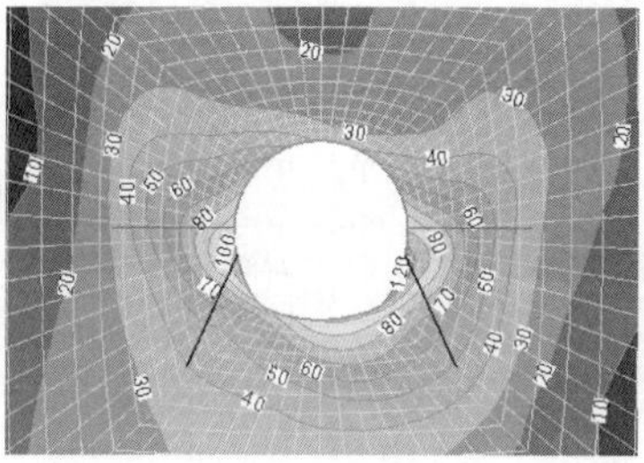

图 6.22　加固方案 9 位移分布图（严重挤压洞段）(单位:mm)

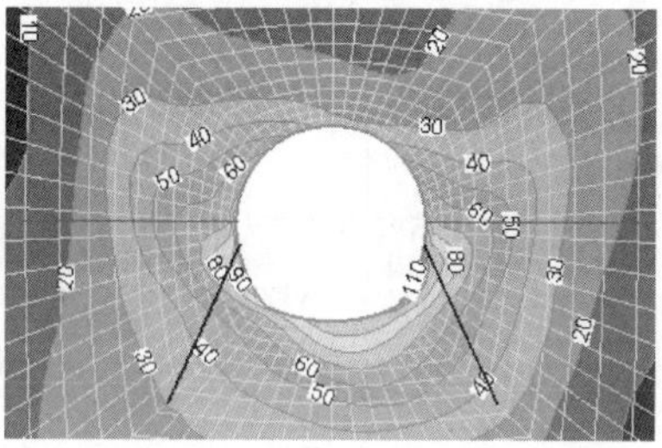

图 6.23　加固方案 10 位移分布图（严重挤压洞段）(单位:mm)

表 6.5　落底前加固方案计算成果表

方案	计算结果								备注
	严重挤压洞段				极严重挤压洞段				
	边墙中部以上区域		边墙中部以下区域		边墙中部以上区域		边墙中部以下区域		
	最大变形/cm	部位	最大变形/cm	部位	最大变形/cm	部位	最大变形/cm	部位	
1	10	两侧边墙中部	14	右侧拱脚	12	两侧边墙中部	16	右侧拱脚	评估边墙锚索效果
2	10	两侧边墙中部	12	右侧拱脚	11	两侧边墙中部	14	右侧拱脚	评估拱脚超前锚筋桩效果
3	10	两侧边墙中部	12	右侧拱脚	11	两侧边墙中部	14	右侧拱脚	评估边墙锚索和拱脚超前锚筋桩效果
4	5	两侧边墙中部	10	右侧拱脚	9	两侧边墙中部	14	右侧拱脚	评估边墙锚索布置方向效果
5	5	两侧边墙中部	9	右侧拱脚	9	两侧边墙中部	13	右侧拱脚	评估拱脚超前锚筋桩加密后效果

续表

方案	计算结果								备注
	严重挤压洞段				极严重挤压洞段				
	边墙中部以上区域		边墙中部以下区域		边墙中部以上区域		边墙中部以下区域		
	最大变形/cm	部位	最大变形/cm	部位	最大变形/cm	部位	最大变形/cm	部位	
6	5	两侧边墙中部	10	右侧拱脚	5	两侧边墙中部	10	右侧拱脚	同方案4对比,评估边墙系统加固后效果
7	8	两侧边墙中部	11	右侧拱脚	11	两侧边墙中部	14	右侧拱脚	同方案4对比,对比分析边墙锚杆和锚索的效果
8	8	两侧边墙中部	11	右侧拱脚	10	两侧边墙中部	13	右侧拱脚	评估拱架部位加强支护的效果
9	9	两侧边墙中部	12	右侧拱脚	11	两侧边墙中部	14	右侧拱脚	同方案7对比,分析取消拱肩支护的效果
10	7	两侧边墙中部	11	右侧拱脚	9	两侧边墙中部	13	右侧拱脚	同方案4对比分析取消拱肩支护效果

6.3　绿泥石片岩洞段落底开挖方案研究

在上断面无加固支护时,全台阶落底开挖(最不利安全落底方案)后,底部总的变形量为15cm,为隧洞半径的2.3%,相对较小,仅属于轻微挤压变形,并无严重的底臌问题。于是,落底开挖只要保证上断面围岩及支护系统的稳定即可。

目前,绿泥石片岩洞段扩挖后,在原有系统支护强度的基础上在拱壁处增设预应力锚杆、拱脚处增设锚筋桩支护是对上断面进行了加固,以保证落底时上断面围岩的稳定性,这在计算中将进行考虑。

上台阶扩挖后系统支护的施工质量如何,是否能够达到预期的要求,不可能得到一个确定的结论。因此,虽然理论上落底开挖不存在大变形问题,而实际上仍必须重视落底开挖问题。选择开挖方案的原则和支护设计的原则相同,既保证上断面稳定,又控制底臌。

落底开挖方案的不同,意味着围岩开挖和支护的顺序存在差异,由此可能导致围岩变形甚至稳定状态的差异。因此,合理的落底方案选择对整个隧洞稳定性都很重要,当然,在这个过程中需要考虑施工的可操作性。拟对以下三个落底方

案(见图 6.24)下的围岩变形大小进行对比论证:

方案 1:全断面落底,落底后及时架设格栅拱架,而系统锚杆一方面滞后掌子面一定距离,另一方面砂浆起强需要一定时间,故此时不考虑系统锚杆支护效应。

方案 2:左右分幅落底,即下半层开挖时先开挖左半幅,后开挖右半幅,左右半幅落底后及时架设格栅拱架,同时与方案 1 类似,不考虑系统锚杆支护效应。

方案 3:中间拉槽落底,即下半层开挖时分别对中槽、左幅、右幅进行开挖,同样仅考虑格栅拱架的支护作用,不考虑系统锚杆支护效应。

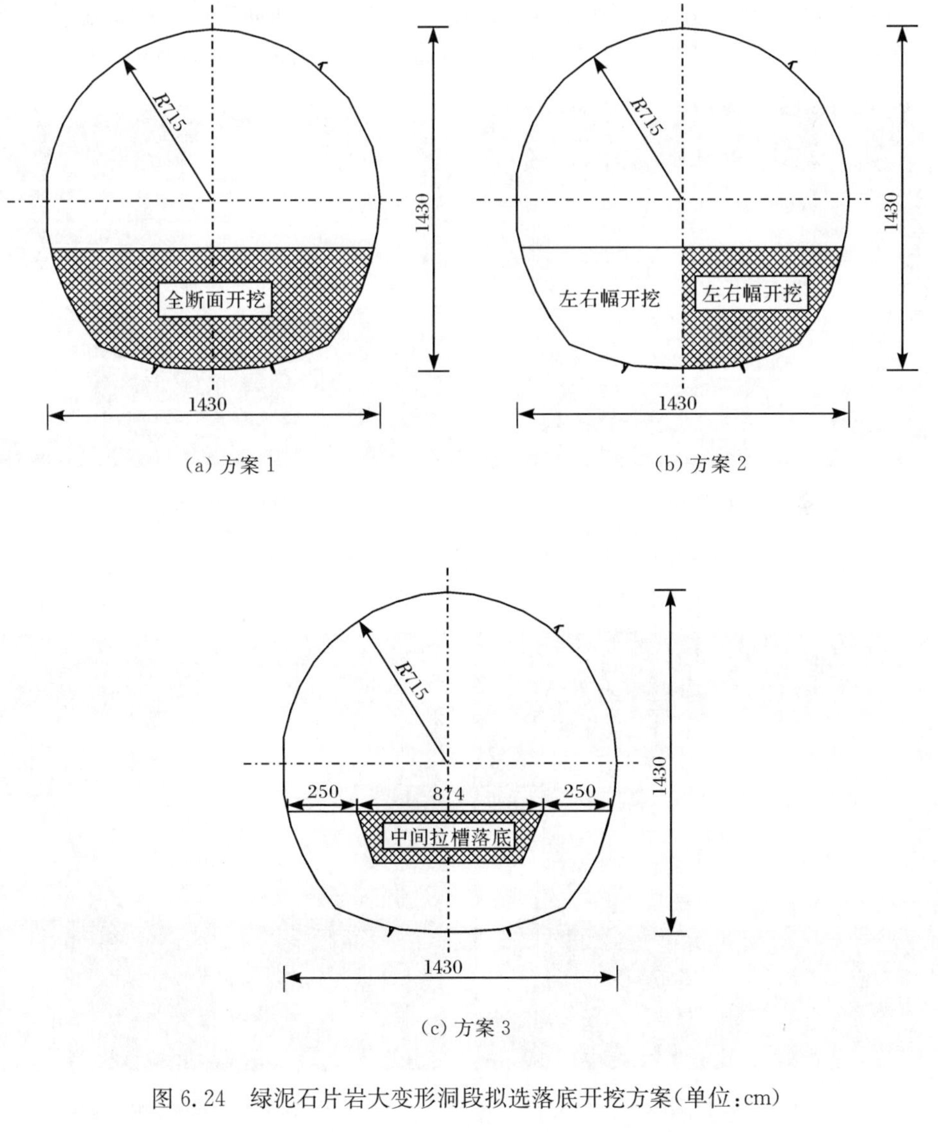

图 6.24　绿泥石片岩大变形洞段拟选落底开挖方案(单位:cm)

6.3.1 中等挤压变形洞段落底开挖方案分析

首先仅从力学的角度来分析各种方案本身特征并比较相互之间的差别，从而为各方案的综合分析、对比和选择提供基础参考依据和指导性建议。根据这三种落底方案进行绿泥石片岩中等挤压变形洞段落底开挖计算，其结果如图 6.25～图 6.27所示。可见，无论哪种方案，围岩最大变形均发生在两侧开挖的边墙，且南侧边墙一般大于北侧边墙，并未出现底臌的现象。三种方案两侧边墙的最大变形如图 6.28 所示。可见，三种方案开挖完成后最大变形量值相对较小，挤压变形问题不突出，落底开挖主要面临的问题是两侧边墙变形破坏而影响上断面稳定状态的连锁反应。因此，落底开挖时的支护问题也应主要关注两侧边墙的支护。

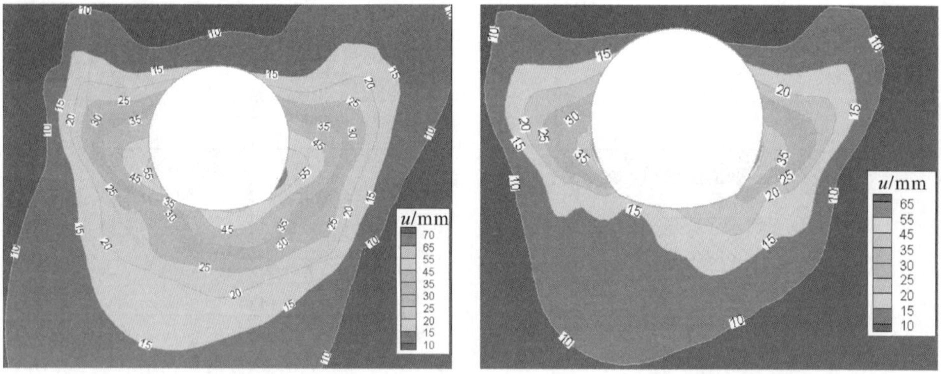

(a) 未支护　　(b) 格栅拱架+喷层支护

图 6.25　中等挤压变形洞段全断面落底开挖方案围岩的变形

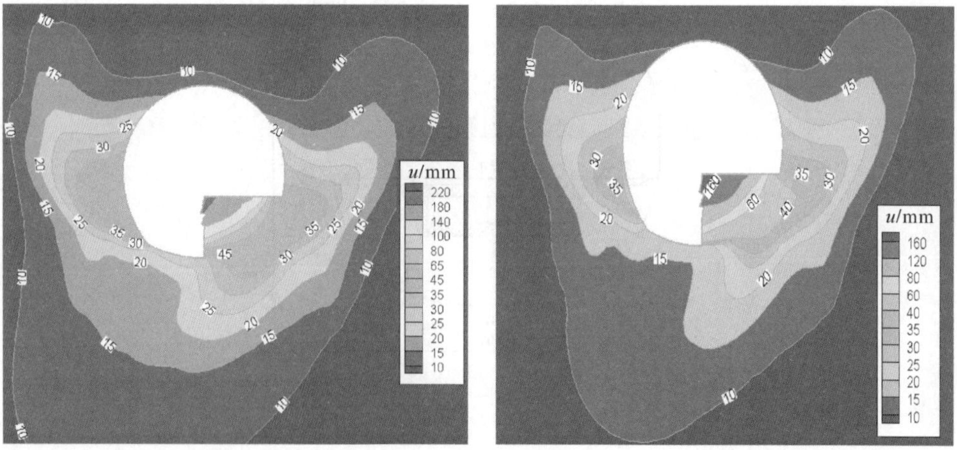

(a) 左幅开挖未支护　　(b) 左幅开挖格栅拱架+喷层支护

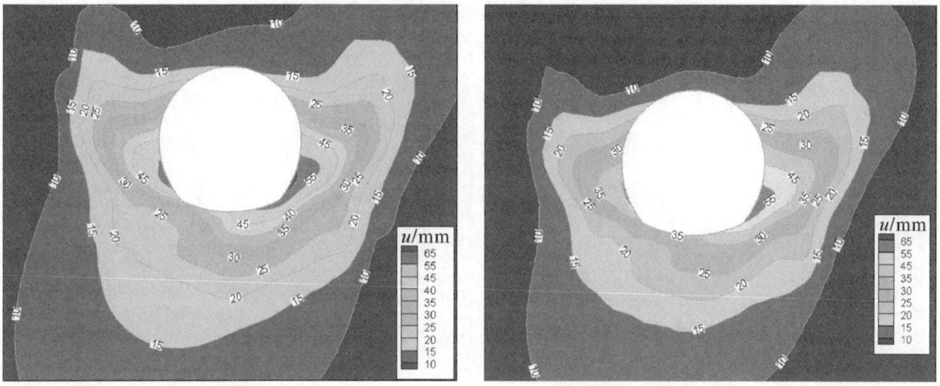

(c) 右幅开挖未支护　　(d) 右幅开挖格栅拱架+喷层支护

图 6.26　中等挤压变形洞段左右分幅落底方案围岩的变形

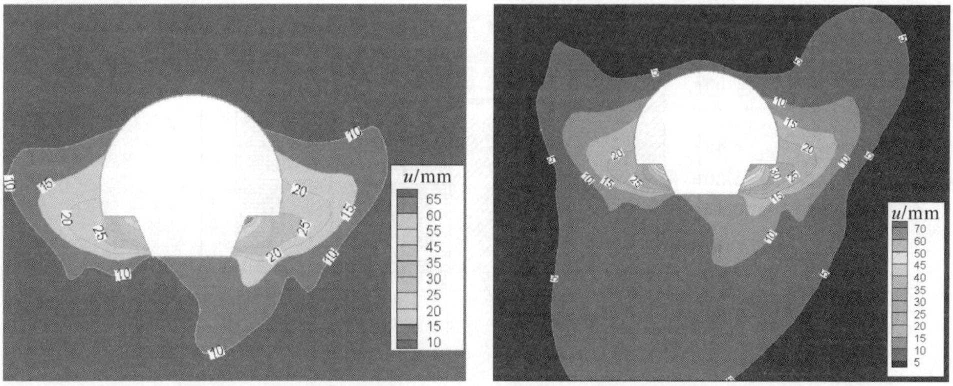

(a) 中槽开挖未支护　　(b) 中槽开挖格栅拱架+喷层支护

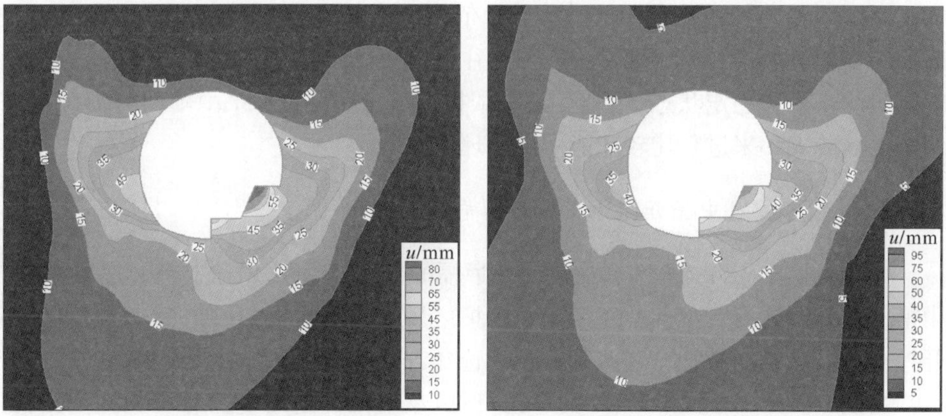

(c) 左幅开挖未支护　　(d) 左幅开挖格栅拱架+喷层支护

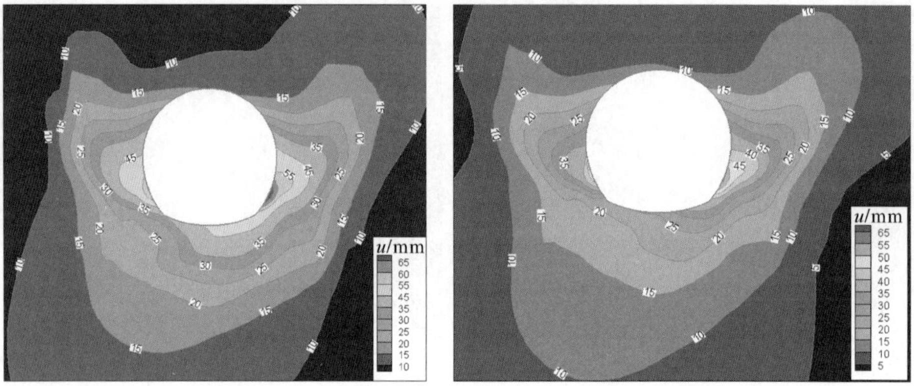

(e) 右幅开挖未支护　　(f) 右幅开挖格栅拱架+喷层支护

图 6.27　中等挤压洞段中槽开挖方案围岩的变形

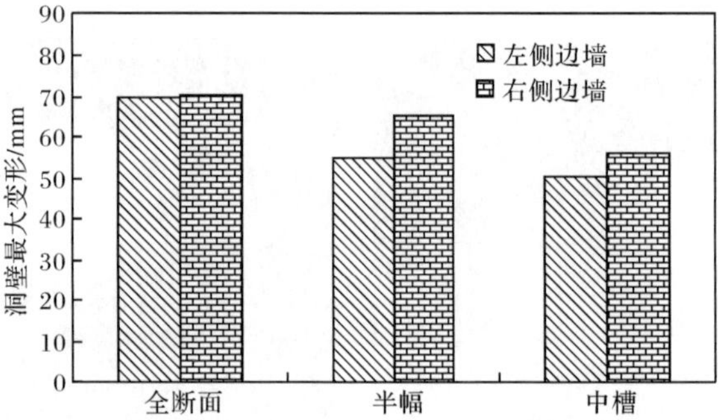

图 6.28　三种落底开挖方案洞壁最大变形的比较

1. 变形及稳定性评价的认识

由图 6.28 所示的柱状图比较可见，依据围岩最大变形，各方案的排序为：全断面>半幅>中槽。但洞壁最大变形往往仅能反映局部变形情况，而无法真实反映围岩的变形和稳定状态。因此，只有依据图 6.25～图 6.27 中不同变形等值线所围区域的大小来进行比较才能做出合理地评价。

2. 分幅开挖及中槽开挖方案中保留岩体的作用

分幅开挖中先开挖掉左半幅，则右半幅的作用如何认识？中槽开挖方案中，中槽开挖后围岩变形如何？左半幅开挖掉之后，右半幅的作用如何？与左右分幅开挖存在哪些不同特征？这些都是正确选择方案前需要充分认识的问题。

由图 6.26(a)与图 6.25(a)的对比可见，左半幅开挖后，左(北)侧变形发展迅速，变形量接近全断面开挖左侧变形量的 90%以上，这说明保留的右幅并不能对控制左侧边墙的变形起到显著的作用。而右侧则明显受到右幅岩体的支撑作用，阻止了变形向上半断面的扩展，下半断面围岩的变形也相比全断面开挖小 10mm。所以右幅岩体的存在可为右侧围岩提供临时支撑作用，从而为左幅开挖及支护作用提供安全保证。

中槽开挖后，未对底部围岩变形产生影响，主要是中部岩体支撑作用消失，左右两侧岩体回弹，由此引起上半断面围岩的少量变形，上下半断面围岩变形仅为总变形的 40%左右，可见，保留的岩体对围岩起到了显著的支撑作用。左半幅开挖后，围岩变形急剧增加，并接近全断面落底开挖时的变形量，同样也说明右幅保留岩体并不对左侧围岩变形起到约束作用。此时，右侧围岩的变形也明显增加，但比挖掉这部分后的围岩变形小 10mm，与半幅开挖时情况基本相同，说明了右幅岩体对右侧围岩变形的约束作用，同时也说明，虽然此时右幅围岩相比半幅开挖体积减小了，但其作用效果并未出现明显的降低。

3. 不同方案中支护作用的认识

如图 6.26(b)所示，左幅开挖时左(北)侧边墙的变形与全断面开挖支护方案的结果基本相同，从而为右幅开挖时，左侧围岩提供了支撑，保证了其稳定性，右幅开挖后，左侧围岩变形增大了约 5mm，比图 6.25(b)所示的全断面开挖支护计算结果大约 5mm，但变形量较小可以忽略。而由于左幅开挖后，右侧围岩已经发生了部分变形，从而导致右幅开挖时支护实际控制的变形量相比全断面时小，因此，该方案最后开挖支护完成后右侧围岩的变形要比全断面方案大。

如图 6.27(d)可见，由于中槽开挖后，围岩已经发生了部分变形，导致左幅开挖后支护实际控制的变形量减小，从而出现了该方案左幅开挖支护后围岩的变形比图 6.26(b)所示的略大。而右幅开挖支护后围岩的变形却比图 6.26(d)小 5～10mm，这与右幅开挖岩体体积小、围岩回弹变形小有关。

而图 6.25(b)的全断面开挖则是开挖后可立即封闭开挖面，有利于拱架效应的发挥，从而获得较小的变形。

理论计算表明，考虑支护后依据围岩变形大小的方案排序为：全断面＜中槽＜半幅。

从施工角度来讲，由于全断面开挖，一次性开挖量大，在轴线方向开挖影响的围岩范围大，开挖后的支护量大可能导致支护无法及时完成且发挥作用，从而对稳定性控制不利。而半幅开挖方案中，半幅开挖量小，开挖面小，便于及时支护，在轴线方向上影响范围小，有利于围岩稳定的及时控制，同时保留的右幅岩体起到暂时的支撑作用，为左幅开挖支护提供保证。中部拉槽方案与此类似，因此，从施工控制围岩稳定的角度来看，中槽和半幅开挖方案优于全断面开挖。但中槽方案效果的好坏很大程度上取决于拉槽施工质量，即爆破质量，必须最大限度的保护两侧岩墙，“狂轰滥炸”的后果就是爆破后岩墙不能起到应有的支撑作用，给整个隧洞的稳定带来非常大的失稳风险。

6.3.2　严重挤压变形洞段落底开挖方案分析

对于严重挤压变形洞段，在力学上的规律与上节中等挤压变形洞段的结果基本相同。由图 6.32 的洞壁最大变形量来看，各方案的排序为：全断面＜半幅＜中槽，而从图 6.29～图 6.31 的变形分布来看，各方案的排序为：全断面＜中槽＜半幅。只是中槽开挖支护方案计算所得最终变形分布相比半幅方案不像中等挤压变形情况那样表现出明显的优势。理论上，全断面开挖支护方案对变形控制的优势较明显，而实际上在严重挤压变形洞段，围岩地质条件更差，变形量更大，围岩稳定状态的控制更加重要，从施工过程中稳定性控制角度分析，中槽和半幅开挖支护方案优于全断面开挖支护方案。

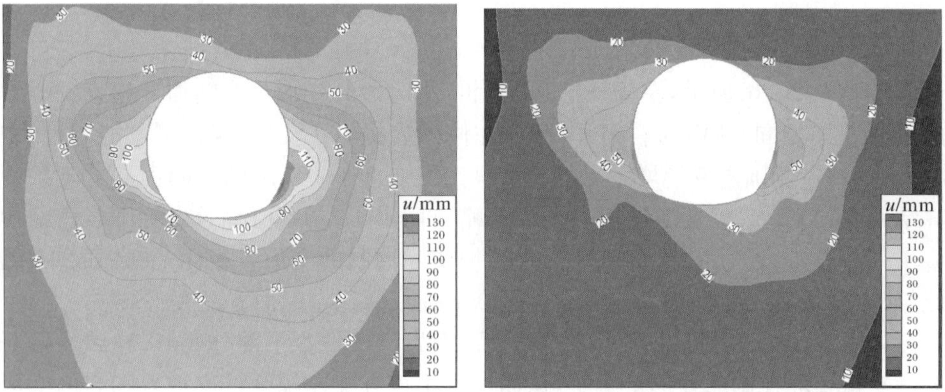

(a) 未支护　　(b) 格栅拱架＋喷层支护

图 6.29　严重挤压变形洞段全断面落底开挖方案围岩的变形

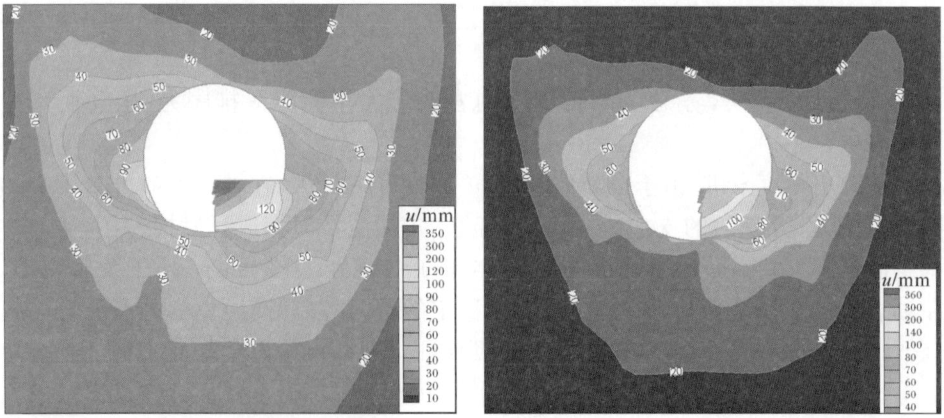

(a) 左幅开挖未支护　　(b) 左幅开挖格栅拱架＋喷层支护

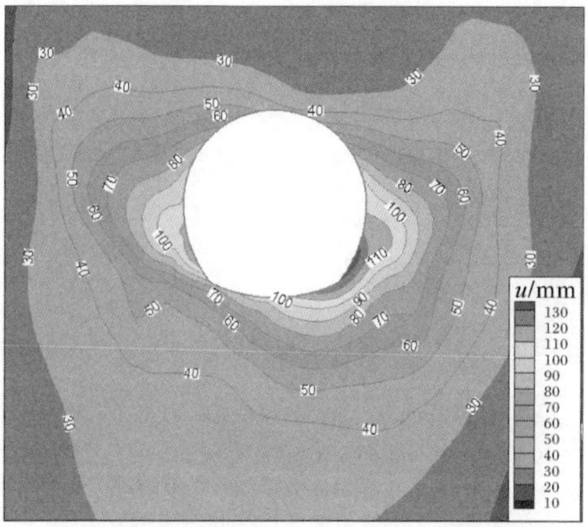

(c) 右幅开挖未支护

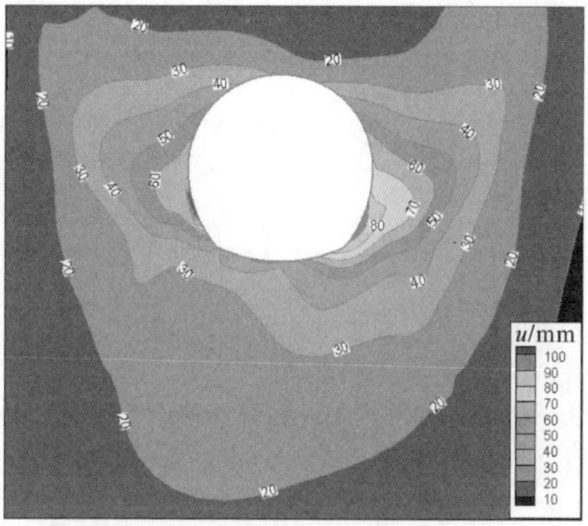

(d) 右幅开挖格栅拱架+喷层支护

图 6.30　严重挤压变形洞段左右分幅落底方案围岩的变形

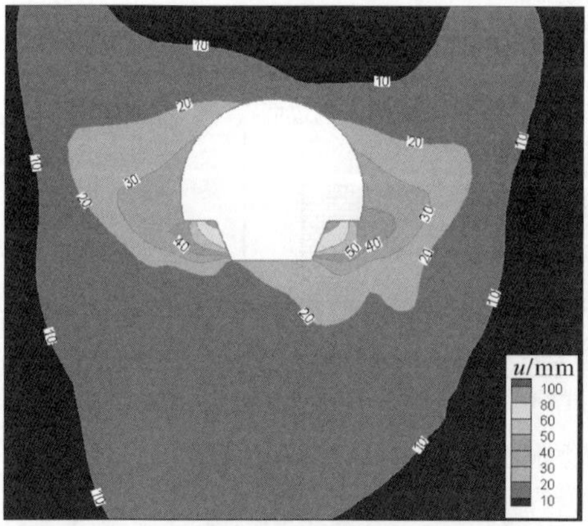

(a) 中槽开挖未支护

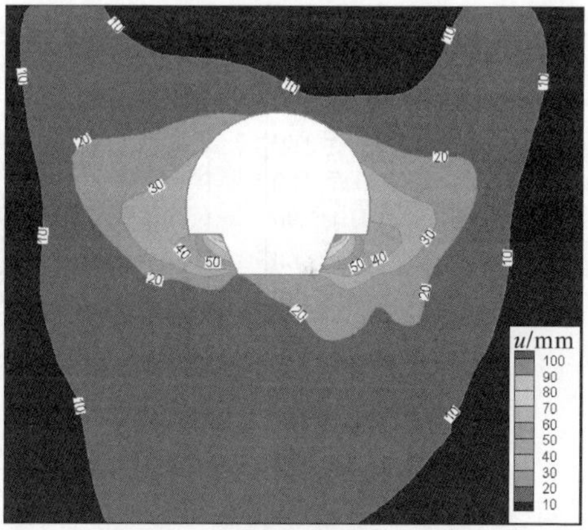

(b) 中槽开挖格栅拱架+喷层支护

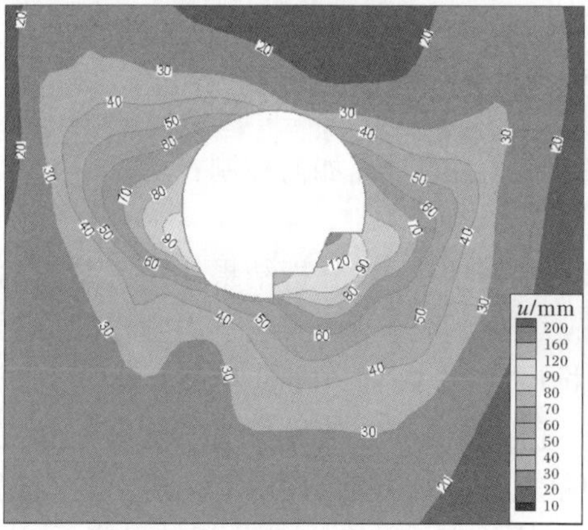

(c) 左幅开挖未支护

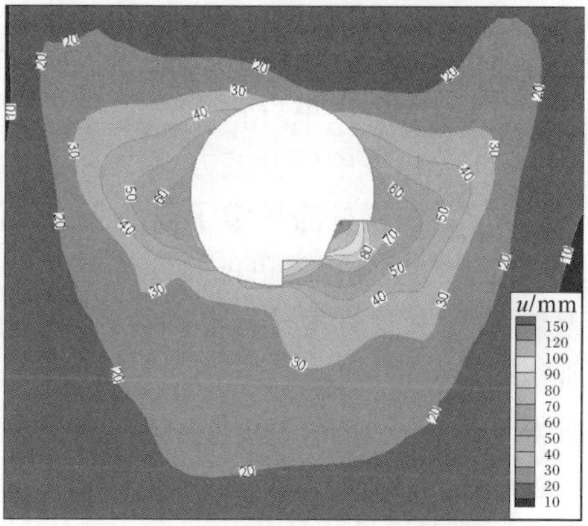

(d) 左幅开挖格栅拱架+喷层支护

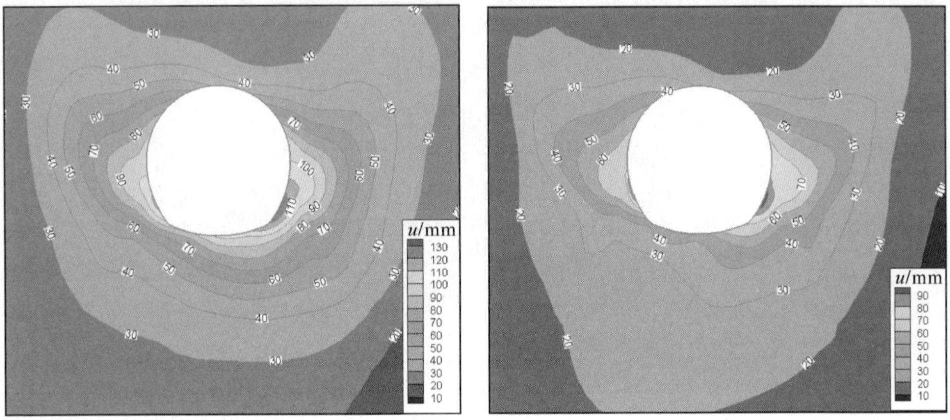

(e) 右幅开挖未支护　　(f) 右幅开挖格栅拱架＋喷层支护

图 6.31　严重挤压洞段中槽开挖方案围岩的变形

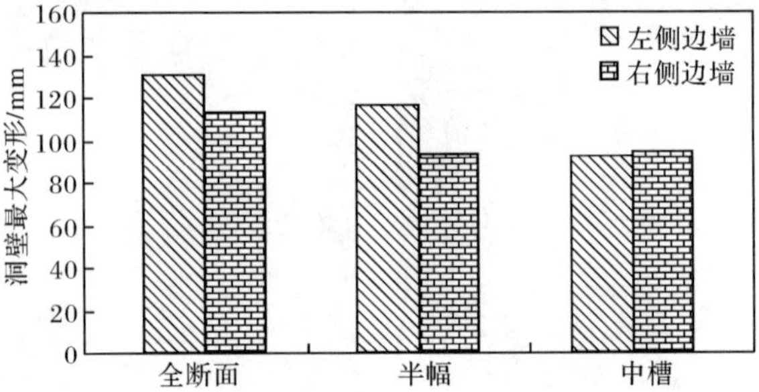

图 6.32　三种落底开挖方案洞壁最大变形的比较

6.3.3　落底开挖方案的评价

通过上节的分析，在工程上必须回答以下三个问题：

(1) 哪个方案更好？

(2) 分幅或中槽开挖方案中各开挖部分掌子面的距离如何控制？

(3) 系统锚杆滞后掌子面的距离如何限定？

由于力学分析不可能真实的模拟全部的现场情况，其分析结果体现了基本的力学规律，并且方案选择必须在宏观上依据力学分析的结论。通过力学模拟分析所得变形分布的比较可知，各方案的优劣排序为：全断面、中槽、半幅。力学分析所得全断面开挖支护变形稳定性情况最好，主要是由于数值模拟对实际开挖和支护过程进行了简化，开挖一个循环后，支护是立即施加并充分发挥其作用，这在现实中是不可能的。从施工过程对稳定性控制的角度并结合力学分析结果来看，中槽方案和半幅方案并不存在显著的优劣差别，这两个方案的优缺点如表 6.6 所示。从力学分析结果来看，无论是采用哪种方案，两侧洞壁围岩的变形及稳定性是落底开挖过程中监测和施工控制的重点。

表 6.6　左右分幅开挖和中槽开挖方案的优缺点

特点	半幅	中槽
优点	①未开挖半幅岩体的保护相对容易 ②开挖直接揭露洞壁围岩，使得表面支护可及时充分地起作用 ③工序简单	①一次开挖量小，爆破扰动小，特别是扩挖时，对隧洞围岩的爆破扰动很小 ②开挖步骤较多，围岩变形分步增长，易于依据监测结果及时采取措施 ③中槽开挖后两侧岩体采取玻璃纤维锚杆预支护对扩挖时围岩稳定控制有利
缺点	①对洞壁围岩的爆破扰动较大 ②两侧围岩的变形增长速率较大，不利于及时采取支护处理措施	①中槽开挖爆破时，两侧岩墙的保护需要较高的爆破控制技术 ②由于上断面开挖后底板围岩也发生损伤破坏，故 2m 厚岩墙是否具有足够的支撑力，尚不确定 ③中槽开挖方案中，洞壁围岩较晚揭露，表面支护无法及早起到控制变形的作用，此时需要重视玻璃纤维锚杆施工的及时性和施工质量 ④工序多

分幅开挖和中槽开挖都存在各部分掌子面距离的控制问题，分幅开挖有两个掌子面，由于该方案半幅保留岩体厚度较大，支撑力也较大，因此，可放宽对两幅掌子面距离的要求，另外，为了使得先行半幅的系统支护能够有足够的时间起强发挥作用，需要这两个掌子面之间存在一定的间隔距离，距离大小视支护起强时间和开挖速度而定，如果发现一侧开挖支护后，变形无法收敛，则停止开挖，进行加固处理。

中槽开挖后两侧岩墙的厚度为 2m，由于上断面开挖后损伤、中槽开挖爆破损伤的影响，中槽开挖后两侧岩墙及围岩必须采用玻璃纤维锚杆加固，而且必须及时实施，拉槽长度可依据监测监控结果来定，同时取决于玻璃纤维锚杆施工质量和支护效果，如果其及时性、支护效果难以体现，则拉槽长度不应超过 2 倍开挖跨度，即约 20m。而此时施工开挖工作很难进行，此时可能要放弃该方案。

对于中等挤压变形洞段，围岩稳定性相对较好，因此，系统锚杆的施工时机可视监测变形发展情况而定，可适当放宽要求。

对于严重挤压变形洞段，两侧边墙的系统锚杆支护必须紧跟掌子面施工作业，底板锚杆可放宽要求。

6.3.4　落底开挖方案结论与建议

(1) 综合各种因素，中槽方案和半幅方案各有优劣，采用哪种方案视现场情况而定。

(2) 无论采用哪种方案,两侧边墙围岩变形和稳定性控制是落底开挖支护过程中的重点关注问题。

(3) 左右分幅开挖可放宽掌子面距离的要求,掌子面距离应保证先行施作支护的起强时间。

(4) 中槽开挖方案各开挖部分掌子面的距离受到岩墙完整性和玻璃纤维锚杆施工质量的限制,在岩墙完整性差,且玻璃纤维锚杆支护效果无法保证,以及拉槽后变形难以收敛时可能要放弃该方案。

(5) 中槽方案拉槽后玻璃纤维锚杆必须及时施工。

(6) 中等挤压变形洞段系统锚杆支护的滞后距离可适当放宽要求,但同时需要考虑到支护起强时间与后行掌子面的距离和开挖速度之间的关系。

(7) 严重挤压变形洞段两侧边墙的系统锚杆必须及时实施,底板锚杆可放宽要求。

(8) 分幅开挖中拱架支护必须引到底拱,并做好与上断面的连接,先行的拱架还需保证拱架在底拱部位能够以保留岩墙作为支撑,以保证先行揭露的围岩变形时,拱架和喷层能够提供强有力的支撑,如果无法保证先行拱架和喷层的支护作用,则需严格限定两幅掌子面之间的距离,以便及时封闭底拱。

(9) 该洞段需要做好及时排水,避免渍水。

(10) 全洞段强化监测强度,对监测频率提出高要求,严格要求施工方为监测提供便利条件,避免干扰,一旦现场出现无法监测的情况,立即停工。

6.4 绿泥石片岩地层落底过程中变形速率控制问题

6.4.1 变形曲线的类型

绿泥石片岩地层上层扩挖支护后重新布设测点,落底开挖前要求上层变形已经收敛,否则不能进行落底开挖施工。一旦收敛后,相对于下层开挖施工,这些断面就属于预设监测断面。落底开挖过程中可能的收敛变形时程曲线有两种,如图 6.33所示。

两种曲线的公式为

L1: $$u = a(1 - e^{-bt}) \tag{6.1}$$

L2: $$u = a\left[1 + e^{-b(t-c)}\right]^{-1.7} \tag{6.2}$$

式中:a、b、c 为时程曲线参数,可根据监测数据拟合得到;t 为监测时间;u 为收敛变形全量(即累计收敛变形)。

L1 型曲线在收敛观测中最为常见,图 6.34 即为上层开挖后典型的收敛观测曲线,这种曲线多是由于滞后掌子面布设形成的。

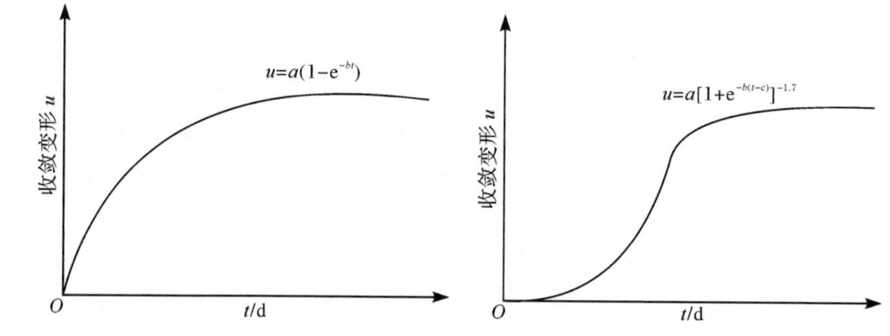

(a) L1 型变形时程曲线　　(b) L2 型变形时程曲线

图 6.33　收敛变形时程曲线

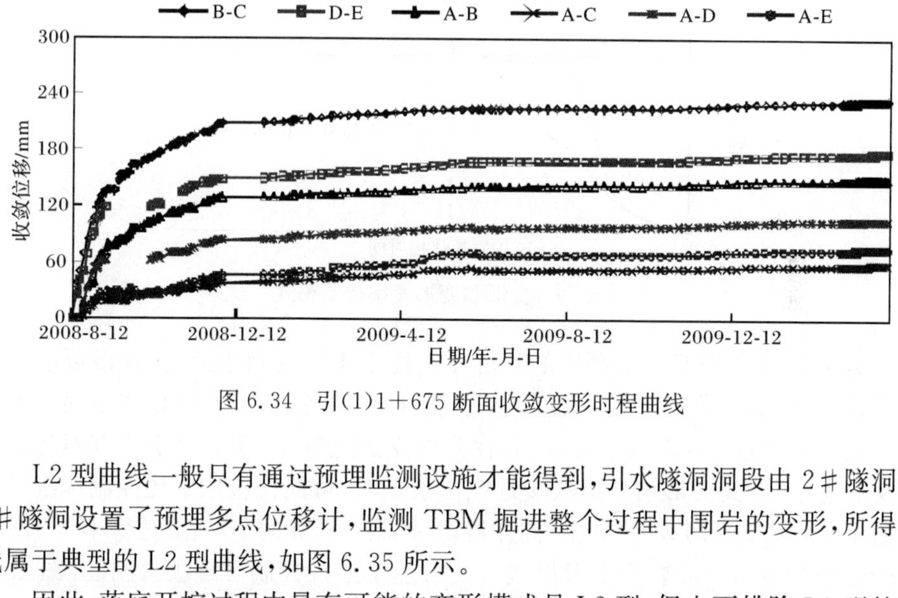

图 6.34　引(1)1+675 断面收敛变形时程曲线

L2 型曲线一般只有通过预埋监测设施才能得到,引水隧洞洞段由 2＃隧洞向 3＃隧洞设置了预埋多点位移计,监测 TBM 掘进整个过程中围岩的变形,所得曲线属于典型的 L2 型曲线,如图 6.35 所示。

因此,落底开挖过程中最有可能的变形模式是 L2 型,但也不排除 L1 型的存在,因此,本次建议变形速率控制方法时针对这两种曲线都给出了建议。

6.4.2　变形速率控制方法

落底开挖且支护发挥作用后,若能很好地控制时效变形,则这时围岩变形收敛,设定此时的控制变形量为 6cm(Ⅰ),而当此时实际变形未达到这个变形量,但存在时效变形,则这时的控制变形速率为 7d 平均小于 1mm/d(Ⅱ),当最终接近收敛时的变形速率达到 0.2mm/d 后可进行钢筋混凝土衬砌(Ⅲ),该控制模式如图

6.36 所示。但为了保证开挖过程中的稳定性仍需规定在此期间的最大变形速率，以免出现变形速率过大、上层围岩失稳的问题。

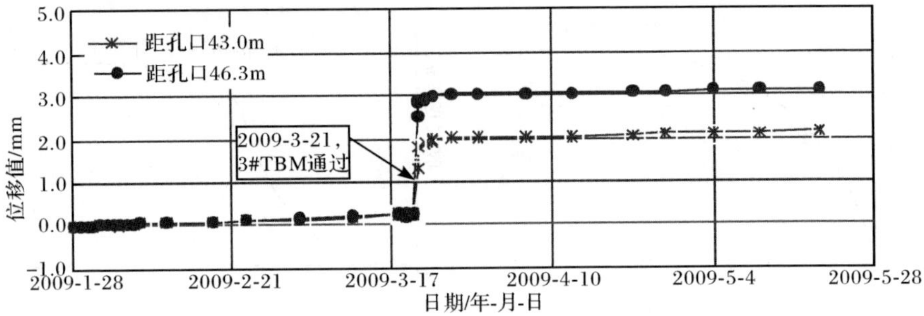

图 6.35　M2-15＋505-3 预埋多点位移计监测变形时程曲线

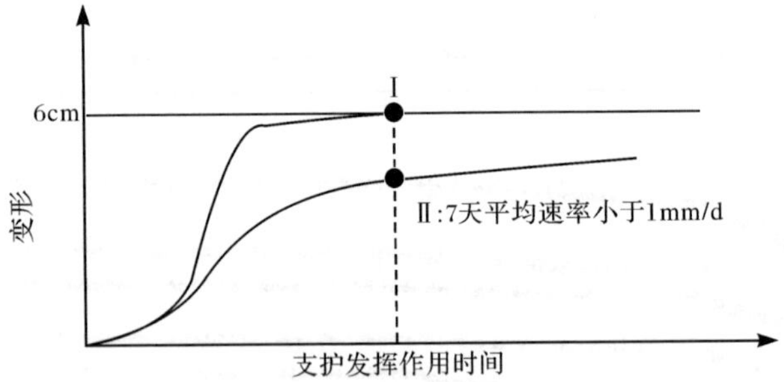

图 6.36　变形和变形速率控制模式

实际上，变形量是一个严格的和可变通性很小的控制指标，实际最可能出现的是第二种情况。但要在施工过程中做到及时发现处理问题，仅仅规定最大变形速率是不充分的。可作以下假设，若在开挖支护过程中，变形速率一直不超过最大变形速率，但其变形增长模式接近线性模式时，可能在应用上述控制标准并做出加强支护的要求时为时已晚。同样道理，控制标准Ⅱ的 7d 变形速率小于 1mm/d 的模式也存在该问题，而变形模式或变形速率模式控制可解决该问题，图 6.37 为引(1)1＋780 断面的收敛位移时程曲线和 D-E 测线的变形速率曲线，该断面即出现了这种变形模式，变形曲线近似呈直线型，变形速率不大，基本略小于 1mm/d，但始终未出现明显的收敛趋势，且最终的变形量十分可观。

所谓的变形模式或变形速率模式是指变形曲线必须是趋于收敛的，如 L1 型和 L2 型模式，也即要求变形速率必须是随时间下降的，相应于 L1 型和 L2 型的变形速率理论曲线如图 6.38 所示。只有控制变形模式或变形速率模式才能保证及时进行处理，避免出现类似图 6.37 的变形曲线甚至威胁围岩稳定性。

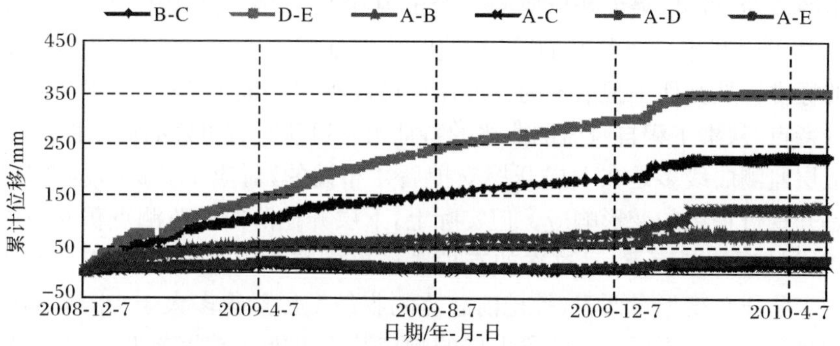

(a) 收敛变形曲线

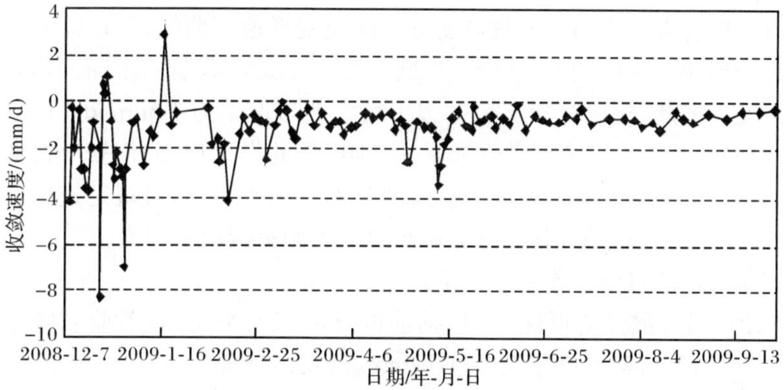

(b) 变形速率曲线

图 6.37　引(1)1+780 断面的收敛变形和变形速率曲线

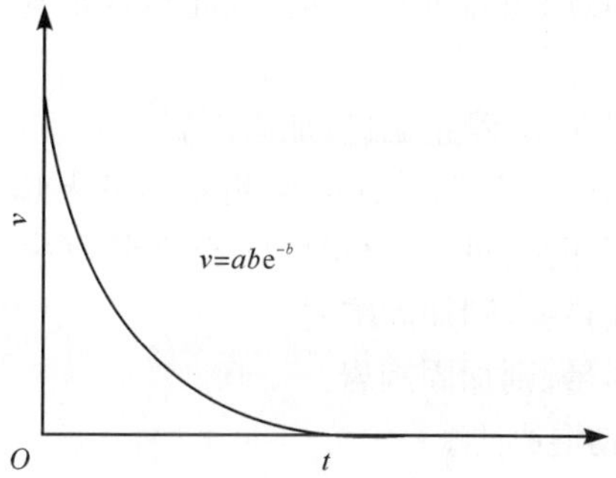

(a) 相应于 L1 型曲线的变形速率

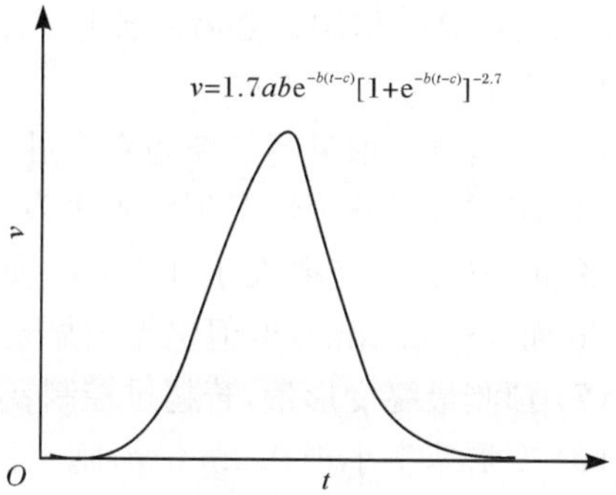

(b) 相应于 L2 型曲线的变形速率

图 6.38　相应于 L1 型和 L2 型的变形速率理论曲线

由图6.38可见，最大变形速率一般出现在L1型曲线起始阶段或L2型曲线对应于掌子面开挖至监测断面阶段，这时为保证围岩稳定性，必须规定最大变形速率的标准。从其他工程借鉴的变形速率可以类比至该工程中，但本工程也具有自己的特点，从本工程自身监测曲线的特征出发可能具有更好的适用性。

上层监测曲线多是在上层开挖支护后才布设的，对应于支护后的变形响应，而不是开挖过程中的变形响应。但实际上，下层开挖阶段的监测点仍布置在上层已扩挖支护后的断面上，且这次的支护要比扩挖前系统的多，就扩挖前和扩挖后落底两个阶段总变形量而言(扩挖前总监测收敛变形量很多大于10cm，而落底控制变形量为6cm)，下层开挖阶段上层的响应甚至可能比扩挖前低。因此，根据扩挖前上层围岩的最大变形速率来控制落底阶段上层的最大变形速率可保证不会有围岩稳定问题。

分析扩挖前大变形断面的收敛变形曲线及变形速率曲线，发现监测大变形断面的最大变形速率一般低于10mm/d，最大为10mm/d，仅有一个断面出现了高于该值的情况。据此，建议开挖支护过程中最大变形速率为10mm/d。由于实测变形存在波动性，其变形速率波动性非常大，难以据此发出预警，根据分析监测数据的经验，建议当天变形速率取值包括前两日的三天平均值，且规定连续三天最大变形速率超标则发出预警，若监测频率超过三天则直接取平均值。

该控制方法的具体操作步骤如下：

(1) 计算当天最大变形速率(包括前两日的三天平均值，若监测频率超过三天，直接取平均值)，若连续三天超过10mm/d，发出预警。

(2) 区分变形曲线类型，确定L1型或者L2型。

(3) 若掌子面通过监测断面1倍洞径，变形速率仍无递减趋势，发出预警。

(4) 掌子面通过监测断面1倍洞径后，依据监测曲线拟合L1型或L2型曲线参数，预测最终变形量，即参数a值，若L2型曲线无法较好的拟合监测数据，则采用L1曲线拟合1倍洞径之后的数据。若其超过控制变形量，且此时变形速率递减，仅仅关注即可。

(5) 若监测变形量超过控制变形量，即6cm，停止掘进，加固围岩。

(6) 根据现场施工情况预估支护发挥作用时间，若此时监测变形量未超过控制变形量，但变形速率大于1mm/d，则停止掘进，加固围岩；若变形速率小于1mm/d而大于0.2mm/d，但仍无明显衰减趋势，则加固围岩。

(7) 预测最终变形量，若超过控制变形量，则加固围岩。

(8) 变形速率小于0.2mm/d，施工衬砌混凝土。

6.5　绿泥石片岩洞段重点工程灾害问题的分析处理

绿泥石片岩洞段上台阶开挖过程中曾遭遇大规模塌方问题，在塌方洞段支护处理通过后发生持续变形，导致严重或极严重挤压问题，这种情况下进行二次扩挖、落底开挖时存在很大再次塌方的危险，本节将针对每个具体问题进行分析，并给出应对策略。

6.5.1　大塌方洞段扩挖及落底开挖风险分析及应对策略

1. 引(1)1＋755～800 洞段地质及支护情况

引(1)1＋755～800 洞段埋深为 1700m 左右，洞径为 13.8m，岩性为灰绿色绿泥石片岩，局部为灰绿色绿砂岩，岩石软硬相间，自稳能力差，属Ⅳ类围岩。其支护形式采用引水隧洞西端 S8-n 型支护。

2008 年 8 月 29 日，引(1)1＋761 北侧拱发生过较大规模的塌方，塌腔形状如图 6.39 所示，塌方后采用管棚注浆方法封闭塌方口，并对上部渣体进行了注浆固结(见图 6.40)。受到堆积渣体的限制或者自身塌腔几何形状的影响，围岩最终停止塌落。

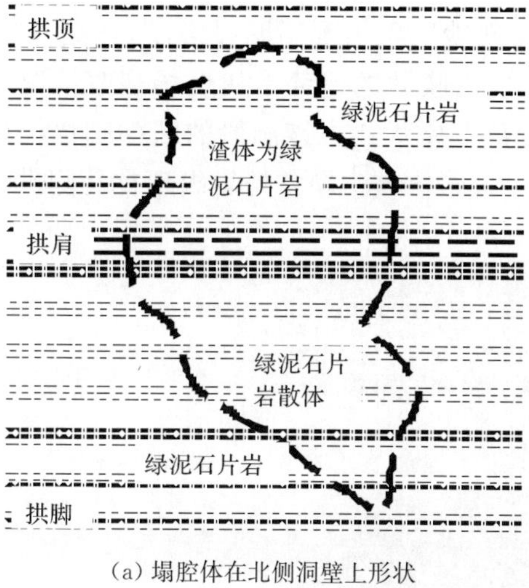

(a) 塌腔体在北侧洞壁上形状

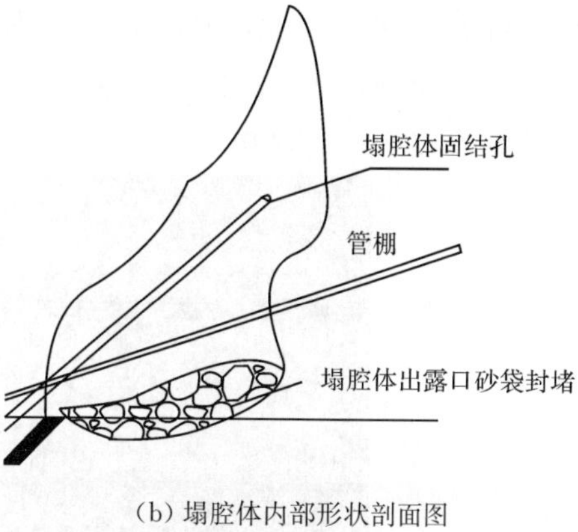

(b) 塌腔体内部形状剖面图

图 6.39　引(1)1＋760 塌腔体形状示意图

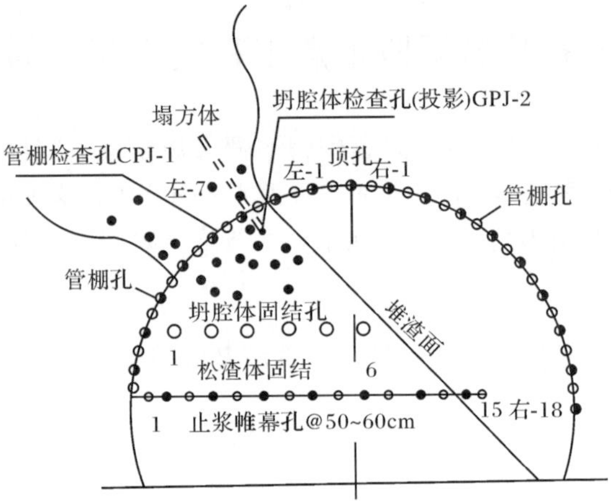

图 6.40　引(1)1+760 塌方段管棚施工正断面示意图

2. 现场喷层开裂情况

最近现场巡视发现，1#引水隧洞在桩号引(1)1+765～780 之间形成三条较大的环向裂缝，其大体桩号为引(1)1+766、1+770、1+776，裂缝从北侧拱脚处开始发育，后蔓延至北侧拱肩。拱脚处裂缝宽度较大，沿侧壁向上，裂缝逐渐变细，最后在拱肩处消失，如图 6.41 所示。为了判定裂缝有无继续扩张的趋势，采用简易的砂浆条法进行了裂缝观测，几天后，发现砂浆条出现了明显裂纹，如图 6.42 所示。这说明变形仍在不断发展中，未表现出收敛的趋势。从现场观察情况来看，裂缝开裂深度较大，说明，该处鼓胀变形非常大。由该洞段的断面扫描结果(如图 6.43 所示)可见，引(1)1+765～1+780 最大侵占净空处均出现在北侧拱脚和侧壁，约为 0.5～0.6m。

(a) 裂缝在拱脚处

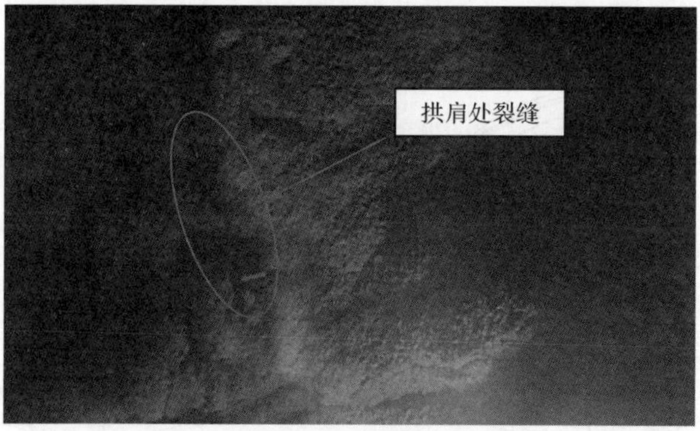

(b) 裂缝在拱肩处

图 6.41　引(1)1+765～780 处北侧壁裂缝

图 6.42　涂抹裂缝的水泥砂浆裂缝

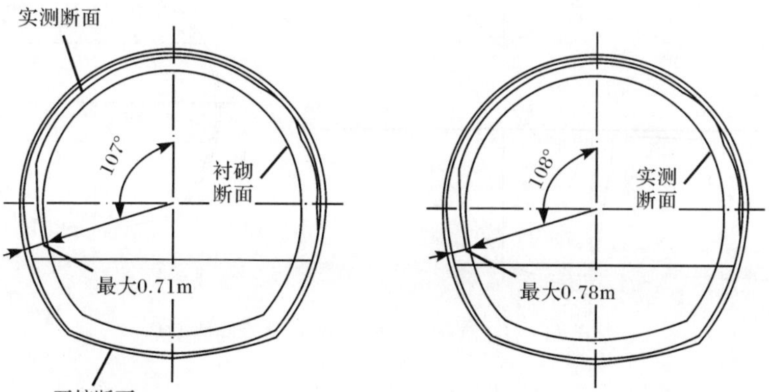

(a) 引(1)1+762　　(b) 引(1)1+764

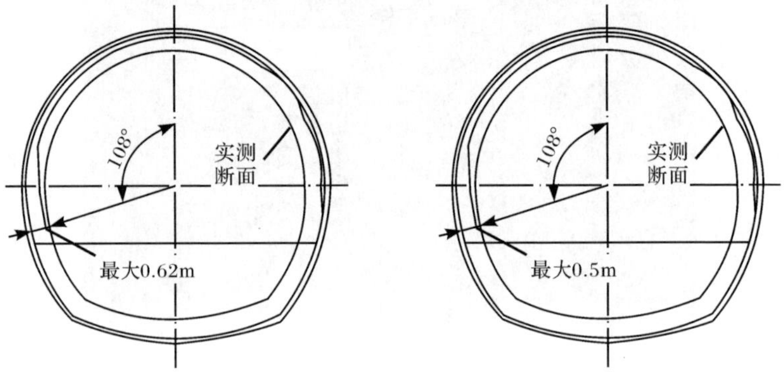

(c) 引(1)1+766　　(d) 引(1)1+768

图 6.43　实测断面与设计断面对比

3. 喷层开裂原因分析

由喷层上裂缝的形态可见，该处为张裂缝，从裂缝延伸的方向及该洞段收敛变形的情况(见图 6.44)来看，主要由北侧墙塌方段鼓胀变形造成，且由于拱脚变形较拱肩大，才会表现出由拱脚至拱肩裂缝宽度逐渐减小的现象，且由图 6.45 所示引(1)1+760 和 1+780 两个断面的收敛变形曲线可见，A-D 测线的变形远大于 A-E 测线，即表明，D-E 测线的收敛变形主要是由于北侧 D 点变形引起，这与现场喷层开裂情况吻合。

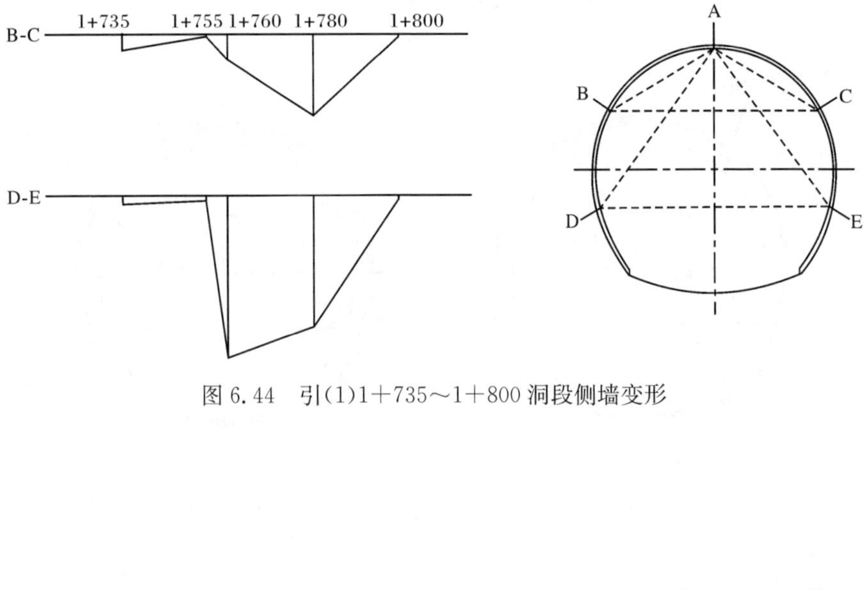

图 6.44　引(1)1+735～1+800 洞段侧墙变形

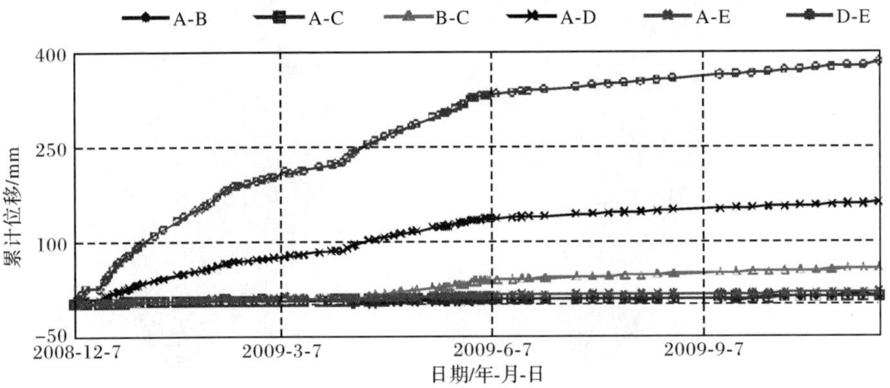

(a) 引(1)1+760 收敛断面累计过程线

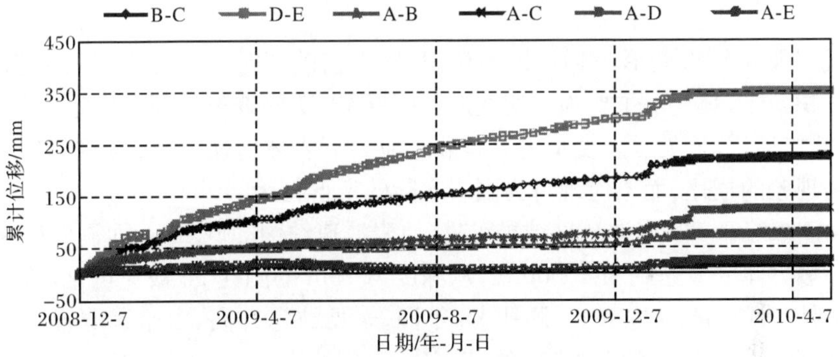

(b) 引(1)1+780 收敛断面累计工程线

图 6.45　塌方洞段附近收敛变形情况

以上分析说明，发生鼓胀的是塌方体及附近破碎岩体。引(1)1+760 处塌方体的三维形状如图 6.46 所示，塌方在北侧边墙形成塌腔，并由不断塌落的碎石堆积充填，通过架设管棚并对渣体注浆固结才通过该洞段，虽然塌腔下部已经充填石渣并注浆，但由于塌腔本身很难说是填满并固结的实体，因此，塌腔本身存在稳定性问题，并可能不断存在岩块塌落至腔内。由于塌方形成空腔，实际上导致开挖面扩大，围岩扰动范围扩大，从而影响到附近洞段。由于塌腔整体上向大桩号倾斜(当时塌方位于掌子面处)，故发生喷层开裂的部位偏向大桩号。

高地应力作用下软岩的塑性变形和长期流变变形是导致本处岩体发生大变形的根本原因，尽管由于塌腔内部可能存在空隙导致塌方体部分受力边界条件减弱，也就是存在空隙处，围岩变形对塌方体的推挤作用会削弱，但塌方体的塑性变形挤出主要原因仍是高地应力围岩塑性变形挤压所致。需要注意的是，根据三轴

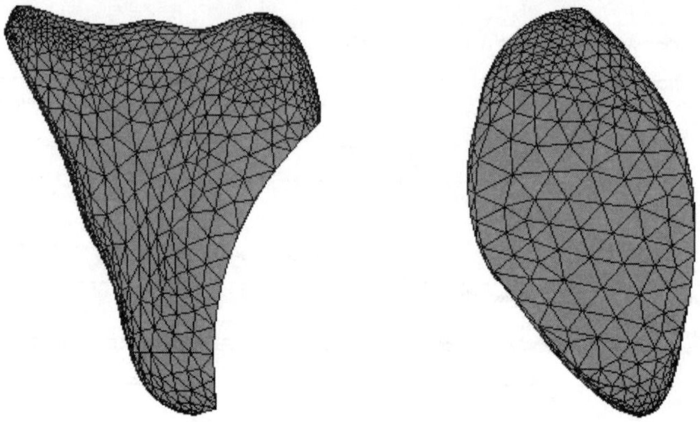

(a) 洞轴线方向塌方体形状　　(b) 洞壁方向塌方体形状

图 6.46　模拟的塌方体形状

试验成果及对软岩变形破坏特性的认识，软岩在破坏时并不发生剪胀现象，即明显的体积膨胀，其变形主要为剪切变形，这与硬岩变形破裂特征存在很大的差别。因此，严格地说，该处围岩变形主要是高地应力下岩体剪切变形，通常所说的鼓胀仅仅为现象的描述，而不应理解为围岩实际的变形行为。

由引(1)1＋762 声波测试结果可见，原岩波速约为 5000m/s，而洞壁破坏围岩和固结塌方体的波速约为 4000m/s，从深度为 15m 的测孔 S2 波速可见，该孔的波速一直处于 4000m/s 左右，与测孔 S3 不同，未见波速升高，由于该位置对应塌方位置，因此，可能 15m 的孔尚未穿过塌方石渣到达围岩，也可能到达围岩，而未进入未扰动原岩。但是无论什么情况，波速本身说明该处岩体性质较差，围岩破碎承载能力差，在高应力下发生较大塑性变形和流变变形就成为必然。

由于不能了解内部塌腔及石渣现在的状态，且由于注浆固结、管棚、锚杆、格栅拱架、喷层等多种支护形式的存在，无论采用何数值模拟方法都不能很好模拟该处围岩、塌方体和支护结构的变形破坏行为，只能通过简化计算来定性认识分析该处喷层开裂的原因。

通过模拟现场开挖过程，计算围岩及塌方体开挖力学响应，其结果表明，塌方段围岩的应力水平要低于其他部位，如图 6.47(a)所示。这是由于塌方段岩体破碎，岩体强度低于其他部位，当围岩发生变形时，使得围岩内部集中应力向附近较完整围岩转移，进而造成附近围岩承担比正常洞段更大的二次应力，这也解释了在引(1)1＋760 处 D-E 测线变形较大但能接近收敛、而引(1)1＋780 断面持续更长时间仍未收敛的问题。

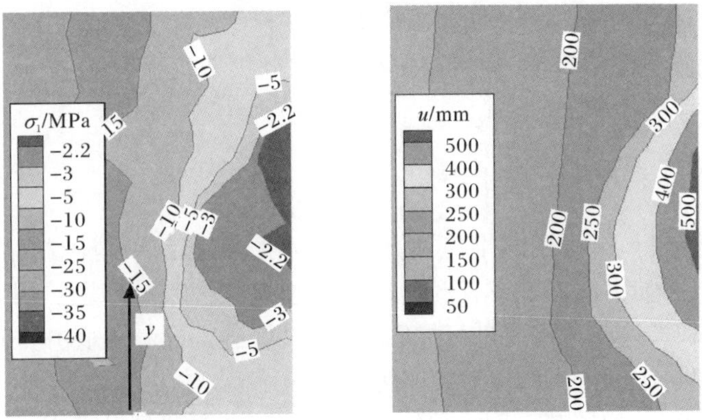

(a) σ1 分布　　(b) 位移分布

图 6.47　塌方洞段围岩应力和位移分布平切图

图 6.47(b)为计算所得北侧墙变形分布图。可见,塌方洞段及附近岩体发生的变形明显大于其他洞段,变形量级与该洞段断面激光扫描结果相一致。塌方体变形如图 6.48 所示,可见,塌方加固体临空面位移由底部向上部发展,与监测得到的围岩收敛位移整体规律上一致。以上计算结果与现场情况的对比说明,模拟计算可基本定性反映并解释现场围岩挤压变形的发育特征和产生原因。

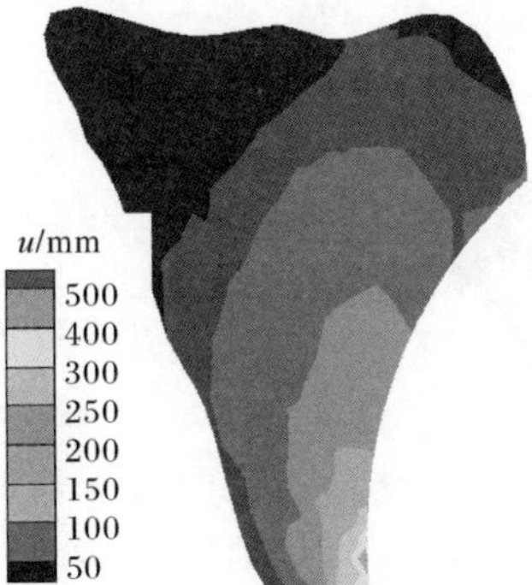

图 6.48　塌方加固体塑性变形

可见,控制塌方体及附近岩体塑性变形是保持该处稳定的关键。

综合以上分析,可知该洞段北侧边墙喷层开裂的原因为:

(1) 塌方造成临空面增大,围岩破坏范围扩大。

(2) 塌腔造成附近岩体应力增大导致其塑性变形。

(3) 塌方体受到围岩塑性变形挤压而向外变形,且塌方体本身可能发生塑性破坏。

(4) 塌方体及附近围岩长期在高应力作用下发生流变变形。

(5) 管棚施工到位程度、注浆密实程度、格栅拱架及锚杆施工到位程度也决定了该处变形的控制水平。

4. 该洞段扩挖风险及应对策略

根据以上分析，在不了解堆渣内部完整程度、空腔扩展范围的情况下贸然进行扩挖可能会面临再次塌方或者变形仍然无法有效控制的问题。因此，该洞段与其他洞段不同，扩挖前就需要进行加固处理，以规避扩挖和落底开挖期间的风险。在工程建设期间作者提出的应对策略为：

(1) 深入开展地质勘探或地球物理探测，了解该洞段塌腔形态，内部渣体固结情况，塌腔与渣体间是否存在空腔，掌握塌方体附近围岩破裂松动情况。

(2) 根据渣体状态及塌腔情况确定是否进行再次注浆填充和固结，目的是使渣体与围岩紧密接触，控制周围岩体破裂深度，避免外水或内水渗入。

(3) 对于这种情况，锚杆在长度和支护力上已经无能为力了，扩挖前通过锚筋桩或锚索加固可增加渣体与围岩的整体性，提高整体承载能力。

(4) 若采用锚筋桩加固方案，建议采用图 6.49 所示的锚筋桩布置方式，下部锚筋桩主要发挥抗剪切能力，而拱肩锚筋桩则需起到摩擦桩的作用，将渣体与围岩锚固在一起，同时起到抗剪和抗拉作用。

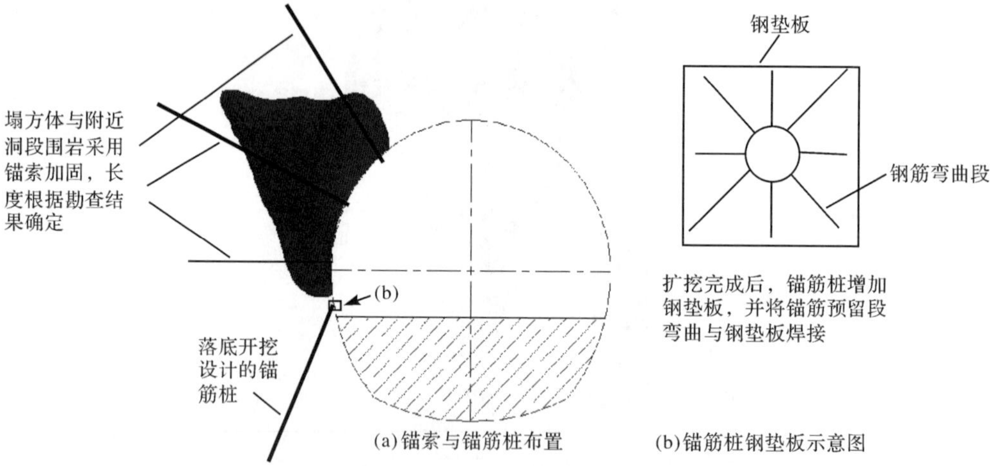

图 6.49 塌方洞段扩挖前加固布置示意图

(5) 若采用锚索加固方案，其布置方式与图 6.49 所示锚筋桩布置方式相同。

(6) 锚索和锚筋桩联合加固方案则建议拱脚处采用锚筋桩，其以上部位采用锚索，充分发挥锚筋桩抗剪作用和锚索加固岩体、控制变形的作用。

(7) 重视下层开挖前北侧拱脚锁脚处理，这是该洞段稳定性控制的关键。

(8) 严格控制施工质量。

(9) 扩挖后监控量测及时到位，密切监视其变形速率变化情况。

5. 落底开挖对塌方段影响分析

由于绿泥石片岩洞段上层开挖后已经引起了很大的围岩变形，极大侵占了隧洞净空，同时从目前的锚杆应力计监测数据来看，锚杆应力很多已经达到甚至超过屈服应力。因此，围岩稳定性问题是目前工程建设关心的一个重要问题。而引(1)1＋760～780 段不断扩展的裂缝肯定会对围岩稳定性带来不利影响。

分析表明，落底开挖对隧洞边墙、拱脚处依然有着较为明显的影响。由于塌方段围岩强度明显低于正常围岩，使得北侧边墙的裂缝进一步扩大，随着裂缝的加大，周围岩体对裂缝段的约束作用降低，对围岩稳定性非常不利。

由于塌方段围岩要比其他区域更为破碎，尽管绿泥石片岩本身透水性并不好，但是在围岩破碎的情况下还是比较容易渗透的，如果外水或内水入渗，将使塌方段围岩强度很快下降，并可能难以控制从而演化成塌方。

因此，落底开挖前该洞段的加固处理是保证落底安全的前提条件。

6.5.2 软硬共存洞段扩挖及落底开挖稳定性分析

1. 引(3)1＋650～720 洞段地质及支护情况

引水隧洞引(3)1＋650～720 段岩性为 T_{2z}杂谷脑组白色中粗晶大理岩夹灰绿色绿泥石片岩条带或呈互层状，如图 6.50 所示。绿泥石片岩层厚 10～40cm，其中桩号引(3)1＋656～669 北侧边拱及边墙、引(3)1＋672～690 北侧边拱及引(3)1＋700～708 北侧边拱及边墙岩性以灰绿色绿泥石片岩为主，局部夹少量白色中粗晶大理岩。北侧边墙壁及边拱处的绿泥石片岩自稳性差，不及时支护容易出现坍塌，岩体抗压强度较底，为Ⅳ类围岩。

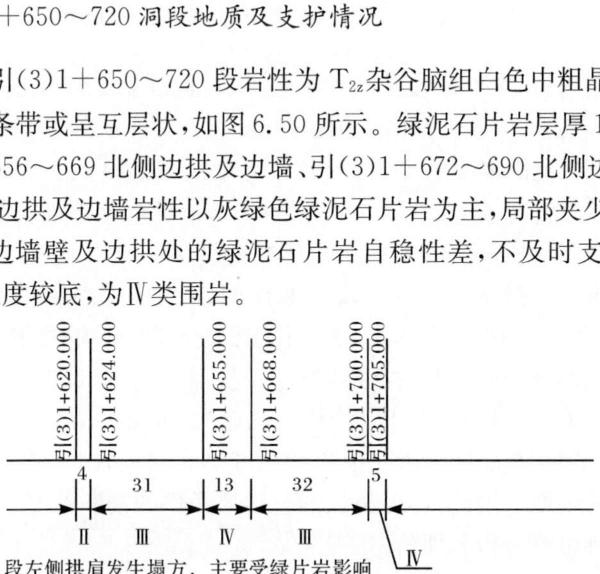

图 6.50　引(3)1＋650～720 洞段围岩分类情况

根据地质现场踏勘，该洞段存在次一级背斜，岩层受挤压而产生明显的扭曲、揉皱现象，由于受褶皱影响，层理多扭曲成与洞向小角度相交的 NNW 至近 EW 向，层理变化较大。

2009 年 3 月 9 日，3＃引水隧洞引(3)1＋670～690 段北侧边拱出现坍塌，坍塌方量约 150m^3，坍塌体主要以小块状为主，局部大块状。大埋深高地应力和围岩软弱破碎是导致塌方的主要原因，坍塌处理后可见岩石内部发育宽约 3m 绿泥石片岩，如图 6.51 所示。

图 6.51　引(3)1＋670～690 段北侧边拱出现坍塌

该洞段开挖洞径 13.0m，设计支护参数如下：边顶拱 280°范围，初喷 CF30（硅粉）钢纤维混凝土厚 5～8cm，挂钢筋网 ϕ8mm@15×15cm，布置格栅拱架，间距 1.0m；边顶拱 280°范围复喷 CF30（硅粉）钢纤维混凝土厚 12～15cm，系统布置系统带垫板普通砂浆锚杆 ϕ32mm，L＝6.0/9.0m。其设计支护强度与 1＃、2＃引水隧洞绿泥石片岩洞段所采用的支护强度基本一致。

虽然现场出现了挤压变形侵占设计断面问题，但从地质条件、支护施工实施质量、设计支护强度的保证及监测实施情况综合来看，该洞段的挤压变形控制问题仍是较为乐观的，即问题的可控性较好。

但是由于相关分析依据（包括监测、测试成果）非常少，施工欠挖情况无法评判，故对现场围岩的实际变形情况很难做出准确客观的评价，相应分析工作的开展存在非常大的难度。因此，本分析仅通过地质条件的判断及与 1＃和 2＃引水隧洞的类比来进行粗略分析和评价。

2. 围岩力学参数分析

由图 6.50 可见，该洞段围岩大部分为Ⅲ类以上 T_{2z}大理岩，个别洞段由于其北侧边拱处绿泥石片岩发育，稳定性较差故定为Ⅳ类围岩。在该洞段由于缺乏有效的监测数据，故难以直接通过参数反演的方式获得其围岩参数，但可以通过与 1＃引水隧洞和 2＃引水隧洞类似围岩条件的类比获得。图 6.52 所示，由于在该洞段处发育次一级背斜，从岩层走向来看，3＃引水隧洞引(3)1＋650～720 附近出露的绿泥石片岩应当与引(1)1＋560、引(1)1＋760、引(2)1＋620、引(2)1＋730 洞段附近的绿泥石片岩性质相似，图 6.53 和图 6.54 列出了上述断面及其附近洞段围岩最大变形的扫描统计结果。

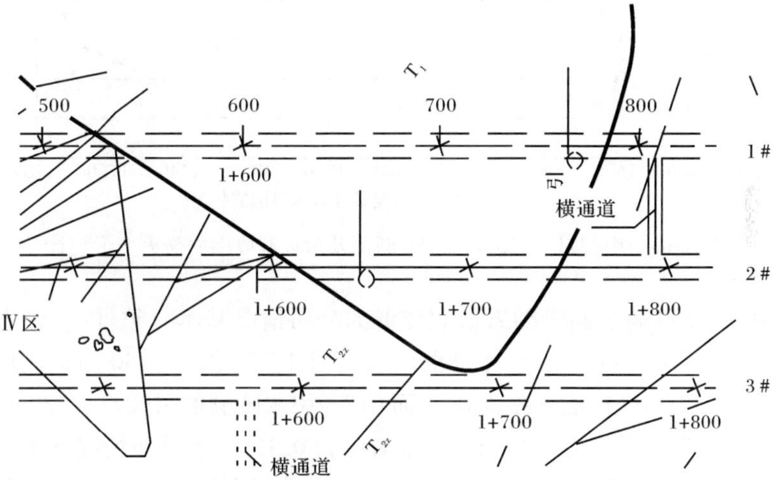

图 6.52　引水隧洞地质结构示意图

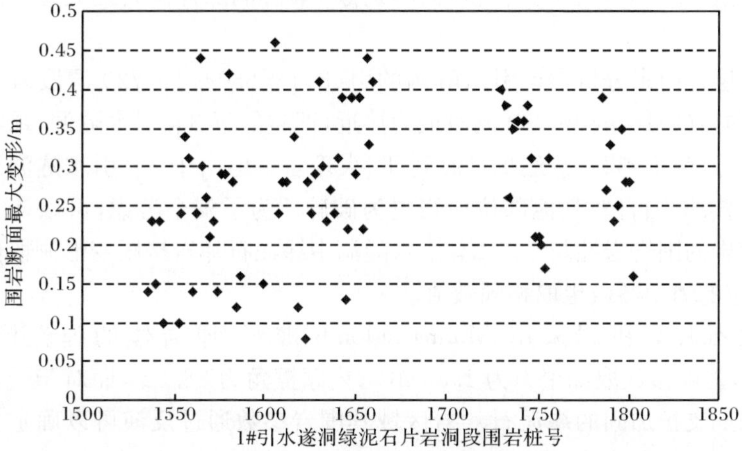

图 6.53　引(1)1＋560～1＋760 断面及附近洞段围岩最大变形统计

图 6.53 和图 6.54 可以发现以下两点：

(1) 1＃引水隧洞的引(1)1＋560 和 1＋760 附近洞段与 2＃引水隧洞的引(2)

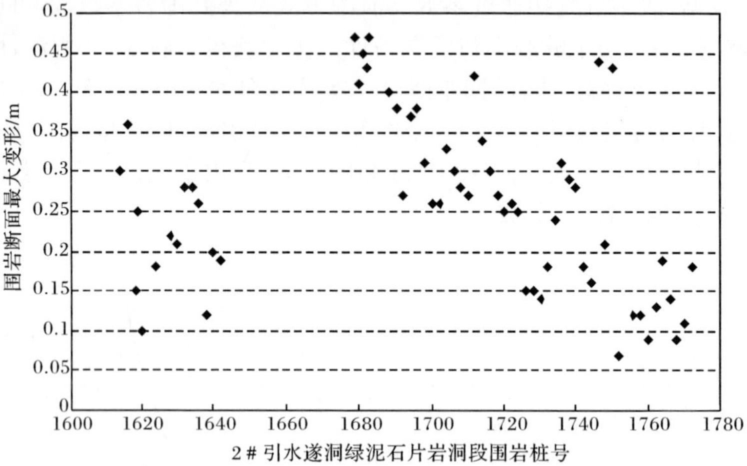

图 6.54　引(2)1+620～1+780 断面及附近洞段围岩最大变形统计

1+620 和 1+730 附近洞段围岩最大变形的分布情况基本一致，围岩最大变形均介于0.07～0.48m，其中 1#引水隧洞的引(1)1+560 和 1+760 附近洞段最大变形量平均为 0.274m，标准方差为 0.1，而在 2#引水隧洞的引(2)1+620 和 1+730 附近洞段最大变形平均为 0.283m，标准方差为 0.12，二者分布情况基本一致。

(2) 2#引水隧洞的引(2)1+620 和 1+730 附近洞段较 1#引水隧洞的引(1)1+560 和 1+760 附近洞段变形的空间性更强，围岩最大变形值从引(2)1+680 到 1+780 逐步降低，且降低较多，而不是像 1#隧洞那样围岩最大变形的分布比较均匀。

从岩层走向来分析，3#引水隧洞的引(3)1+650～1+720 洞段岩性应当与 2#隧洞的引(2)1+680～780 洞段最为接近，即越靠近 3#引水隧洞，绿泥石片岩的岩性越好，强度越高，并逐步过渡到 T_{2z}大理岩。但由于 3#引水隧洞该洞段处于背斜的核部，围岩较其他部位应当更为破碎。为了安全考虑，可以认为该洞段绿泥石片岩的围岩岩性与 1#、2#引水隧洞中绿泥石片岩挤压变形洞段围岩岩性相似，相应的力学参数也取相同数值。

绿泥石片岩围岩采用 Mohr-Coulomb 准则，原岩体的弹性模量采用 5.04GPa，强度参数取黏聚力为 1.85MPa，内摩擦角为 28.52°，而对于受开挖扰动影响并初期支护加固的绿泥石片岩区域其围岩参数通过反演可以确定为弹性模量为 2.6GPa，黏聚力为 1.55MPa，摩擦角为 26.4°。

3. 落底开挖前后隧洞围岩稳定性分析及扩挖断面尺寸确定

由于该洞段是 T_{2z}杂谷脑组白色中粗晶大理岩与绿泥石片岩夹杂洞段，为了分析方便，本处将 3＃引水隧洞实际存在的 T_{2z} 大理岩夹杂绿泥石片岩洞段与完全的 T_{2z} 大理岩、绿泥石片岩洞段的变形情况进行对比分析。

图 6.55 所示的计算结果可见，3＃引水隧洞北侧边墙发育绿泥石片岩洞段落底开挖前隧洞最大变形为 0.51m，发生在绿泥石片岩发育的北侧边拱处；纯绿泥石片岩洞段的最大变形为 0.49m，也发生在隧洞的北侧边拱，这是由地应力的方向决定的，且前者变形比后者还要大的原因是前者局部变形突出。在 3＃引水隧洞北侧边墙发育绿泥石片岩洞段，落底开挖前的南侧拱壁处围岩也出现了较大变形，变形达到了 0.21m，而纯 T_{2z} 大理岩洞段围岩变形仅为 0.11m。

由此可见，3＃引水隧洞北侧边墙发育的绿泥石片岩不仅在北侧边墙处引起较大变形，而且对南侧边墙的影响也非常明显，给围岩稳定性带来了非常不利的影响。而对于隧洞的拱顶处，3＃引水隧洞北侧边墙发育的绿泥石片岩对变形的影响相对较小，围岩变形仅为 0.08m，基本不会影响围岩的稳定性。

而落底开挖后，3＃隧洞北侧边墙发育绿泥石片岩洞段围岩最大变形依然发生在北侧边墙处，最大变形由 0.51m 增加为 0.58m，增加了 0.07m。而南侧边墙

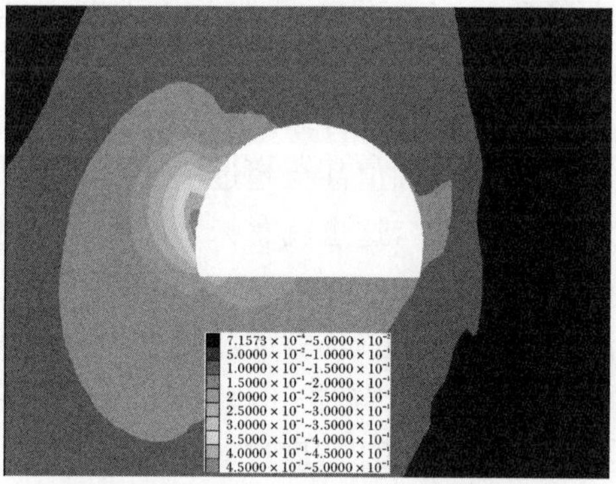

(a) 3＃引水隧洞北侧边墙发育绿泥石片岩洞段上台阶开挖围岩变形

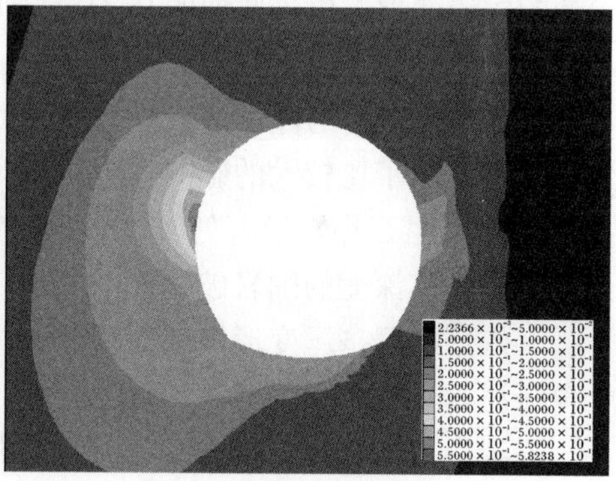

(b) 落底后围岩变形

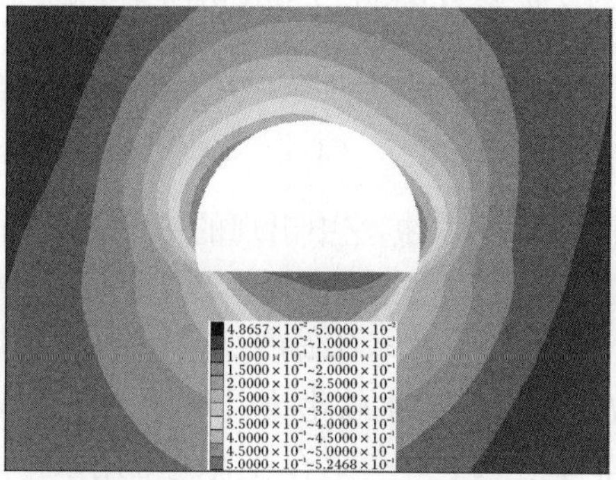

(c) 纯绿泥石片岩洞段上台阶开挖围岩变形

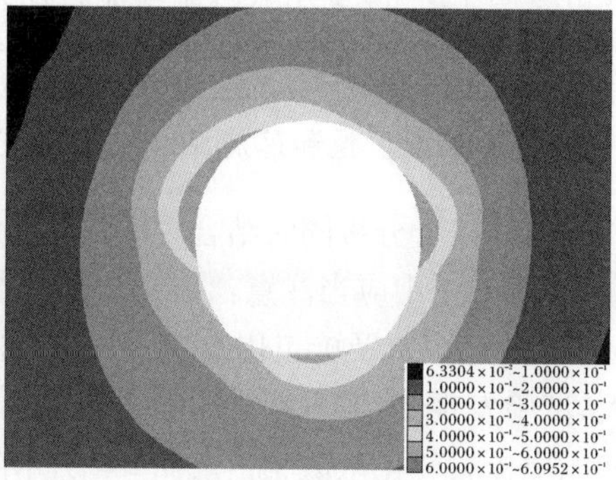

(d) 落底后围岩变形

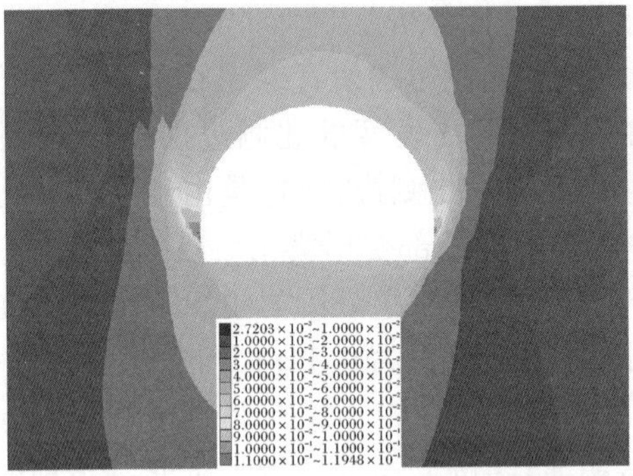

(e) Ⅲ类 T_{2z}大理岩上台阶开挖围岩变形

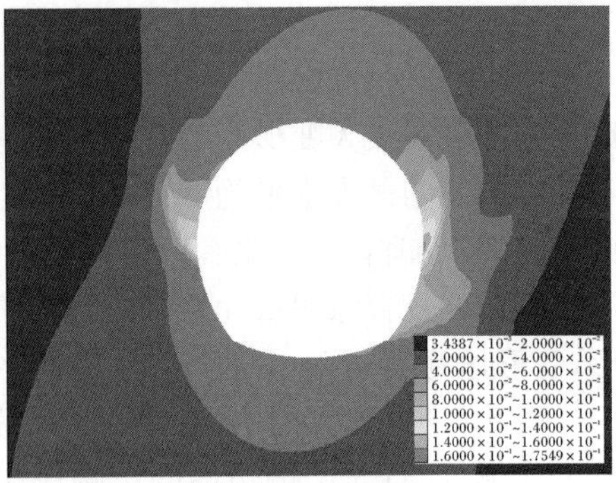

(f) 落底后围岩变形

图 6.55　3＃引水隧洞北侧边墙发育绿泥石片岩洞段围岩与纯绿泥石片岩和大理岩洞段围岩变形对比(单位:m)(见彩图 6.55)

处的围岩变形也由落底前的 0.21m 增加为落底后的 0.29m,增加了 0.08m,而纯 T_{2z}大理岩洞段南侧边墙变形由落底前的 0.11m 增加为落底后的 0.17m,增加 0.06m。由此可见,落底开挖对 3＃引水隧洞北侧边墙发育绿泥石片岩洞段围岩稳定性带来了比较大的影响,尤其是南侧边墙变形增加值甚至超过了变形非常大的北侧绿泥石片岩发育处,但大理岩的变形能力较差,这也就意味着南侧边墙处将造成一定深度的围岩破裂。

依据隧洞挤压变形问题程度评价方法,隧洞落底前 3＃引水隧洞北侧边墙发育绿泥石片岩洞段变形挤压为隧洞半径的 7.8%,处于严重挤压程度阶段,落底后为隧洞半径的 8.9%,依然处于严重挤压程度阶段,但挤压程度进一步加大。

由落底开挖后围岩变形增量来看,底部最大变形控制在 0.1m 范围内是可能的。同时,建议初期支护应当切实贯彻设计参数,保证施工质量,落底加固支护参数可参照 1＃和 2＃引水隧洞绿泥石片岩的支护参数,采用 0.3m 初期支护、0.6m 厚衬砌,落底开挖洞径可定为 13.8m。

4. 该洞段扩挖和落底风险及应对策略

根据以上分析同时结合 1＃引水隧洞绿泥石片岩扩挖中出现的一些问题,在 3＃隧洞扩挖中应当注意:

(1) 地下水及施工用水应及时排放。绿泥石片岩本身强度受水的影响非常大,试验发现,绿泥石片岩的强度软化系数约为 0.5,遇水软化效应明显,与泥灰岩和泥质板岩软化系数相当。而 1＃引水隧洞施工过程中普遍存在着施工用水排出不及时的问题。根据 1＃引水隧洞扩挖段现场巡视发现,很多扩挖出的绿泥石片岩非常潮湿，甚至可以徒手捏碎。而 3＃引水隧洞揭露出的岩体含水率较大，在桩号引(3)1＋704 北侧边拱沿水管渗流水，水量 0.2L/s，在现场巡视时，局部存在积水。因此，3＃引水隧洞在扩挖和落底开挖时需要对地下水及时排放。

(2) 扩挖后应当及时进行拱架支护，并加强拱架间的横向连接。通过对 3＃引水隧洞该洞段的现场巡视发现，该洞段已经进行了部分扩挖，但是扩挖后的岩体较长时间内暴露在空气中且一次开挖进尺过大，并没有进行拱架支护，加上 3＃隧洞有较多的积水没有排出，这对于围岩的稳定性是非常不利的，很可能会使围岩的强度进一步降低。通过对 1＃引水隧洞扩挖洞段的巡视发现，在进行隧洞扩挖时，尽管一次扩挖距离非常短，但是仍然造成了相邻未扩挖段(见图 6.56)拱脚处挤压变形的进一步加大，除了扩挖导致相邻支护约束作用的消失外，这种状况也与该处长期积水，围岩强度和变形模量不断减小有关。

图 6.56　1＃引水隧洞未扩挖段拱壁严重挤压变形

(3)必须加强对南北侧边墙的支护。通过计算发现，不仅仅绿泥石片岩发育的北侧边墙变形较大，围岩稳定性较差，南侧边墙同样产生了较大变形，其稳定性同样需要关注。同时可以发现该处变形有着很明显的局部性特点，变形主要发生在南北侧边墙局部区域，其他部位变形要相对小很多，如果不对其进行有效控制，如图 6.57 所示，有可能造成二次衬砌局部受压过大而发生开裂的问题。

6.5.3　绿泥石片岩洞段扩挖对隧洞变形影响效应分析

1. 1＃引水隧洞绿泥石片岩洞段扩挖后断面侵占净空与超挖情况

1＃引水隧洞绿泥石片岩洞段上半层扩挖支护后，对引(1)1＋542～1＋800 段进行了激光扫描。通过初步分析发现该洞段普遍存在着较为明显的侵占断面净

图 6.57　3#引水隧洞扩挖后未及时加固情况下喷层开裂

空现象，该洞段 30%以上的断面最大侵占净空值在 0.2m 以上，部分断面的最大侵占净空值超过 0.3m，如图 6.58 所示。

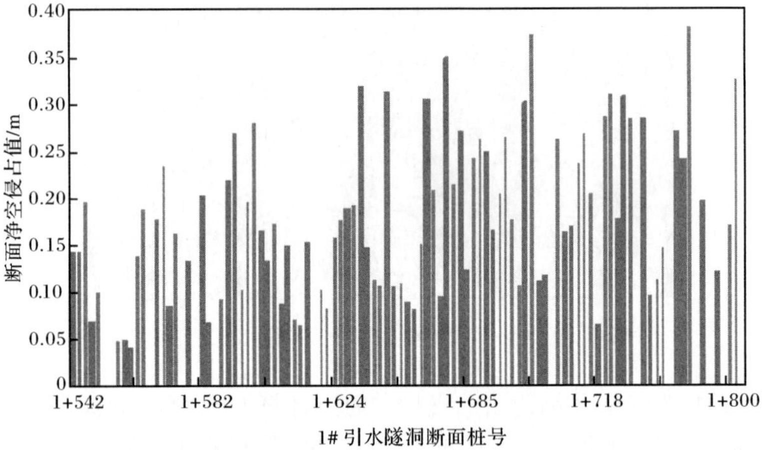

图 6.58　1#引水隧洞绿泥石片岩洞段上半层扩挖支护后侵占断面净空情况

根据断面测量结果，该洞段扩挖过程中的欠挖现象也普遍存在，该洞段 30%以上的断面最大欠挖值在 0.3m 以上，部分断面的最大欠挖值超过 0.4m，甚至达到了 0.5m 以上，如图 6.59 所示。

通过对 1#引水隧洞绿泥石片岩洞段断面激光扫描结果的观察发现，尽管该洞段出现了较为明显的侵占净空现象，但侵占净空现象多数仅发生在断面拱顶的一小部分区域，如图 6.60 所示，且顶拱扩挖支护后的断面与相应设计断面基本相当，而两侧边墙扩挖支护后断面明显大于相应的设计断面。

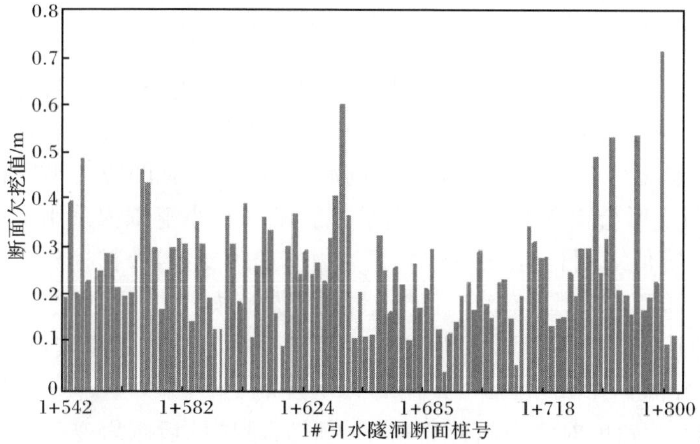

图 6.59　1#引水隧洞绿泥石片岩洞段上半层扩挖支护后断面欠挖情况

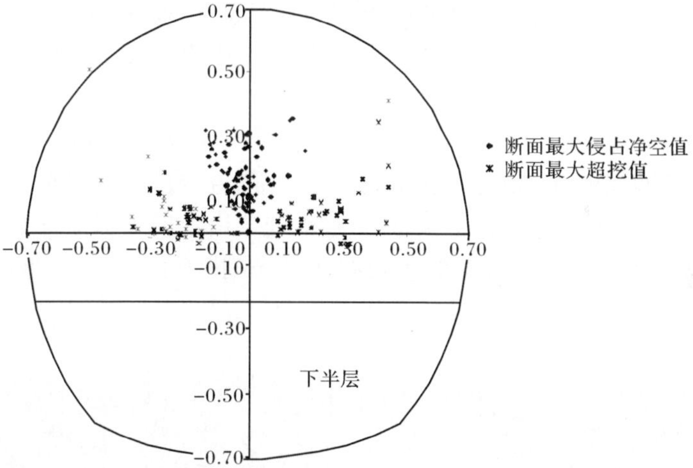

图 6.60　1#引水隧洞绿泥石片岩洞段上半层扩挖支护后断面侵占净空与超挖极坐标图(单位:m)(见彩图 6.60)

图 6.60 中每个数据点的极径为该断面最大侵占净空值或断面尺寸扩大值的大小,与水平或垂直坐标轴的夹角即表示该数据点在断面上发生的位置。可见,该洞段断面侵占净空现象基本发生在拱顶处,而断面尺寸扩大现象则主要出现在南北侧墙处,且最大扩大值出现在两侧墙的数量基本相当。

通过以上分析可知,1#引水隧洞绿泥石片岩洞段上半层扩挖支护后,该洞段普遍存在着顶拱断面侵占净空与侧墙断面尺寸扩大共存的现象,且断面最大扩大值要明显大于最大侵占净空值;断面侵占净空现象对断面面积的侵占并不严重而断面尺寸扩大现象则在侧墙处较大范围内出现。

2. 扩挖对绿泥石片岩洞段围岩变形影响的力学分析

1#引水隧洞绿泥石片岩挤压变形洞段上半层扩挖前，根据激光断面扫描结果，隧洞最大变形主要集中在南北侧墙处，且其收敛变形已经趋于稳定并没有进一步扩大的趋势。二次扩挖后，虽然隧洞洞径变大，原有的应力平衡在小范围内被打破，隧洞变形会出现些许增大，但扩挖施工只在小范围内采用机械开挖方式进行，以尽量降低对围岩的二次扰动，且为边扩挖边支护，故扩挖导致的围岩变形并不会太大，也不会对围岩稳定性造成影响。然而如上所述，扩挖后断面扫描发现顶拱出现了侵占净空现象，到底是扩挖扰动后围岩变形还是其他因素导致的，需要进一步分析。

本节从力学角度对绿泥石片岩挤压变形洞段扩挖后围岩变形情况进行了分析，为进一步寻找绿泥石片岩洞段侵占净空与超挖原因提供参考依据和指导性建议。

1) 绿泥石片岩中等挤压变形洞段扩挖支护后隧洞变形分析

绿泥石片岩中等挤压变形洞段上半层开挖后，围岩最大变形主要发生在南北侧拱墙，达到了 0.38m，隧洞拱顶变形为 0.3m。隧洞上半层扩挖前进行的断面激光扫描也反映了绿泥石片岩中等挤压变形洞段变形主要发生在南北侧墙的特点。二次扩挖后隧洞变形首先在断面拱脚处产生，并随着变形的增大而扩展到侧墙及拱顶等处，当隧洞最终达到稳定状态时，最大变形增量发生部位与上半层扩挖后一致，同样主要发生在南北侧墙处，但仅有 0.033m，拱顶变形为 0.028m，如图 6.61 所示。

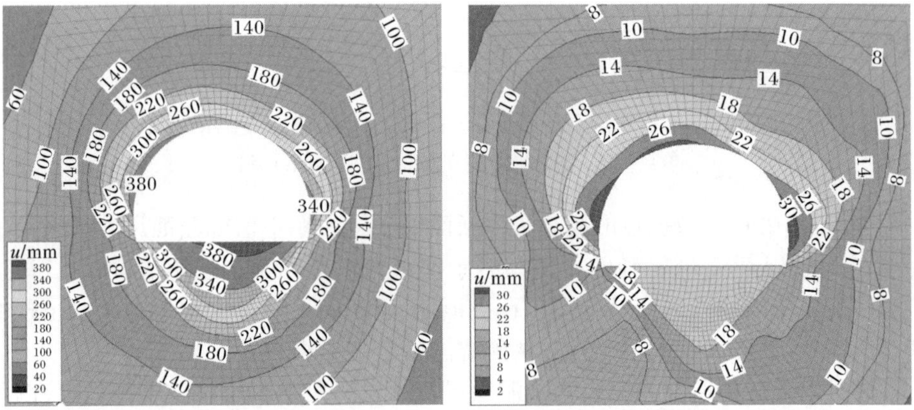

(a) 上半层开挖后隧洞变形　　(b) 上半层断面扩挖后隧洞变形

图 6.61　中等挤压变形洞段隧洞变形

计算结果说明按照二次扩挖设计要求进行扩挖的情况下，二次扩挖对中等挤压洞段围岩变形的影响并不明显，隧洞变形值不到原断面上半层开挖后挤压变形值的 10%，隧洞最大变形增量发生部位相对较均匀。

2) 绿泥石片岩严重挤压变形洞段扩挖支护后隧洞变形分析

绿泥石片岩严重挤压变形洞段上半层开挖支护后，隧洞的最大变形量主要发生在南北侧墙，最大变形达到了 0.7m，隧洞拱顶变形为 0.6m。

上半层二次扩挖后隧洞变形增量与中等挤压洞段一样首先在拱脚处产生，并扩展到侧墙、拱顶等处。当断面达到稳定状态时，最大变形增量主要发生在南北侧墙处，仅为 0.038m，隧洞拱顶变形为 0.03m，如图 6.62 所示。

该计算结果说明在严格按照设计要求进行扩挖的情况下，二次扩挖对严重挤压段隧洞变形的影响并不明显，隧洞最大变形发生部位与原断面一致，主要发生在南北侧墙处，拱顶变形相对较小。

通过对绿泥石片岩严重挤压与中等挤压段二次扩挖后隧洞变形的计算分析，可以发现二次扩挖后隧洞变形增量并不明显，最大变形增量不会超过 0.04m，且最大变形增量发生部位应当主要集中在隧洞南北侧墙处，而隧洞拱顶最大变形增量与侧墙相当，但变形影响深度却小得多，这说明变形严重的部位仍发生在南北两侧墙部位。

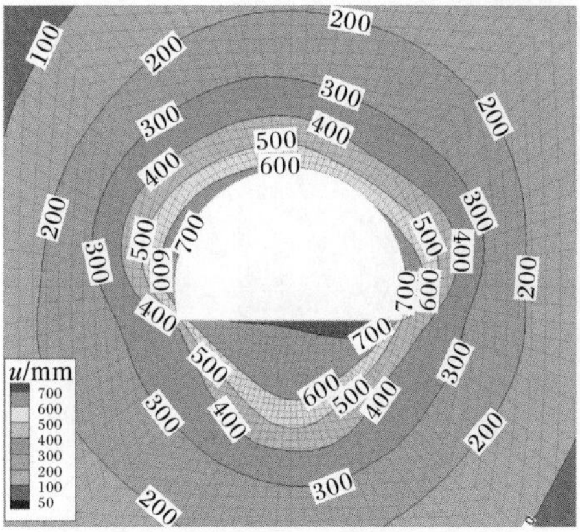

(a) 上半层开挖后隧洞变形

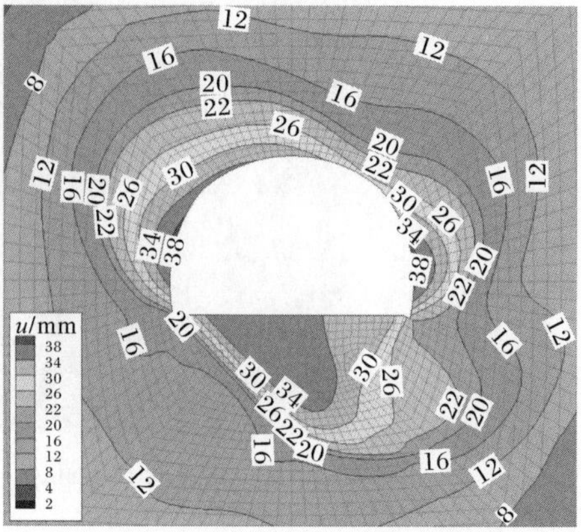

(b) 上半层断面扩挖后隧洞变形

图 6.62　严重挤压变形洞段隧洞变形

3. 扩挖后断面侵占净空与超挖原因分析

通过上节的分析，在严格按照二次扩挖设计要求进行扩挖情况下，扩挖后隧洞变形增量相对较小，理论上不会超过 0.04m，且隧洞边墙变形增量要大于顶拱。

扩挖完成后，根据断面激光扫描结果，隧洞顶拱处出现了 0.2m 甚至超过 0.3m 的侵占净空现象，而拱壁处则出现了 0.3m 甚至超过 0.4m 的断面尺寸扩大现象，这与围岩的力学响应不符。因此，该现象可能并非扩挖扰动导致隧洞围岩变形所产生。

通过对 1＃引水隧洞绿泥石片岩大变形洞段二次扩挖施工过程资料的整理分析，本节对可能造成该洞段侵占净空与超挖等因素进行了分析，具体如下：

(1) 二次扩挖时边墙处有比较严重的超挖现象。通过对 1＃引水隧洞绿泥石片岩挤压变形洞段二次扩挖后断面测量资料的分析发现，扩挖完成后断面存在着较为严重的超挖现象，其中拱脚、侧墙处超挖现象尤其严重，普遍超挖 0.5m 以上，部分断面甚至达到了 1m，而拱顶部位超挖现象则相对较好，超挖约 0.2m，如图 6.63和图 6.64 所示。由于上半层开挖后，拱脚挤压变形较严重，挤压导致围岩更加破碎，且施工用水导致此处围岩浸水软化，因此，在二次扩挖时拱脚、边墙处超挖要远大于拱顶。二次扩挖时隧洞断面形式由原来的圆形断面变为椭圆形断面。当无法保证钢拱架、混凝土喷层、隧洞围岩密切贴合，成为一个整体共同作用时，实际上降低了表面支撑的作用。

图 6.63　二次扩挖后钢拱架与绿泥石片岩围岩间隙非常明显

(2) 混凝土喷层不密实，使得南北侧墙围岩与钢拱架脱空。绿泥石片岩大变形洞段进行扩挖时，采用的是先架立拱架，后喷射混凝土的施工方式。喷射混凝土的目的是使得钢拱架、喷射混凝土、绿泥石片岩岩体密切贴合，共同作用进而限制隧洞围岩变形。由于绿泥石片岩扩挖段存在严重的超挖现象，钢拱架与岩体间隙非常大，这就需要在岩体与钢拱架之间的区域喷射大量混凝土才能将其填实。但由于拱架较为密集，间距仅为 0.5m，且拱架与岩壁之间有较多的锚杆或钢筋，因此，很难做到喷层密实且与洞壁贴合紧密，如图 6.65 所示。由于南北侧墙处超挖现象尤其严重，需要填实的混凝土特别多，混凝土喷射完成后，断面南北侧拱壁处很可能出现混凝土喷层与绿泥石片岩岩体之间有大量空隙未填充的情况，进而使得钢拱架无法与岩体密切贴合达到限制围岩变形的作用。相反钢拱架与混凝土喷层在重力的作用下，拱顶下沉，侵占隧洞净空，而拱壁与拱脚则向洞壁方向滑动来填实钢拱架与岩体之间的空隙，出现断面尺寸扩大现象。

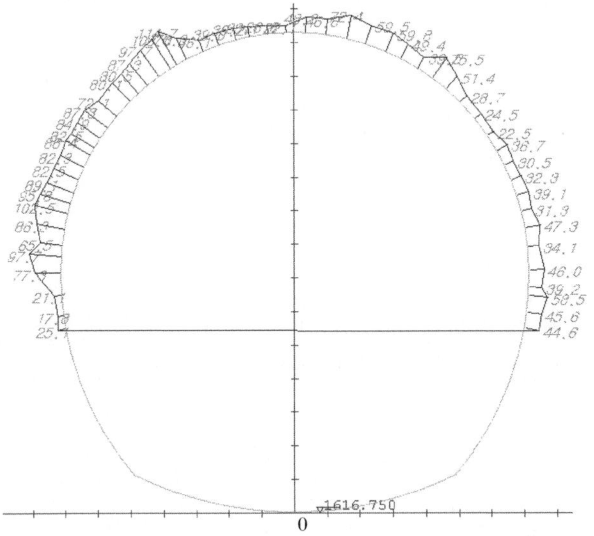

(a) 1+536

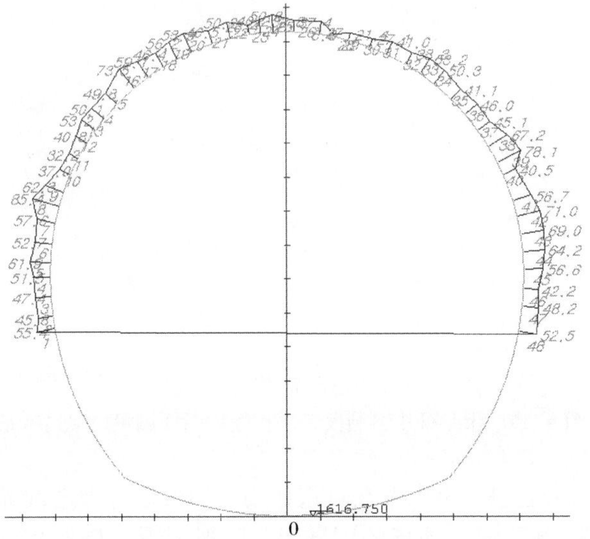

(b) 1+587

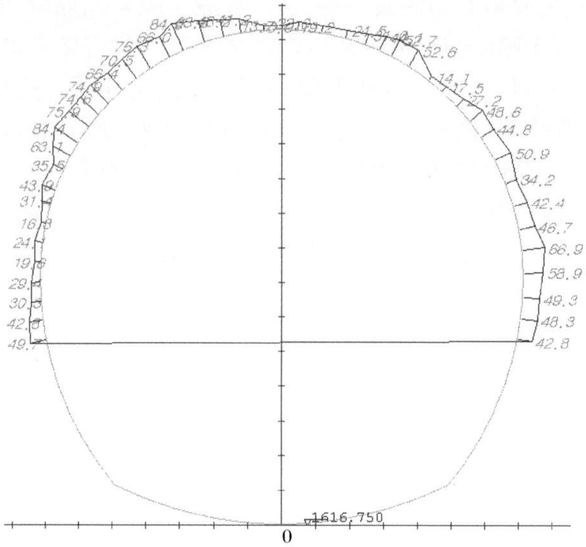

(c) 1＋681

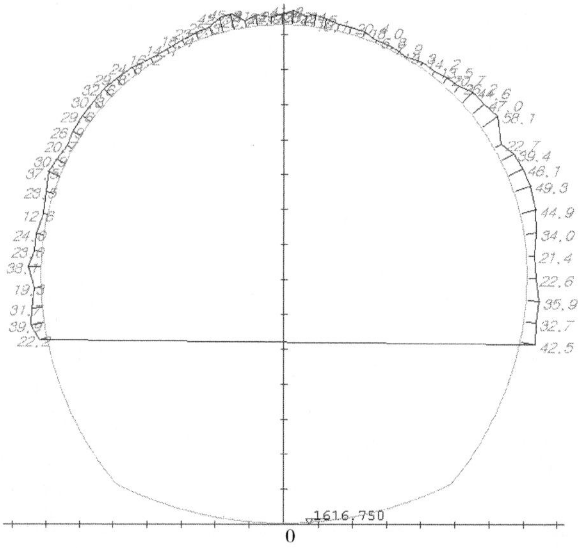

(d) 1＋775

图 6.64　绿泥石片岩洞段二次扩挖后断面测量(单位:mm)

本节对喷射混凝土后,钢拱架在自重作用下的变形行为进行了模拟,如图 6.66 所示,由于该模拟基于非常理想的钢拱架与喷射混凝土构件,无法反映实际存在的缺陷,因此,计算出的变形应当较实际情况偏小,但其变形趋势应当与实际相

图 6.65　绿泥石片岩扩挖段混凝土喷射不密实情况

似。当隧洞断面南北侧墙混凝土喷射密实时，钢拱架与岩体形成整体，拱架变形受到约束，最大变形发生在拱顶处，不到 0.4mm，几乎可以忽略不计。当隧洞断面南北侧墙混凝土喷射不密实、钢拱架与岩体间留有较大空隙时，钢拱架变形受岩体限制较小，围岩变形较大，拱顶下沉，侵占隧洞净空，进而使得拱壁与拱脚向洞壁方向滑动来填实钢拱架与岩体之间的空隙，出现断面尺寸扩大现象，且侧墙与拱脚变形要大于拱顶变形，这一趋势与 1＃隧洞绿泥石片岩大变形扩挖洞段统计得到的结果是一致的。因此，有理由相信混凝土喷射不密实，使得钢拱架变形未受到应有的限制是造成该洞段出现严重超挖与侵占净空的重要因素。

(3) 混凝土喷射不均匀，拱顶局部喷层过厚也是顶拱出现侵空的原因之一。现场喷射混凝土随钢拱架成波浪形，如图 6.67 所示。由于顶拱部位喷射较为困

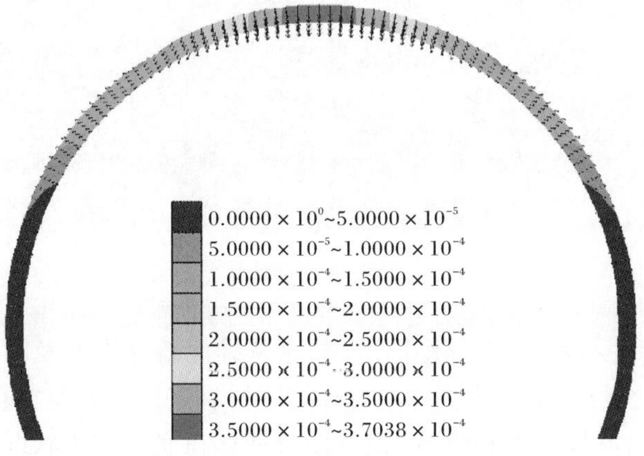

(a) 南北侧拱壁混凝土喷射密实情况

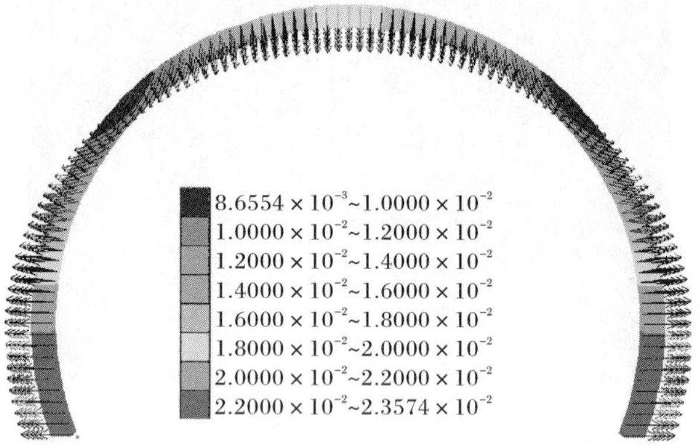

(b) 南北侧拱壁混凝土喷射不密实情况

图 6.66　二次扩挖后钢拱架在自重作用下产生变形(单位:m)(见彩图 6.66)

难、回弹率高、观察不便等因素影响,喷射混凝土施工难度非常大,故要求较高施工质量和适当的喷层厚度控制方法,当喷射混凝土时,若不注意喷射方式方法,很可能出现部分钢拱架及锚杆处混凝土喷层特别厚,进而侵占隧洞净空现象。通过对断面扫描结果的分析也发现,相当一部分断面拱顶侵占净空的部位仅仅发生在一小块区域,其他部位则很少侵占净空,这与拱顶局部喷层过厚现象非常符合。

图 6.67　波浪形的混凝土喷层

(4) 水对绿泥石片岩的软化作用。将水从绿泥石片岩段及时排出,防止水对绿泥石片岩软化效应,对于维护绿泥石片岩围岩稳定性有着至关重要的作用。通过对绿泥石片岩洞段的巡视发现,该洞段长期存在底板积水状况,甚至在落底开挖后,底板仍然有着较多的积水,如图 6.68 所示。

(a) 落底开挖前1＃底板积水情况

(b) 落底开挖后1＃底板积水情况

图6.68 绿泥石片岩洞段底板积水情况

关于绿泥石片岩底板积水存在着一个认识误区，即绿泥石片岩本身有着很好的隔水性能，底板的积水仅会使得拱脚附近较浅的范围内发生强度软化破坏现象，对整个隧洞的长期稳定性影响相对较小。而实际在上层开挖后，底板岩层已经发生了破裂损伤，从而形成了渗透通道，导致水的影响深度大大增大。绿泥石片岩二次扩挖及下半层落底的观察，证实了这一认识。在1＃引水隧洞1＋760～780段二次扩挖时发现，原拱架出现了严重的挤压变形现象，如图6.56所示。该区域底板长期积水，通过对该处岩体观察发现，在距离底板两米高的地方，绿泥石片岩明显呈潮湿状态且强度非常低，可徒手轻轻捏碎，且该处未发现渗滴水现象，因此，该处的潮湿状态可能是底板积水渗透至此所致。

4. 扩挖对隧洞变形影响的结论与建议

通过对绿泥石片岩大变形扩挖段的力学分析，可以发现当严格按照设计扩挖方法与支护参数进行扩挖时，二次扩挖对隧洞变形的影响非常小，不会造成侵占隧洞净空现象，且围岩变形主要发生在南北侧墙，而不是发生在严重侵占净空的拱顶。因此，按照设计扩挖方法与支护参数进行二次扩挖是合理的，通过对可能引起侵占断面净空因素的特点分析，认为造成侵占隧洞净空的主要原因有：

(1) 二次扩挖时侧墙处有比较严重的超挖现象，给喷射混凝土填充造成困难，并为拱架变形留下空间。

(2) 混凝土喷射不密实，使得南北侧墙处围岩与钢拱架脱空。

(3) 混凝土喷射不均匀，拱顶局部喷层过厚。

对于扩挖段隧洞拱顶侵占净空的处理措施，本建议认为可以根据其发生原因与对二次衬砌影响程度来采用相应的措施：

(1) 首先调查断面各部位拱架与围岩的贴合情况，给出喷层的实际厚度。

(2) 对于最大侵占净空值较小的断面,由于侵占净空现象主要发生在拱顶的部分区域,对断面面积的侵占很小,基本不会影响到扩挖后的二次衬砌,因此,可以不采取特别措施。

(3) 对于最大侵占净空值较大且最大超挖值较小的断面,其侵占净空现象主要是由于拱顶局部喷层过厚造成的,可通过机械方式将其凿除。

(4) 对于最大侵占净空值与最大超挖值均较大断面,其侵占净空现象主要是由于拱顶局部喷层过厚与南北侧墙围岩与钢拱架脱空两个因素共同作用的结果,可以首先对侵占净空部位进行机械凿除,若开凿后侵占净空值仍然较大,应当考虑更换拱架的方式。

(5) 如上述建议施工上难以实现,只能根据拱架与围岩的贴合情况进行注浆,并调整隧洞的最终断面尺寸,以满足衬砌的设计厚度要求。

6.6 绿泥石片岩洞段工程问题处理效果

本章的分析成果和建议扩挖洞径、支护加固参数等等已在现场实施。图 6.69 即为扩挖洞径与挤压变形洞径的对比。图 6.70 为所建议的落底之前锚筋桩和预应力锚杆加固措施现场实施情况,图 6.71 为现场该洞段预应力锚索实施情况。图 6.45 所示的围岩变形情况可见,加强支护后,围岩变形迅速收敛,效果明显。

图 6.69 绿泥石片岩大变形洞段二次扩挖

(a) 锚筋桩施工

(b) 锁脚预应力锚杆施工

图 6.70　绿泥石片岩大变形洞段落底前锚筋桩和预应力锚杆施工

图 6.71　引(1)1+760 绿泥石片岩大塌方洞段落底前的预应力锚索加固

6.7　小　　结

本章在前几章充分揭示锦屏二级水电站深埋软岩隧洞中绿泥石片岩物理力学特性和围岩开挖力学响应的基础上，通过正反分析方法获得了挤压变形洞段的围岩力学参数。确定了挤压变形洞段支护加固的基本原则、加固方案，通过数值模拟方法进行了方案优化分析，确定了建议方案及参数，并在现场得以实施，现场监测数据表明，效果非常明显。

采用数值模拟方法，结合施工可行性分析，进行了不同挤压程度洞段落底开挖方案的论证分析，评价了不同洞段落底开挖导致围岩变形情况，给出了落底开挖的建议方案。

通过对该工程围岩变形特征的充分分析，建议了相应的落底开挖过程中围岩变形的控制目标和控制方法，对于类似挤压变形工程问题处理具有重要参考价值。

另外，本章还对绿泥石片岩隧洞开挖过程中遭遇到的若干工程灾害问题进行了针对性的分析，提出了切实可行的应对策略，经现场应用后取得了令人满意的效果。

第 7 章　深埋软岩隧洞衬砌结构研究

软岩强度低、变形大、遇水软化严重、流变效应显著。开挖支护后挤压变形问题突出，施工期所遭遇到的挤压变形问题及揭示的控制性因素无疑对运营期衬砌的长期安全造成极大的威胁：①高应力下围岩长期流变变形将不断增大衬砌压力；②运营期长期内水外渗导致岩体软化，强度和变形模量降低，无疑将加剧衬砌开裂甚至失稳的风险；③衬砌开裂加速了水的渗入导致围岩软化加剧，如此将出现恶性循环。例如，锦屏二级水电站绿泥石片岩属于典型软岩，上断面开挖支护后，短期内即出现了围岩挤压变形导致的"缩径"，二次扩挖支护后再次出现"缩径"问题，且不同断面变形严重程度差别较大，在施工期若不能很好地的解决该问题，若运营期一旦出现围岩挤压变形导致的衬砌开裂甚至破坏等问题，其维修成本和发电损失是无法估量的。因此，深埋软岩和衬砌的长期稳定性问题将是深部隧洞工程长期安全性的关键控制因素。

深埋软岩隧洞复杂的工程实际情况要求在分析中必须同时考虑岩体流变、内水外渗、遇水软化这三个主要因素，由此导致的围岩流变变形和弹塑性变形对衬砌结构的压力是衬砌设计和安全性分析中必须充分考虑的荷载条件。这些因素的实际工作过程是异常复杂的，它们互相影响、耦合作用，此时，研究某种因素的单独作用将难以满足要求。为此，本章采用黏-弹-塑性流变本构模型同时考虑弹塑性和流变问题以及二者耦合效应，进行衬砌后的流固耦合分析，并基于试验得到的锦屏绿泥石片岩遇水软化系数进行变形和强度参数折减分析，继而进行考虑流变的流固耦合分析。

7.1　绿泥石片岩流变力学特征和力学模型的选取

7.1.1　室内试验所反映出的岩石流变特征

绿泥石片岩是一种典型软岩，有着非常强的流变特性。图 3.37 为绿泥石片岩在饱水条件下的蠕变试验曲线，可见，在应力水平较低时，其蠕变变形较小，流变特征不明显，而当应力水平较高时，绿泥石片岩的流变特性非常明显，在接近长期强度时存在明显地由稳态蠕变向加速蠕变的转变过程。

7.1.2　现场监测曲线所反映出的围岩流变特征

桩号为引(1)1+715断面的围岩变形监测曲线如图7.1所示。由图可知，该断面的多点位移计监测曲线也反映出了隧洞围岩的流变特性，即围岩变形随时间增大的现象。如由右拱腰位移监测曲线图7.1(a)可知，以监测变形最大的监测点1(位于隧洞内壁)为例，在多点位移计监测点布置后，因隧洞落底开挖导致围岩应力调整和蠕变变形，其位移监测值由0mm，在经历100天后达到约9mm，在此之后围岩变形逐渐趋于平缓，在180天时其位移监测值为12.3mm；在180天后继续进行隧洞落底开挖，围岩应力再次调整以及围岩蠕变变形，该监测点的位移监测值再次明显增加，在320天时其位移监测值达到32.9mm，并在之后趋于平缓，在540天时其位移监测值为37.4mm。在左拱肩位移监测曲线图7.1(b)中也出现了类似的规律，只是其位移监测值要小得多，其位移最大监测值仅为2.82mm。

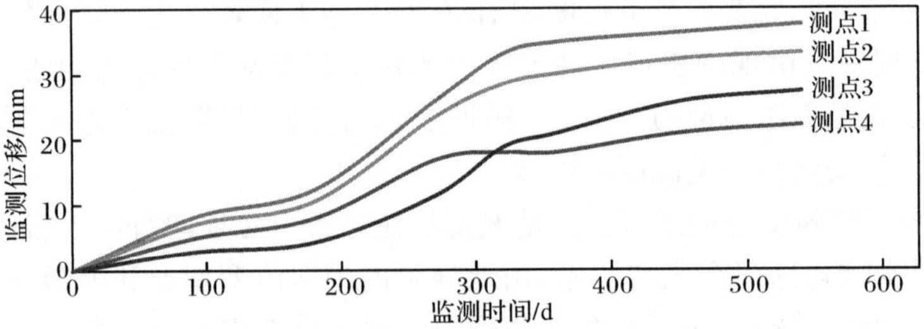

(a) 右拱腰位移监测曲线

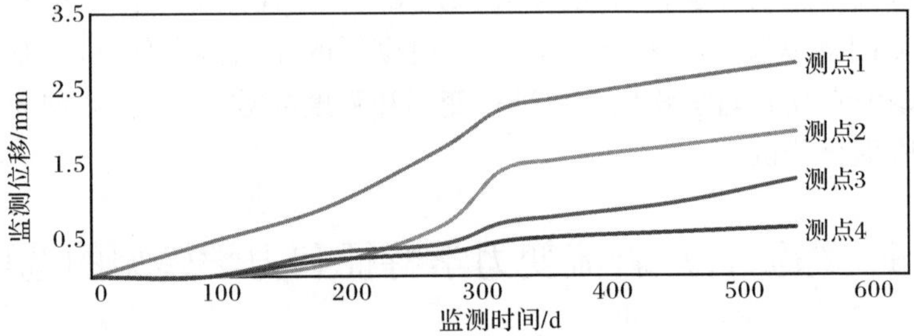

(b) 左拱肩位移监测曲线

图7.1　多点位移计的位移监测曲线图

7.1.3　绿泥石片岩流变力学模型研究

在对绿泥石片岩的室内试验曲线及现场监测曲线进行分析研究后发现，绿泥石片岩具有显著的流变特性。因此，此处应选取合适的流变力学模型把复杂的绿泥石片岩的流变性质用较直观的方法表示出来。同时，从高应力下试样的变形和破坏特征来看，在蠕变后期阶段试样的弹塑性变形得以发展，并最终导致其破坏，因此，其流变本构还应能够充分反映其塑性力学行为。

目前提出的流变模型有很多种，其中经验流变模型只适合描述特定问题；不可逆热流变模型和细观流变模型可较好解释流变机制，但其理论推导复杂，目前仅在简单力学状态问题中有所应用；元件组合模型直观灵活，格式简洁，能全面反映流变介质的各种流变特性，在工程中被广泛应用。本研究将采用元件组合模型来描述绿泥石片岩的流变力学行为。岩石流变的元件组合模型有很多种，应用较多的简单模型有 Hooke-Kelvin 和 Burgers 流变模型。

由本书第三章绿泥石片岩三轴流变试验结果及现场监测曲线进行分析可知，其蠕变变形量随时间逐渐增长，但其蠕变变形的速率随时间增长而减小，最后蠕变变形趋于一个稳定的极限值，即曲线存在一个水平渐近线，这一特征与 Hooke-Kelvin 流变模型类似，如图 7.2 所示，故此处采用 Hooke-Kelvin 流变模型。同时考虑到，绿泥石片岩长期力学行为中存在明显的弹塑性响应，且应力超过一阈值后，绿泥石片岩会在外力作用下出现拉坏或者剪坏，故本节将同时考虑 Hooke-Kelvin 流变模型和 Mohr-Coulomb 屈服准则，即采用黏-弹-塑流变力学模型。

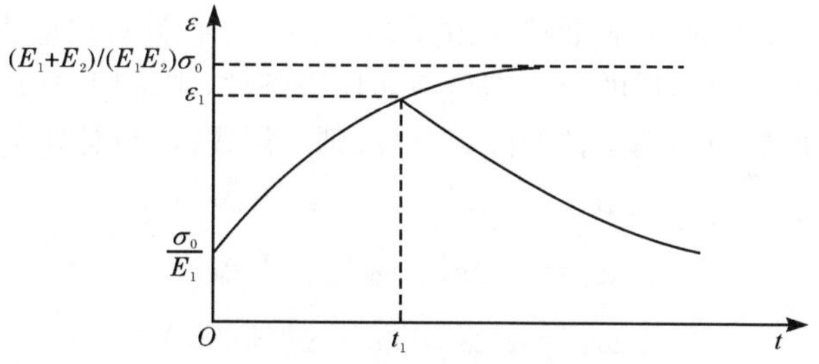

图 7.2　Hooke-Kelvin 模型蠕变曲线示意图

黏-弹-塑流变力学模型由 Burgers 流变模型和 Mohr-Coulomb 屈服准则组成，其模型示意图如图 7.3 所示。其中，Burgers 流变模型通过将模型中 Maxwell 黏度 η^M 设置为∞可以退化为 Hooke-Kelvin 流变模型，此处即采用该方法利用黏-弹-塑流变力学模型来同时考虑 Hooke-Kelvin 流变模型和 Mohr-Coulomb 屈服准则。

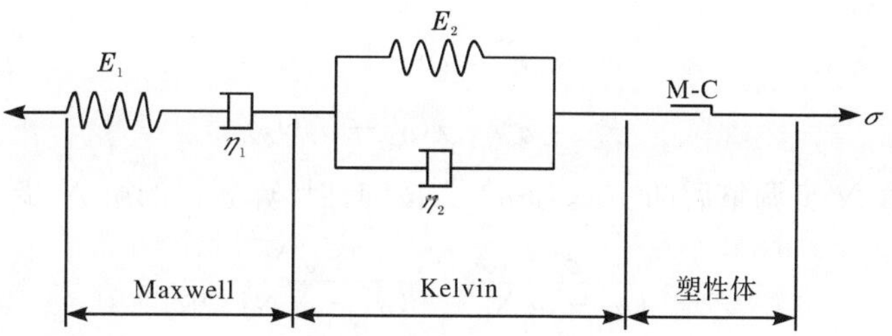

图 7.3　黏-弹-塑流变力学模型示意图

通过对 Hooke-Kelvin 流变模型中各元件受力变形及其连接关系的分析，得到正应力 σ 和正应变 ε 的关系为

$$\sigma+\frac{\eta_2}{E_1+E_2}\dot{\sigma}=\frac{E_1E_2}{E_1+E_2}\varepsilon+\frac{E_1\eta_2}{E_1+E_2}\dot{\varepsilon} \tag{7.1}$$

式中：E_1 和 E_2 分别为两弹性元件的弹性模量；η_2 为 kelvin 体的黏性系数。

以剪切形式表达时，系统的总剪应力 τ 和总剪应变 γ 的关系与式(7.1)类似，即

$$\tau+\frac{\eta_2}{G_1+G_2}\dot{\tau}=\frac{G_1G_2}{G_1+G_2}\gamma+\frac{G_1\eta_2}{G_1+G_2}\dot{\gamma} \tag{7.2}$$

式中：G_1 和 G_2 分别为两弹性元件的剪切模量。

对于三维应力状态，推广式(7.1)和(7.2)可得到 H-K 体的本构方程为

$$S_{ij}+\frac{\eta_2}{G_1+G_2}\dot{S}_{ij}=\frac{2G_1G_2}{G_1+G_2}e_{ij}+\frac{2G_1\eta_2}{G_1+G_2}\dot{e}_{ij}\quad(i,j=1,2,3) \tag{7.3}$$

$$\sigma_{\mathrm{m}}=3K\varepsilon_{\mathrm{m}} \tag{7.4}$$

式中：s_{ij} 为应力 σ_{ij} 的偏应力，$s_{ij}=\sigma_{ij}-\sigma_{\mathrm{m}}\delta_{ij}$，$\sigma_{\mathrm{m}}$ 为平均正应力，δ_{ij} 为 Kronecker delta 符号；$e_{ij}=\varepsilon_{ij}-\varepsilon_{\mathrm{m}}\delta_{ij}$ 为应变 ε_{ij} 的偏应变，ε_{m} 为平均正应变；K 为体积模量。

考虑 Mohr-Coulomb 屈服准则，在由式(7.3)和(7.4)计算出应力后，由式(7.5)来进行应力更新，若更新后的应力满足剪切屈服条件，则采用式(7.6)对其应力进行调整；若更新后的应力满足拉伸破坏条件，则采用式(7.7)对其应力进行调整。

$$\begin{cases}\Delta\sigma_1=\alpha_1\Delta\varepsilon_1^{\mathrm{p}}+\alpha_2(\Delta\varepsilon_2^{\mathrm{p}}+\Delta\varepsilon_3^{\mathrm{p}})\\ \Delta\sigma_2=\alpha_1\Delta\varepsilon_2^{\mathrm{p}}+\alpha_2(\Delta\varepsilon_1^{\mathrm{p}}+\Delta\varepsilon_3^{\mathrm{p}})\\ \Delta\sigma_3=\alpha_1\Delta\varepsilon_{23}^{\mathrm{p}}+\alpha_2(\Delta\varepsilon_1^{\mathrm{p}}+\Delta\varepsilon_2^{\mathrm{p}})\end{cases} \tag{7.5}$$

式中：

$$\begin{cases}\alpha_1=K+\dfrac{G}{3}\\ \alpha_2=K-\dfrac{G}{6}\end{cases}$$

发生破坏后，应力调整的计算公式为

$$\begin{cases}\sigma_1^N=\hat{\sigma}_1^N-\lambda(\alpha_1-\alpha_2N_\psi)\\ \sigma_2^N=\hat{\sigma}_2^N-\lambda\alpha_2(1-N_\psi)\\ \sigma_3^N=\hat{\sigma}_3^N-\lambda(\alpha_2-\alpha_1N_\psi)\end{cases} \tag{7.6}$$

式中：σ_1^N 为第 N 步调整后的主应力；$\hat{\sigma}_1^N$ 为按弹性计算获得的第 N 步主应力。

$$\lambda=\frac{\hat{\sigma}_1^N-\hat{\sigma}_3^NN_\phi+2c\sqrt{N_\phi}}{(\alpha_1-\alpha_2N_\psi)-(\alpha_2-\alpha_1N_\psi)N_\phi}$$

拉伸破坏后，应力调整的计算公式为

$$\begin{cases}\sigma_1^N = \hat{\sigma}_1^N - \lambda^t \alpha_2 \\ \sigma_2^N = \hat{\sigma}_2^N - \lambda^t \alpha_2 \\ \sigma_3^N = \hat{\sigma}_3^N - \lambda^t \alpha_1\end{cases} \tag{7.7}$$

式中：

$$\lambda^t = \frac{\sigma^t - \hat{\sigma}_3^N}{\alpha_1}$$

7.2　深埋软岩隧洞围岩流变参数反演

上述分析确定采用黏弹塑性流变模型来描述绿泥石片岩隧洞的长期力学响应。现场岩体的力学参数难以在室内获得，在岩土工程中计算参数获取存在多种方法，目前主要有现场试验法、室内试验法、经验类比法和反分析法等。现场试验法由于其费时费力且测得参数离散大等缺点未被广泛使用；室内试验法受应力条件和岩石状态等方面差异以及尺寸效应等因素的影响，使得实验室确定的参数与现场差别较大；经验类比法受限于岩体本身的千差万别；而反演法主要根据现场的监测信息来反演模型中的参数，由于其切实可行，已在岩土工程界得到普遍应用，本书即采用此方法来反演绿泥石片岩洞段上台阶开挖加固后围岩的流变力学参数。

本书前述的施工过程可知，引水隧洞绿泥石片岩段整个施工期经历了下面几个阶段：①引水隧洞上台阶（台阶高度约为 8.5m）开挖，由于对绿泥石片岩地质条件、高地应力下软岩挤压变形的发展规律和发育程度缺乏认识，支护不及时、支护质量存在缺陷，从而导致上台阶开挖支护后的断面发生“缩径”问题，最大变形达到 0.7m；②二次扩挖，为了满足开挖衬砌后过流断面的尺寸以及衬砌厚度的要求，对上台阶开挖支护后“缩径”的洞段进行二次扩挖；③加固处理，为了保证下台阶开挖过程中围岩的稳定性，并避免再次发生超出预期的“缩径”问题，在下台阶开挖之前，对上台阶已二次扩挖支护洞段进行加固处理，增加拱脚的锚筋桩，拱腰和拱肩的预应力锚杆，部分洞段在拱腰和拱肩部位增设预应力锚索；④下台阶（落底）开挖支护。

二次扩挖之前，此洞段曾经布置了大量监测断面，正是那些监测成果揭示了该洞段的“缩径”问题。该阶段的监测结果反映了上台阶开挖后在支护强度相对较弱、围岩变形破裂得以发展情况下围岩和支护复合体的力学响应，这一状态也是二次扩挖支护的初始条件，此时的围岩支护复合体性质较差，围岩损伤破裂严重，力学参数较低。

在上台阶二次扩挖后，重新进行了支护，并在此基础上进行了加固处理，重新布置了监测断面，此时的监测成果反映了二次扩挖支护加固后岩体的力学响应，这时的围岩支护复合体与二次扩挖之前存在着较大差别，这一性状也一直延续到衬砌后的运行期。因此，在分析衬砌安全性时，围岩支护复合体的力学参数应该根据二次扩挖支护加固之后的监测数据进行反演才是合理的。

进行反演时，选定上台阶开挖支护后发生“缩径”现象的特征断面的监测曲线作为反演对象，此处取桩号为引(1)1＋715 的断面，该断面的“缩径”现象较为显著，能很好反映其他断面的“缩径”现象，且该断面的多点位移计监测曲线(图 7.1(a)右拱腰位移监测曲线)很好地反映了隧洞围岩的流变特性，即围岩变形随时间增大的现象。

选定断面(桩号为引(1)1＋715)在二次扩挖支护加固之后，重新布置了两组多点位移计：一组位于隧洞的右拱腰位置，如图 7.4 所示；一组位于隧洞的左拱肩位置。每组监测位置均布置四个监测点。通过对隧洞围岩变形进行分析，再结合已有的研究成果，可以发现同一断面的隧洞围岩变形在拱腰处的敏感性(变形量)比拱肩处要高很多，由图 7.1 也可以看到同样的现象，即右拱腰处最大监测位移值为 37.44mm，而同断面的左拱肩最大监测位移值仅为 2.82mm，远远小于右拱腰的位移监测值。此外，在相同反演精度条件下，对数值较大的结果反演的可靠度远远大于对数值较小的结果反演的可靠度，这一点也是不难理解的。考虑上述因素后，同时为了降低反演的复杂性，此处最终选定桩号为引(1)1＋715 断面的右拱腰位移监测曲线(如图 7.1(a)所示)为反演对象。

由选定断面的右拱腰位移监测曲线图 7.1(a)可知，该位置有四个监测点，监测点离隧洞内部越近，其流变特性越明显。以位移监测变形最大的监测点 1(位于隧洞内壁)为例，在多点位移计监测点布置后，因隧洞中槽开挖导致围岩应力调整和围岩蠕变变形，其位移监测值由 0mm，随着时间的增加逐步增大到 9mm(100 天)，之后围岩变形逐渐趋于平缓，并最终趋于 12.3mm 附近；在进行隧洞落底扩挖后(180 天时)，围岩应力再次调整，该监测点的位移监测值再次明显增加，在 320 天时其位移监测值达到 32.9mm，并在之后监测位置围岩变形趋于平缓，并最终趋于 37.4mm 附近(540 天)。

由图 7.1(这个监测断面所有多点位移计的监测曲线)所示的监测曲线和现场开挖活动可知，二次扩挖支护加固之后，落底开挖之前，围岩变形值很小并保持平稳，围岩挤压变形问题得以遏制，为落底开挖奠定了很好基础。在中槽落底开挖过程中，右拱腰变形逐渐增大，并随掌子面远离而趋于平稳，位移速率明显下降。但落底扩挖时，位移速率随之增大，位移大小随开挖进程不断增长，并在掌子面空间效应消失后位移速率迅速降低，位移随时间变化曲线趋于平稳，并在衬砌浇注前基本收敛，从而避免衬砌一开始就受到较大的围岩变形压力。衬砌浇注后的位移曲线可见，此时围岩变形已经停止，位移大小没有变化，说明围岩稳定性及衬砌安全性均较好。

本节基于此监测断面右侧拱腰的位移时间曲线反演二次扩挖支护加固后围岩和支护复合体的流变力学参数，为衬砌的长期安全性分析奠定基础。

反演目标是使右拱腰监测位置的计算位移随时间变化曲线与实测曲线(图 7.1)一致，以此确定流变参数的取值。右拱腰监测位置如图 7.4 所示，图中的测点 1 位于隧洞内壁上，测点 2 距隧洞内壁为 2m，测点 3 距隧洞内壁为 5m，测点 4 距隧洞内壁 10m，且所有测点位于同一直线上。

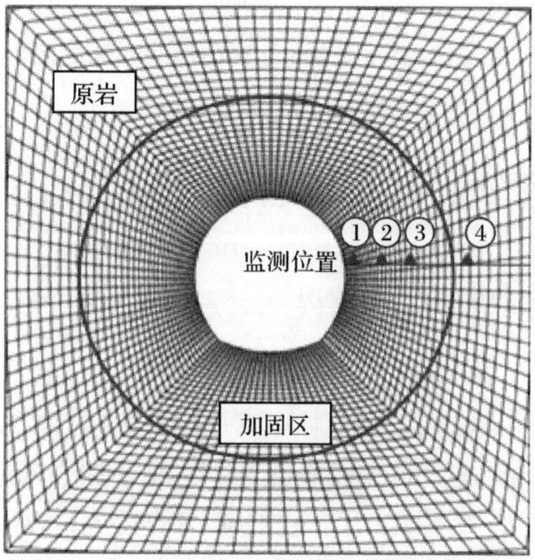

图 7.4　右拱腰监测位置示意图

反演分析中首先模拟 8.5m 的上台阶开挖，继而对因上台阶开挖而受到扰动的区域进行相应加固处理，加固区根据现场施工情况取为 9m，同时在监测位置布置多点位移计。之后，对隧洞进行中槽落底开挖和扩挖，并进行支护加固。

本节采用基于粒子群方法反演绿泥石片岩流变力学模型的参数。反演的具体过程在此不再详述，反演所得参数如表 7.1 所示。

表 7.1　等效流变参数取值表

围岩分区	Kelvin 切变模量 G^K/MPa	Kelvin 黏度 η^K/(MPa·d)	Maxwell 切变模量 G^M/MPa	Maxwell 黏度 η^M/(MPa·d)	体积模量 K/MPa	黏聚力 c/MPa	内摩擦角 ϕ/(°)
原岩	2.0×10^4	1.25×10^6	2.72×10^7	1.12×10^{11}	3.63×10^3	2.60	36.02
加固区	2.0×10^4	1.25×10^6	1.70×10^7	1.00×10^{11}	2.27×10^3	2.00	28.97

将反演所得参数代入模型中进行计算，得到右拱腰监测点的位移曲线，并将之与实测曲线进行对比，如图 7.5 所示。其中，虚线代表监测所得位移曲线，实线

代表计算所得相应监测点的位移曲线。可见，二者吻合的相当好，说明了计算采用的力学模型及反演得到的力学参数具有很好的可靠性。

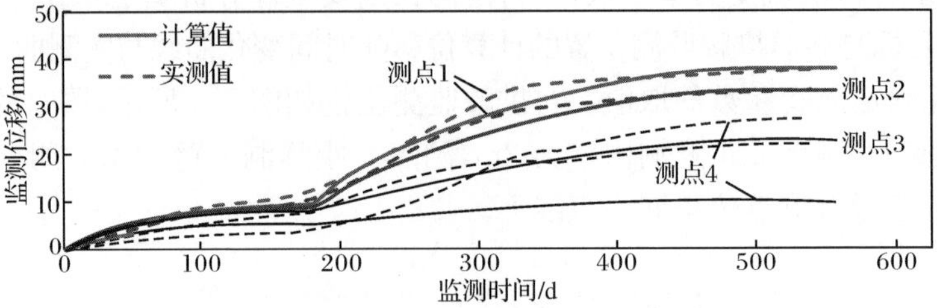

图 7.5　右拱腰监测位置的计算曲线与实测曲线的对比图

7.3　深埋软岩隧洞围岩安全性及衬砌结构分析

7.3.1　衬砌浇筑完成初期的受力情况

根据设计的布筋方案，本次计算所建衬砌模型及钢筋布置如图 7.6 所示。本节分析隧洞落底开挖支护完成至衬砌完成后短期内衬砌的受力情况。为了对衬砌应力状态进行监控，设置了四个监测点，其位置分别为隧洞拱顶内侧、拱底内侧及左右拱腰内侧，如图 7.7 所示，用来监测衬砌的切向应力。同时，为了能了解衬砌内钢筋的受力状况，设置了两个监测点对钢筋应力进行监测。

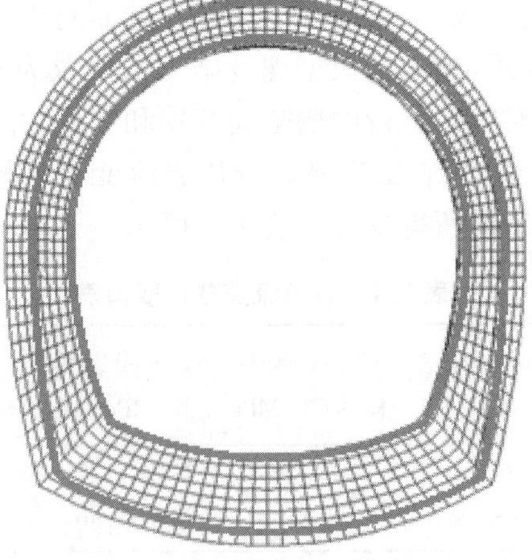

图 7.6　混凝土衬砌及钢筋网格示意图

图中灰色粗线代表钢筋

经过初步力学分析发现，衬砌内钢筋受力的不利位置均位于靠近衬砌内壁的位置，且共有两个位置受力较大——右拱肩和左拱脚处。在上述钢筋受力较大的两个部位设置监测点，即钢筋监测Ⅰ和钢筋监测Ⅱ，如图 7.7 所示。同时，为了更好地了解上述两个钢筋监测位置的应力状态，此处亦对此位置处衬砌的最大主应力和最小主应力进行了监测。

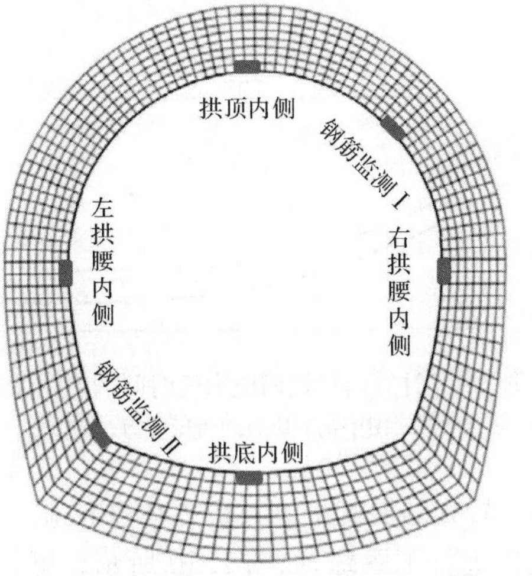

图 7.7　计算中衬砌应力监测位置示意图

计算所得衬砌四个监测位置(拱顶内侧、拱底内侧及左右拱腰内侧)的衬砌应力演化曲线如图 7.8 所示。可见，在衬砌施工完成后，隧洞围岩蠕变引起的形变压力，使得衬砌内逐步产生应力，监测位置处的切向应力值随着时间逐渐增大，开始应力增速较大，随着衬砌对围岩支撑力的增长，围岩蠕变变形受到约束和遏制，并逐渐趋于平衡，此时衬砌切向应力增速减小，曲线逐渐变缓，并在隧洞衬砌施加完成后约 200 天，衬砌切向应力值收敛。此时，拱底内侧的切向压应力为 0.039MPa，拱顶内侧的切向压应力为 0.066MPa，左拱腰内侧的切向压应力为 0.18MPa 以及右拱腰内侧的切向压应力为 0.25MPa。

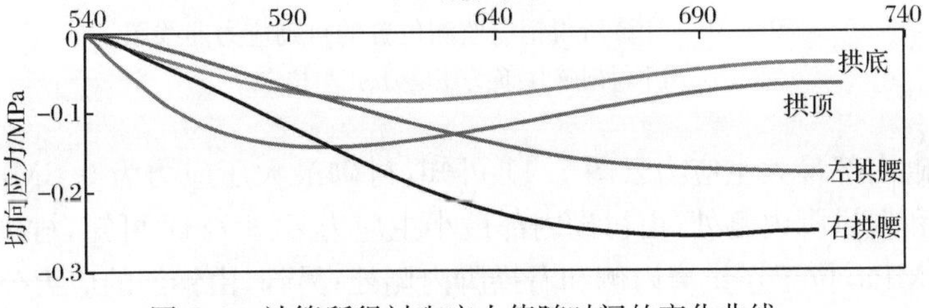

图 7.8　计算所得衬砌应力值随时间的变化曲线

图中衬砌应力：负为压应力、正为拉应力

计算所得Ⅰ和Ⅱ钢筋监测点的应力曲线如图 7.9 所示。由图 7.9 可知，在衬砌施工完成后，钢筋的应力值也随着围岩蠕变引起形变压力的增大而逐渐升高，开始时钢筋的应力增速较大，随着时间而迅速降低，应力增速逐渐变缓，应力大小趋于稳定，其中，Ⅰ点的钢筋应力值在隧洞衬砌施加完成后 200 天收敛，稳定在 3.62MPa附近；Ⅱ点的钢筋应力值在隧洞衬砌施加完成后 200 天收敛，稳定在 4.36MPa 附近。

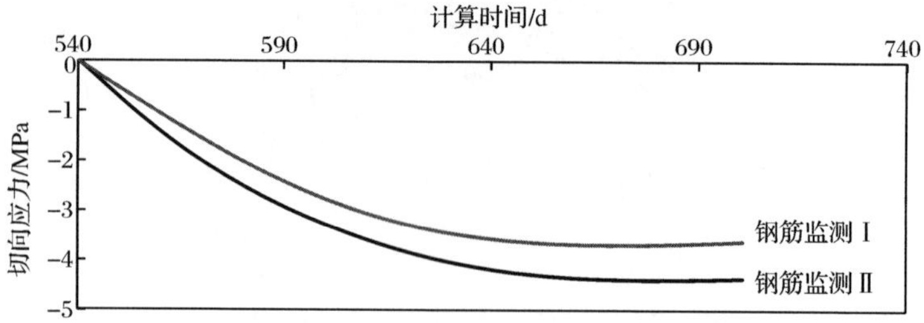

图 7.9　计算所得钢筋应力随时间的变化曲线

图中钢筋应力均为压应力

为了对钢筋监测位置处的混凝土应力状态有更好地了解，此处还对该位置衬砌的最大和最小主应力进行了跟踪，如图 7.10 所示。可见，在衬砌完工后，衬砌应力值也随着时间的增加而逐渐增大，并最终趋于稳定。在隧洞衬砌施加完成后 200 天，Ⅰ点处衬砌的最大压应力值稳定在 0.66MPa 附近；在隧洞衬砌施加完成后 200 天，Ⅱ点处的衬砌最大压应力值稳定在 0.74MPa 附近。

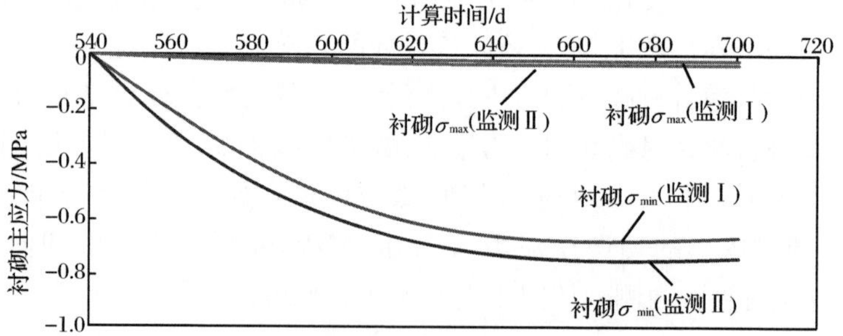

图 7.10　计算所得钢筋监测位置的衬砌应力曲线图

图中衬砌应力：负为压应力、正为拉应力

由衬砌内部最大主应力云图 7.11 可知，衬砌最大压应力为 0.8MPa，位于右拱肩内侧和左拱脚内侧处；由衬砌内部最小主应力云图 7.12 可知，衬砌最大拉应力为 0.55MPa，位于左拱肩内侧和右拱脚内侧处；另外，由钢筋的应力分布图 7.13 可知，钢筋受力与衬砌受力具有一致性，在右拱肩内侧和左拱脚内侧处承受压应

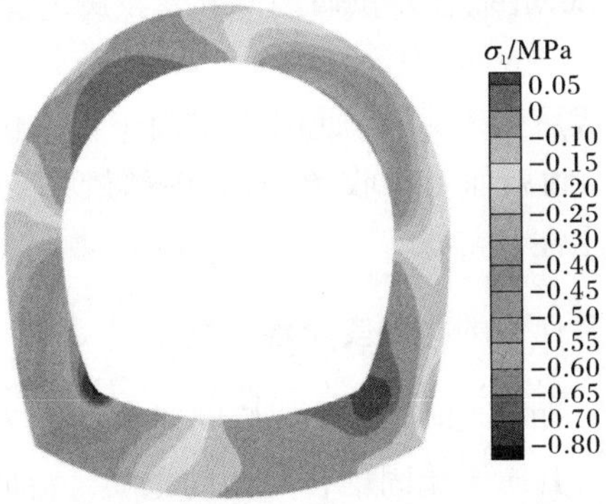

图 7.11　衬砌内部最大主应力云图(见彩图 7.11)

图中衬砌应力:负为压应力、正为拉应力

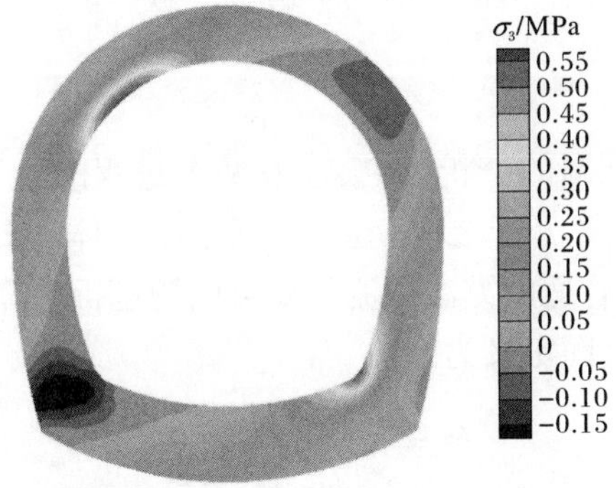

图 7.12　衬砌内部最小主应力云图(见彩图 7.12)

图中衬砌应力:负为压应力、正为拉应力

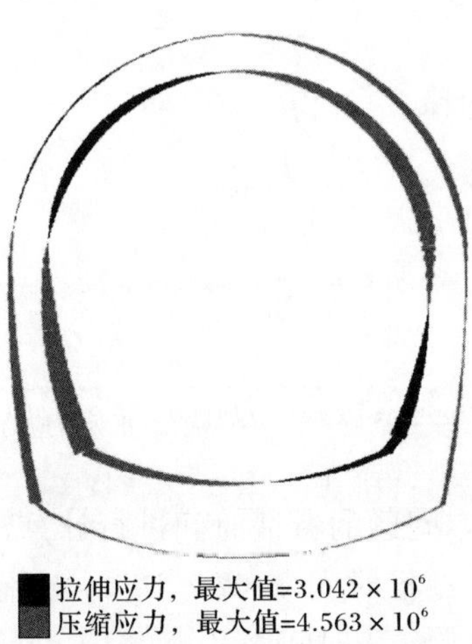

图 7.13　钢筋应力云图(单位:Pa)(见彩图 7.13)

力，其最大压应力为 4.56MPa，在左拱肩内侧和右拱脚内侧处承受拉应力，其最大拉应力为 3.04MPa。

综上可见，衬砌完成后短时期内，此时内水尚未侵入围岩，对围岩造成软化，围岩蠕变变形受到衬砌约束而基本收敛，衬砌内部最大主应力、最小主应力及钢筋应力均较小，衬砌安全性非常好。

7.3.2　长期内水入渗条件下的衬砌安全性分析

长期内水外渗条件下的衬砌安全性分析同时包括围岩、衬砌、内水以及它们之间的相互作用。因此，其属于流固耦合问题的范畴。流固耦合的重要力学特征是流体与固体之间的相互作用，此处是指隧洞围岩有效应力受到孔压分布改变的影响而发生改变，进而引起围岩产生变形，而围岩变形和应力场的扰动又反过来影响孔压分布，二者相互作用直到达到平衡。

1. *渗流场*

在进行流固耦合问题的分析时，会涉及两个进程的计算，即流体进程和力学进程，故在对其进行计算分析之前，应先对问题中流体计算和力学计算的时标进行分析，并以此来选择合适的方法对流固耦合问题进行计算分析。

力学过程的特征时间定义为

$$t_c^m = \sqrt{\frac{\rho}{K_u + \frac{4}{3}G}} L_c \tag{7.8}$$

式中：K_u 为不排水体积模量；G 为剪切模量；ρ 为密度；L_c 为特征长度。

$$L_c = \frac{V_{流域}}{A_{流域}} \tag{7.9}$$

流体扩散过程的特征时间定义为

$$\begin{cases} t_c^f = \dfrac{L_c^2 S}{k} \\ S = \dfrac{1}{M} + \dfrac{\alpha^2}{K + \frac{4}{3}G} \end{cases} \tag{7.10}$$

式中：M 为比奥模量；α 为比奥系数；K 为排水体积模量；G 为剪切模量；k 为渗透系数；L_c 为特征长度。

按照上述公式分别对本问题的特征时间进行计算，具体计算值见表 7.2。可见，在加固区范围内，力学过程时间 3.07×10^{-2} s≪流体扩散过程时间 3.02×10^{-3} s；而在原岩范围内，力学过程时间为 2.49×10^{-2} s，流体扩散过程时间为 2.87×10^{-5} s，力学过程的特征时间相对于流体扩散过程而言差距更大。由此可知，相对于流体的扩散时间，本问题中的力学计算时间非常短，因此可以使用不耦合方法对该流固耦合问题进行简化分析，即衬砌完成后，先计算渗流场获得孔隙水压力，然后进行力学计算。

经过上述分析，此处先进行渗流场计算，以获得在长期内水外渗条件下孔隙水压力的分布规律。渗流场计算采用各向同性渗流模型，绿泥石片岩原岩的渗透系数为 9×10^{-6}cm/s，加固区灌浆后压水试验透水率为 1 吕荣①，取渗透系数 1×10^{-5}cm/s，混凝土衬砌的渗透系数取为 1×10^{-5}cm/s。

表 7.2　特征时间计算值

围岩分区	力学过程/s	流体扩散过程/s
原岩	2.49×10^{-2}	2.87×10^{-5}
加固区	3.07×10^{-2}	3.02×10^{-3}

为模拟隧洞内水外渗的情况，在隧洞内部边界上施加 38m 的固定水头，在四周边界上设定为透水边界条件，同时考虑重力作用，计算得到的长期内水外渗条件下孔隙水压力的分布规律如图 7.14 所示。由图可知，受引水隧洞长期内水外渗条件的影响，最终在隧洞衬砌周围产生了 0.35MPa 的孔隙水压力，在拱底下方 10m 左右处，由于重力作用，孔隙水压力在该区域产生了 0.45MPa 左右的高压区。

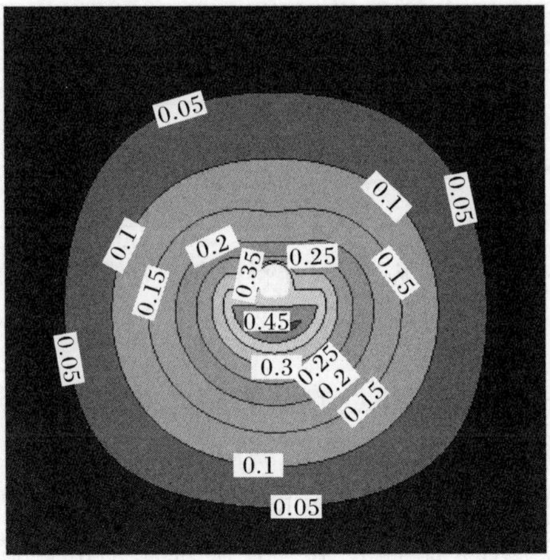

图 7.14　长期内水外渗条件下水压力分布图(单位:MPa)

2. 力学计算结果

经过上述渗流场分析得到了长期内水外渗条件下孔隙水压力的分布规律，在

① 1 吕荣等于 1MPa 试验压力时每米试段内每分钟压入的水量，$1Lu=6\times10^{-4}m^3/s/(MPa\cdot m)$。

此基础上进行衬砌力学分析，即考察衬砌的安全性。计算时，同样在隧洞拱顶内侧、拱底内侧及左右拱腰内侧设置四个位置(图 7.7)来对衬砌的切向应力进行跟踪。另外，对图 7.7 所示的Ⅰ点和Ⅱ点的钢筋应力进行跟踪，另外，亦对此位置处衬砌的最大主应力和最小主应力进行了跟踪。

图 7.15 为计算所得衬砌应力演化曲线，可见，在引水隧洞正常运营后，由于隧洞内水外渗的影响，在隧洞围岩及衬砌内产生了一定的孔隙水压力，使得围岩及衬砌中应力重新调整。衬砌的四个监测点处的切向应力均较运营前的应力值有了明显提高，且均在引水隧洞正常运营后 250 天左右，应力值趋于稳定。其中，拱底内侧的切向拉应力较运营前提高了近 0.46MPa，逐步稳定在 0.50MPa 附近；拱顶内侧的切向拉应力较运营前提高了近 1.23MPa，逐步稳定在 1.30MPa 附近；左拱腰内侧的切向压应力较运营前提高了近 0.63MPa，逐步稳定在 0.81MPa 附近；右拱腰内侧的切向压应力较运营前提高了近 0.45MPa，逐步稳定在0.70MPa 附近。同时，在渗流场和应力场耦合作用后，应力场的改变导致围岩流变变形再次发展，衬砌应力亦会发生变化，但其变化幅度很小，对工程影响已不显著。另外，由于左右拱腰处的切向压应力比较接近，故图 7.15 中两曲线近似重合。

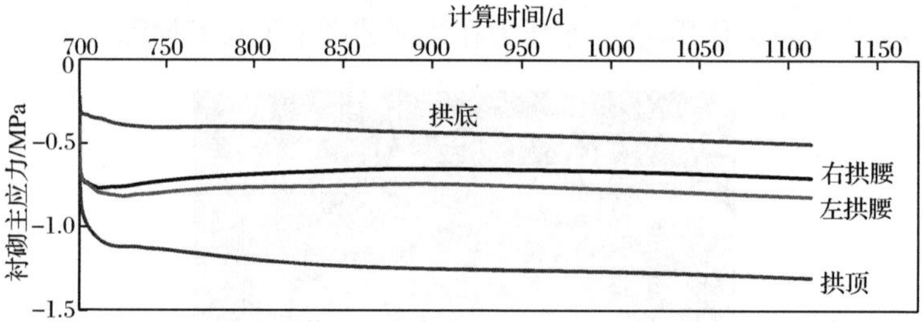

图 7.15　内水外渗情况下计算所得衬砌应力值随时间的变化曲线

图中衬砌应力：负为压应力、正为拉应力

图 7.16 为计算所得Ⅰ点和Ⅱ点的钢筋应力曲线。由图可知，在引水隧洞正常运营期，内水外渗影响下，Ⅰ点处的钢筋应力值在隧洞衬砌施加完成后 250 天左右逐步稳定在 8.40MPa 附近；Ⅱ点处的钢筋应力值在隧洞衬砌施加完成后 250 天左右逐步稳定在 9.71MPa 附近。由于孔隙水压力的影响，运营后的钢筋应力值较运营前有了显著的提高。

图 7.17 为计算所得钢筋监测位置处衬砌主应力曲线。可见，Ⅰ点处衬砌最大压应力值在隧洞衬砌施加完成后 250 天左右逐步稳定在 1.83MPa 附近；Ⅱ点处衬砌最大压应力值在隧洞衬砌施加完成后 250 天左右逐步稳定在 2.43MPa 附近。

由衬砌内部最大主应力云图 7.18 可知，衬砌最大压应力约为 3.4MPa，位于衬砌左右拱脚内侧处，与隧洞在运营之前衬砌的最大主应力相比，衬砌最大压应力位置由衬砌右拱肩和左拱脚内侧转移到衬砌左右拱脚内侧处，此处的应力调整

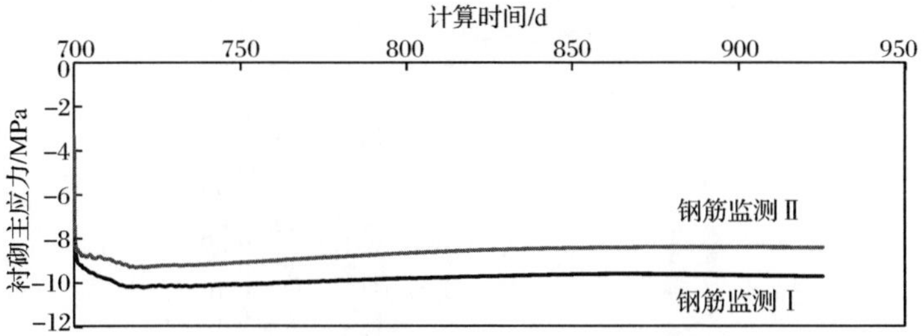

图 7.16　内水外渗情况下计算所得钢筋应力值随时间的变化曲线

图中钢筋应力均为压应力

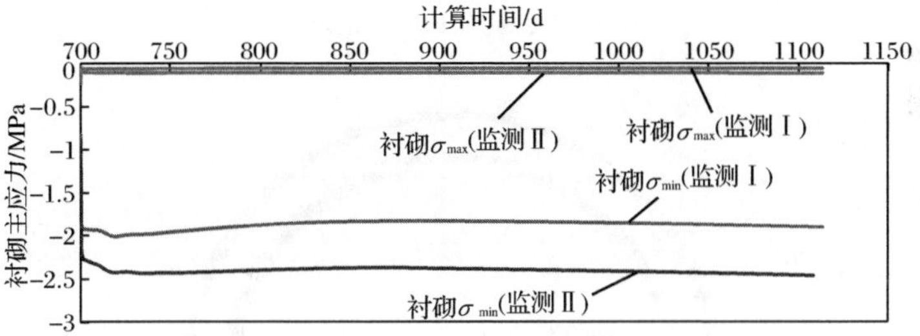

图 7.17　计算所得钢筋监测位置的衬砌应力曲线

图中衬砌应力：负为压应力、正为拉应力

应是受隧洞围岩中孔隙水压力的影响而发生的；由衬砌内部最小主应力云图 7.19 可知，衬砌最大拉应力为 0.05MPa，位于衬砌拱底内侧处，相对衬砌运营之前的受力状况，衬砌的最大拉应力位置也发生了变化；另外，由钢筋的应力图 7.20 可知，钢筋的受力与衬砌的受力是一致的，在左右拱脚内侧处承受压应力，其最大压应力为 16.23MPa，此时在钢筋上没有出现拉应力。

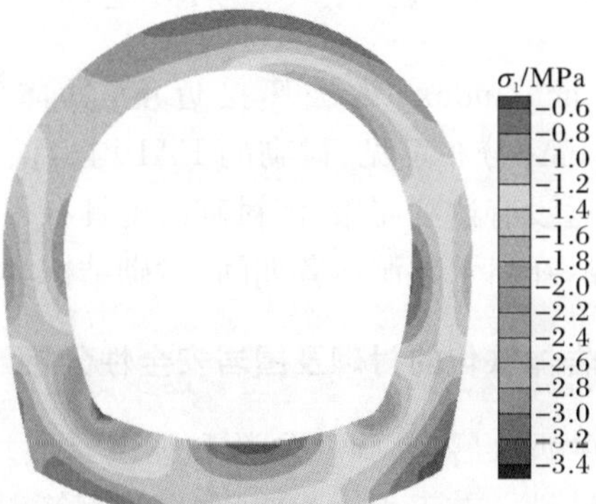

图 7.18　衬砌内部最大主应力等值线图(见彩图 7.18)

图中衬砌应力：负为压应力、正为拉应力

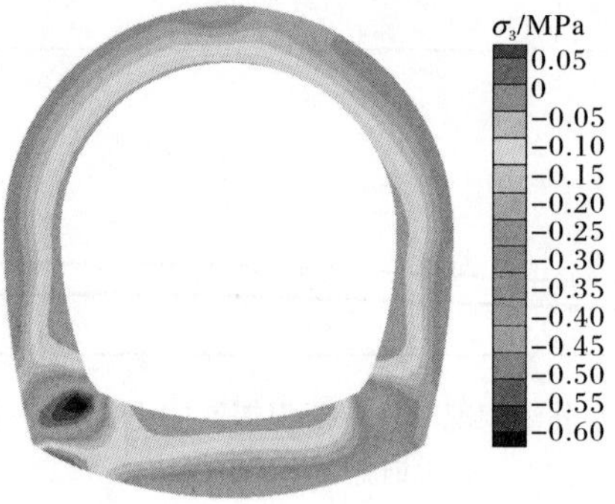

图 7.19　衬砌内部最小主应力等值线图(见彩图 7.19)
图中衬砌应力:负为压应力、正为拉应力

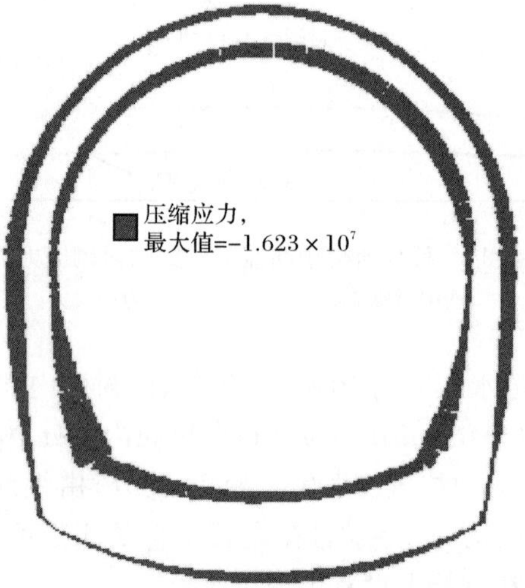

图 7.20　钢筋应力云图(单位:Pa)(见彩图 7.20)

FAI(failure approach index)为破坏接近度,具体定义参见文献[200]。图 7.21 所示的衬砌中 FAI 分布可见,衬砌的 FAI 均为正值,最大的 FAI 也仅为 0.08,说明衬砌结构远远没有达到屈服,即衬砌结构具有很高的安全度。

综合以上分析可知,在引水隧洞运营期间,衬砌结构具有较高的安全性。

7.3.3　考虑内水入渗岩体软化的衬砌及围岩安全性分析

由于绿泥石片岩在遇水后,其弹性参数和强度参数均会出现一定程度的下降,即具有遇水软化的特性。在工程运营期间,尽管钢筋混凝土衬砌不设排水孔,且围岩经过灌浆堵水处理,但长期运营期间,只要衬砌和灌浆圈岩体存在一定的

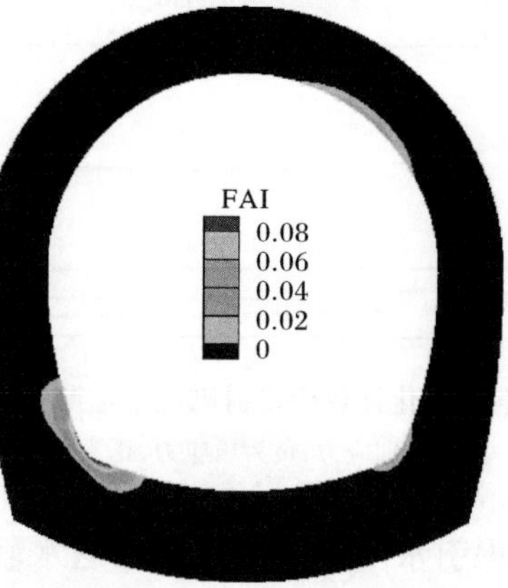

图 7.21　衬砌内部 FAI 等值线图(见彩图 7.21)

渗透性,就必然会出现内水外渗问题,故很有必要考虑围岩的软化情况。相对来说,衬砌和围岩渗透性较小,侵入水量小,渗透速度慢,因此,围岩实际的软化程度要比试验室饱水试验做出的结果低,但是定量关系目前难以获得,故本次分析中仍采用试验室得出的折减系数,并将保守考虑的部分作为安全储备或应付绿泥石片岩地层岩体力学性质大的变异性问题。由图 7.14 可见,内水入渗主要在加固区范围内,原岩渗透性非常差,这里不考虑其软化问题。综合试验和现场围岩力学响应分析结果,内水入渗导致围岩软化后,加固区的强度参数折减 30%,弹性模量折减 80%。

由于实际内水入渗并造成围岩软化的时间难以确定,因此,本次分析在计算中接着渗流计算的结果开展,这与实际围岩和衬砌的响应时间存在差别,但对于评估衬砌的安全性并无影响。

图 7.22 为计算所得隧洞拱顶内侧、拱底内侧及左右拱腰内侧四个监测位置上衬砌的切向应力曲线。可见,考虑围岩遇水软化后,计算所得衬砌各监测点的应力值较不考虑遇水软化的情况要显著增加。衬砌的切向应力增加明显,且均在渗流稳定流变变形收敛后 300 天左右趋于稳定。其中,拱底内侧的切向压应力较不考虑强度折减的情况增加了近 8.79MPa,逐步稳定在 9.29MPa 附近;拱顶内侧的切向压应力较不考虑强度折减的情况增加了近 9.87MPa,逐步稳定在 11.16MPa附近;左拱腰内侧的切向压应力较不考虑强度折减的情况增加了近 9.60MPa,逐步稳定在 10.41MPa 附近;右拱腰内侧的切向压应力较不考虑强度折减的情况增加了近 4.37MPa,逐步稳定在 5.07MPa 附近。

图 7.23 为计算所得Ⅰ点和Ⅱ点钢筋的受力状况。可见,Ⅰ点处的钢筋应力值,在渗流稳定且流变变形收敛完成后 200 天左右,逐步稳定在 55.2MPa 附近;Ⅱ点处的钢筋应力值,在渗流稳定且流变变形收敛完成后 250 天左右,逐步稳定在

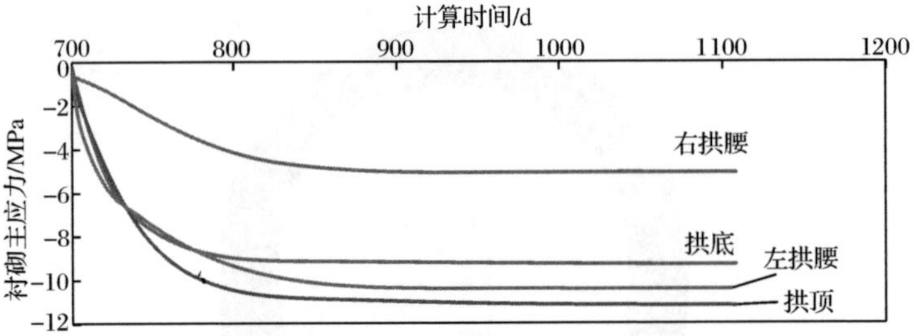

图 7.22　考虑遇水软化计算所得衬砌应力监测值随时间的变化曲线

图中衬砌应力:负为压应力、正为拉应力

60.28MPa附近。由于考虑引水隧洞围岩加固区遇水软化,钢筋的应力值较不考虑强度折减的情况有显著增加,在不考虑强度折减情况时,Ⅰ点处的钢筋应力值仅为 8.40MPa 左右;Ⅱ点处的钢筋应力值也仅为 9.70MPa。

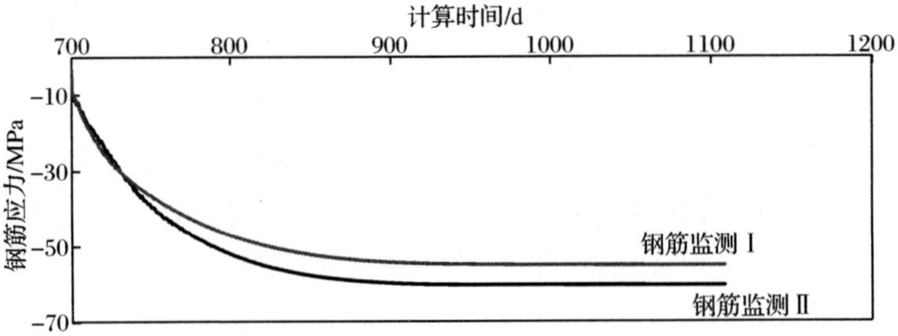

图 7.23　考虑遇水软化计算所得钢筋应力监测值随时间的变化曲线

图中钢筋应力均为压应力

图 7.24 为Ⅰ点和Ⅱ点处衬砌最大主应力和最小主应力变化曲线。由图可知,由于考虑了引水隧洞围岩加固区遇水软化的情况,在渗流稳定且流变变形收敛完成后 300 天左右,Ⅰ点处衬砌最大压应力值逐步稳定在 10.41MPa 附近;Ⅱ点处的衬砌最大压应力值,逐步稳定在 10.14MPa 附近。

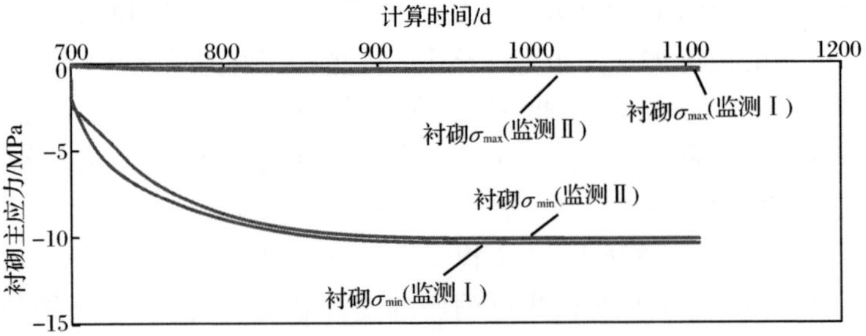

图 7.24　考虑遇水软化计算所得钢筋监测位置的衬砌应力监测曲线图

图中衬砌应力:负为压应力、正为拉应力

图 7.25 为衬砌内部最大主应力云图，可见，衬砌最大压应力约为 17MPa，位于衬砌左右拱脚内侧处，与不考虑强度折减的衬砌最大主应力云图相比，其最大压应力位置基本相同。图 7.26 为衬砌内部最小主应力云图，可见，衬砌此时没有出现最大拉应力，即衬砌处于全压应力状态。另外，由钢筋的应力分布图 7.27 可知，钢筋受力与衬砌受力是一致的，在左右拱脚内侧处承受压应力，其最大压应力为 92.64MPa，此时在钢筋上没有出现拉应力。

图 7.28 为衬砌内 FAI 分布图，可见，此时衬砌的 FAI 均为正值，即衬砌结构部分位置开始接近其强度极限，但都未进入屈服状态，其最大的 FAI 值为 0.45，说明衬砌结构还是处于安全范围之内。

综上分析可知，在同时考虑运行期引水隧洞围岩的弹塑性变形、流变变形、内水外渗以及由孔压与应力相互作用引起的响应、围岩遇水软化等众多因素后，衬砌结构仍具有较好的安全性，从而表明目前的衬砌设计方案是合理的。

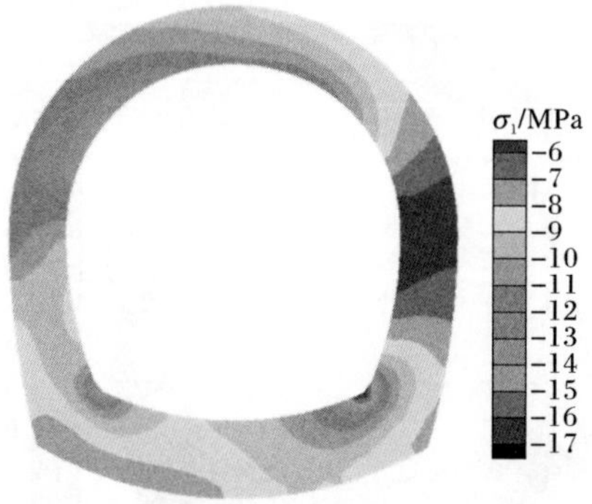

图 7.25　考虑遇水软化计算所得衬砌最大主应力等值线图(见彩图 7.25)
图中衬砌应力：负为压应力、正为拉应力

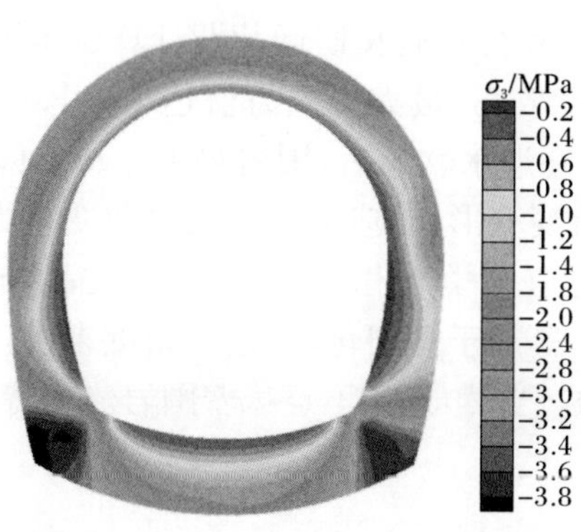

图 7.26　考虑遇水软化计算所得衬砌最小主应力等值线图(见彩图 7.26)
图中衬砌应力：负为压应力、正为拉应力

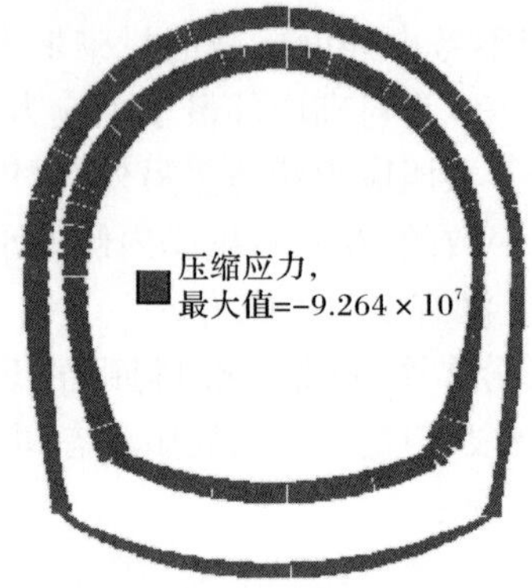

图 7.27　考虑遇水软化计算所得钢筋应力云图(单位:Pa)(见彩图 7.27)

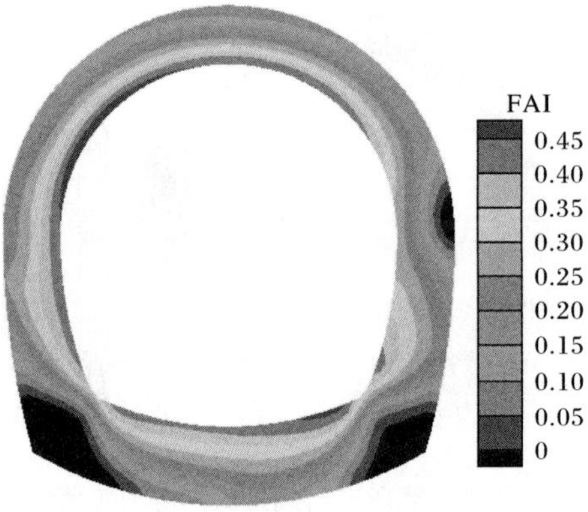

图 7.28　考虑遇水软化计算所得衬砌 FAI 等值线图(见彩图 7.28)

图 7.29 为衬砌之前和衬砌后长期运营期计算所得围岩应力分布图的比较,衬砌之前,应力集中程度较高,最大压应力值达 70MPa,高应力分布范围较为集中。在考虑绿泥石片岩在遇水软化后,围岩最大压应力降为 65MPa。对比可知,围岩经过一定时期的流变变形,其应力分布较之前变得更为均匀,高应力分布范围扩大,但数值降低。这在力学上也较为容易理解,围岩流变即类似于流体流动,使得物体内部应力变形等趋于均匀化,从这个角度来讲,这种现象对隧洞衬砌结构的长期受力是有利的。当然,这绝不意味着围岩流变特性及流变变形对衬砌结构的安全性有利。

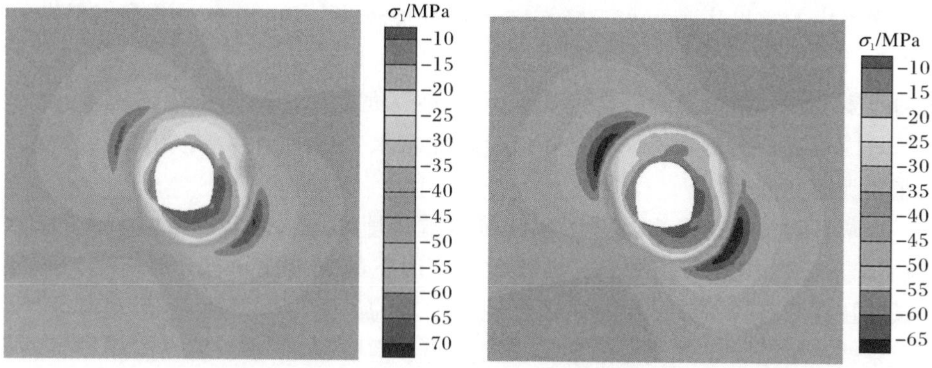

(a) 衬砌之前的应力分布

(b) 衬砌之后考虑内水外渗、遇水软化下流变计算所得应力分布

图 7.29　衬砌之前和衬砌后长期运营期计算所得围岩应力分布的比较(见彩图 7.29)

图中围岩应力:负为压应力、正为拉应力

图 7.30 为衬砌之前和衬砌后长期运营期计算所得围岩塑性区分布图,可见,长期运营期考虑流变、内水外渗、遇水软化后,围岩塑性区由原来的 5.5m 扩展到 6.1m,扩展了 0.6m,但未超过锚杆支护的深度,也就是说在锚杆支护控制的范围内,这也说明长期运营期复杂条件下围岩和支护复合体是稳定的。

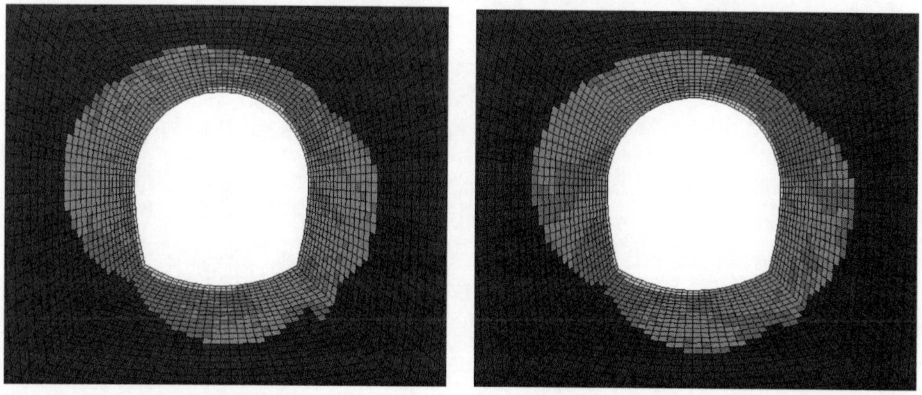

(a) 衬砌之前的塑性区分布

(b) 衬砌之后考虑内水外渗、遇水软化下流变计算所得塑性区分布

图 7.30　衬砌之前和衬砌后长期运营期计算所得围岩塑性区分布的比较

7.4　小　　结

流变是软岩最重要的力学行为之一,由此导致深部隧洞围岩挤压变形问题是

工程建设中的常见病害。水工隧洞的运行环境较为特殊，内水入渗难以避免，而绿泥石片岩等软岩遇水后强度和变形模量将会大幅度降低，严重影响运行期围岩及衬砌安全性。在经过灌浆阻水处理后仍难以完全保证阻断入渗通道，因此，考虑这一因素进行运行期长期力学响应分析非常重要，其成果是此类隧洞合理设计的重要支撑和依据。

本章针对锦屏二级水电站引水隧洞西端深埋绿泥石片岩洞段隧洞及衬砌结构在长期流变、内水外渗和岩石遇水软化情况下的安全性问题开展研究，结合室内试验数据和现场测试结果分析了绿泥石片岩的流变力学特征，基于现有软岩研究成果选择了适合于其流变力学特征的流变本构模型，并基于现场监测结果进行了流变力学参数反演。对不同施工阶段和运行期可能环境条件进行了数值模拟，分析了衬砌混凝土和钢筋的应力大小，评价了其在运行期的安全性，分析认为在分析所考虑的环境条件下，该工程当前的衬砌设计方案是合理的。本章的研究思路和分析结果可为类似工程的设计与分析提供有价值的参考。

参考文献

[1] Diering D H. Ultra-deep level mining-future requirements. Journal South African Institute of Mining and Metallurgy，1997，97：249－256.

[2] Gurtunca R G，Keynote L. Mining below 3000m and challenges for the South African gold mining industry//Proceedings of Mechanics of Jointed and Fractured Rock. Rotterdam：AA Balkema，1998：3－10.

[3] Diering D H. Tunnels under pressure in an ultra-deep Wifwatersrand gold mine. Journal of the South African Institute of Mining and Metallurgy，2000，100(9)：319－324.

[4] Vogel M，Rast H P. AlpTransit—safety in construction as a challenge：Health and safety aspects in very deep tunnel construction. Tunnelling and Underground Space Technology，2000，15(4)：481－484.

[5] 彭苏萍. 深部煤炭资源赋存规律与开发地质评价研究现状及今后发展趋势. 煤，2008，17(2)：1－11.

[6] 晏玉书，何满潮. 我国煤矿软岩巷道围岩控制技术现状及发展趋势. 中国煤矿软岩巷道支护理论与实践，1996，12－17.

[7] 何满潮，谢和平，彭苏萍，等. 深部开采岩体力学研究. 岩石力学与工程学报，2005(16)：2803－2813.

[8] 何满潮. 深部的概念体系及工程评价指标. 岩石力学与工程学报，2005(16)：2854－2858.

[9] 冯豫. 我国软岩巷道支护的研究. 矿山压力与顶板管理，1990，(2)：42－44，67.

[10] 董方庭. 软岩巷道支护基础理论的研究. 建井技术，1991，(S1)：40－44.

[11] 范秋雁. 对软岩定义和巷道临界埋深的讨论. 矿山压力与顶板管理，1995(S1)：115－117.

[12] 郭志. 软岩力学特性研究. 工程地质学报，1996，4(3)：79－84.

[13] 林育梁. 软岩工程力学若干理论问题的探讨. 岩石力学与工程学报，1999，18(6)：690－693.

[14] 陆家梁. 软岩巷道支护技术. 长春：吉林科学技术出版社，1995.

[15] 郑雨天. 论我国软岩巷道支护的基本框架和几个误区. 中国煤矿软岩巷道支护理论与实践. 徐州：中国矿业大学出版社，1996.

[16]朱效嘉. 膨胀性软岩. 矿业科学技术，1997，(1)：26－33.

[17]冯豫. 我国软岩巷道支护的研究. 矿山压力与顶板管理，1990，(2)：42－44，67.

[18] 董方庭，宋宏伟. 巷道围岩松动圈支护理论. 煤炭学报，1994，19(1)：21－32.

[19] 鹿守敏. 软岩巷道锚喷网支护机理研究. 建井技术，1991，(Z1)：45－49.

[20] 何满潮. 煤矿软岩工程技术现状及展望. 中国煤炭，1999，25(8)：12－16.

[21] He M C，Fang Z J，Zhang P. Atomic and electronic structures of montmorillonite in soft rock. Chinese Physics B，2009，18(7)：29－33.

[22] He M C，Fang Z J，Zhang P. Theoretical studies on defects of kaolinite in clays. Chinese Physics Letters，2009，26(5)：59－101.

[23] 周莉,何满潮. 南山矿深部高应力软岩矿物学特征研究. 金属矿山,2008,(6):73－76.

[24] 何满潮,郭志飚,任爱武,等. 柳海矿运输大巷返修工程深部软岩支护设计研究. 岩土工程学报,2005,27(9):977－980.

[25] He M C, Miao J L, Feng J L. Rock burst process of limestone and its acoustic emission characteristics under true-triaxial unloading conditions. International Journal of Rock Mechanics and Mining Sciences, 2010, 47(2):286－298.

[26] 何满潮,苗金丽,李德建,等. 深部花岗岩试样岩爆过程实验研究. 岩石力学与工程学报,2007,26(5):865－876.

[27] 何满潮,徐敏. HEMS 深井降温系统研发及热害控制对策. 岩石力学与工程学报,2008,27(7):1353－1361.

[28] Lade P V, Kim M K. Single hardening constitutive model for frictional materials II. Yield critirion and plastic work contours. Computers and Geotechnics, 1988, 6(1):13－29.

[29] 张凯. 脆性岩石力学模型与流固耦合机理研究[博士学位论文]. 武汉：中国科学院武汉岩土力学研究所,2010.

[30] Zhu W, Wong T F. The transition from brittle faulting to cataclastic flow: Permeability evolution. Journal of Geophysical Research: Solid Earth, 1997, 102(B2):3027－3041.

[31] Zoback M D, Byerlee J D. The effect of microcrack dilatancy on the permeability of Westerly granite. Journal of Geophysical Research, 1975, 80(5):752－755.

[32] Li S, Wu D, Xie W, et al. Effect of confining pressure, pore pressure and specimen dimension on permeability of Yinzhuang sandstone. International Journal of Rock Mechanics and Mining Sciences, 1997, 34(3):432－434.

[33] 李世平,李玉寿,吴振业. 岩石全应力应变过程对应的渗透率-应变方程. 岩土工程学报,1995,17(2):13－19.

[34] Zhang J C, Bai M, Roegiers J C, et al. Experimental determination of stress-permeability relationship//The 4th North American Rock Mechanics Symposium, Seattle, Washington. Leiden: A A Balkema Publishers, 2000, 270－275.

[35] 李树刚,徐精彩. 软煤样渗透特性的电液伺服试验研究. 岩土工程学报,2001,23(1):68－70.

[36] 姜振泉,季梁军. 岩石全应力-应变过程渗透性试验研究. 岩土工程学报,2001,23(2):153－156.

[37] 王金安,彭苏萍. 岩石三轴全应力应变过程中的渗透规律. 北京科技大学学报,2001,23(6):489－491.

[38] 韩宝平,毛琼. 全应力应变过程中碳酸盐岩渗透性研究. 工程地质学报,2000,8(1):127－128.

[39] 盛金昌. 三维裂隙岩体渗流应力耦合数值分析及工程应用[博士学位论文]. 南京:河海大学,2000.

[40] Lomize G M. Flow in Fractured rocks. Moscow: Gosenergoizdat, 1951.

[41] Louis C. Rock Hydraulics. Vienna: Springer, 1972:299－387.

[42] Amadei B, Illangasekare T. A mathematical model for flow and solute transport in non-homogeneous rock fractures. International Journal of Rock Mechanics and Mining Sciences & Geomechanics Abstracts, 1994, 31(6): 719—731.

[43] 周创兵. 裂隙岩体渗流场与应力场耦合分析研究[博士学位论文]. 武汉: 武汉水利电力大学, 1995.

[44] 黄树华. 岩石力学研究中 AE 和 CT 装置的应用. 岩土力学, 1989, 10(1): 83—86.

[45] 葛修润, 任建喜, 蒲毅彬, 等. 岩土损伤力学宏细观试验研究. 北京: 科学出版社, 2004.

[46] 杨更社, 谢定义, 张长庆, 等. 岩石损伤特性的 CT 识别. 岩石力学与工程学报, 1996, 15(1): 48—54.

[47] 杨更社, 谢定义. 岩石单轴受力 CT 识别损伤本构关系的探讨. 岩土力学, 1997, 18(2): 29—34.

[48] Kawakata H, Cho A, Yanagidani T, et al. The observations of faulting in Westerly granite under triaxial compression by X-ray CT scan. International Journal of Rock Mechanics and Mining Sciences, 1997, 34(3-4): 151. e1—151. e12.

[49] 杨更社, 谢定义, 张长庆, 等. CT 技术在岩石损伤检测中的应用研究. 实验力学, 1998, 13(4): 451—456.

[50] 杨更社, 谢定义. 岩石损伤扩展力学特性的 CT 分析. 岩石力学与工程学报, 1999, 18(3): 250—254.

[51] 杨更社, 路忠盛, 蒲毅彬. 三轴受力状态下岩石损伤扩展力学特性研究. 西安科技学院学报, 2005, 20(2): 101—104.

[52] 葛修润, 任建喜, 蒲毅彬, 等. 煤岩三轴细观损伤演化规律的 CT 动态试验. 岩石力学与工程学报, 1999, 18(5): 497—502.

[53] 陈蕴生, 李宁, 李爱国, 等. 非贯通节理介质细观损伤演化的 CT 分析. 岩石力学与工程学报, 2000, 19(6): 702—706.

[54] 葛修润, 任建喜. 岩石疲劳损伤扩展规律 CT 细观分析初探. 岩土工程学报, 2001, 23(2): 191—195.

[55] 曹广祝, 仵彦卿, 丁卫华, 等. 单轴-三轴和渗透水压条件下砂岩应变特性的 CT 试验研究. 岩石力学与工程学报, 2005, 24(S2): 5733—5739.

[56] Sprunt E S, Brace W F. Direct observation of microcavities in crystalline rocks. International Journal of Rock Mechanics and Mining Sciences & Geomechanics Abstracts, 1974, 11(4): 139—150.

[57] 凌建明, 蒋爵光, 傅永胜. 非贯通裂隙岩体力学特性的损伤力学分析. 岩石力学与工程学报, 1992, 11(4): 373—383.

[58] 凌建明. 压缩荷载条件下岩石细观损伤特征的研究. 同济大学学报, 1993, 21(2): 219—226.

[59] 赵永红. 受压岩石中裂纹发育过程及分维变化特征. 科学通报, 1995, 40(7): 621—623.

[60] 赵永红, 黄杰藩, 王仁. 岩石微破裂发育的扫描电镜即时观测研究. 岩石力学与工程学报, 1992, 11(3): 284—294.

[61] 孙钧,凌建明. 三峡船闸高边坡岩体的细观损伤及长期稳定性研究. 岩石力学与工程学报, 1997,16(1):1－7.

[62] 吴立新,孟顺利. 煤岩损伤扩展规律的即时压缩 SEM 研究. 岩石力学与工程学报,1998, 17(1):9－15.

[63] 尚嘉兰,孔常静,李廷芥,等. 岩石细观损伤破坏的观测研究. 实验力学,1999,14(3): 373－383.

[64] 肖洪天,周维垣. 脆性岩石变形与破坏的细观力学模型研究. 岩石力学与工程学报,2001, 20(2):151－155.

[65] 朱珍德,张勇,徐卫亚,等. 高围压高水压条件下大理岩断口微观机理分析与试验研究. 岩石力学与工程学报,2005,24(1):44－51.

[66] 孙广忠. 岩体结构力学. 北京:科学出版社. 1988.

[67] Hoek E,Brown E T. Underground Excavations in Rock. London:Spon Press,1980.

[68] 王仁,殷有泉. 工程岩石类介质的弹塑性本构关系. 力学学报,1981,17(4):317－325.

[69] 俞茂宏,昝月稳,范文. 20 世纪岩石强度理论的发展. 岩石力学与工程学报,2000,19(5): 545－550.

[70] Edelbro C. Evaluation of rock mass strength criteria. Sweden:Lulea University of technology,2004.

[71] Hoek E, Brown E T. Practical estimates of rock mass strength. International Journal of Rock Mechanics and Mining Sciences,1997, 34(8): 1165－1186.

[72] 俞茂宏. 岩土类材料的统一强度理论及其应用. 岩土工程学报,1994,16(2):1－10.

[73] 李小春,许东俊. 双剪应力强度理论的试验验证-拉西瓦花岗岩强度特性的真三轴实验研究. 武汉: 中国科学院院武汉岩土力学研究所, 1990.

[74] 谢和平,鞠杨,黎立云. 基于能量耗散与释放原理的岩石强度与整体破坏准则. 岩石力学与工程学报,2005,24(17):3003－3010.

[75] 高红,郑颖人,冯夏庭. 岩土材料能量屈服准则研究. 岩石力学与工程学报,2007,26(12): 2437－2443.

[76] 周辉,李震,杨艳霜,等. 岩石统一能量屈服准则. 岩石力学与工程学报,2013,32(11): 2170－2184.

[77] 黄书岭,冯夏庭,张传庆. 脆性岩石广义多轴应变能强度准则及试验验证. 岩石力学与工程学报,2008,27(1):124－134.

[78] 范文,俞茂宏,陈立伟. 考虑材料剪胀及软化的有压隧洞弹塑性分析的解析解. 工程力学, 2004,21(5):16－24.

[79] 张培文,陈祖煜. 剪胀角对求解边坡稳定的安全系数的影响. 岩土力学,2004,25(11): 1757－1760.

[80] 杨小礼,眭志荣. 应力剪胀对浅埋隧道稳定性系数的影响. 中南大学学报(自然科学版), 2008,39(1):190－195.

[81] 邓楚键,郑颖人,王凯,等. 有关岩土材料剪胀的讨论. 岩土工程学报,2009,31(7): 1110－1114.

[82] Hansen B. Line ruptures regarded as narrow rupture zones basic equations based on kinematic considerations//Proceedings of the Conference on Earth Pressure Problems. Brussels, Belgium, 1958: 39—48.

[83] Vermeer P A. Non-associated plasticity for soils, concrete and rock//Chapter of Physics of Dry Granular Media. Berlin: Springer, 1998: 163—196.

[84] Ladanyi B. Use of the long-term strength concept in the determination of ground pressure on tunnel linings//Proceedings of the 3rd International Congress on Rock Mechanics. Washington: National Academy of Science, 1974: 1150—1155.

[85] Michelis P N. Work-softening and hardening behaviour of granular rocks. Rock Mechanics, 1981, 14(3): 187—200.

[86] Alejano L R, Alonso E. Considerations of the dilatancy angle in rocks and rock masses. International Journal of Rock Mechanics and Mining Sciences, 2005, 42(4): 481—507.

[87] Zhao X G, Cai M. A mobilized dilation angle model for rocks. International Journal of Rock Mechanics and Mining Sciences, 2010, 47(3): 368—384.

[88] 陈益峰,周创兵,盛永清. 应变敏感的裂隙及裂隙岩体水力传导特性研究. 岩石力学与工程学报, 2006, 25(12): 2441—2452.

[89] Palmer A C, Maier G, Cker D C. Normality relations and convexity of yield surfaces for unstable materials or structural elements1. Journal of Applied Mechanics, 1967, 34(2): 88.

[90] 殷有泉,曲圣年. 弹塑性耦合和广义正交法则. 力学学报, 1982, 18(1): 63—70.

[91] Hueckel T. Coupling of elastic and plastic deformations of bulk solids. Meccanica, 1976, 11(4): 227—235.

[92] Chiarelli A, Shao J, Hoteit N. Modeling of elastoplastic damage behavior of a claystone. International Journal of Plasticity, 2003, 19(1): 23—45.

[93] Han D J, Chen W. Strain-space plasticity formulation for hardening-softening materials with elastoplastic coupling. International Journal of Solids and Structures, 1986, 22(8): 935—950.

[94] 殷有泉. 岩石的塑性, 损伤及其本构表述. 地质科学, 1995, 30(1): 63—70.

[95] 郭小明. 岩土介质弹塑性耦合问题的数学规划模型. 东南大学学报(自然科学版), 1994, 24(5): 101—105.

[96] 赵冰,李宁,盛国刚. 考虑弹塑性耦合的单轴压缩岩样梯度塑性分析. 西北农林科技大学学报(自然科学版), 2005, 33(9): 137—140.

[97] 张承柱,刘信声. 应变空间表述的混凝土弹塑性耦合本构模型. 清华大学学报(自然科学版), 1996, 36(3): 59—64.

[98] 曹伟,宋玉普. 混凝土弹塑性耦合疲劳本构模型. 混凝土, 2003(1): 7—9.

[99] Hobbs B E, Ord A. Numerical simulation of shear band formation in a frictional-dilational material. Ingenieur-Archiv, 1989, 59(3): 209—220.

[100] 窦林名,何学秋. 煤岩冲击破坏模型及声电前兆判据研究. 中国矿业大学学报, 2004, 33(5): 504—508.

[101] 朱训国,杨庆,栾茂田. 脆性围岩中锚杆的应力分布及岩石剪涨角的影响. 金属矿山,

2007(8):11－15.

[102] Hajiabdolmajid V,Kaiser P,Martin C D. Mobilised strength components in brittle failure of rock. Géotechnique,2003,53(3):327－336.

[103] Martin C D. The strength of massive Lac du Bonnet granite around underground openings [博士学位论文]. Manitoba:University of Manitoba,1993.

[104] Pelli F,Kaiser P K,Morgenstern N R. An interpretation of ground movements recorded during construction of the Donkin-Morien Tunnel. Canadian Geotechnical Journal,1991,28(2):239－254.

[105] 江权,冯夏庭,陈国庆. 考虑高地应力下围岩劣化的硬岩本构模型研究. 岩石力学与工程学报,2008,27(1):144－152.

[106] 张晓春,杨挺青,缪协兴. 岩石裂纹演化及其力学特性的研究进展. 力学进展,1999,29(1):97－104.

[107] 黎立云,刘大安. 多裂纹类岩体的双压实验与正交各向异性本构关系. 中国有色金属学报,2002,12(1):165－170.

[108] 王庚荪,袁建新. 多裂纹材料的单轴压缩破坏机制与强度. 岩土力学,1992,13(4):1-13.

[109] 唐辉明,晏同珍. 岩体断裂力学理论与工程应用. 武汉:中国地质大学出版社,1993.

[110] 谢和平. 分形-岩石力学导论. 北京:科学出版社,1996.

[111] Kachanov L M. Time of the rupture process under creep conditions. Izvestia Akademii Nauk SSSR Otdelenie Tekhnicheskich Nauk,1958,(8):26－31.

[112] Kachanov L M. Introduction to continuum damage mechanics. Dordrecht:Matinus Nijhoff Publishers,1986.

[113] Dougill J W. On Stable progressively fracturing solids. Zeitschrift Für Angewandte Mathematik Und Physik Zamp,1976,27(4):423－437.

[114] Dragon A,Mróz Z. A continuum model for plastic brittle behavior of rock and concrete. International Journal of Engineering Science,1979,17(2):121－137.

[115] Krajcinovic D,Fonseka G U. The continuous damage theory of brittle materials－Parts Ⅰ and Ⅱ. Journal of Applied Mechanics,1981,48(4):809－815.

[116] 谢和平. 岩石混凝土损伤力学. 徐州:中国矿业大学出版社, 1990.

[117] Shao J F,Rudnicki J W. A microcrack-based continuous damage model for brittle geomaterials. Mechanics of Materials,2000,32(10):607－619.

[118] Yoshida H,Horii H. Micromechanics-based continuum model for a jointed rock mass and excavation analyses of a large-scale cavern. International Journal of Rock Mechanics and Mining Sciences,2004,41(1):119－145.

[119] Murakami S, Kamiya K. Constitutive and damage evolution equations of elastic-brittle materials based on irreversible thermodynamics. International Journal of Mechanical Sciences,1997,39(4):473－486.

[120] 李兆霞. 损伤力学及其应用. 北京:科学出版社,2002.

[121] Lu Y F,Shao J. Modelling of anisotropic damage in brittle rocks under compression domi-

nated stresses. International Journal for Numerical and Analytical Methods in Geomechanics,2002,26(10):945—961.

[122] Budiansky B,O'Connell R J. Elastic moduli of a cracked solid. International Journal of Solids and Structures,1976,12(2):81—97.

[123] Dormieux L,Kondo D,Ulm F. A micromechanical analysis of damage propagation in fluid-saturated cracked media. Comptes Rendus Mecanique,2006,334(7):440—446.

[124] Dormieux L,Kondo D. Stress-based estimates and bounds of effective elastic properties: The case of cracked media with unilateral effects. Computational Materials Science,2009,46(1):173—179.

[125] 刘夕才,林韵梅. 软岩巷道弹塑性变形的理论分析. 岩土力学,1994,15(2):27—36.

[126] 付国彬. 巷道围岩破裂范围与位移的新研究. 煤炭学报,1995,20(3):304—310.

[127] 王永岩. 软岩巷道变形与压力分析控制及预测[博士学位论文]. 阜新:辽宁工程技术大学,2001.

[128] 马士进. 软岩巷道围岩扩容软化变形分析及模拟计算[博士学位论文]. 阜新:辽宁工程技术大学,2002.

[129] 程立朝,陆庭侃. 膨胀特性对软岩巷道围岩变形规律的影响研究. 河南理工大学学报(自然科学版),2007,25(6):461—464.

[130] 刘夕才,林韵海. 软岩巷道变形的粘弹塑性有限元分析. 中国矿业,1996,5(2):43—48.

[131] 张耀平,曹平,赵延林. 软岩黏弹塑性流变特性及非线性蠕变模型. 中国矿业大学学报,2009,38(1):34—40.

[132] 万志军,周楚良,罗兵全,等. 软岩巷道围岩非线性流变数学力学模型. 中国矿业大学学报,2004,33(4):468—472.

[133] 万志军,周楚良,马文顶,等. 巷道/隧道围岩非线性流变数学力学模型及其初步应用. 岩石力学与工程学报,2005,24(5):761—767.

[134] 王渭明,赵增辉,王磊. 考虑刚度和强度劣化时弱胶结软岩巷道围岩的弹塑性损伤分析. 采矿与安全工程学报,2013,30(5):679—685.

[135] 高召宁,孟祥瑞,付志亮. 考虑渗流、应变软化和扩容的巷道围岩弹塑性分析. 重庆大学学报,2014,37(1):96—101.

[136] 李剑锋,程建龙,冯朝朝. 深部软岩巷道围岩分区破裂模拟实验. 辽宁工程技术大学学报(自然科学版),2014,33(3):298—305.

[137] 韩瑞庚. 地下工程新奥法. 北京:科学出版社, 1987.

[138] Barton N,Grimstad E. Rock mass conditions dictate choice between NMT and NATM. Tunnels & Tunnelling,1994,26(10):39—42.

[139] Brown E T. Putting the NATM into perspective. Tunnels & Tunnelling International,1981,13(10):13—17.

[140] 陆家梁. 软岩巷道支护原则及支护方法. 软岩工程,1990,3(3):20—24.

[141] 郑雨天. 关于软岩巷道地压与支护的基本观点//软岩巷道掘进与支护论文集,北京:煤炭工业出版社,1985:31—35.

[142] 朱效嘉. 锚杆支护理论进展. 光爆锚喷，1996，(1)：5－12，19.
[143] 董方庭. 巷道围岩松动圈支护理论及应用技术. 北京：煤炭工业出版社，2001.
[144] 何满潮. 中国煤矿软岩巷道支护理论与实践. 徐州：中国矿业大学出版社，1996.
[145] 何满潮，景海河，孙晓明. 软岩工程力学. 北京：科学出版社，2002.
[146] 方祖烈. 拉压域特征及主次承载区的维护理论. 世纪之交软岩工程技术现状与展望. 北京：煤炭工业出版社，1999.
[147] 李庶林，桑玉发. 应力控制技术及其应用综述. 岩土力学，1997，18(1)：90－96.
[148] 钱鸣高，石平五. 矿山压力与岩层控制. 徐州：中国矿业大学出版社，2003.
[149] 郑颖人，董飞云. 地下工程锚喷支护设计指南. 北京：中国铁道出版社，1988.
[150] 周宏伟，谢和平，左建平. 深部高地应力下岩石力学行为研究进展. 力学进展，2005，(1)：91－99.
[151] 刘允芳，罗超文，龚壁新. 岩体地应力与工程建设. 武汉：湖北科学技术出版社，2000.
[152] 张建华. 大雁二矿软岩煤层回采巷道失稳原因分析. 煤炭科学技术，2006，34(9)：78－80.
[153] 栾振辉，高勤宽. 适用于软岩巷道支护的椭圆形 U 型钢可缩性支架. 矿业安全与环保，2005，32(4)：56－57.
[154] 姚直书，孙文若. U 型钢加强支架的研究. 矿山压力与顶板管理，1996，(2)：51－54.
[155] 高明中，李伟. 封闭式金属支架架型优选及应用. 煤炭科学技术，2007，35(2)：16－19.
[156] 尤春安. U 型钢可缩性支架缩动后的内力计算. 岩土工程学报，2000，22(5)：604－607.
[157] 肖锋. 软弱围岩巷道 U 型钢可缩性支架联合支护机理研究[博士学位论文]. 成都：西南交通大学，2007.
[158] 刘志新，刘润田. 砌碹支护在软岩巷道中的应用. 山东煤炭科技，1999，(3)：27－28.
[159] 王文杰，任凤玉. 卸压支护技术在谦比西铜矿的应用. 金属矿山，2008，(6)：16－19.
[160] 何富连，梁袁. 综放沿空巷道围岩卸压控制研究. 煤炭学报，2000，25(6)：589－592.
[161] 王悦汉，张东升. 巷道围岩卸压机理的力学模型. 矿山压力与顶板管理，1993，2：2－4.
[162] 蒋金泉，孙春江，尹增德，等. 深井高应力难采煤层上行卸压开采的研究与实践. 煤炭学报，2004，29(1)：1－6.
[163] 秦远平. 锚喷支护应用技术浅析. 煤矿安全，2003，34(11)：35－36.
[164] 张广毅，赵春阳. 锚喷支护技术的特点及其在煤矿的应用. 煤，2002，11(5)：38－39.
[165] 杨双锁，康立勋. 煤矿巷道锚杆支护研究的总结与展望. 太原理工大学学报，2002，33(4)：376－381.
[166] 陈炎光，陆士良. 中国煤矿巷道围岩控制. 徐州：中国矿业大学出版社，1994.
[167] 何满潮，景海河，孙晓明. 软岩工程地质力学研究进展. 工程地质学报，2000，8(1)：46－62.
[168] 中华人民共和国水利部. 工程岩体分级标准(GB/T 50218－2014). 北京：中国标准出版社，2014.
[169] 中华人民共和国水利部. 水利水电工程岩石试验规程(SL 264－2001). 北京：中国水利水电出版社，2008.
[170] 张传庆，李震，等. 一种室内单裂隙岩石试样制备装置. 中国：2011102510804，2013.

[171] 周辉,杨鑫,胡其志,等. 绿泥石片岩遇水软化的强度试验及机理研究. 土工基础,2011,25(1):45—48.

[172] 石振明,张力. 锦屏绿片岩分级卸荷流变规律研究. 地下空间与工程学报. 2010,6(4):756—762.

[173] 熊良宵,杨林德,张尧. 绿片岩多轴受压应力松弛试验研究. 岩土工程学报,2010,32(8):1158—1165.

[174] Frantziskonis G,Desai C S. Constitutive model with strain softening. International Journal of Solids and Structures,1987,23(6):733—750.

[175] 卢允德,葛修润,蒋宇,等. 大理岩常规三轴压缩全过程试验和本构方程的研究. 岩石力学与工程学报,2004,23(15):2489—2493.

[176] 张玉军,刘谊平. 锚固正交各向异性岩体的三维黏弹-黏塑性有限元分析. 岩石力学与工程学报,2002,21(12):1770—1775.

[177] 刘立,朱文喜,路军富,等. 层状岩体损伤演化与应变关系的研究. 岩石力学与工程学报,2005,25(2):350—354.

[178] 朱泽奇,盛谦,梅松华,等. 改进的遍布节理模型及其在层状岩体地下工程中的应用. 岩土力学,2009,30(10):3115—3122.

[179] 尤明庆. 岩石的力学性质. 北京:地质出版社,2007.

[180] 高红,郑颖人,冯夏庭. 材料屈服与破坏的探索. 岩石力学与工程学报,2006,25(12):2515—2522.

[181] 过镇海,时旭东. 钢筋混凝土原理和分析. 北京:清华大学出版社,2003.

[182] 白冰,李小春,唐礼忠. 应力-应变曲线初始屈服的一个新定义及其应用. 岩石力学与工程学报,2010,29(S2):4077—4081.

[183] 杨凡杰,周辉,肖海斌,等. 大理岩弹性参数的围压效应与弹塑性耦合模型. 岩土力学,2013,34(6):1613—1620.

[184] 陆银龙,王连国,杨峰,等. 软弱岩石峰后应变软化力学特性研究. 岩石力学与工程学报,2010,29(3):640—648.

[185] 韩建新,李术才,李树忱,等. 基于强度参数演化行为的岩石峰后应力-应变关系研究. 岩土力学,2013,34(2):342—346.

[186] 孔位学,芮勇勤,董宝弟. 岩土材料在非关联流动法则下剪胀角选取探讨. 岩土力学,2009,30(11):3278—3282.

[187] 韩佳泳. 直剪试验中参数误差原因探讨. 大坝观测与土工测试,2001,25(2):43—44.

[188] 张少华,缪协兴. 岩石强度的三轴与剪切试验误差分析. 湘潭矿业学院学报,1997,12(4):1—5.

[189] 周应华,周德培,杨涛,等. 节理岩体抗剪强度参数的实验分析. 西南交通大学学报,2005,40(1):73—76.

[190] 郑颖人,沈珠江,龚晓南. 岩土塑性力学原理. 北京:中国建筑工业出版社,2002.

[191] Itasca. FLAC3D Version 3. 1 User's Manual. Minneapolis:Itasca Consulting Group,2005.

[192] 刘杰,骆世威,李建林,等. 大渡河丹巴水电站长大深埋软岩各向异性及宏观力学参数研

究. 岩土力学,2013,34(10):2919—2927.

[193] 杜景灿,陆兆溱. 加权位移反演法确定岩体结构面的力学参数. 岩土工程学报,1999,21(2):209—212.

[194] 刘迎曦,吴立军,韩国城. 边坡地层参数的优化反演. 岩土工程学报,2001,23(3):315—318.

[195] 黄光明,李云,顾冲时,等. 碾压混凝土坝横观各向同性黏弹性参数反演. 水利水运工程学报,2006,(4):15—20.

[196] 吉林,赵启林,冯兆祥,等. 软弱夹层与结构面的力学参数反演. 水利学报,2003,(11):107—111.

[197] Barla G. Squeezing rocks in tunnels. ISRM News Journal,1995,3(4):44—49.

[198] 张传庆,周辉,冯夏庭,等. 局域地应力场获取的插值平衡方法. 岩土力学,2008,29(8):2016—2024.

[199] 周辉,徐荣超,张传庆,等. 一种胀壳式内锚头预应力锚杆及其安装使用方法. 中国:2012102531472,2015.

[200] Zhang C,Zhou H,Feng X T. An index for estimating the stability of brittle surrounding rock mass—FAI and its engineering application. Rock Mechanics and Rock Engineering,2011,44(4):401—414.

彩　　图

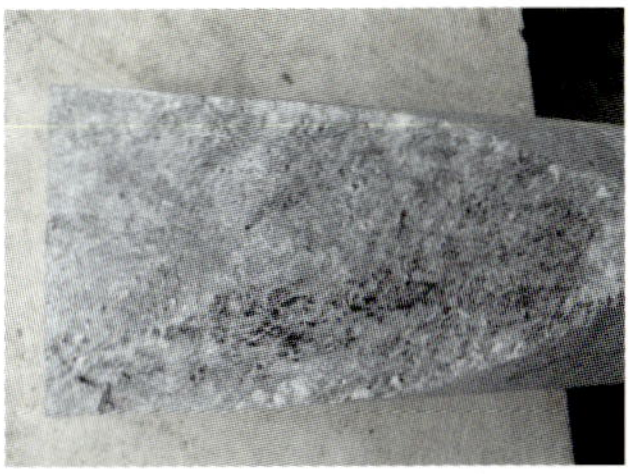

(a) A1 岩样

(b) A2 岩样

(c) A3 岩样

(d) A4 岩样

(e) A5 岩样

图 3.2　进行矿物成分鉴定的 5 个岩块的断口照片

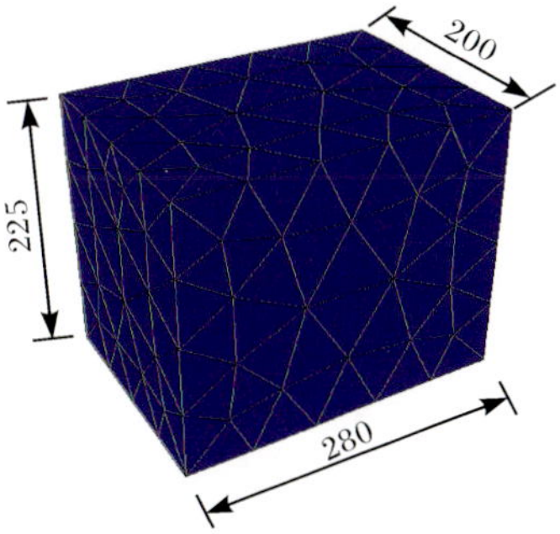

(a) 整体计算模型

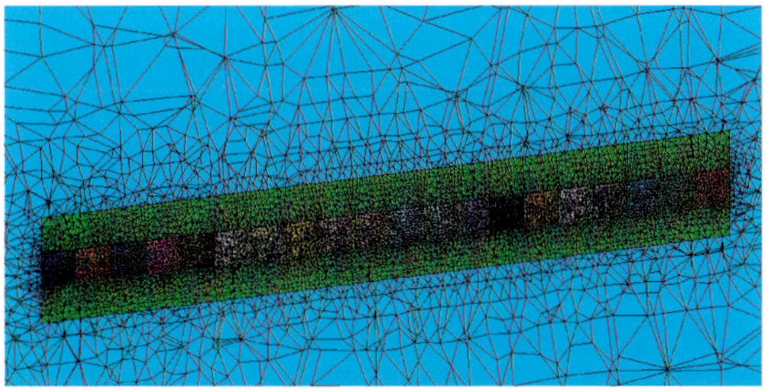

(b) 模型开挖部分纵剖图

图 5.35　七采 $3_下$ 胶带巷计算模型及网格划分(单位:m)

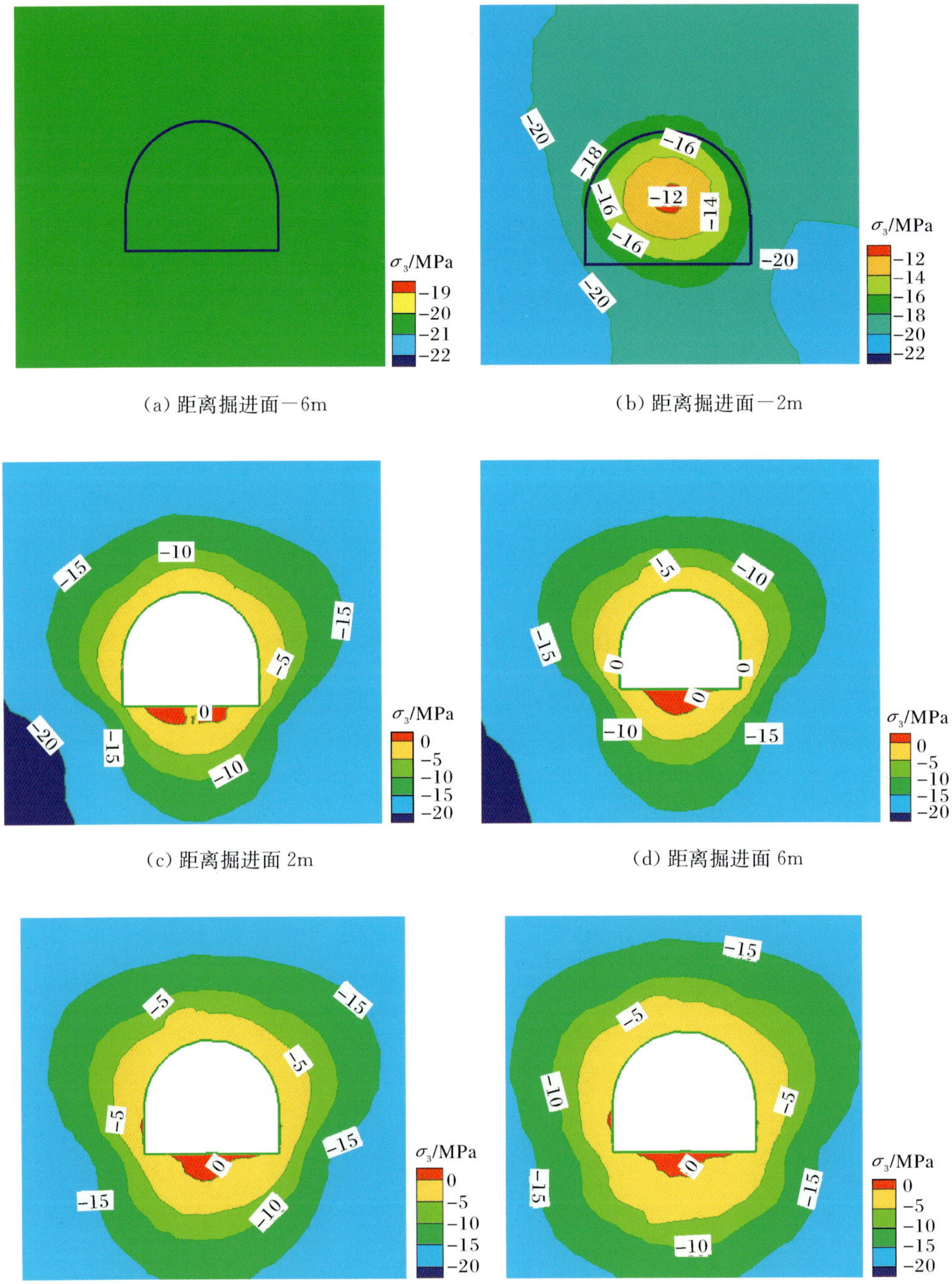

(a) 距离掘进面－6m

(b) 距离掘进面－2m

(c) 距离掘进面 2m

(d) 距离掘进面 6m

(e) 距离掘进面 10m

(f) 距离掘进面 50m

图 5.41　随掘进面推进时围岩最小主应力横剖图

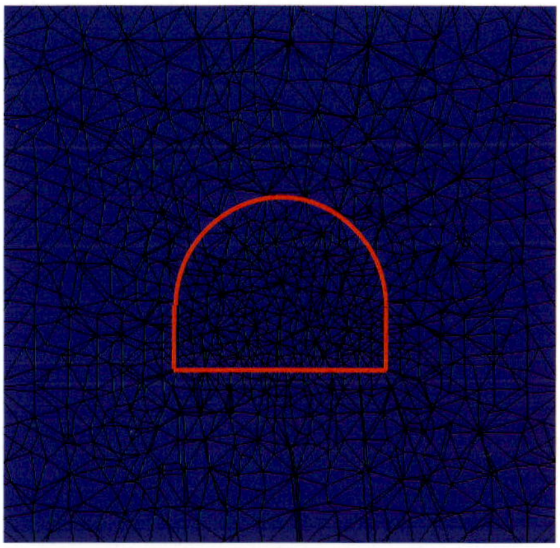

(a) 距离掘进面－6m

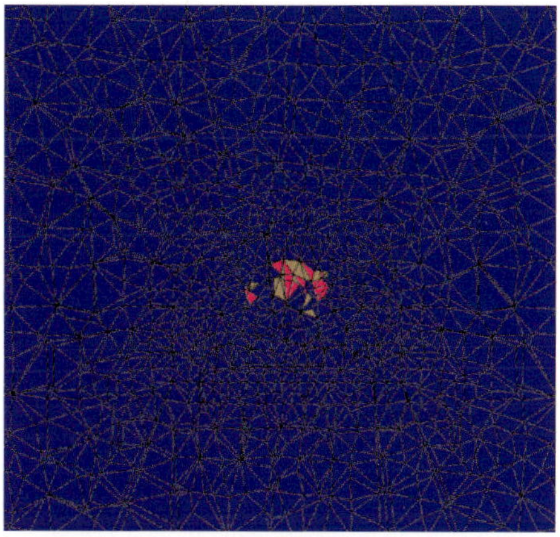

(b) 距离掘进面－2m

(c) 距离掘进面 2m

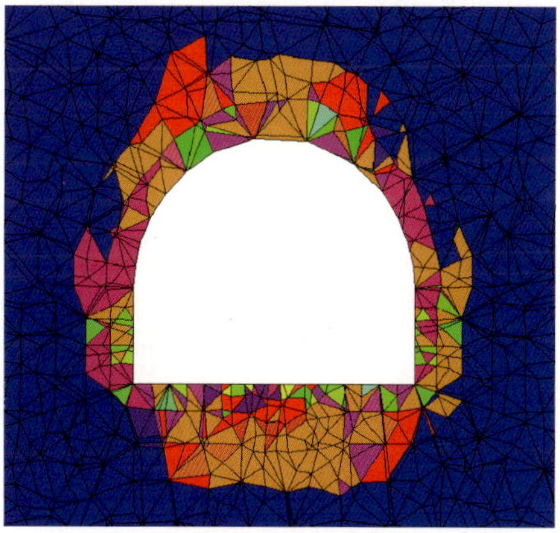

(d) 距离掘进面 6m

(e) 距离掘进面 10m

(f) 距离掘进面 50m

图 5.43　随掘进面推进时围岩塑性区分布图

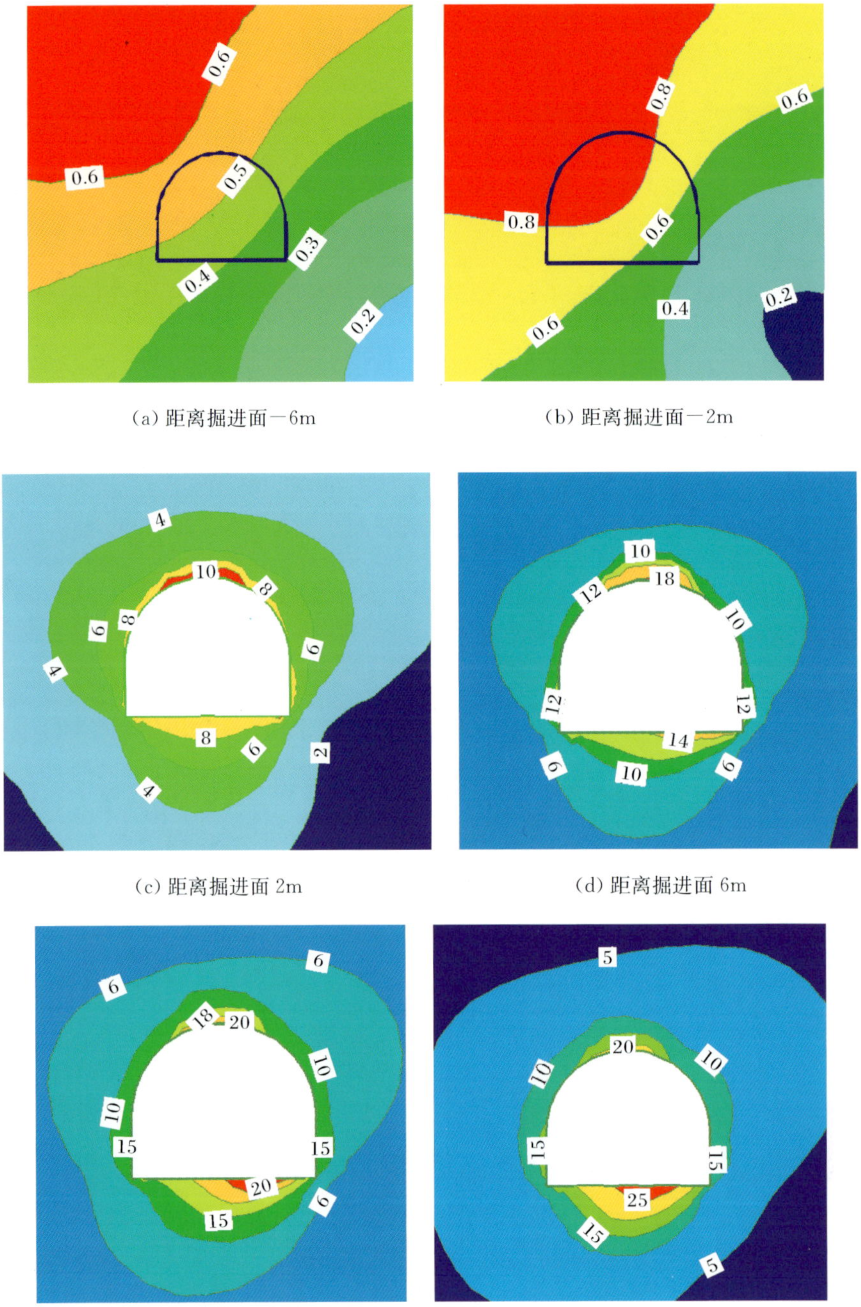

(a) 距离掘进面－6m (b) 距离掘进面－2m

(c) 距离掘进面 2m (d) 距离掘进面 6m

(e) 距离掘进面 10m (f) 距离掘进面 50m

图 5.44 随掘进面推进时围岩变形横剖图(单位:mm)

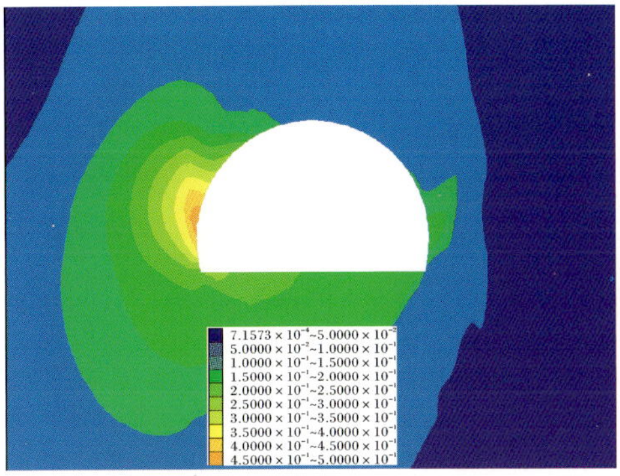

(a) 3＃引水隧洞北侧边墙发育绿泥石片岩洞段上台阶开挖围岩变形

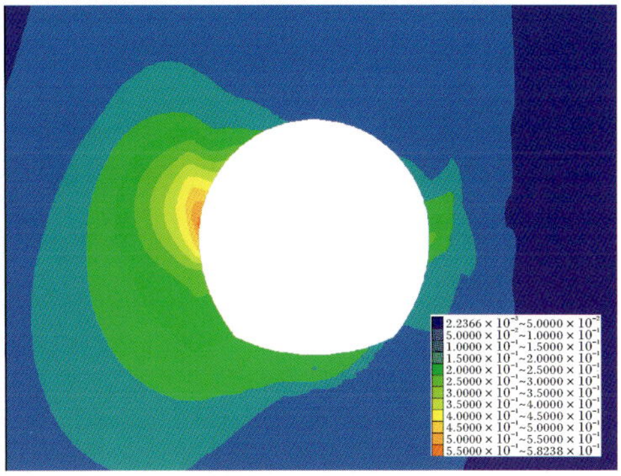

(b) 落底后围岩变形

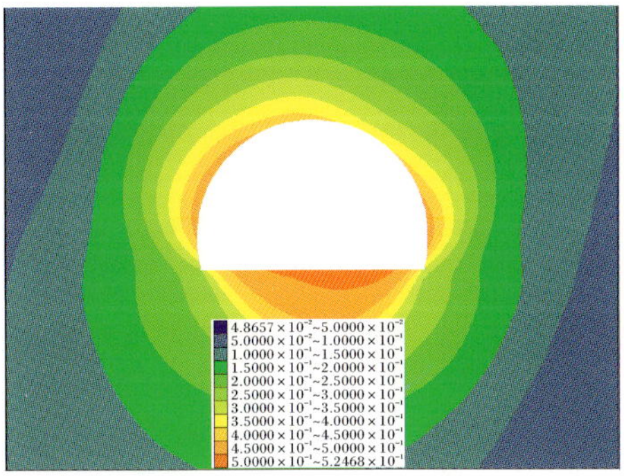

(c) 纯绿泥石片岩洞段上台阶开挖围岩变形

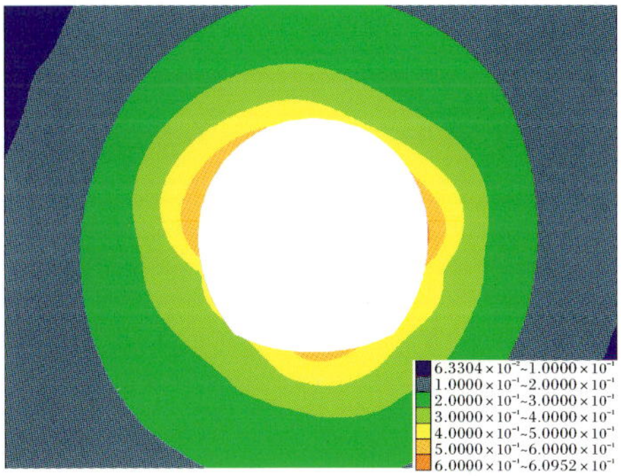

(d) 落底后围岩变形

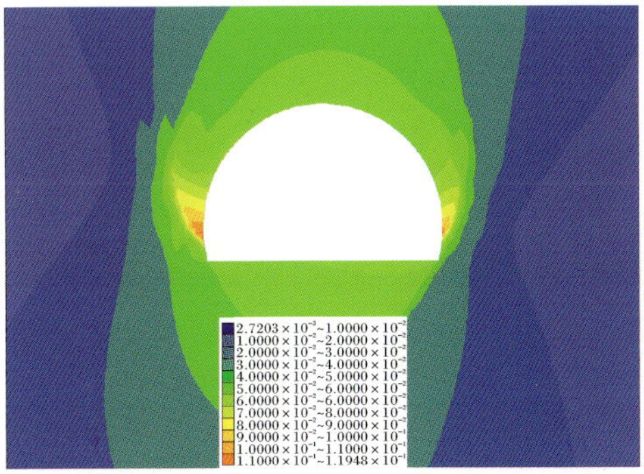

(e) Ⅲ类 T_{2z}大理岩上台阶开挖围岩变形

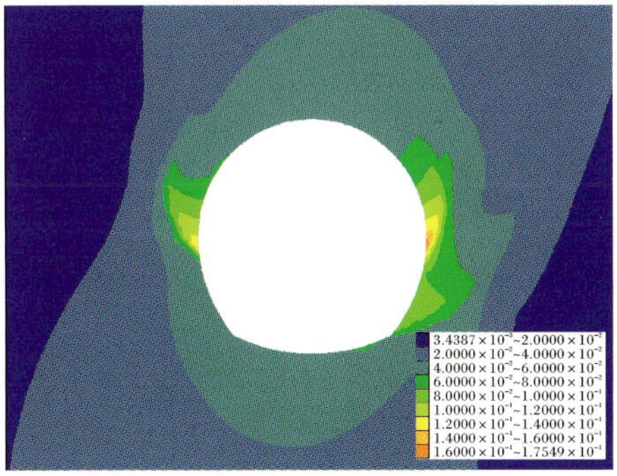

(f) 落底后围岩变形

图 6.55　3＃引水隧洞北侧边墙发育绿泥石片岩洞段围岩与纯绿泥石片岩和大理岩洞段围岩变形对比(单位:m)

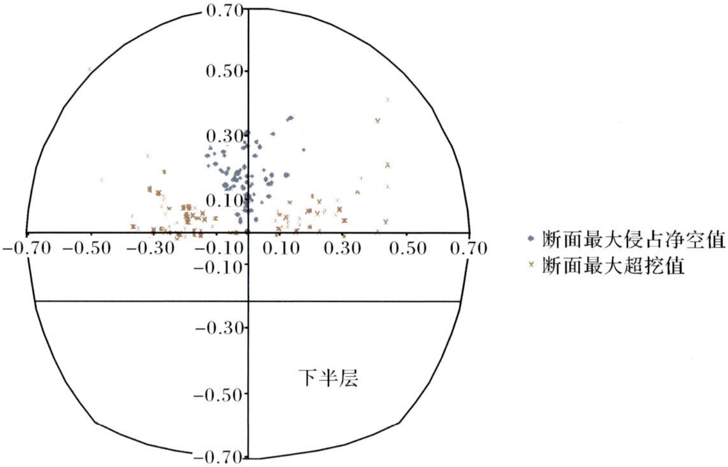

图 6.60 1#引水隧洞绿泥石片岩洞段上半层扩挖支护后
断面侵占净空与超挖极坐标图(单位:m)

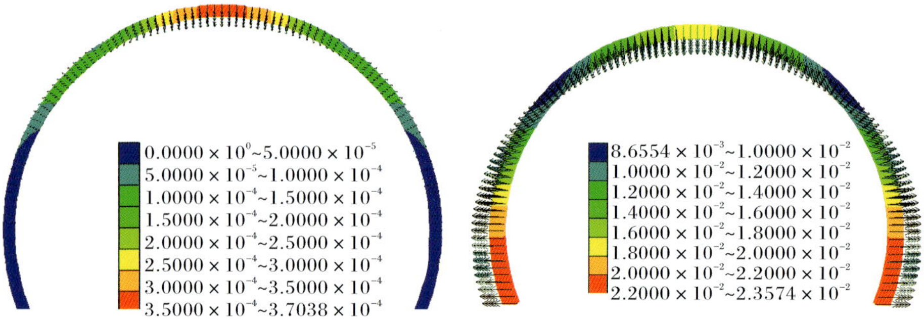

(a) 南北侧拱壁混凝土喷射密实情况　　(b) 南北侧拱壁混凝土喷射不密实情况

图 6.66 二次扩挖后钢拱架在自重作用下产生变形(单位:m)

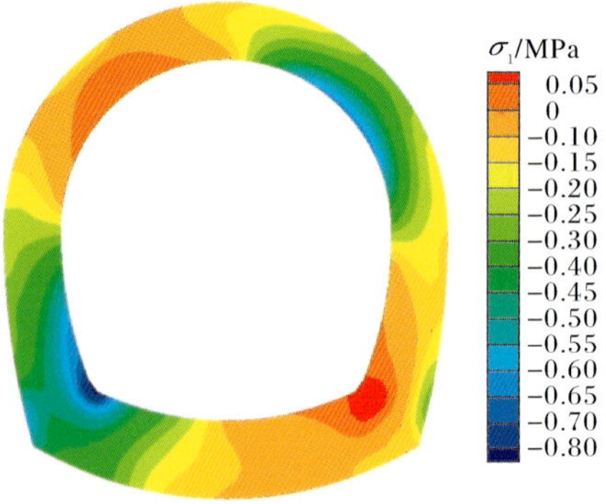

图 7.11 衬砌内部最大主应力云图
图中衬砌应力:负为压应力、正为拉应力

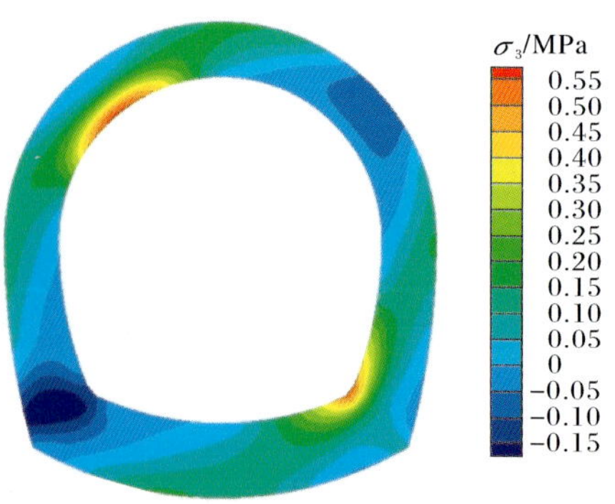

图 7.12 衬砌内部最小主应力云图
图中衬砌应力:负为压应力、正为拉应力

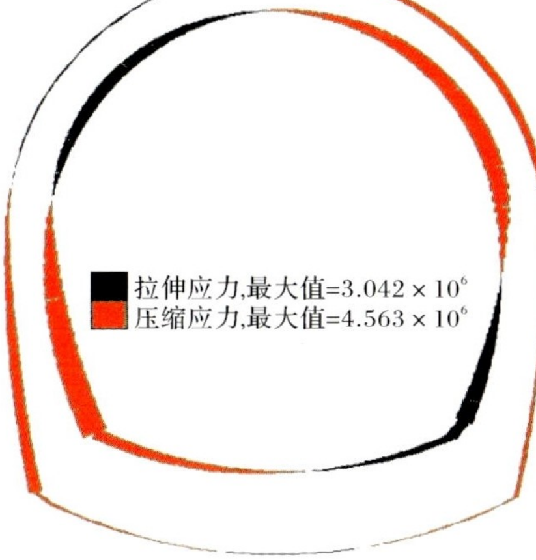

图 7.13　钢筋应力云图(单位:Pa)

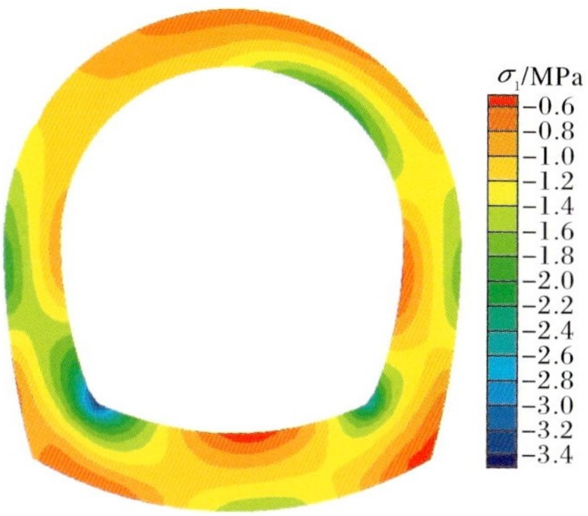

图 7.18　衬砌内部最大主应力等值线图

图中衬砌应力:负为压应力、正为拉应力

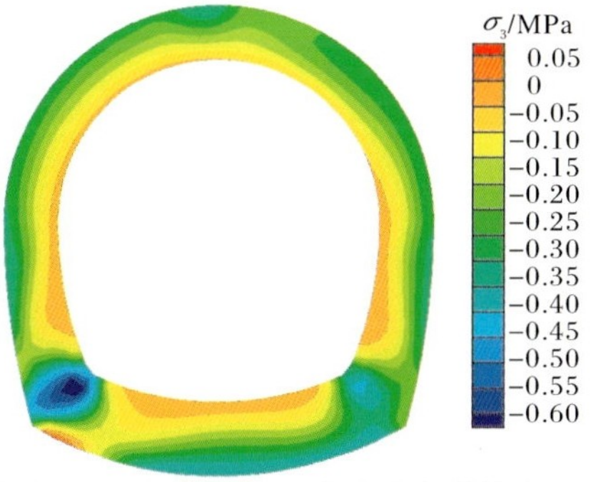

图 7.19　衬砌内部最小主应力等值线图

图中衬砌应力:负为压应力、正为拉应力

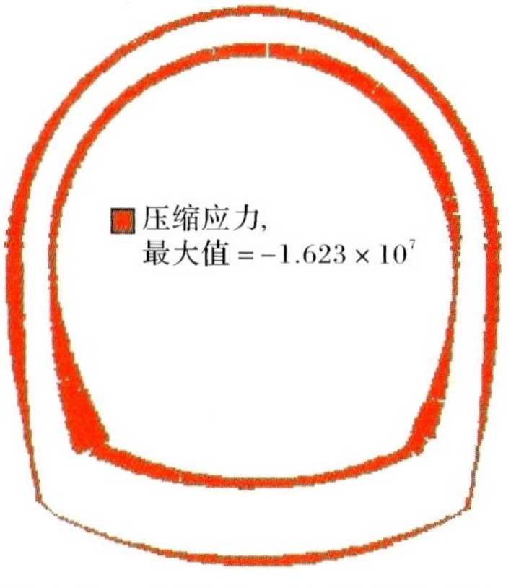

图 7.20　钢筋应力云图(单位:Pa)

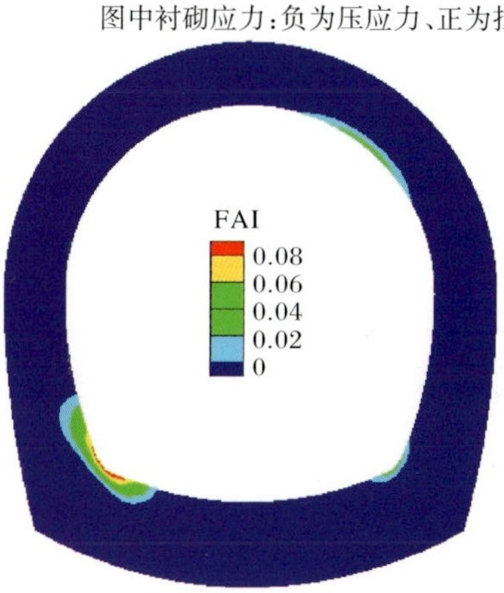

图 7.21　衬砌内部 FAI 等值线图

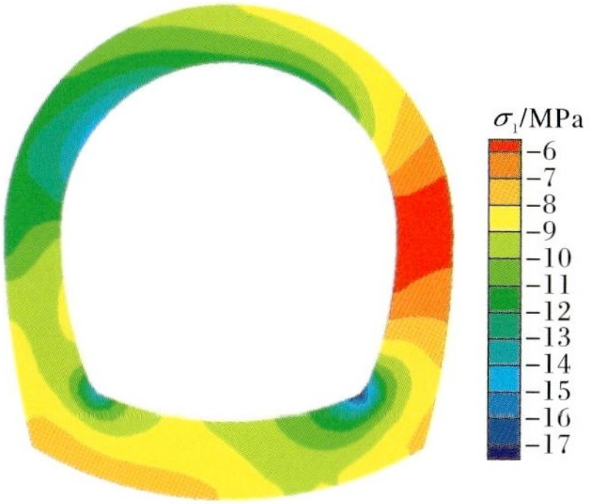

图 7.25　考虑遇水软化计算所得衬砌最大主应力等值线图

图中衬砌应力:负为压应力、正为拉应力

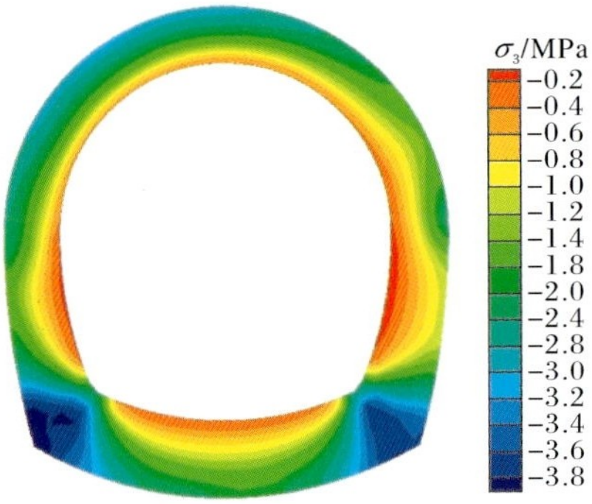

图 7.26　考虑遇水软化计算所得衬砌最小主应力等值线图

图中衬砌应力：负为压应力、正为拉应力

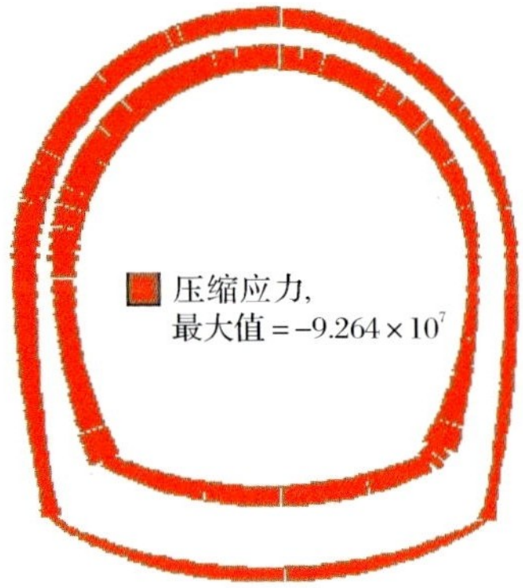

图 7.27　考虑遇水软化计算所得钢筋应力云图(单位：Pa)

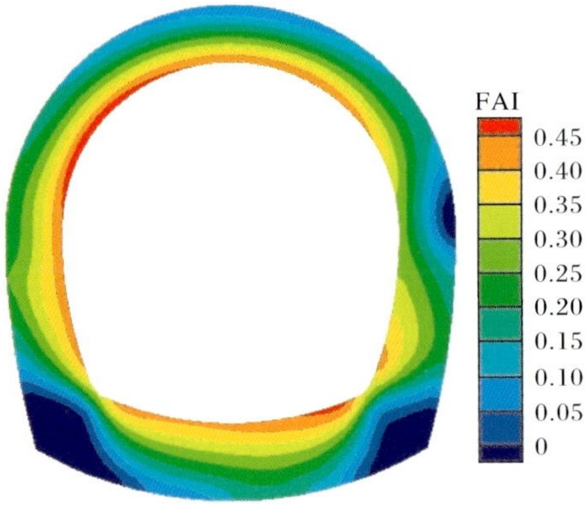

图 7.28　考虑遇水软化计算所得衬砌 FAI 等值线图

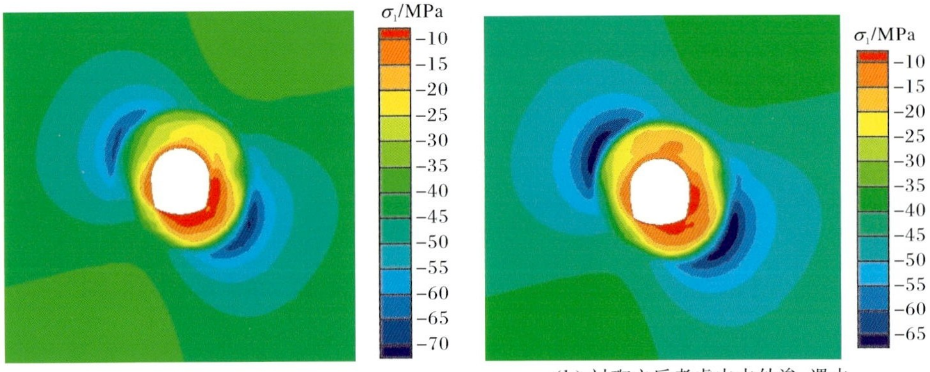

(a) 衬砌之前的应力分布

(b) 衬砌之后考虑内水外渗、遇水软化下流变计算所得应力分布

图 7.29　衬砌之前和衬砌后长期运营期计算所得围岩应力分布的比较

图中围岩应力：负为压应力、正为拉应力